Die gesetzlich nicht geregelten Entscheidungsvarianten des Bundesverfassungsgerichts

SCHRIFTEN ZUM STAATS- UND VÖLKERRECHT

Herausgegeben von Gilbert Gornig, Burkhard Schöbener und Winfried Bausback

Begründet von Dieter Blumenwitz

Band 129

Peter Lang
Frankfurt am Main · Berlin · Bern · Bruxelles · New York · Oxford · Wien

Senja Kreutzberger

Die gesetzlich nicht geregelten Entscheidungsvarianten des Bundesverfassungsgerichts

Peter Lang
Internationaler Verlag der Wissenschaften

Bibliografische Information der Deutschen Nationalbibliothek
Die Deutsche Nationalbibliothek verzeichnet diese Publikation in der Deutschen Nationalbibliografie; detaillierte bibliografische Daten sind im Internet über <http://www.d-nb.de> abrufbar.

Zugl.: Würzburg, Univ., Diss., 2007

D 20
ISSN 0172-7796
ISBN 978-3-631-56692-3

www.peterlang.de

Meinen Eltern

Vorwort

Die vorliegende Arbeit wurde im Sommersemester 2006 an der Juristischen Fakultät der Bayerischen Julius-Maximilians-Universität Würzburg als Dissertation eingereicht. Gesetzgebung, Rechtsprechung und Literatur haben in der Druckfassung bis Mai 2006 Berücksichtigung gefunden.

Bedanken möchte ich mich vor allem bei meinem Doktorvater *Prof. Dr. Burkhard Schöbener* für seine vielfältigen Anregungen und die wohlwollende Betreuung während der Promotion. Mein Dank gilt auch Herrn *Prof. Dr. Winfried Bausback* für die sehr zügige Erstellung des Zweitgutachtens. Herrn Prof. Dr. Udo Steiner, Richter des Bundesverfassungsgerichts, danke ich für das interessante Gespräch über das Thema dieser Arbeit, das ich im März 2002 in Karlsruhe mit ihm führen durfte.

Dem verstorbenen Ordinarius Prof. Dr. Dieter Blumenwitz bin ich aus verschiedenen Gründen verbunden. Er hat mir nicht nur die Gelegenheit eröffnet, als wissenschaftliche Mitarbeiterin an seinem Lehrstuhl für Völkerrecht, allgemeine Staatslehre, deutsches und bayerisches Staatsrecht sowie politische Wissenschaft in den Jahren 2000/2001 zu arbeiten. Unterstützt hat er neben meinem Doktorvater auch meine Bewerbung um ein Stipendium im Rahmen des Hochschulwissenschaftsprogramms der Universität Würzburg, dessen großzügige Förderung das Entstehen wesentlicher Teile dieser Arbeit möglich gemacht hat.

Mein herzlicher Dank gilt auch meinem lieben Freund Finn für seine Geduld, Unterstützung, seine aufmunternden Worte und Taten vor allem in der Fertigstellungsphase und nicht zuletzt für die durchgeführten Korrekturen an der Arbeit selbst. Für die sehr hilfreichen Korrekturarbeiten möchte ich außerdem Michaela Metzen, Helge Fischer sowie meinen Eltern Renate und Günter Kreutzberger besonderen Dank aussprechen. Frau Ruth Rupp trug durch ihren großen Erfahrungsschatz nicht nur in organisatorischer Hinsicht sehr dazu bei, dass Dissertation und Promotionsverfahren reibungslos abgeschlossen werden konnten, was von unschätzbarem Wert war. Allen meinen Freunden, meiner Schwester Tanja und ihrem Mann Alexander danke ich für die Unterstützung, die mir auf vielfältigste Weise zuteil wurde. Bettina Malzahn stand mir als Mitdoktorandin mit ihrer Freundschaft und mit kollegialem Rat besonders zur Seite.

Meinen Eltern danke ich schließlich ganz herzlich für die Förderung meiner Ausbildung in jeder Hinsicht. Sie haben mir ermöglicht, mit dem Jurastudium den Berufswunsch zu verwirklichen, den ich immer hatte. Durch ihre liebevolle Unterstützung und Geduld ermöglichten sie auch die Fertigstellung dieser Arbeit. Ihnen widme ich dieses Buch.

Mainz, im März 2007 Senja Kreutzberger

Inhaltsverzeichnis

Abkürzungsverzeichnis

a.A.	andere(r) Ansicht
a.E.	Am Ende
a.F.	Alte(r) Fassung
Abs.	Absatz
Abschn.	Abschnitt
AGB	Allgemeine Geschäftsbedingungen
AGBG	Gesetz zur Regelung des Rechts der Allgemeinen Geschäftsbedingungen
Art.	Artikel
BayVfGHG	Gesetz über den Bayerischen Verfassungsgerichtshof
BGB	Bürgerliches Gesetzbuch
BGBl.	Bundesgesetzblatt
BSHG	Bundessozialhilfegesetz
BT-Drucks.	Drucksachen des Deutschen Bundestages
BVerfG	Bundesverfassungsgericht
BVerfGE	Entscheidungen des Bundesverfassungsgerichts
BVerfGG	Bundesverfassungsgerichtsgesetz
BVerwG	Bundesverwaltungsgericht
B-VG	Bundesverfassungsgesetz
BV	Brasilianische Bundesverfassung
bzgl.	Bezüglich
bzw.	Beziehungsweise
d.h.	das heißt
DDR	Deutsche Demokratische Republik
ders.	Derselbe
DÖV	Die Öffentliche Verwaltung
DVBl.	Deutsches Verwaltungsblatt
EG	Vertrag zur Gründung der Europäischen Gemeinschaft
etc.	et cetera
EuG	Europäisches Gericht erster Instanz
EuGH	Europäischer Gerichtshof
EuGRZ	Europäische Grundrechte-Zeitschrift
EZB	Europäische Zentralbank
f.	folgende

FamRZ	Zeitschrift für das gesamte Familienrecht
FAZ	Frankfurter Allgemeine Zeitung
ff.	fortfolgende
Fn.	Fußnote(n)
FS	Festschrift
GG	Grundgesetz
GjS	Gesetz über die Verbreitung jugendgefährdender Schriften
GVG	Gerichtsverfassungsgesetz
h.M.	herrschende Meinung
Habilschr.	Habilitationsschrift
HessStGHG	Hessisches Gesetz über den Staatsgerichtshof
HmbVerfGG	Gesetz über das Hamburgische Verfassungsgericht
Hrsg.	Herausgeber
HS	Halbsatz
i.e.S.	im engeren Sinne
i.S.d.	im Sinne des
i.S.e.	im Sinne eine (r, s)
i.S.v.	im Sinne von
i.V.m.	in Verbindung mit
i.w.S.	im weiteren Sinne
Komm.	Kommentar
KSVG	Künstlersozialversicherungsgesetz
LER	Lebensgestaltung, Ethik, Religionskunde
LSchlG	Ladenschlussgesetz; Gesetz über den Ladenschluss
NdsHaushaltsG	Niedersächsisches Haushaltsgesetz
NdsStGHG	Niedersächsisches Staatsgerichtshofsgesetz
NdsVerf	Niedersächsische Verfassung
Niedersächsischer StGH	Niedersächsischer Staatsgerichtshof
NJW	Neue Juristische Wochenschrift
NK	Normenkontrolle
Nr.	Nummer
NVwZ	Neue Zeitschrift für Verwaltungsrecht
o.ä.	oder ähnliche(r, s)
OVG	Oberverwaltungsgericht
Rn.	Randnummer(n)
Rspr.	Rechtsprechung

S.	Seite(n)
SächsVerfGHG	Sächsisches Gesetz über den Verfassungsgerichtshof
SGb	Die Sozialgerichtsbarkeit
sog.	So genannte(n)
SPD	Sozialdemokratische Partei Deutschlands
StGB	Strafgesetzbuch
StGH	Staatsgerichtshof
StPO	Strafprozessordnung
StrÄG	Strafrechtsänderungsgesetz
StrRG	Strafrechtsreformgesetz
u.a.	unter anderem
U.S.	United States
u.U.	unter Umständen
UniG	Universitätsgesetz
Univ.	Universität
usw.	und so weiter
v.	versus
v.a.	vor allem
VfGH	(Österreichischer) Verfassungsgerichtshof
VG	Verwaltungsgericht
vgl.	vergleiche
VwVfG	Verwaltungsverfahrensgesetz
z.B.	zum Beispiel
zit.	zitiert
ZPO	Zivilprozessordnung
zugl.	zugleich

Einleitung

Das Bundesverfassungsgericht prüft bekanntermaßen Normen auf ihre Verfassungsmäßigkeit. Dabei ergibt sich aus den Tenorierungsvorschriften des BVerfGG, dass das Gericht verfassungswidrige Gesetze für nichtig, verfassungsgemäße dagegen für mit der Verfassung vereinbar zu erklären hat. Davon wich das Bundesverfassungsgericht aber schon sehr früh ab. Es befand Gesetze oder Gesetzesteile trotz ihrer Verfassungswidrigkeit lediglich für unvereinbar mit dem Grundgesetz, ohne auch gleichzeitig deren Nichtigkeit festzustellen. Auch hinsichtlich des Umfangs der Nichtigerklärung variierte es stark, erklärte teilweise das gesamte Gesetz, teilweise nur bestimmte Ausschnitte für nichtig. Darüber hinaus begann es, dem Gesetzgeber Weisungen zu erteilen, wie er die verfassungswidrige Lage zu beseitigen habe bzw. ihm in Appellen mitzuteilen, wenn es eine an sich noch verfassungsmäßige Lage in der Gefahr sah, verfassungswidrig zu werden. Außerdem schuf das Gericht für eine Übergangszeit bis zu einem Tätigwerden des Gesetzgebers Regelungen, um so drohender Rechtsunsicherheit vorzubeugen.

Insgesamt entwickelte das Bundesverfassungsgericht die beschriebenen Tenorierungsvarianten, um flexibel auf auftretende Probleme reagieren zu können.[1] Dies gelingt ihm auch. Beispielsweise lässt sich durch eine Unvereinbarerklärung mit Weitergeltungsanordnung in bestimmten Fallkonstellationen erreichen, dass nach dem Urteil des Bundesverfassungsgerichts bis zu einer etwaigen Neuregelung durch den Gesetzgeber kein rechtsleerer Raum entsteht. Die alte Rechtslage gilt trotz ihrer Verfassungswidrigkeit weiter, wenn sonst eine noch verfassungsfernere Lage entstünde. Durch die Unvereinbarerklärung lässt sich auch das Aufleben der vormals geltenden Rechtslage vermeiden. Dies wird interessant, wenn die ehemalige Rechtslage noch untragbarer ist als die für verfassungswidrig befundene. In solchen Fällen reagiert das Gericht mit einer Unvereinbarerklärung zur Vermeidung der unpassenden und untragbaren Folgen, die eine Nichtigerklärung nach sich zöge.

Zwar ist die Notwendigkeit der Existenz von mehr als nur den gesetzlichen Tenorierungsvarianten anerkannt, jedoch wird in der Literatur trotzdem deutliche Kritik an der gängigen Praxis des Gerichts geübt. Die hier zu analysierenden Entscheidungsmöglichkeiten entstanden durch richterliche Rechtsfortbildung[2]. Deshalb stellt sich die Frage, ob und auf welcher Grundlage solche Urteilssprüche ergehen können. Tenorierungsvorschriften finden sich im BVerfGG nur in den §§ 78, 79. Appelle an den Gesetzgeber lassen sich auf diese Regelungen aber nicht stützen.

---

1 Für die Unvereinbarerklärung sieht dies so auch: *Hein*, Unvereinbarerklärung durch das BVerfG, S. 11.

2 *Blüggel*, Unvereinbarerklärung, S. 12.

Die Unvereinbarerklärung wird dagegen vom aktuellen Wortlaut des § 79 BVerfGG erfasst, eine explizite Ermächtigungsgrundlage ist diesem Paragrafen aber nicht zu entnehmen.

Zunächst wird zu analysieren sein, ob überhaupt eine Rechtsgrundlage notwendig ist, um die gängige Praxis des Gerichts zu rechtfertigen. Bejaht man dies, ist zu untersuchen, ob die Tenorierungsvorschriften des BVerfGG durch Auslegung als Grundlage für die entwickelten Varianten herangezogen werden können. Können diese nicht herangezogen werden, sind etwaige sonstige Kompetenzgrundlagen beispielsweise in der Verfassung zu suchen.

Geht man auch heute noch überwiegend von der *ipso iure* Nichtigkeit verfassungswidriger Gesetze aus, stellt sich die Frage, ob es solche von der Nichtigerklärung abweichenden Tenorierungsvarianten überhaupt geben darf. Diese Theorie besagt nämlich, dass verfassungswidrige Gesetze automatisch nichtig sind, ohne dass es hierzu eines konstitutiven Urteilsspruchs des Verfassungsgerichts bedarf. Geht man von der uneingeschränkten Geltung dieser Theorie aus, könnte eine Verpflichtung für das Gericht bestehen, auf die Verfassungswidrigkeit eines Gesetzes ausschließlich mit einer Nichtigerklärung zu reagieren.

Die ungeregelten Entscheidungsmöglichkeiten werden durch das Bundesverfassungsgericht oftmals ohne nähere Erläuterung oder Begründung für ein Abweichen vom Gesetzeswortlaut angewandt. Deshalb ist oft nicht klar, welche Folgen an die jeweilige Tenorierung zu knüpfen sind. Dies gilt insbesondere für die Variante der Unvereinbarerklärung. Sie wird tenoriert, um zu verhindern, dass die häufig untragbaren Folgen einer Nichtigerklärung eintreten. Somit müssen sich die Auswirkungen einer Unvereinbarerklärung schon rein logisch von denen der Nichtigerklärung unterscheiden. Die Diktion des Gerichts geht aber dahin, dass die Unvereinbar- und die Nichtigerklärung in ihren Folgen gleich seien.[3]

Die vorliegende Arbeit versucht unter Aufarbeitung der umfangreichen Literatur zu diesem Thema und unter Berücksichtigung der Fortentwicklung der Rechtsprechung zu analysieren, welche der entwickelten Tenorierungsmöglichkeiten unter welchen Umständen und mit welchen Einschränkungen zulässig sind. Dabei wird zunächst zu untersuchen sein, in welcher Weise sie von den gesetzlichen Tenorierungsvorschriften des BVerfGG abweichen. Sollten sie auch nach erfolgter Auslegung vom Wortlaut dieser Vorschriften nicht mehr umfasst sein, stellt sich die Frage nach einer anderen Rechtsgrundlage, beispielsweise aus der Verfassung selbst. Bei dieser Analyse soll ein Blick auf die Verfassungsgerichtsbarkeit anderer Länder bzw. Bundesländer weiteren Aufschluss geben.

---

3 BVerfGE 37, 217 [262].

Zuletzt sollen als Exkurs andere, neuere Tendenzen in der Rechtsprechung des Bundesverfassungsgerichts beleuchtet werden, die zwar nicht als Tenorierungsvarianten im engeren Sinne zu sehen sind, jedoch ebenfalls zu der Entscheidungspraxis des Bundesverfassungsgerichts gehören, die vom gesetzlich Geregelten abweicht.

Erster Teil
Die Darstellung und Beurteilung der Tenorierungsvarianten im Einzelnen

Das Problem der Wahl der Tenorierungsvariante stellt sich am Ende jedes Verfahrens. Hinsichtlich der zu untersuchenden Entscheidungsmöglichkeiten sind dennoch nur wenige Verfahrensarten relevant. So sind dies die abstrakte (Art. 93 Abs. 1 Nr. 2 GG[4], §§ 13 Nr. 6, 76-79 BVerfGG[5]) und die konkrete Normenkontrolle (Art. 100 Abs. 1 GG, §§ 13 Nr. 11, 80-82 BVerfGG), und andererseits die (Gesetzes-) Verfassungsbeschwerde (Art. 93 Abs. 1 Nr. 4a GG, §§ 13 Nr. 8a, 90-95 BVerfGG). Das BVerfGG sieht für den Urteilsspruch in den genannten Verfahren in erster Linie die Nichtig- bzw. die Vereinbarerklärung der streitigen Norm(en) vor[6], §§ 78 bzw. 95 Abs. 3 BVerfGG. Von diesen beiden Grundformen der Tenorierung ist in der folgenden Untersuchung auszugehen.

Die beiden genannten Tenorierungsvarianten boten dem Bundesverfassungsgericht offensichtlich nicht genügend Flexibilität für die Fassung des Entscheidungstenors und dessen Folgen. Es begann schon weniger als zehn Jahre nach seiner Entstehung, andere Entscheidungstypen zu entwickeln und so von den gesetzlich vorgegebenen abzuweichen.[7] Auf diese Tenorierungstechniken, die das Gericht selbst geschaffen hat, ist anschließend einzugehen.

I. Der gesetzliche Regelfall[8]: Die Nichtig- und Vereinbarerklärungen

Ausgehend vom abstrakten Normenkontrollverfahren ergeben sich die Tenorierungsmöglichkeiten aus § 78 BVerfGG. Gegenstand der Prüfung und Entscheidung ist dabei die Verfassungsmäßigkeit einer oder mehrerer gerügter Normen.[9]

---

4 „GG" wird im Folgenden immer als Abkürzung für das Grundgesetz verwendet.

5 „BVerfGG" wird im Folgenden immer als Abkürzung für das Bundesverfassungsgerichtsgesetz verwendet.

6 Norm soll im Folgenden wie von *Hein* (Unvereinbarerklärung durch das BVerfG, S. 101) und *Ipsen* (Rechtsfolgen, S.99) als Begriff für generell rechtliche Verhaltensgebote verstanden werden, die einen selbständigen Lebenssachverhalt regeln. Mehrere Regelungen sind in einem Paragrafen zusammengefasst. Von diesen bilden gemeinhin mehrere ein Gesetz.

7 Für alle anderen: BVerfGE 8, 51 (Urteil vom 24. Juni 1958).

8 Diese Entscheidungsvariante ist nur noch der gesetzliche Regelfall. Quantitativ betrachtet, kann die Nichtigerklärung nicht mehr als der Regelfall bezeichnet werden, vgl. *Klein*, in: Benda/Klein, Lehrbuch, Rn. 1251, S. 518 Fn. 37 und *Ipsen*, Rechtsfolgen, S. 107f.

9 Als Normen sind im Folgenden die in einem Paragrafen zusammengefassten Regelungen zu sehen. Regelungen sind dabei in sich geschlossene, abgrenzbare „Wenn-dann-

Letztere werden dem Gericht zur Überprüfung vorgelegt, weil die Bundesregierung, eine Landesregierung oder ein Teil des Bundestages Zweifel an ihrer förmlichen oder sachlichen Vereinbarkeit mit dem Grundgesetz haben.[10]

A. Die Rechtslage nach dem BVerfGG

Aus § 78 BVerfGG ergibt sich nun, dass das Bundesverfassungsgericht diese Norm für nichtig erklären muss, sollte es zur Überzeugung gelangen, dass sie mit dem Grundgesetz nicht vereinbar ist. Daraus resultiert der Gegenschluss, dass ein Gesetz[11], das das Bundesverfassungsgericht für grundgesetzkonform hält, im Entscheidungstenor für mit dem Grundgesetz vereinbar zu erklären ist (*argumentum e contrario*[12]).[13]

Aus § 78 Satz 2 BVerfGG ergibt sich daneben die Möglichkeit, die Nichtigerklärung auf eine weitere Bestimmung des Gesetzes zu erstrecken. Dies ist dann möglich, wenn eine Regelung aus den gleichen Gründen verfassungswidrig ist wie der eigentliche Prüfungsgegenstand, der verfahrenseinleitende Antrag, der das Gericht grundsätzlich auch hinsichtlich des Prüfungsumfanges bindet, diese aber nicht zur Kontrolle stellt. § 78 Satz 2 BVerfGG zielt darauf ab, so genannte Doppelentscheidungen zu vermeiden.[14]

Die Nichtig- und Vereinbarerklärung gemäß § 78 BVerfGG gelten als gesetzliche Standardtypen der Tenorierung aber nicht nur für die abstrakte Normenkontrolle. Die analoge Anwendung des § 78 Satz 1 BVerfGG für die konkrete Normenkontrolle ergibt sich aus § 82 Abs. 1 BVerfGG. Für die Gesetzesverfassungsbeschwerde enthält § 95 Abs. 3 BVerfGG eine dem § 78 Satz 1 BVerfGG entsprechende Regelung. Dieser ordnet die Nichtigerklärung neben der Gesetzesverfassungsbeschwerde auch für die Fälle der Urteilsverfassungsbeschwerde an, wenn die angegriffene Entscheidung deswegen vom Bundesverfassungsgericht aufgehoben wird, weil sie auf einem verfassungswidrigen Gesetz beruht. Das Gericht entscheidet in

---

Zusammenhänge“ und allgemein verbindliche Verhaltensgebote. (So auch: *Siedler*, Gesetzgeber und Bundesverfassungsgericht, S. 95).

10 Für den Fall der Überprüfung einer landesrechtlichen Norm wird diese noch zusätzlich an sonstigem Bundesrecht gemessen.

11 Terminologisch wird Gesetz im Folgenden als Begriff für das vom Gesetzgeber als Gesamtwerk geschaffene Produkt verwendet, in dem eine Vielzahl von Regelungen zusammengefasst sind und das als gesetzgebungstechnische Einheit erlassen wird. (So auch: *Ipsen*, Rechtsfolgen, S. 98; *Siedler*, Gesetzgeber und Bundesverfassungsgericht, S. 93).

12 Weiterführend hierzu: *Larenz*, Methodenlehre der Rechtswissenschaft, S. 390; *Kramer*, Juristische Methodenlehre, S. 152.

13 *Siedler*, Gesetzgeber und Bundesverfassungsgericht, S. 91.

14 *Ipsen*, Rechtsfolgen, S. 103; *Gusy*, Parlamentarischer Gesetzgeber und BVerfG, S. 186.

solchen Konstellationen neben der Aufhebung des Urteils zusätzlich auch über die Nichtigkeit des verfassungswidrigen Gesetzes, § 95 Abs. 3 Satz 2 BVerfGG. In diesen Fällen richtet sich eine Verfassungsbeschwerde mittelbar gegen ein Gesetz.

Ein klassisches Beispiel für eine Nichtigerklärung findet sich im Tenor der Entscheidung über den Ausschluss von Apotheken vom verkaufsoffenen Sonntag. Dort wird geurteilt: „§ 14 Absatz 4 des Gesetzes über den Ladenschluss vom 28. November 1956 (Bundesgesetzblatt I Seite 875) verletzt die Beschwerdeführerin in ihrem Grundrecht aus Artikel 12 Absatz 1 des Grundgesetzes. Die Vorschrift ist mit dem Grundgesetz unvereinbar und nichtig."[15] Die Beschwerdeführerin richtete ihre Verfassungsbeschwerde gegen zwei Urteile[16], sowie mittelbar gegen den § 14 Abs. 4 LSchlG. Ihre Apotheke war vom verkaufsoffenen Sonntag ausgeschlossen worden. Sie hatte mit ihrer Klage Erfolg, was oben angeführter Tenorierung zu entnehmen ist.

Das Bundesverfassungsgericht weicht jedoch in seinen Entscheidungen sowohl in Normenkontroll- als auch in Verfassungsbeschwerdeverfahren von diesen gesetzlich festgelegten Entscheidungsvarianten ab und hat die Tenorierungsvarianten der Unvereinbarerklärung[17], Teilnichtigerklärung[18], Gesamtnichtigerklärung bei nur teilweise nichtigem Gesetz[19], Appellentscheidung[20] und die der Schaffung von Übergangsregelungen[21] entwickelt.

Zu deren Analyse ist von den gesetzlich geregelten Möglichkeiten auszugehen. Es ist zu untersuchen, warum gerade die Nichtig- und die Vereinbarerklärung, und nur diese beiden, als Tenorierungsvarianten eine ausdrückliche gesetzliche Regelung erfahren haben, § 78 Satz 1 BVerfGG bzw. § 95 Abs. 3 BVerfGG.

---

15 BVerfGE 104, 357.

16 Diese Urteile gegen sie waren einmal durch das Bezirksberufsgericht und zum anderen durch das Landesberufsgericht für Apotheker ergangen, weil sie ihre Apotheke am verkaufsoffenen Sonntag entgegen dem § 14 Abs. 4 LSchlG geöffnet hatte.

17 BVerfGE 13, 248; BVerfGE 18, 257; BVerfGE 29, 71.

18 BVerfGE 11, 169; BVerfGE 26, 281; BVerfGE 60, 162; BVerfGE 8, 51; BVerfGE 16, 94; BVerfGE 32, 1.

19 BVerfGE 1, 14; BVerfGE 9, 305; BVerfGE 26, 246.

20 BVerfGE 53, 257; BVerfGE 78, 249.

21 BVerfGE 73, 40; BVerfGE 84, 9.

B. Die Nichtigkeitsfeststellung

1. Die gesetzgeberischen Motive bei der Einführung des BVerfGG

Für die Frage, warum nur die Nichtig- und die Vereinbarerklärung ausdrücklich im Gesetz geregelt sind, könnte eine Antwort in den gesetzgeberischen Motiven zu finden sein. 1949 schlug die SPD-Fraktion erstmals einen Entwurf für die Schaffung eines BVerfGG vor.[22] In diesem Entwurf war ein § 43 enthalten, der sich vom heutigen § 78 Satz 1 BVerfGG aber noch weitgehend unterschied. Er lautete:

> „§ 43:
> (1) Das Urteil des Bundesverfassungsgerichts hat Gesetzeskraft.
> (2) Das Bundesverfassungsgericht kann seinem Urteil rückwirkende Kraft verleihen und bestimmen, ob und unter welchen Voraussetzungen die Wiederaufnahme anderer, bereits rechtskräftig abgeschlossener Verfahren zulässig ist, soweit eine dort erlassene Entscheidung zu seinem Urteil in Widerspruch steht."[23]

Dem später Gesetz gewordenen § 78 BVerfGG wurde aber nicht dieser Entwurf, sondern § 72 des Regierungsentwurfes für ein Gesetz über das Bundesverfassungsgericht zugrunde gelegt.[24]

a. Das bewusste Abweichen von den Tenorierungsvarianten des Reichsgerichts

Im Jahre 1950 übersandte Bundeskanzler Adenauer den Regierungsentwurf[25] eines Gesetzes über das Bundesverfassungsgericht an den Bundestag. Dieser enthielt folgenden § 72:

> „§ 72
> Kommt das Bundesverfassungsgericht zu der Überzeugung, dass eine Rechtsnorm des Bundes mit dem Grundgesetz oder eine Rechtsnorm des Landes mit dem Grundgesetz oder dem sonstigen Bundesrecht unvereinbar ist, **so stellt es in seiner Entscheidung deren Nichtigkeit fest.**[26] Es kann die Entscheidung auf das

---

22 BT-Drucks. I/328, S.1ff.
23 BT-Drucks. I/328, S. 9.
24 *Ulsamer*, in: Maunz/Schmidt-Bleibtreu/Klein u.a., BVerfGG, Komm., § 78, Rn. 1.
25 BT-Drucks. I/788, S. 1ff.
26 Hervorhebung durch die Verfasserin.

Gesetz ausdehnen, in dem die nichtige Rechtsnorm enthalten ist, wenn es aus denselben Gründen nichtig ist."[27]

Der dann hieraus entstandene und zum ersten Mal Gesetz gewordene § 78 BVerfGG[28] lautete:

„§ 78:

Kommt das Bundesverfassungsgericht zu der Überzeugung, dass Bundesrecht mit dem Grundgesetz oder Landesrecht mit dem Grundgesetz oder dem sonstigen Bundesrecht unvereinbar ist, so stellt es in seiner Entscheidung deren Nichtigkeit fest. Sind weitere Bestimmungen des gleichen Gesetzes aus denselben Gründen mit dem Grundgesetz unvereinbar, so kann sie das Bundesverfassungsgericht gleichfalls für nichtig erklären."[29]

Er entsprach § 72 des Regierungsentwurfs fast wörtlich. In der Begründung zu diesem wurde ausgeführt, dass das Bundesverfassungsgericht als Rechtsfolge im Gegensatz zum Reichsgericht nicht nur die Unvereinbarkeit der beanstandeten Norm mit höherrangigem Recht, sondern gerade auch deren Nichtigkeit feststellen sollte. Diese Entscheidung sollte auf den Zeitpunkt der Entstehung der Kollision von einfachem mit Verfassungsrecht zurück wirken, also *ex tunc* eintreten.[30] Nähere Begründungen für die gewollte Abweichung von der bisherigen Praxis wurden nicht dargelegt. Der Vergleich mit der Entscheidungspraxis des Reichsgerichts legt aber den Schluss nahe, dass man in der Vergangenheit aufgetretene Problemstellungen bei der Kodifizierung der Tenorierungsmöglichkeiten des Bundesverfassungsgerichts vermeiden wollte.

Der Gesetzesbegründung ist jedenfalls zu entnehmen, dass die Nichtigkeitsfeststellung im Gegensatz zur Unvereinbarerklärung zum Zeitpunkt der Entstehung des BVerfGG als verbindliche Tenorierungsvariante eingeführt werden sollte. Man hat dem Bundesverfassungsgericht bewusst die Möglichkeit der bloßen Unvereinbarerklärung verwehrt.

27 BT-Drucks. I/788, S. 18.
28 *Ulsamer*, in: Maunz/Schmidt-Bleibtreu/Klein u.a., BVerfGG, Komm., § 78, Rn. 1.
29 Gesetz über das Bundesverfassungsgericht vom 12. März 1951, BGBl. I, S. 243 (250f).
30 BT-Drucks. I/788, S. 34.

b. Die Möglichkeit der Regelung alternativer Tenorierungsvarianten

Der Gesetzgeber hat für den Fall der Verfassungswidrigkeit eines Gesetzes oder Gesetzesteiles die Nichtigerklärung als einzige Tenorierungsvariante im BVerfGG festgelegt. Dies ist u.U. darauf zurück zu führen, dass er die Feststellung der Nichtigkeit bei Vorliegen eines verfassungswidrigen Gesetzes für die einzig mögliche Rechtsfolge hielt.

Aus der Begründung des Regierungsentwurfs ist zu ersehen, dass das Parlament bei Schaffung des BVerfGG damals von der zwingenden *ex tunc* Wirkung der Entscheidung des Bundesverfassungsgerichts überzeugt war.[31] Die Entscheidung sollte also auf den Zeitpunkt zurückwirken, in der der Widerspruch zwischen angegriffener und höherrangiger Norm entstanden ist. Gleichzeitig ist dieser Begründung zu entnehmen, dass der Gesetzgeber die Nichtigkeit einer Norm als zwingende Folge ihrer Verfassungswidrigkeit ansah.[32] Dies wird bis heute aus der Theorie von der *ipso iure* Nichtigkeit verfassungswidriger Gesetze hergeleitet und gefolgert, dass denknotwendig nur noch die Nichtigkeit des verfassungswidrigen Gesetzes festgestellt werden kann.

c. Die Lehre von der *ipso iure* Nichtigkeit

Diese Theorie entspricht nach wie vor der herrschenden, wenn auch nicht unkritisierten, Meinung in Rechtsprechung und Literatur.[33] Sie steht für die Annahme, dass ein Gesetz, sobald es mit der Verfassung kollidiert, außer Kraft tritt und von Verfassung wegen nichtig ist, ohne dass es eines Zwischenaktes, wie z.B. eines Urteils, bedürfte.[34] Wird ein verfassungswidriges Gesetz dem Bundesverfassungsgericht zur Kontrolle vorgelegt, so hat das Urteil nach der genannten Theorie nur feststellenden[35], deklaratorischen Charakter.[36] Das Bundesverfassungsgericht stellt

---

31 So ist dies in der Begründung zu § 72 a.F. zu lesen. BT-Drucks. I/788, S. 34.

32 BT-Drucks. I/788, S. 34.

33 So auch: *Pestalozza*, FS für das BVerfG, S. 519 [520]; *Blüggel*, Unvereinbarerklärung, S. 137f.; *Lechner/Zuck*, BVerfGG; § 78, Rn. 4; *Schlaich/Korioth*, Das BVerfG, Rn. 379; a.A.: *Maurer*, BayVBl. 1980, S. 513 [516], der die Geltung der Lehre von der *ipso iure* Nichtigkeit verfassungswidriger Gesetze deswegen verneint, weil diese ja noch durch das Bundesverfassungsgericht für nichtig erklärt werden müssen. Er verkennt hier wohl die lediglich feststellende Wirkung des Urteils des Bundesverfassungsgerichts.

34 *Hein*, Unvereinbarerklärung durch das BVerfG, S. 92f.

35 Inzwischen wurde durch die Neuregelung des § 78 BVerfGG im 4. Änderungsgesetz zum BVerfGG deutlich gemacht, dass dem feststellenden Urteil des Bundesverfassungsgerichts im Normenkontrollverfahren eine gestaltende Funktion wesenseigen ist. Dies ergibt sich aus der Begründung zum 4. Änderungsgesetz, BT-Drucks. V/3816, S. 1 (7).

36 *Söhn*, Anwendungspflicht, S. 7; *Stern*, Staatsrecht, Band II, S.1042.

die Nichtigkeit des Gesetzes fest[37], diese Feststellung *bewirkt* aber nicht erst die Nichtigkeit. Das Gesetz tritt schon durch die Kollision mit der Verfassung außer Kraft. Dies ergibt sich auch aus dem Grundsatz *lex superior derogat legi inferiori*[38]. Die *ipso iure* Nichtigkeitstheorie ist in der Verfassung nicht ausdrücklich festgeschrieben[39], ihr wird jedoch von der h.M. Verfassungsrang zuerkannt.[40]

d. Der *ipso iure* Nichtigkeitslehre bei der Gesetzeserstfassung von 1951

aa. Die Lehre von der ipso iure *Nichtigkeit im Wandel der Zeit*

Der erste Vertreter der Lehre von der *ipso iure* Nichtigkeit war K. E. Schmid[41] in seinem 1821 verfassten Lehrbuch.[42] Dieser Theorie soll zum ersten Mal nach Schaffung des Grundgesetzes Kritik entgegengebracht worden sein.[43] Dem Grundgesetz ist sie der Verfassungstradition folgend[44] noch unbestritten zugrunde gelegt worden.[45]

Doch ist anzumerken, dass der Staatsrechtler *Anschütz* zu Zeiten der Weimarer Verfassung in seinem Kommentar davon ausging, dass der Grundsatz *lex superior derogat legi inferiori* zwar zwischen Landes- und Reichsgesetzen, nicht jedoch im

---

37 Durch die Änderung des Wortlauts des § 78 BVerfGG durch das Vierte Gesetz zur Änderung des BVerfGG von „stellt es in seiner Entscheidung die Nichtigkeit fest" in „erklärt es das Gesetz für nichtig" (vgl. BGBl. I (1970) / 1765 (1766)) wollte der Gesetzgeber allerdings zum Ausdruck bringen, dass dem Urteil des BVerfG mehr gestaltende Wirkung zugebilligt werden soll, vgl. BT-Drucks. VI/388, S. 9. Jedoch bleibt das Urteil des BVerfG seiner Art nach grundsätzlich dennoch ein Feststellungsurteil.

38 *Dreier*, ZNR 1998, S. 28 [38].

39 *Pestalozza*, FS für das BVerfG, S. 519 [520]; *Heußner*, NJW 1982, S. 257 [257]; *Söhn*, Anwendungspflicht, S. 6; *Schlaich/Korioth*, Das BVerfGG, Rn. 379; *Burghart*, NVwZ 1998, S. 1262 [1264].

40 *Blüggel*, Unvereinbarerklärung, S. 138; *Hein*, Unvereinbarerklärung durch das BVerfG, S. 92, 94; *Arndt*, DÖV 1959, S. 81 [82]; *Ipsen*, Rechtsfolgen, S. 153f.; BVerfGE 1, 14 [37].

41 „Der Richter darf kein Gesetz anwenden, welches nicht 1) durch die verfassungsmäßige Form (als ausdrückliches oder stillschweigendes Recht) gültig ist, und...", *Schmid*, Staatsrecht, S. 125.

42 *Blüggel*, Unvereinbarerklärung, S. 139.

43 *Blüggel*, Unvereinbarerklärung, S. 139; *Ipsen*, Rechtsfolgen, S. 75; *Hein*, Unvereinbarerklärung durch das BVerfG, S. 95; *Schlaich/Korioth*, Das BVerfG, Rn. 381; Maurer, DÖV 1963, S. 683 [683].

44 *Hein*, Unvereinbarerklärung durch das BVerfG, S. 95; *Schlaich/Korioth*, Das BVerfG, Rn. 379.

45 *Blüggel*, Unvereinbarerklärung, S. 138f.; *Hein*, Unvereinbarerklärung durch das BVerfG, S. 95; *Maurer*, DÖV 1963, S. 683 [683].

Verhältnis zwischen den Reichsgesetzen und der Reichsverfassung gegolten hat.[46] Der Gesetzgeber, der sowohl die Verfassung als auch die einfachen Gesetze erlassen hatte, sollte nicht durch sein eigenes Werk eingeschränkt sein.[47] Es galt in dieser Beziehung vielmehr der Grundsatz *lex posterior derogat legi priori*.[48] Auf die Geltung der Lehre von der *ipso iure* Nichtigkeit verfassungswidriger Gesetze ging *Anschütz* nicht ein. Geht man aber davon aus, dass später erlassenes Recht, auch wenn es sich um einfaches Gesetzesrecht handelt, auch die vorher in Kraft getretene Verfassung außer Kraft setzen kann, ist für die Lehre von der *ipso iure* Nichtigkeit verfassungswidriger Gesetze kein Raum. Bei einer Kollision des einfachen Gesetzes mit dem Verfassungsrecht war nicht etwa dem höherrangigen Recht, sondern vielmehr dem jüngeren Gesetz der Vorrang einzuräumen. Über die Geltung der *ipso iure* Lehre und die Konsequenz für eine verfassungsgerichtliche Entscheidung musste sich *Anschütz* auch insofern noch keine Gedanken machen, als man die Prüfungs- und Verwerfungskompetenz eines übergeordneten Gerichts, namentlich des Staatsgerichtshofs, erst noch zu etablieren suchte.[49]

Die Theorie von der *ipso iure* Nichtigkeit ist bei Inkrafttreten des Grundgesetzes dennoch weitgehend unbestritten vertreten worden.[50] Erst anschließend trat man ihr ausdrücklich mit Kritik entgegen.[51] Auch bei Schaffung des BVerfGG im Jahre 1951 ging der Gesetzgeber ebenfalls noch von der Geltung der *ipso iure* Nichtigkeitslehre aus.[52] Diese Annahme gründet sich darauf, dass die Nichtigkeit als einzige Rechtsfolge eines verfassungswidrigen Gesetzes weder problematisiert noch diskutiert, sondern wie selbstverständlich vorausgesetzt worden ist.[53] Nichts anderes geht aus der amtlichen Begründung des Regierungsentwurfs hervor[54] und nicht zuletzt ist in einem 1952 erschienenen Kommentar zum damaligen BVerfGG zu lesen, dass von der Geltung dieser Theorie ausgegangen werde.[55]

---

46 *Anschütz*, Die Verfassung des Deutschen Reichs vom 11. August 1919, Art. 102, Anm. 3c; ausführlich hierzu auch: *Dreier*, ZNR 1998, S. 28 [38].

47 *Anschütz*, Die Verfassung des Deutschen Reichs vom 11. August 1919, Art. 76, Anm. 1.

48 *Anschütz*, Die Verfassung des Deutschen Reichs vom 11. August 1919, Art. 102, Anm. 3; so sieht dies auch *Dreier*, ZNR 1998, S. 28 [38].

49 *Dreier*, ZNR 1998, S. 28 [42f.].

50 *Blüggel*, Unvereinbarerklärung, S. 138f; *Hein*, Unvereinbarerklärung durch das BVerfG, S. 95; *Maurer*, DÖV 1963, S. 683 [683].

51 *Blüggel*, Unvereinbarerklärung, S. 139; *Ipsen*, Rechtsfolgen, S. 75; *Hein*, Unvereinbarerklärung durch das BVerfG, S. 95; *Schlaich/Korioth*, Das BVerfG, Rn. 381; *Maurer*, DÖV 1963, S. 683 [683].

52 So auch *Böckenförde*, Die sogenannte Nichtigkeit, S. 52.

53 *Ulsamer*, in: Maunz/Schmidt-Bleibtreu/Klein u.a., BVerfGG, Komm., § 78, Rn. 6.

54 BT-Drucks. I/788, S. 34.

55 *Geiger*, BVerfGG, Komm., § 78, Abschnitt 4.

bb. Die Verbindlichkeit dieser Lehre und ihre rechtliche Qualität

Der Gesetzgeber von 1951 setzte diese Theorie nicht nur als seine eigene Ansicht voraus, sondern fühlte sich von ihr auch gebunden. Dies resultierte sicherlich daraus, dass er ihr - wie es auch heute noch der herrschenden Meinung entspricht[56] – Verfassungsrang zuerkannte. Diese These lässt sich noch am ehesten aus dem Grundsatz der Unverbrüchlichkeit der Verfassung[57] herleiten. Diesem ist zu entnehmen, dass speziell der Gesetzgeber nicht berechtigt ist, Verfassungsrecht stillschweigend abzuändern. Vielmehr hat eine Umgestaltung des Wortlautes der Verfassung stets im förmlichen Verfahren und ausdrücklich zu erfolgen.[58] Daraus kann man folgern, dass ein entsprechendes Gesetz, dass dies doch täte, nur nichtig sein kann. Gleichzeitig müssten verfassungswidrige Gesetze schon durch Kollision mit der Verfassung *ipso iure* außer Geltung treten. Jegliche Weitergeltung eines verfassungswidrigen Gesetzes bis zu einem konstitutiv wirkenden Urteil des Bundesverfassungsgerichts würde gerade die Unverbrüchlichkeit des Grundgesetzes, gegen die der Gesetzgeber verstoßen hat, in hohem Maße gefährden.

Dem Wortlaut der Verfassung lässt sich die These der *ipso iure* Nichtigkeit verfassungswidriger Gesetze andererseits nicht explizit entnehmen. [59] Art. 31 GG regelt zwar die Nichtigkeit des Landesrechts als Folge seiner Kollision mit Bundesrecht. Sie bezieht sich jedoch nicht auf die Kollision einfachen Bundesrechts mit der Verfassung.[60]

Im Ergebnis lässt sich feststellen, dass bei Erlass des BVerfGG davon ausgegangen worden ist, dass die Nichtigkeitsfeststellung als einzige Folge der Normenkollision zwischen Verfassungs- und einfachem Recht in Betracht kommt.

2. Die gesetzgeberischen Motive bei der Änderung des BVerfGG

Auch bei den beiden diesbezüglich wichtigsten Reformversuchen hinsichtlich der Regelungen der §§ 31, 78, 79 BVerfGG am Ende der fünften und am Anfang der sechsten Legislaturperiode des Bundestages wurde diese Lehre nie derart in Frage gestellt, dass es zu einer echten Neuregelung gekommen wäre.[61] Der erste Re-

---

56 *Schlaich/Korioth*, Das BVerfG, Rn. 379; *Hein*, Unvereinbarerklärung durch das BVerfG, S. 94.

57 *Isensee*, in: Isensee/Kirchhof, Handbuch des Staatsrechts, Band VII, § 162, Rn. 40.

58 *Isensee*, in: Isensee/Kirchhof, Handbuch des Staatsrechts, Band VII, § 162, Rn. 40.

59 *Ulsamer*, in Maunz/Schmidt-Bleibtreu/Klein u.a., BVerfGG, Komm., § 78, Rn. 11; *Klein*, in: Benda/Klein, Lehrbuch, Rn. 1245; *Schlaich/Korioth*, Das BVerfG, Rn. 379.

60 Siehe Art. 31 GG (vom 23. Mai 1949), BGBl. I S. 1 (4).

61 Viertes Gesetz zur Änderung des Bundesverfassungsgerichtsgesetzes, BGBl. (1970) I, S. 1765 [1766].

formversuch durch die Bundesregierung wurde eingeleitet, weil es zu Problemen bei Entscheidungen über steuerrechtliche Normen gekommen war. Die von der damals geltenden Fassung des § 79 Abs. 2 BVerfGG an eine Gerichtsentscheidung geknüpften Folgen wurden den Interessen der Steuerpflichtigen nicht gerecht.[62] Dieser Änderungsversuch schlug fehl, weil das Ende der Legislaturperiode nahte und es deshalb nur zu einer Lesung im Bundestag gekommen war.[63] Interessant ist, dass in der amtlichen Begründung dieses Regierungsentwurfs[64] an der *ipso iure* Nichtigkeit verfassungswidriger Gesetze immer noch ausdrücklich festgehalten worden ist.[65]

In der sechsten Legislaturperiode wurde ein erneuter Reformversuch unternommen. Der § 79 Abs. 2 BVerfGG sollte dahingehend geändert werden, dass das Bundesverfassungsgericht in Ausnahmefällen berechtigt sein sollte, den Zeitpunkt des Nichtigwerdens eines verfassungswidrigen Gesetzes abweichend vom eigentlichen Nichtigkeitszeitpunkt, nämlich dem der Kollision mit höherrangigem Recht, festzulegen. Von der tatsächlichen Nichtigkeit bis zu dem vom Bundesverfassungsgericht festgelegten Zeitpunkt sollte die Geltung des Gesetzes fingiert werden.[66] Man konnte sich im Ergebnis aber wiederum auf keine Änderung des BVerfGG einigen, so dass der Regierungsentwurf eines Vierten Gesetzes zur Änderung des Bundesverfassungsgerichtsgesetzes[67] im Rechtsausschuss abgelehnt wurde[68] und somit in der Konsequenz scheiterte.[69] Auch hier wurde aber schon vor Scheitern des Gesetzesvorhabens deutlich, dass an dem *ipso iure* Nichtigkeits-

62 BT-Drucks. V/3816, S. 8: Die Bundesregierung zeigte hier nun doch eine Reaktion auf die Probleme, die sich im Steuerrecht auftaten, wenn eine steuerrechtliche Vorschrift für nichtig erklärt wurde. Wurden nämlich nach § 78 Satz 1 BVerfGG steuerrechtliche Regelungen eliminiert, so bewirkte § 79 Abs. 2 BVerfGG, dass die günstigen Auswirkungen der Entscheidung nur dem steuerpflichtigen Bürger zugute kommen konnten, der *vorsorglich* Rechtsmittel gegen seinen Steuerbescheid eingelegt hatte bzw. die Steuern noch nicht gezahlt hatte. Der Bürger, der dagegen auf die gesetzliche Regelung vertraut und keine Rechtsmittel eingelegt hat, konnte aufgrund der die Rückwirkung der Entscheidung einschränkenden Regelung des § 79 Abs. 2 BVerfGG nicht mehr von den positiven Wirkungen des Bundesverfassungsgerichtsurteils profitieren. Das stieß auf Unverständnis bei den steuerzahlenden Bürgern und man sah eine Flut von vorsorglich gegen den Steuerbescheid eingelegten Rechtsmitteln auf sich zukommen (so auch BT-Drucks. IV/1343, S. 3).

63 *Ipsen*, Rechtsfolgen, S. 85; *Pohle*, Verfassungswidrigerklärung, S. 140.

64 BT-Drucks. V/3816, S. 5.

65 BT-Drucks. V/3816, S 8, 10.

66 BT-Drucks. VI/388, S. 3.

67 BT-Drucks. VI/388, S. 1ff.

68 Schriftlicher Bericht des Rechtsausschusses über den von der Bundesregierung eingebrachten Entwurf eines Vierten Gesetzes zur Änderung des Gesetzes über das Bundesverfassungsgericht, BT-Drucks. VI/1471.

69 *Ipsen*, Rechtsfolgen, S. 89; *Moench*, Gesetz und Normenkontrolle, S. 103.

dogma nicht gerüttelt werden sollte, sondern dass man beabsichtigte, lediglich eine Ausnahme in Form einer Fiktion festzulegen, die diese Lehre als Grundsatz aber voraussetzt. Das ergibt sich aus dem Wortlaut des Regierungsentwurfs:

> „In § 79 werden die Absätze 1 und 2 zu Absätzen 2 und 3; als Absatz 1 wird folgende Bestimmung eingeführt:
> (1) Das Bundesverfassungsgericht kann aus schwerwiegenden Gründen des öffentlichen Wohles in seiner Entscheidung bestimmen, dass ein für nichtig erklärtes Gesetz erst zu einem vom Gericht festzusetzenden Zeitpunkt als außer Kraft getreten gilt. Dieser Zeitpunkt darf nicht nach dem Wirksamwerden der Entscheidung liegen.“[70]

Daraus lässt sich folgern, dass die *ipso iure* Nichtigkeitslehre dem BVerfGG nicht nur bei seiner Entstehung zugrunde lag, sondern auch bei den Änderungen und Änderungsentwürfen noch immer der Überzeugung des Gesetzgebers entsprach.

Die Abkehr vom Grundsatz der *ipso iure* Nichtigkeit könnte der Gesetzgeber allerdings durch das Vierte Gesetz zur Änderung des BVerfGG[71] vollzogen haben. In diesem wurden u.a. der § 31 und der § 79 wie folgt geändert:

> „§ 31 Abs. 2 erhält folgende Fassung:
> „(2) In den Fällen des § 13 Nr. 6, 11, 12 und 14 hat die Entscheidung des Bundesverfassungsgerichts Gesetzeskraft. Das gilt auch in den Fällen des § 13 Nr. 8a, wenn das Bundesverfassungsgericht ein Gesetz als mit dem Grundgesetz vereinbar oder **unvereinbar** oder für nichtig erklärt. ...““ [72]

> „§ 79 Abs. 1 erhält folgende Fassung:
> „(1) Gegen ein rechtskräftiges Strafurteil, das auf einer mit dem Grundgesetz für **unvereinbar** oder nach § 78 für nichtig erklärten Norm oder auf der Auslegung einer Norm beruht,...““ [73] [74]

70 BT-Drucks. VI/388, S. 3.
71 BGBl. I (1970), S. 1765.
72 Hervorhebung durch die Verfasserin.
73 BGBl. I (1970), S. 1765ff.
74 Hervorhebung durch die Verfasserin.

Der Wortlaut erweckt durchaus den Anschein, als wollte man die Unvereinbarerklärung nun doch als Tenorierungsvariante für das Bundesverfassungsgericht etablieren. Ob der Gesetzgeber durch die vorgenommene Änderung des Wortlauts der §§ 31, 79 BVerfGG tatsächlich vom Grundsatz der *ipso iure* Nichtigkeit Abschied nehmen wollte, ist umstritten.[75] So ist der Begründung zum Regierungsentwurf des Änderungsgesetzes zu entnehmen, dass an der *ipso iure* Nichtigkeit gerade nicht gerüttelt werden sollte[76] und auch der Rechtsausschuss wies darauf hin, dass die Änderung keine materiellen Auswirkungen habe.[77] Es sollte sich lediglich um eine redaktionelle Änderung handeln.

Das erscheint widersprüchlich. Einerseits wird der Wortlaut des Gesetzes an die Entscheidungspraxis des Gerichts angepasst, andererseits will man diese Praxis damit aber gerade nicht legitimieren. Die Änderung sorgte auch für Widersprüche innerhalb des BVerfGG. Es wurden Folgen an eine Tenorierungsvariante geknüpft, deren Ausspruch dem Gericht streng genommen verwehrt ist. Man muss sich die Frage stellen, worin der Regelungszweck der Wortlautänderung liegen soll, wenn Folgen an eine Tenorierungsvariante geknüpft werden, deren Kodifizierung man ablehnt.

Letztendlich ist davon auszugehen, dass es sich um eine Anpassung des Wortlauts an die Entscheidungspraxis des Bundesverfassungsgerichts handelt. Man wusste von der Praxis des Bundesverfassungsgerichts, Gesetze nur für unvereinbar zu erklären, und ohne diese in letzter Konsequenz billigen zu wollen, erkannte man die Notwendigkeit für eine gesetzliche Regelung wenigstens bezüglich ihrer Folgen.

Dem ist aber keine Abkehr des Gesetzgebers von der *ipso iure* Nichtigkeitslehre zu entnehmen. Die Unvereinbarerklärung wurde gerade nicht als neue oder weitere Tenorierungsvariante in den § 78 BVerfGG eingeführt. Es wurde nur der Wortlaut der §§ 31, 79 BVerfGG erweitert und so einer Entwicklung in der gerichtlichen Praxis Rechnung getragen.

3. Die *ipso iure* Nichtigkeitslehre heute

Wie die *ipso iure* Nichtigkeitslehre heute beurteilt wird, ist im Hinblick auf die Abweichung des Bundesverfassungsgerichts von den geschriebenen Entscheidungsvarianten interessant, da eine grundsätzliche Abkehr von dieser Theorie als Recht-

---

75 Für eine Billigung der Unvereinbarerklärung spricht sich beispielsweise *Klein*, in: Benda/Klein, Lehrbuch, Rn. 1248 aus; bestritten wird eine billigende Wirkung der Wortlautänderung von *Schlaich/Korioth*, Das BVerfGG, Rn. 397; *Skouris*, Teilnichtigkeit, S. 49; *Ipsen*, Rechtsfolgen, S 212.

76 BT-Drucks. VI/388, S. 9.

77 BT-Drucks. VI/1471, S. 5.

fertigung für weitere als die gesetzlich geregelten Entscheidungsvarianten dienen könnte.

a. Die *ipso iure* Nichtigkeitslehre

Um die Frage zu klären, ob die *ipso iure* Nichtigkeitslehre auch heute noch gelten kann, ist zu untersuchen, wie sie argumentativ belegt wird.

aa. Das Begründungsmodell der verfassungsrechtlichen Rechtssetzungsnormen

Ein Begründungsansatz für die *ipso iure* Nichtigkeitslehre geht davon aus, eine positive Rechtsnorm könne nur Geltung erlangen, wenn sie den Rechtsgeltungsnormen der Verfassung entspräche.[78] Rechtsgeltungsnormen der Verfassung sind einerseits formelle Regelungen, insbesondere solche, die das Zustandekommen eines Gesetzes regeln, andererseits solche, die in materieller Hinsicht Anforderungen an das Gesetz stellen.[79] Da diese Normen die Rechtssetzung und -geltung regeln, geht man davon aus, dass bei einem Widerspruch zwischen einem einfachen Gesetz und einer dieser Rechtsgeltungsnormen dessen Nichtigkeit durch den Verfassungsverstoß eintritt, ohne dass es eines anderen Aktes bedarf; es ist also *ipso iure* nichtig.[80]

bb. Das Begründungsmodell der Einheit der Rechtsordnung

Die herrschende Meinung begründet die Geltung der *ipso iure* Nichtigkeitstheorie über die These der Einheit der Rechtsordnung.[81] Vorausgesetzt wird, dass eine einheitliche Rechtsordnung existiert, in der keine Widersprüche bestehen dürfen.[82] Des Weiteren wird vom Grundsatz *lex superior derogat legi inferiori* ausgegangen.[83] Verstößt nun ein Gesetz gegen die Verfassung, so kann eines von beiden nicht weiter gelten, da es sonst zu einem Widerspruch käme und die Einheit der Rechtsordnung gefährdet wäre. Aus dem oben genannten Grundsatz des Vorrangs des Verfassungsrechts ergibt sich, welche Norm weichen muss, nämlich die einfach-

---

78 *Brinckmann*, DÖV 1970, S. 406 [407]; *Söhn*, Anwendungspflicht, S. 6; *Hein*, Unvereinbarerklärung durch das BVerfG; S. 93; *Hartmann*, DVBl. 1997, S. 1264 [1264]; *Kelsen*, Reine Rechtslehre, S. 228; dies beschreibt auch: *Huh*, Probleme der Normenkontrolle, S. 27.

79 *Brinckmann*, DÖV 1970, S. 406 [406f.]; *Kelsen*, Reine Rechtslehre, S. 228.

80 *Brinckmann*, DÖV 1970, S. 406 [407]; *Ipsen*, Rechtsfolgen, S. 74.

81 *Hein*, Unvereinbarerklärung durch das BVerfG, S. 93; *Arndt*, DÖV 1959, S. 81 [82]; *Ipsen*, Rechtsfolgen, S. 73f.; *Söhn*, Anwendungspflicht, S. 22.

82 *Arndt*, DÖV 1959, S. 81 [82]; *Ipsen*, Rechtsfolgen, S. 73f.; *Söhn*, Anwendungspflicht, S. 22.

83 *Arndt*, DÖV 1959, S. 81 [83]; *Ipsen*, Rechtsfolgen, S. 74; *Hartmann*, DVBl. 1997, S. 1264 [1264].

rechtliche.[84] Hieraus resultiert die *ipso iure* Nichtigkeit, da im Moment der Entstehung des Widerspruches das höherrangige Recht die andere Norm derogiert.

cc. Die Begründung mit Art. 100 Abs. 1 GG

Die *ipso iure* Nichtigkeitslehre wird auch auf den Wortlaut des Art. 100 Abs. 1 GG gestützt.[85] Das Wort „Gültigkeit" in seinem Text solle darauf hinweisen, dass ihm die Vorstellung zugrunde liege, verfassungswidrige Gesetze seien automatisch nichtig. Der Art 100 Abs. 1 GG setze voraus, dass die Gültigkeit des Gesetzes bereits in Frage stehen müsse, um eine Vorlagepflicht bzw. ein Vorlagerecht auszulösen. Dies könne sie nur, wenn sie schon durch die Kollision der Normen *eo ipso* erloschen sei und nicht etwa erst durch das Gerichtsurteil vernichtet werde.[86]

Ginge man dagegen davon aus, dass die Gültigkeit erst mit der Entscheidung des Bundesverfassungsgerichts entfiele, könne kein Gesetz zur Überprüfung vorgelegt werden. Es wäre zum Vorlagezeitpunkt ja noch wirksam und nach dieser Ansicht somit gemäß dem Wortlaut des Art. 100 Abs. 1 GG kein tauglicher Vorlagegegenstand.[87]

dd. Die Begründung mit der Rechtstradition

Als schwächster Begründungsversuch ist der zu nennen, der allein auf die Rechtstradition in Deutschland abstellt. Dass der *ipso iure* Nichtigkeitsgrundsatz zeitlich schon vor dem Grundgesetz existiert habe, solle seine heutige Existenz begründen und bestätigen. Erster Vertreter der These, dass verfassungswidrige Gesetze *ipso iure* nichtig seien, war K. E. Schmid[88] in seinem 1821 verfassten Lehrbuch.[89] Dass der Lehre von der *ipso iure* Nichtigkeit erst nach Schaffung des Grundgesetzes Kritik entgegengebracht worden ist[90], soll ihre Richtigkeit bestätigen.

---

84 *Arndt*, DÖV 1959, S. 81 [83]; *Ipsen*, Rechtsfolgen, S. 74.
85 *Moench*, Gesetz und Normenkontrolle, S. 98.
86 *Moench*, Gesetz und Normenkontrolle, S. 98.
87 *Wobst*, Verfassungswidrige Gesetze, S. 40f.; *Hein*, Unvereinbarerklärung durch das BVerfG, S. 96.
88 „Der Richter darf kein Gesetz anwenden, welches nicht 1) durch die verfassungsmäßige Form (als ausdrückliches oder stillschweigendes Recht) gültig ist, und...", *Schmid*, Staatsrecht, S. 125.
89 *Blüggel*, Unvereinbarerklärung, S. 139.
90 *Blüggel*, Unvereinbarerklärung, S. 139; *Ipsen*, Rechtsfolgen, S. 75; *Hein*, Unvereinbarerklärung durch das BVerfG, S. 95; *Schlaich/Korioth*, Das BVerfG, Rn. 381.

b. Die Vernichtbarkeitslehre und ihre Argumente

Der Lehre von der *ipso iure* Nichtigkeit tritt die sog. Vernichtbarkeitslehre entgegen. Sie besagt, dass Gesetze, die gegen die Verfassung verstoßen, nicht von Anfang an nichtig sind, sondern ihre Gültigkeit behalten, bis ihre Nichtigkeit in einem Urteil konstitutiv ausgesprochen wird.[91]

aa. Das Abweichen vom Modell der Rechtsgeltungsnormen

Zur Begründung der Vernichtbarkeitslehre wird im Wesentlichen die Theorie der Existenz von Verfassungsnormen als Rechtsgeltungsnormen[92] angeführt. Geht man nämlich davon aus, die Verfassungsnormen seien Rechtsgeltungsnormen, lässt sich dem eine Rechtsfolge für den Fall, dass einfaches Bundesrecht der Verfassung von Anfang an nicht entspricht, entnehmen. Es könnte nicht wirksam werden. Es fehlt dann aber an einer Rechtsfolge für den Fall, dass einfaches Bundesrecht erst im Laufe der Zeit durch Veränderungen in tatsächlicher Hinsicht gegen das Grundgesetz verstößt. Denn da das einfache Gesetz zunächst den Rechtsgeltungsnormen entsprochen hat, ist dieses ja wirksam zustande gekommen.[93] Aus dem Mangel einer Rechtsfolge für diesen Fall soll sich die Fehlerhaftigkeit der Theorie von den Rechtsgeltungsnormen ergeben. Dies ist mit der Konsequenz verbunden, dass die Existenz von Rechtsgeltungsnormen in der Verfassung bestritten wird.

Vielmehr wird angenommen, dass Verfassungsnormen zwar Gebote an den einfachen Gesetzgeber regeln, ohne jedoch die Folgen für den Verstoß gegen diese Gebote zu enthalten.[94] Um die automatische Nichtigkeit als Resultat eines Verstoßes gegen die Verfassung festzulegen, sei es nötig, diese Folge ausdrücklich zu regeln.[95] Solange dies nicht geschehen sei, könne nicht von der Nichtigkeit als zwingender Rechtsfolge eines Verfassungsverstoßes ausgegangen werden.

bb. Die Begründung mit den Rechtssatzkontrollvorschriften

Für die These von der bloßen „Vernichtbarkeit"[96] von Normen findet sich in der Verfassung ebenfalls kein ausdrücklicher Anhaltspunkt. Trotzdem wird zu belegen

---

91 *Söhn*, Anwendungspflicht, S.10; *Kelsen*, Reine Rechtslehre, S. 275.

92 Rechtsgeltungsnormen sind einerseits formelle Normen, also beispielsweise solche, die das Zustandekommen des Gesetzes regeln, als auch solche, die in materieller Hinsicht Anforderungen an das Gesetz stellen.

93 *Pestalozza*, FS für das BVerfG, S. 519 [522].

94 *Söhn*, Anwendungspflicht, S.9.

95 *Söhn*, Anwendungspflicht, S.10.

96 *Schlaich/Korioth*, Das BVerfG, Rn. 381.

versucht, dass diese und nicht die Lehre von der *ipso iure* Nichtigkeit dem Verfassungsverständnis entspreche. Hierfür werden die Rechtssatzkontrollvorschriften der Art. 93 Abs. 1 Nr. 2, Nr. 4a, 100 Abs. 1 GG herangezogen. Diese ließen sich zugunsten der Vernichtbarkeitslehre fruchtbar machen.[97]

Es wird also vertreten, diesen Vorschriften liege die Annahme zugrunde, dass ein Gesetz durch die Kollision mit der Verfassung nicht *ipso iure* nichtig sei, sondern erst durch ein entsprechendes Urteil konstitutiv vernichtet werde.[98] Mit Blick auf Art. 100 Abs. 1 GG wird das aus der Vorlagepflicht der Gerichte gefolgert. Wäre das Gesetz *ipso iure* nichtig, könne diesem keine Geltung mehr zukommen. Ein Richter könnte dann aber auch nicht vorübergehend an das verfassungswidrige Gesetz gebunden und zur Vorlage verpflichtet sein. Selbst eine solche Bindungswirkung könne von einem nichtigen Gesetz nicht mehr ausgehen, da dies die Zugehörigkeit der bindenden Norm zur geltenden Rechtsordnung voraussetze.[99] So widerlegen die Vertreter der Vernichtbarkeitslehre die These, Art. 100 GG setze gerade die Nichtigkeit eines verfassungswidrigen Gesetzes voraus.[100]

cc. *Die Begründung mit der monopolisierten Prüfungs- und Verwerfungskompetenz*

Die Prüfungs- und Verwerfungskompetenz für nachkonstitutionelle, verfassungswidrige Gesetze ist beim Bundesverfassungsgericht monopolisiert. Der einfache Richter darf solche Gesetze nicht verwerfen, sondern muss sie bei entsprechenden Bedenken dem Bundesverfassungsgericht vorlegen.[101] Gerade dieser Konzentration der Kompetenzen beim Bundesverfassungsgericht wird entnommen, dass das Gesetz nur konstitutiv durch Richterspruch vernichtet werden kann, da es bis zu seiner Vorlage und Verwerfung angewendet werden muss. Dies könnte nicht gelten, wenn es im Zeitpunkt der richterlichen Entscheidung schon gar nicht mehr existierte.[102]

Kelsen geht zwar einerseits von der Theorie der Rechtsgeltungsnormen, die zugunsten der *ipso iure* Nichtigkeitslehre ins Feld geführt wird, aus[103], wendet sich andererseits aber gegen die These von der *ipso iure* Nichtigkeit verfassungswidriger Gesetze. Nach der Theorie der Rechtsgeltungsnormen können im Grundsatz nur Ge-

---

97 *Schlaich/Korioth*, Das BVerfG, Rn. 381ff.

98 *Söhn*, Anwendungspflicht, S.10.

99 *Schlaich/Korioth*, Das BVerfG, Rn. 381; *Söhn*, Anwendungspflicht, S. 14f.; *Ipsen*, Rechtsfolgen, S. 90; so dargestellt auch bei *Huh*, Probleme der Normenkontrolle, S. 129.

100 *Söhn*, Anwendungspflicht, S. 14f.

101 *Söllner*, FS 50 Jahre Bundessozialgericht, S. 43 [43].

102 *Kelsen*, Reine Rechtslehre, S. 275.

103 *Kelsen*, Reine Rechtslehre, S. 228.

setze zustande kommen, die diesen Rechtsgeltungsnormen entsprechen. Allerdings sei dem heutigen Gesetzgeber durch die Kompetenznormen der Legislative die Möglichkeit eingeräumt, auch verfassungswidrige Gesetze zu erlassen. Die Normenkontrollvorschriften sieht *Kelsen* als *alternative* Rechtsgeltungsnormen, die die primären Rechtsgeltungsnormen suspendieren und so auch verfassungswidrigen Gesetzen zur Geltung verhelfen. Diese Gesetze seien dann allerdings minderer Qualität, weil „vernichtbar“.[104] Die Normen könnten dann in dem verfassungsmäßig vorgeschriebenen Verfahren aufgehoben werden, seien aber niemals *eo ipso* nichtig.[105]

dd. Das Entstehen von Rechtsunsicherheit als Ergebnis der Nichtigkeitslehre

Ausgehend von der Kritik an den Auswirkungen der *ipso iure* Nichtigkeitslehre wird für die Theorie von der Vernichtbarkeit verfassungswidriger Normen darüber hinaus angeführt, erstere verstoße bei strikter Anwendung gegen den Verfassungsgrundsatz der Rechtssicherheit.[106] Die faktische Wirkung, die von den „nichtigen“ Gesetzen zwischen Nichtigkeitszeitpunkt und Nichtigerklärung ausginge, könne nachträglich nicht aufgehoben werden. Die Norm wurde trotz ihrer angeblichen Nichtigkeit angewendet. Daraus müsse sich zwingend ergeben, dass die entsprechende Norm auch nach der Kollision mit der Verfassung noch wirksam sei, bis eine gerichtliche Entscheidung hierüber konstitutiv befunden habe.[107] Gleichzeitig wird aus alledem sogar gefolgert, dass die Lehre von der *ipso iure* Nichtigkeit ihrerseits verfassungswidrig sei. Dadurch, dass sie einen Zustand verursache, in dem eine Norm trotz ihrer Verfassungswidrigkeit angewendet werde, bewirke sie einen Verstoß gegen den Grundsatz der Rechtssicherheit.[108]

ee. Die Nichtigkeitslehre im Widerspruch zum BVerfGG

Auch im BVerfGG wollen die Vertreter der Vernichtbarkeitslehre Anhaltspunkte finden, dass die *ipso iure* Nichtigkeitslehre dem Gesetz nicht zugrunde liege und diesem sogar widerspreche. So werden die Vorschriften über das Organstreitverfahren angeführt. In diesem kann ein Gesetz zwar inzident überprüft werden, die Möglichkeit seiner Nichtigerklärung besteht hier aber nicht. Diese Tenorierungsmöglichkeit hält das BVerfGG für den Organstreit gerade nicht bereit.[109] Das

---

104 *Kelsen*, Reine Rechtslehre, S. 277f.; *Söhn*, Anwendungspflicht, S. 29.

105 *Kelsen*, Reine Rechtslehre, S. 275ff.

106 *Schlaich/Korioth*, Das BVerfG, Rn. 381.

107 *Hartmann*, DVBl. 1997, S. 1264 [1265]; *Moench*, Gesetz und Normenkontrolle, S. 125ff.

108 *Böckenförde*, Die sogenannte Nichtigkeit, S. 62.

109 *Pestalozza*, FS für das BVerfG, S. 519 [521]; BVerfGE 20, 119 [129]; 24, 300 [351f.].

Bundesverfassungsgericht könnte in diesem Verfahren im Falle der Verfassungswidrigkeit eines Gesetzes diese also nur unverbindlich feststellen.

Die verbindliche Feststellung der Nichtigkeit des als verfassungswidrig erkannten Gesetzes im Tenor wird also in diesem Fall nicht als notwendige Folge angesehen. Daraus wird gefolgert, dass das Gesetz auch nicht *ipso iure* nichtig sein könne, denn dann müsste dem Bundesverfassungsgericht im Organstreitverfahren die Kompetenz zukommen, diese Nichtigkeit festzustellen. Die *ipso iure* Nichtigkeitslehre widerspreche also insoweit dem System und den Vorschriften des BVerfGG.

Zu dem gleichen Ergebnis kommt man mit Blick auf die Regelungen bezüglich des Wahlprüfungsverfahrens. Auch in diesem Verfahren besteht zwar eine Prüfungskompetenz bezüglich der zugrunde liegenden Gesetze. Eine Verwerfungskompetenz für den Fall ihrer Verfassungswidrigkeit besteht allerdings nicht.[110] Die Änderung oder Elimination dieser Normen obliegt in diesem Fall dem Gesetzgeber.[111]

c. Stellungnahme

Die Vernichtbarkeitslehre ist trotz ihres möglicherweise interessengerechteren Ergebnisses insgesamt nicht haltbar. Sie wird heute von der ganz überwiegenden Meinung zu Recht immer noch abgelehnt und kann mangels durchschlagender Argumente nicht überzeugen. Das Hauptargument, das sich auf die Rechtssatzkontrollvorschriften stützt, erscheint nicht besonders überzeugend. So wird Art. 100 Abs. 1 GG auch zur Begründung der *ipso iure* Nichtigkeitslehre herangezogen.

Insgesamt sprechen die Argumente überwiegend für die Geltung der Lehre von der *ipso iure* Nichtigkeit. So trifft es zu, dass Art. 100 Abs. 1 GG die Nichtigkeit verfassungswidriger Normen voraussetzt und ihm nicht etwa Anhaltspunkte für die zwingende Weitergeltung dieser Normen zu entnehmen sind. Der Richter darf eine Norm gerade nicht mehr anwenden, wenn er sie für verfassungswidrig hält und es auf ihre Gültigkeit ankommt.[112] Diese Bindungswirkung resultiert aber nicht etwa aus der angezweifelten Norm selbst, sondern ist Art. 100 Abs. 1 GG zu entnehmen. Die endgültige und verbindliche Klärung des Konfliktes ist dem Bundesverfassungsgericht vorbehalten. Dies ergibt sich allein aus der Monopolisierung

---

110 BVerfGE 16, 300 [351]; *Pestalozza*, FS für das BVerfG, S. 519 [522].

111 BVerfGE 16, 300 [352].

112 *Schlaich/Korioth*, Das BVerfG, Rn. 381.

der Verwerfungskompetenz. Diese ist zur Gewährleistung der Rechtssicherheit[113] und auch zum Schutz des nachkonstitutionellen Gesetzgebers geregelt worden.[114]

Der Gefahr des Auftretens von rechtsunsicheren Zuständen durch die „Scheingeltung" der verfassungswidrigen Norm zwischen ihrer Kollision mit der Verfassung und der Nichtigerklärung wurde durch die Regelung des § 79 BVerfGG entgegengetreten. Dieser regelt die Möglichkeiten der Rückwirkung des verfassungsgerichtlichen Urteils genau für diesen Zeitraum.[115]

Betrachtet man die Entwicklung des BVerfGG und die amtlichen Begründungen zu seinem ersten Entwurf und zu den wichtigsten Änderungen, spricht nichts dafür, dass diesem die Vernichtbarkeitslehre zugrunde lag. Den Dokumenten ist eindeutig zu entnehmen, dass der Gesetzgeber von der Nichtigkeitslehre ausging und von dieser Ansicht bis heute nicht abgewichen ist. Selbst die Änderungen der §§ 31, 79 BVerfGG durch das 4. Änderungsgesetz zum BVerfGG sollten lediglich redaktioneller Natur sein, jedoch keine inhaltlichen Veränderungen des BVerfGG, namentlich die Abwendung von der *ipso iure* Nichtigkeit verfassungswidriger Gesetze, nach sich ziehen.[116] Insofern widerspricht die *ipso iure* Nichtigkeitslehre aber auch nicht dem System des BVerfGG.

Dass es zu Widersprüchen innerhalb eines Gesetzeswerkes kommt, lässt noch keine zwingenden Schlüsse zu, wie diese Widersprüche aufzuheben sind. Der Tatsache, dass im Organstreit- und Wahlprüfungsverfahren zwar eine Prüfungskompetenz bezüglich der zugrunde liegenden Gesetze besteht, eine Verwerfungskompetenz bei festgestellter Verfassungswidrigkeit aus dem BVerfGG jedoch nicht existiert, ist nicht eindeutig zu entnehmen, dass die *ipso iure* Nichtigkeitslehre insgesamt nicht mehr gelten könne. Zum einen können Widersprüche in einem einfachen Gesetz nicht einen Grundsatz außer Kraft setzten, dem nach allgemeiner Meinung[117] Verfassungsrang zuerkannt wird. Darüber hinaus kann der etwaige Widerspruch im Gesetz verfassungskonform dahingehend aufgelöst werden, dass sich eine Verwerfungskompetenz des Bundesverfassungsgerichts auch in den genannten Verfahren aus Grundsatz der *ipso iure* Nichtigkeit selbst ergibt. Das BVerfGG ist lediglich einfaches Recht, das Bundesverfassungsgericht ist in erster Linie aber an die Verfassung gebunden.

---

113 *Hartmann*, DVBl. 1997, S. 1264 [1267].

114 *Hein*, Unvereinbarerklärung durch das BVerfG, S. 94.

115 *Schlaich/Korioth*, Das BVerfG, Rn. 382; *Burghart*, NVwZ 1998, S. 1262 [1264].

116 Siehe oben im Ersten Teil unter I B 2.

117 *Blüggel*, Unvereinbarerklärung, S. 138; *Hein*, Unvereinbarerklärung durch das BVerfG, S. 92, 94; BVerfGE 1, 14 [37]; *Ipsen*, Rechtsfolgen, S. 153f.; *Brinckmann*, DÖV 1970, S. 406 [407]; *Arndt*, DÖV 1959, S. 81 [82].

Den genannten Widerspruch sehen auch nur die Vertreter der Vernichtbarkeitslehre. Die aufgezählten Verfahren sind keine Normenkontrollverfahren. Die zugrunde liegenden Normen werden allenfalls inzident überprüft. Gesetze sind in diesen Verfahren also nur mittelbar Prüfungsgegenstand. Insofern ist das BVerfGG als unvollständig anzusehen, wenn es eine Verwerfungskompetenz in diesen Verfahren nicht ausdrücklich regelt und diese Lücke in beschriebener Art und Weise verfassungskonform zu schließen. Kommt das Bundesverfassungsgericht zu dem Schluss, dass ein Gesetz, das es im Organstreitverfahren oder auch im Wahlprüfungsverfahren mit überprüft hat, verfassungswidrig ist, stellt es diese Tatsache fest. Eine Bindungswirkung für den Gesetzgeber ergibt sich dann aus dem Grundsatz der Verfassungsorgantreue[118] gegenüber dem Bundesverfassungsgericht.

d. Die Ansicht des Bundesverfassungsgerichts

Die Ansicht des Bundesverfassungsgerichts wird aus seinen Entscheidungen nicht ganz klar. Man kann wohl annehmen, dass es eine Mittellösung sucht[119], um die sonst u.U. unerwünschten Folgen der zu strengen Theorie von der *ipso iure* Nichtigkeit verfassungswidriger Gesetze abmildern zu können. Allerdings ist es nahezu unmöglich, den Entscheidungen des Bundesverfassungsgerichts, denen Stellungnahmen des Gerichts zu dieser Frage oft völlig fehlen, eine klare Ansicht zu dieser Frage zu entnehmen. Es wird von Seiten des Gerichts jedenfalls immer wieder geäußert, dass an der Theorie von der *ipso iure* Nichtigkeit nicht zu rütteln sei und diese seinen Entscheidungen auch immer wieder zugrunde liege.[120] Andererseits schränkt der zweite Senat beispielsweise in zwei Entscheidungen aus den Jahren 1971/72 die Geltung der *ipso iure* Nichtigkeitslehre ein und erklärt, die Nichtigkeit müsse nicht immer zwingende Folge der Verfassungswidrigkeit einer Norm sein.[121] Zwar solle auch weiterhin gelten, dass die Nichtigkeit einer Norm *grundsätzlich* die Folge der Verfassungswidrigkeit sei, jedoch gelte dies nur für *inhaltliche* Verstöße gegen höherrangiges Recht, bei Überschreiten einer bereits existenten Kompetenznorm und für evidente bzw. grobe Mängel im Gesetzgebungsverfahren,[122] nicht aber bei leichten oder versteckten – also nicht evidenten – Mängeln im Gesetzgebungsverfahren.[123] Als nicht evidenten Mangel hat das Bundesverfassungsgericht beispielsweise das Fehlen einer Kompetenznorm zum Zeitpunkt des

---

118 Dieser Grundsatz, dass alle obersten Verfassungsorgane der Bundesrepublik Deutschland die Entscheidungen der jeweils anderen Verfassungsorgane zu respektieren und sich zueinander so zu verhalten haben, bedeutet, dass jedes Verfassungsorgan in der Lage ist, seine Befugnisse wahrzunehmen. (*Schulze-Fielitz*, AöR 122 (1997), S. 1 [27f.]).

119 *Söhn*, Anwendungspflicht, S. 11.

120 BVerfGE 1, 14 (37); BVerfGE 6, 273 (274); BVerfGE 8, 51 (71); BVerfGE 91, 1 (2).

121 BVerfGE 31, 47 [53]; BVerfGE 34, 9 [25].

122 BVerfGE 31, 47 [53]; BVerfGE 34, 9 [25].

123 BVerfGE 31, 47 [53]; BVerfGE 34, 9 [25].

Erlasses des eigentlichen Gesetzes angesehen, weil diese Kompetenznorm erst nach dem eigentlichen Gesetz ausgefertigt worden war.[124] Allerdings stellte es in den Leitsätzen dieses Urteils auch fest, dass dieser Mangel im Gesetzgebungsverfahren für die Zukunft als evident anzusehen sei und somit aus diesem Verstoß für die Zeit nach Inkrafttreten des Urteils zwingend die Nichtigkeit des betreffenden Gesetzes mangels Kompetenz folge.[125] Das Gericht zieht hier Vergleiche zu der Lehre vom fehlerhaften Verwaltungsakt, der grundsätzlich nicht nichtig, sondern nur rechtswidrig ist.[126]

Auch zu der Frage, wie es bei Festhalten an der Lehre von der *ipso iure* Nichtigkeit gleichzeitig zum Abweichen von dem in § 78 BVerfGG festgelegten Tenor der feststellenden Nichtigerklärung kommen kann, fehlt jede Äußerung des Bundesverfassungsgerichts. Dies trägt nicht dazu bei, einen klaren Kurs des Gerichts auszumachen.

e. Fazit

Hinsichtlich der Frage des Festhaltens an der *ipso iure* Nichtigkeitslehre überzeugt es nicht, allein auf die Rechtstradition abzustellen, da mit dieser Begründung niemals notwendige Veränderungen entgegen einem traditionellen Verständnis möglich wären. In Kombination mit den anderen Begründungsansätzen kann die Argumentation für die Lehre der *ipso iure* Nichtigkeit verfassungswidriger Gesetze aber noch immer überzeugen. An der *ipso iure* Nichtigkeitslehre ist *im Grundsatz* festzuhalten.

Zwar ist an der Argumentation mit Art. 100 GG auch zu kritisieren, dass „Gültigkeit" und „Nichtigkeit" nicht gleichzusetzen sind und deswegen hieraus kein Indiz für die *ipso iure* Nichtigkeit ableiten lässt.[127] Jedoch ist keine der Interpretationen von Art. 100 GG wirklich zwingend. Insgesamt muss also davon ausgegangen werden, dass die *ipso iure* Nichtigkeitslehre ihrem Grundsatz nach auch heute noch gelten muss und dem BVerfGG auch nach wie vor zugrunde liegt. Ausnahmen müssen aber möglich bleiben.

4. Die Folgen der Nichtigerklärung

Zuletzt sind die Folgen der Nichtigerklärung darzustellen. Eine Folge dieser Art der Tenorierung ist die Änderung der Rechtslage. Die Nichtigkeit des vorher für

---

124 BVerfGE 34, 9 [25].
125 BVerfGE 34, 9 [9, 26].
126 BVerfGE 34, 9 [26], so auch *Söhn*, Anwendungspflicht, S. 12.
127 *Söhn*, Anwendungspflicht, S. 14f.

verfassungswidrig befundenen Gesetzes wird allgemeinverbindlich festgestellt.[128] Dieser Ausspruch wirkt grundsätzlich auch auf den Zeitpunkt der Kollision des einfachen Rechts mit der Verfassung zurück. Der Augenblick des Außer-Kraft-Tretens kann zeitlich mit der Entstehung des Gesetzes zusammen fallen oder aber auch erst nach diesem Zeitpunkt liegen. Dass die Entscheidung auch für die Vergangenheit gilt, ergibt sich aus der *ex tunc* Nichtigkeit verfassungswidriger Gesetze.[129]

Der § 79 BVerfGG mildert diese Rückwirkung weitestgehend ab, um noch zu interessengerechten Ergebnissen kommen zu können. So kommt eine Wiederaufnahme eines Strafverfahrens und somit die Herstellung der Rückwirkung nach den Regeln der StPO dann in Betracht, wenn eine rechtskräftige Entscheidung im Raume steht, die auf einer nach § 78 BVerfGG für nichtig erklärten Norm beruht. Darüber hinaus bleiben aber alle sonstigen unanfechtbar gewordenen Entscheidungen gemäß § 79 Abs. 2 BVerfGG von dem Urteil des Bundesverfassungsgerichts unberührt.[130] Dies wird lediglich durch Satz 2 insofern eingeschränkt, als eine Vollstreckung aus derart betroffenen Entscheidungen dennoch nicht mehr in Betracht kommt.

Der Nichtigerklärung kommt die Bindungswirkung des § 31 Abs. 1 BVerfGG für alle Gerichte und Behörden sowie für die Verfassungsorgane von Bund und Ländern zu. Die Bindungswirkung *erga omnes*, also über die Beteiligten hinaus, ergibt sich daraus, dass die Entscheidung gemäß § 31 Abs. 2 Satz 1 BVerfGG in Gesetzeskraft erwächst. Sie ist gemäß § 31 Abs. 2 Satz 3 BVerfGG im Bundesgesetzblatt zu veröffentlichen.

C. Die Vereinbarerklärung

Die Vereinbarerklärung ergibt sich für die Normenkontrollverfahren bei Vereinbarkeit einer Norm mit dem Grundgesetz als logisch zwingende Tenorierungsvariante. Bei uneingeschränkter Vereinbarkeit einer Norm mit dem Grundgesetz besteht für das Bundesverfassungsgericht keine Notwendigkeit, seine Entscheidung anders zu tenorieren.[131] Es gibt im Fall der Vereinbarkeit der zu prüfenden Norm(en) mit dem Grundgesetz keinen Raum für andere Entscheidungsvarianten, die diese beispielsweise für nichtig, unvereinbar mit dem Grundgesetz oder teilnichtig erklären. Das Bundesverfassungsgericht würde ganz eindeutig außerhalb

---

128 *Schlaich/Korioth*, Das BVerfG, Rn. 378.

129 *Schlaich/Korioth*, Das BVerfG, Rn. 390.

130 *Blüggel*, SGb 2003, S. 507 [507].

131 Auf die so genannten Appellentscheidungen wird an anderer Stelle noch näher einzugehen sein.

seiner Befugnisse handeln, wenn es ein Gesetz aus anderen Gründen als dessen Verfassungswidrigkeit für nichtig erklärte. Denn nur der Legislative steht es zu, ein Gesetz zu ändern, obwohl es der Verfassung vollkommen entspricht. Das ist Kern der Legislativtätigkeit.

Im Übrigen prüft das Bundesverfassungsgericht auch nur die Vereinbarkeit von Landesrecht mit Bundesrecht und dem Grundgesetz und die Vereinbarkeit von Bundesrecht mit dem Grundgesetz, Art. 93 Abs. 1 Nr. 2, 100 Abs. 1 GG. Aus dem ihm zustehenden Prüfungsumfang resultiert dann auch der Umfang seiner Verwerfungskompetenz. Eine Zweckmäßigkeitsprüfung steht dem Bundesverfassungsgericht nach den Rechtssatzkontrollvorschriften nicht zu. Somit ergibt sich die Vereinbarerklärung für die Normenkontrollverfahren des BVerfGG zwingend aus dem Grundgesetz.[132]

Aber auch das BVerfGG setzt die Vereinbarerklärung als Entscheidungsvariante voraus. Das ergibt sich aus § 31 Abs. 2 BVerfGG, der der Vereinbarerklärung an dieser Stelle Gesetzeskraft verleiht, und darüber hinaus aus dem *argumentum e contrario*[133] zu § 78 Satz 1 BVerfGG. Sind ein Gesetz oder eine zur Prüfung gestellte Norm vollumfänglich mit der Verfassung vereinbar, wird daraus gefolgert, dass eine Nichtigerklärung jedenfalls nicht erfolgen darf.[134] Das allein kommt für das Bundesverfassungsgericht zwar noch keiner Ermächtigungsgrundlage für diese Art der Tenorierung gleich, jedoch unterstreicht es das oben zur Möglichkeit der Vereinbarerklärung Gesagte.

Bis etwa 1970 war man noch der Meinung, dass es bei der Rechtssatzverfassungsbeschwerde bzw. bei der Verfassungsbeschwerde, die mittelbar ein Gesetz angreift, keine Vereinbarerklärung gebe.[135] Heute muss man nach der Anpassung des § 31 Abs. 2 Satz 2 BVerfGG durch das 4. Änderungsgesetz zum BVerfGG[136] mit der allgemeinen Meinung davon ausgehen, dass auch bei der Verfassungsbeschwerde eine Vereinbarerklärung erfolgen kann, wenn das Bundesverfassungsgericht zu dem Ergebnis kommt, ein zuerst für verfassungswidrig gehaltenes Gesetz entspreche in vollem Umfang dem Grundgesetz.[137] Das ist unter prozessökonomischen Gesichtspunkten auch sinnvoll. So muss nicht zusätzlich noch eine Normenkontrolle angeschlossen werden, um die Verfassungsmäßigkeit des Gesetzes

---

132 Beispiel hierfür: BVerfGE 39, 210 [210f.].

133 Weiterführend hierzu: *Larenz*, Methodenlehre der Rechtswissenschaft, S. 390; *Kramer*, Juristische Methodenlehre, S. 152.

134 *Siedler*, Gesetzgeber und Bundesverfassungsgericht, S. 91.

135 *Leibholz/Rupprecht*, BVerfGG, Komm., § 95, Rn. 6.

136 Viertes Gesetz zur Änderung der Bundesverfassungsgerichtsgesetzes, BGBl. I (1970), 1765 [1766].

137 *Wernsmann*, Das gleichheitswidrige Steuergesetz, S. 35.

verbindlich festzustellen und diesen Ausspruch mit der Gesetzeskraft nach § 31 Abs. 2 BVerfGG auszustatten.

Hinsichtlich der Folgen der Vereinbarerklärung ist zu bemerken, dass sich an der bisherigen Gesetzeslage nichts ändert. Die angegriffenen Regelungen bleiben anwendbar. Die Entscheidung, die die Vereinbarkeit feststellt, ist im Bundesgesetzblatt zu veröffentlichen, § 31 Abs. 2 Satz 3 BVerfGG, und bindet die Verfassungsorgane des Bundes und der Länder sowie die Behörden und Gerichte, § 31 Abs. 1 BVerfGG. Sie erwächst darüber hinaus gemäß § 31 Abs. 2 Satz 1 und 2 BVerfGG in Gesetzeskraft.

Insgesamt wurde deutlich, warum Nichtig- und Vereinbarerklärung im BVerfGG als „Normalfälle“ der Tenorierung geregelt worden sind. Die bei Entstehung des BVerfGG noch unbestrittene Lehre von der *ipso iure* Nichtigkeit verfassungswidriger Gesetze erforderte die Nichtigkeitsfeststellung als Reaktion auf die Verfassungswidrigkeit eines Gesetzes.

II. Die Teilnichtigerklärung

Neben den gesetzlich explizit geregelten Tenorierungsvarianten wird vom Bundesverfassungsgericht in bestimmten Fällen die Teilnichtigerklärung von Gesetzen und Normen ausgesprochen. Diese wird als Unterfall der Nichtigerklärung verfassungswidriger Gesetze angesehen. Dabei wird nur ein Teil einer Norm oder eines Gesetzes, nämlich der verfassungswidrige, für nichtig erklärt; die restliche Norm bleibt bestehen. Somit weicht diese Tenorierungsvariante ihrem Umfang nach vom gesetzlichen Regelfall der Nichtigerklärung nach § 78 Satz 1 BVerfGG ab. Zu unterscheiden ist zwischen quantitativer und qualitativer Teilnichtigerklärung.[138]

A. Allgemeine Probleme bei der Teilnichtigerklärung

Die Problematik bei der Teilnichtigerklärung im Allgemeinen ist, kurz zusammengefasst, dadurch gekennzeichnet, dass lediglich ein Teil einer Norm unter Reduzierung ihres Textes oder äußerlich nicht erkennbar für nichtig erklärt wird.[139] Als „Norm“ sind hierbei die in einem Paragrafen zusammengefassten Regelungen zu

---

138 Begriffe eingeführt von: *Skouris*, Teilnichtigkeit, S. 90ff., weitergeführt von *Siedler*, Gesetzgeber und Bundesverfassungsgericht, S. 93; *Vogel*, *Das* BVerfG und die übrigen Verfassungsorgane, S. 217.

139 *Vogel*, Das BVerfG und die übrigen Verfassungsorgane, S. 217; *Heun*, FS 50 Jahre BVerfG, S. 615 [634].

sehen. Regelungen sind dabei in sich geschlossene, abgrenzbare „Wenn-dann-Zusammenhänge“ und allgemein verbindliche Verhaltensgebote.[140]

Die Abweichung dem Umfang nach kann sich aber auch auf ein ganzes Gesetz beziehen, aus dem zwar mehrere Einzelregelungen herausgetrennt werden, das jedoch überwiegend bestehen bleibt. Als Gesetz im materiellen Sinne wird jede Rechtsnorm angesehen, die für eine unbestimmte Vielzahl von Personen allgemein verbindliche Regelungen enthält. Gesetz im formellen Sinne ist jeder Beschluss der zur Gesetzgebung zuständigen Organe, der im verfassungsmäßig vorgesehenen förmlichen Verfahren ergeht.[141] Das Gesetz bildet eine „gesetzestechnische Einheit“.[142]

Notwendig wird eine Teilnichtigerklärung, wenn nicht das gesamte Gesetz, sondern nur einzelne Normen oder Normteile verfassungswidrig sind. So erklärte das Bundesverfassungsgericht beispielsweise das Volkszählungsgesetz von 1982 für teilnichtig.[143] Bei dieser Tenorierungsvariante wird u.a. zu untersuchen sein, wie der Begriff „Gesetz“ i.S.d. § 78 Satz 1 BVerfGG bzw. Art. 95 Abs. 3 Satz 1 BVerfGG zu verstehen ist, denn davon wird es abhängen, ob eine Abweichung vom Wortlaut des BVerfGG vorliegt oder ob auch diese Entscheidungsmöglichkeit noch von §§ 78 Satz 1, 95 Abs. 3 Satz 1 BVerfGG erfasst ist. Die Vereinbarkeit der Teilnichtigerklärung mit den Tenorierungsvorschriften des BVerfGG wird teilweise als unproblematisch bejaht.[144] Es sei völlig unstreitig, dass auch die Nichtigerklärung der verfassungswidrigen Teile eines Gesetzes von §§ 78, 95 BVerfGG gedeckt sein müsse.[145] Diese These soll einer genauen Prüfung unterzogen werden.

Im Übrigen besteht auch das Problem, dass der Gesetzgeber ein Gesetz immer als gesetzestechnische Einheit erlässt. Das heißt, die einzelnen Normen, Paragrafen und Absätze sind aufeinander abgestimmt und sind ihrem Inhalt nach sogar teilweise voneinander abhängig. Wird nun beispielsweise eine Regelung herausgelöst, kann das Gesamtkonzept weitgehend verändert werden. Das greift möglicherweise in die gesetzgeberische Gestaltungsfreiheit ein, wenn der Sinn des Gesetzes hierdurch verfälscht wird. Das könnte außerdem, selbst wenn die Teilnichtigerklärung

---

140 *Siedler*, Gesetzgeber und Bundesverfassungsgericht, S. 95.

141 *Creifelds*, Rechtswörterbuch, S. 563.

142 *Ipsen*, Rechtsfolgen, S. 98; *Siedler*, Gesetzgeber und Bundesverfassungsgericht, S. 93.

143 BVerfGE 65, 1 [3].

144 *Siedler*, Gesetzgeber und Bundesverfassungsgericht, S. 95; *Vogel*, Das BVerfG und die übrigen Verfassungsorgane, S. 217; *Leibholz/Rupprecht*, BVerfGG, Komm., § 78, Rn. 6.

145 *Siedler*, Gesetzgeber und Bundesverfassungsgericht, S. 95.

von §§ 78, 95 Abs. 3 BVerfGG einfachgesetzlich gedeckt sein sollte, gegen die verfassungsrechtliche Zulässigkeit dieser Tenorierungsvariante sprechen.

Diese eben schon aufgezeigten Probleme entstehen bei der Teilnichtigerklärung schlechthin und sind nun näher darzustellen.

1. Die Zulässigkeit im Hinblick auf §§ 78, 95 BVerfGG

Gegenstand der Untersuchung soll zunächst sein, ob das Bundesverfassungsgericht mit seinen partiellen Nichtigerklärungen von Gesetzen schon gegen einfaches Recht, nämlich die §§ 78, 95 BVerfGG verstößt, oder ob diese Entscheidungsvariante vom Wortlaut des BVerfGG umfasst wird. § 78 BVerfGG in der aktuellen Fassung[146] lautet:

> „§ 78
>
> Kommt das Bundesverfassungsgericht zu der Überzeugung, dass Bundesrecht mit dem Grundgesetz oder Landesrecht mit dem Grundgesetz oder dem sonstigen Bundesrecht unvereinbar ist, so erklärt es das **Gesetz** für nichtig. Sind **weitere Bestimmungen des gleichen Gesetzes** aus denselben Gründen mit dem Grundgesetz oder sonstigem Bundesrecht unvereinbar, so kann sie das Bundesverfassungsgericht gleichfalls für nichtig erklären.“[147]

Für die Verfassungsbeschwerde ordnet § 95 Abs. 2, 3 BVerfGG in der aktuellen Fassung[148] das Gleiche an:

> „§ 95
>
> ...
>
> (2) Wird der Verfassungsbeschwerde gegen eine Entscheidung stattgegeben, so hebt das Bundesverfassungsgericht die Entscheidung auf, in den Fällen des § 90 Abs. 2 Satz 1 verweist es die Sache an ein zuständiges Gericht zurück.
>
> (3) Wird der Verfassungsbeschwerde gegen ein Gesetz stattgegeben, so ist das **Gesetz** für nichtig zu erklären. Das gleiche gilt, wenn der Verfassungsbeschwerde

146 Fassung der Bekanntmachung vom 11. August 1993 (BGBl. I S. 1473); geändert durch das Gesetz vom 16. Juli 1988 (BGBl. I S. 1823).

147 Hervorhebungen durch die Verfasserin.

148 Fassung der Bekanntmachung vom 11. August 1993 (BGBl. I S. 1473); geändert durch das Gesetz vom 16. Juli 1988 (BGBl. I S. 1823).

gemäß Absatz 2 stattgegeben wird, weil die aufgehobene Entscheidung auf einem verfassungswidrigen Gesetz beruht. Die Vorschrift des § 79 gilt entsprechend."[149]

Teilweise wird die Frage, wie der Begriff „Gesetz" i.S.d. § 78 BVerfGG seinem Umfang nach zu verstehen ist, in der Kommentarliteratur nicht problematisiert.[150] An anderer Stelle wird der gesetzliche Umfang der Nichtigerklärung als nicht eindeutig bestimmt angesehen, im Ergebnis aber davon ausgegangen, dass sich dieser Begriff mit dem Umfang des Prüfungsgegenstandes decke, also durch den gestellten Antrag bestimmt werde.[151] Das bedeutet, dass „Gesetz" in den §§ 78 und 95 BVerfGG nach Auslegung des Wortlautes gerade nicht als das gesetzestechnische Gesamtwerk zu verstehen ist, sondern vielmehr als der Teil dieses Gesamtwerks, der durch den Antrag zur Kontrolle gestellt wird.[152] Nach der hier verwendeten Definition bezieht sich dieser Begriff dem Umfang nach also auf eine oder mehrere Normen, kann sich in Einzelfällen aber auch auf das gesamte Gesetz beziehen, wenn dessen Verfassungsmäßigkeit insgesamt in Frage steht.

Für diese Ansicht spricht das Initiativverbot und der Grundsatz der Antragsgebundenheit des Bundesverfassungsgerichts. Diese beschränken seine Entscheidung bei einer Nichtigerklärung grundsätzlich auf den Klagegegenstand, der sich aus dem Klageantrag ergibt,[153] auch wenn grundsätzlich das gesamte Gesetz vom Bundesverfassungsgericht auf seine Vereinbarkeit mit dem Grundgesetz zu überprüfen ist.[154] *Stober* kritisiert diesen Begründungsansatz, da er den Eindruck erwecke, der Antragsteller einer Verfassungsbeschwerde bzw. eines Normenkontrollverfahrens bestimme über Teilnichtigkeit bzw. Teilbarkeit einer Norm.[155] Das kann aber nur gelten, wenn mit der Antragsgebundenheit als einzigem Argument

149 Hervorhebungen durch die Verfasserin.

150 *Lechner/Zuck*, BVerfGG, § 78; *Leibholz/Rupprecht*, BVerfGG, Komm., § 78.

151 *Ulsamer*, in Maunz/Schmidt-Bleibtreu/Klein u.a., BVerfGG, Komm., § 78, Rn. 23; *Lee*, Schonung des Gesetzgebers, S. 306; *Stober*, JA 1979, S. 416 [419]; *Gusy*, Parlamentarischer Gesetzgeber und BVerfG, S. 184.

152 *Sachs*, DVBl. 1979, S. 389 [389].

153 So für die Gesetzesverfassungsbeschwerde: *Stark*, in: Umbach/Clemens/Dollinger, BVerfGG, Komm., § 95, Rn. 28, 81. Für das Initiativverbot: *Vogel*, Das BVerfG und die übrigen Verfassungsorgane, S. 97f.; *Gusy*, Parlamentarischer Gesetzgeber und BVerfG, S. 123. Für die Antragsgebundenheit: *Lechner/Zuck*, BVerfGG, Vor § 17, Rn. 7; *Stern*, in: Bonner Kommentar, Art. 93 (Zweitbearbeitung 1982), Rn. 296; *Sturm*, in: Sachs, Grundgesetz, Komm., § 93, Rn. 28; *Vogel*, Das BVerfG und die übrigen Verfassungsorgane, S. 98; *Steiner*, NJW 2001, S. 2919 [2920].

154 BVerfGE 1, 14 [41].

155 *Stober*, JA 1979, S. 416 [421].

gearbeitet wird und für die Bestimmung des Umfangs des Kontroll- und Verwerfungsgegenstandes keine anderen Kriterien entscheidend sind.

Die Ansicht, § 78 Satz 1 BVerfGG sei so auszulegen, dass er das Bundesverfassungsgericht auch zu einer Teilnichtigerklärung ermächtige, kann mit einem Verweis auf § 78 Satz 2 BVerfGG untermauert werden (*argumentum e contrario*[156]).[157] Aus diesem ergibt sich, dass das Bundesverfassungsgericht andere Bestimmungen desselben Gesetzes für nichtig erklären darf, wenn diese aus dem gleichen Grunde gegen das Grundgesetz verstoßen, wie die schon für verfassungswidrig befundenen Vorschriften. Daraus wiederum kann man schließen, dass mit „Gesetz" in Satz 1 gerade nicht das gesamte Gesetz als gesetzestechnische Einheit gemeint sein kann. Müsste schon gemäß Satz 1 das gesamte Gesetz immer für nichtig erklärt werden, wäre der Satz 2 des § 78 BVerfGG unnötig, da der Regelungsgegenstand des ersten Satzes sogar weiter gefasst wäre als der des zweiten. So dürfte nach Satz 1 die Nichtigerklärung immer auf andere Vorschriften als die nichtigen erstreckt werden und nicht nur, wenn diese aus denselben Gründen nichtig sind.

Somit kann man davon ausgehen, dass „Gesetz" in § 78 Satz 2 BVerfGG nicht zwingend das Gesamtgesetz meint, wie es als Einheit durch den Gesetzgeber erlassen worden ist, sondern vielmehr nur die Regelungen umfasst, die vom Antragsteller dem Bundesverfassungsgericht zur Überprüfung gestellt worden sind.[158] Für § 95 Abs. 3 BVerfGG gilt das Gleiche,[159] da dieser die Parallelvorschrift für das Verfahren der Gesetzesverfassungsbeschwerde bzw. der Urteilsverfassungsbeschwerde, bei der die beanstandete Entscheidung auf einem verfassungswidrigen Gesetz beruht, darstellt.

Zwar ergibt es sich nicht schon aus dem Wortlaut des § 78 BVerfGG, dass er die Teilnichtigerklärung als einen Unterfall der Nichtigerklärung regelt, jedoch kann durch systematische Auslegung ermittelt werden, dass er die Nichtigerklärung eines zur Überprüfung gestellten Teils eines Gesetzes mit umfasst und das Bundesverfassungsgericht zur Anwendung dieser Tenorierungsvariante grundsätzlich ermächtigt ist.[160] Gleiches gilt für § 95 Abs. 3 BVerfGG.

156 Weiterführend hierzu: *Larenz*, Methodenlehre der Rechtswissenschaft, S. 390; *Kramer*, Juristische Methodenlehre, S. 152.

157 *Sachs*, DVBl. 1979, S. 389 [389]; *Stober*, JA 1979, S. 416 [421].

158 *Sachs*, DVBl. 1979, S. 389 [389f.].

159 *Stark*, in: Umbach/Clemens/Dollinger, BVerfGG, Komm., § 95, Rn. 81.

160 A.A.: *Gern*, NVwZ 1987, S. 851 [852], der sich zwar an § 78 BVerfGG orientiert, jedoch eine Analogie für nötig hält, weil eine Lücke im Gesetz vorhanden sei.

2. Die Analogie zu § 139 BGB

Diese Ansicht ist nicht unbestritten. Die Ermächtigungsgrundlage für eine Teilnichtigerklärung wird teilweise auch in einer Analogie gesucht.[161] Eine solche wird in erster Linie zu § 139 BGB gebildet[162], der als allgemeiner Rechtsgedanke gesehen wird und verallgemeinerungsfähig sein soll. Nach § 139 BGB ist ein privatrechtlicher Vertrag grundsätzlich im Ganzen nichtig, auch wenn nur ein Teil seines Inhalts nicht mehr weitergelten kann. Etwas anderes gilt nur dann, wenn der Wille der Vertragspartner dahingehend besteht, den Restvertrag aufrecht zu erhalten. Dieser Gedanke soll für die Teilnichtigkeit von Gesetzen modifiziert gelten. Der Unterschied soll darin bestehen, dass dort eine Vermutung zugunsten der nur partiellen Nichtigkeit anzunehmen sei. Nur wenn der Wille des Gesetzgebers gegen eine Teilnichtigerklärung spreche, sei eine Gesamtnichtigerklärung auszusprechen.[163] Im Grundsatz wäre also für ein Gesetz[164] im Ganzen, wenn es einen nichtigen Teil enthält, davon auszugehen, dass nur der betroffene Teil nichtig ist und keine Erstreckung auf das gesamte Gesetz stattfindet. Wie dieser Wille des Gesetzgebers im Rahmen dieser Analogie festzustellen ist, ist ebenfalls streitig. Vorwiegend stellt man auf den objektivierten Willen des Gesetzgebers ab, wie er im Zweck des Gesetzes zum Ausdruck kommt.[165]

Diese Analogie zu § 139 BGB wird überwiegend abgelehnt.[166] Zum einen existierten im öffentlichen Recht selbst Bestimmungen für die Teilnichtigkeit von Rechtsakten, nämlich für öffentlich-rechtliche Verträge (§ 59 VwVfG) und für Verwaltungsakte (§ 44 Abs. 4 VwVfG). Diese seien grundsätzlich vorzuziehen, weil sie der Nichtigkeit eines Gesetzes näher stünden.[167] Zum anderen kritisiert *Stober*[168], dass aus § 139 BGB gerade keine analogen, sondern gegenteilige Schlüsse gezogen würden. Bei der Teilnichtigkeit von privatrechtlichen Verträgen wird grundsätzlich deren Gesamtnichtigkeit vermutet, während bei der partiellen Nichtigkeit von Gesetzen diese in der Regel möglichst weitgehend aufrechterhalten werden sollen.[169] Weiterhin argumentiert *Stober*, dass beispielsweise im Privatrecht, nämlich im Be-

---

161 *Lee*, Schonung des Gesetzgebers, S. 303ff; *Gern*, NVwZ 1987, S. 851 [852].

162 *Skouris*, DÖV 1974, S. 592 [594].

163 *Skouris*, Teilnichtigkeit, S. 88f.

164 Terminologisch wird Gesetz im Folgenden als Begriff für das vom Gesetzgeber als Gesamtwerk geschaffene Produkt verwendet, in dem eine Vielzahl von Regelungen zusammengefasst sind und das als gesetzgebungstechnische Einheit erlassen wird. (So auch: *Ipsen*, Rechtsfolgen, S. 98; *Siedler*, Gesetzgeber und Bundesverfassungsgericht, S. 93).

165 *Gern*, NVwZ 1987, S. 851 [853]; *Stober*, JA 1979, S. 416 [422].

166 *Stober*, JA 1979, S. 416 [421]; *Gern*, NVwZ 1987, S. 851 [853].

167 *Stober*, JA 1979, S. 416 [412].

168 *Stober*, JA 1979, S. 416 - 422.

169 *Stober*, JA 1979, S. 416 [421].

reich der Allgemeinen Geschäftsbedingungen gemäß dem früheren § 6 AGBG[170] der § 139 BGB deswegen unanwendbar sein soll, weil allgemeine Geschäftsbedingungen nicht beidseitig verhandelter Vertragsinhalt seien, sondern vielmehr von einer Seite „aufgezwungen“ würden. Dies bezeichnet er als „privatrechtliche Rechtssetzung“[171] und argumentiert hier, wenn § 139 BGB in diesem Bereich schon nicht gelte, könne er erst recht im Bereich der öffentlich-rechtlichen Rechtssetzung keine Geltung entfalten.[172]

Dieser Argumentation kann entgegengehalten werden, dass ein Analogieschluss zu §§ 59, 44 IV VwVfG auch nicht passender ist. Zwar handelt es sich hierbei um öffentlich-rechtliche Vorschriften; der öffentlich-rechtliche Vertrag wird aber wie ein Vertrag im Zivilrecht auch zwischen Parteien geschlossen, so dass die gegen die analoge Anwendung des § 139 BGB angeführten Argumente auch gegen eine Analogie zu § 59 VwVfG sprechen.

Zwar ist ein Gesetz einem Verwaltungsakt vergleichbarer, da beide im Über-Unterordnungsverhältnis zustande kommen, so dass eine Analogie hierzu näher läge. Der Verwaltungsakt gilt in der Regel für den Einzelfall, in der Form der Allgemeinverfügung gilt er für eine Mehrzahl von Personen und Anwendungsfällen. Seine Geltung reicht aber nie so weit wie die eines Gesetzes. Die Vorzugswürdigkeit einer Analogie zu diesen öffentlich-rechtlichen Vorschriften steht als Gegenargument zu seiner Analogie zu § 139 BGB demnach in Frage.

Gern[173] hält eine Analogie zu § 139 BGB deswegen für unzulässig, weil die Rechtsfolgen des § 139 BGB Ausfluss der Privatautonomie im bürgerlichen Recht seien. Da Normgebung aber einem öffentlich-rechtlichen, durch die Bindung an Recht und Gesetz gekennzeichneten „Regime“ unterstehe, sei eine Analogie schon mangels Vergleichbarkeit mit § 139 BGB nicht möglich.[174]

Im Ergebnis ist keine der Analogien passend, weil diese eine Norm auf einen Fall anwenden, der dem eigentlichen Anwendungsbereich der Regelung nicht ähnlich bzw. vergleichbar ist.[175] Sie ist auch überflüssig, da § 78 BVerfGG aus oben dargestellten Gründen als Rechtsgrundlage für die partielle Nichtigerklärung im Falle ihrer teilweisen Nichtigkeit ausreicht. Dass dieser die Voraussetzungen der partiel-

---

170 Dieser entspricht dem heutigen § 306 BGB.

171 *Stober*, JA 1979, S. 416 [421].

172 *Stober*, JA 1979, S. 416 [421].

173 *Gern*, NVwZ 1987, S. 851 - 854.

174 *Gern*, NVwZ 1987, S. 851 [852f.]; siehe auch die Definition der „Analogie“ bei *Creifelds*, Rechtswörterbuch, S. 57.

175 *Lee*, Schonung des Gesetzgebers, S. 303; *Gern*, NVwZ 1987, S. 851 [852]; *Creifelds*, Rechtswörterbuch, S. 57.

len Nichtigerklärung im Einzelnen nicht näher regelt, schadet hier nicht. Diese sind durch verfassungskonforme Auslegung zu ermitteln.

3. Die Zulässigkeit im Hinblick auf die Verfassung

Dass § 78 Satz 1 BVerfGG wie bereits dargestellt die partielle Nichtigerklärung erfasst, sagt jedoch noch nichts über deren verfassungsrechtliche Zulässigkeit aus.

a. Die *ipso iure* Nichtigkeitslehre

Die *ipso iure* Nichtigkeitslehre könnte der Möglichkeit einer Teilnichtigerklärung entgegenstehen. Diese Tenorierungsvariante tangiert diesen Grundsatz aber nicht weiter. Er sagt nämlich nur aus, dass verfassungswidrige Gesetze nichtig sein müssen. In welchem Umfang ein solches Gesetz nichtig ist, ist diesem Grundsatz nur insofern zu entnehmen, als der Mindestumfang den verfassungswidrigen Teil umfassen muss. Aus ihm kann aber gerade nicht gefolgert werden, dass bei Verfassungswidrigkeit einzelner Regelungen eines Gesetzes dieses im Ganzen nichtig wäre.

b. Der Grundsatz der Gewaltenteilung, Art. 20 Abs. 2 GG

Die Teilnichtigerklärung könnte auch einen Eingriff in die gesetzgeberische Gestaltungsfreiheit verursachen. Werden durch den Ausspruch der Teilnichtigkeit eines Gesetzes Lücken in die gesetzestechnische Einheit gerissen und bleibt so ein Restgesetz übrig, das dem gesetzgeberischen Willen nicht mehr entspricht, liegt eine Durchbrechung des Gewaltenteilungsgrundsatzes nahe, da das Bundesverfassungsgericht nicht ohne Weiteres in Legislativbefugnisse eingreifen darf.[176]

Das Verfassungsgebot des Art. 20 Abs. 2 GG bestimmt, dass der Wille des Gesetzgebers durch die Entscheidung des Bundesverfassungsgerichts soweit wie möglich unbeeinträchtigt bleiben muss.[177] Es ist zu untersuchen, ob der Gesetzgeber als Erklärungsurheber das Restgesetz auch so erlassen hätte, wie es nach dem Urteil des Bundesverfassungsgerichts gälte, hätte er gewusst, dass die herausgetrennte Regelung verfassungswidrig ist.[178] Fraglich ist, wie dieser Wille des Ge-

---

176 *Mendes*, Die abstrakte Normenkontrolle vor dem BVerfG und dem Supremo Tribunal Federal, S. 152.

177 *Siedler*, Gesetzgeber und Bundesverfassungsgericht, S. 95; *Leibholz/Rupprecht*, BVerfGG, Komm., § 95, Rn. 6; BVerfGE 4, 331 [350].

178 *Skouris*, Teilnichtigkeit, S. 83; *Mendes*, Die abstrakte Normenkontrolle vor dem BVerfG und dem Supremo Tribunal Federal, S. 152.

setzgebers ermittelt werden kann, denn der Gesetzgeber ging ja gerade davon aus, eine vollkommen verfassungsmäßige Regelung zu erlassen.[179]

Da der tatsächliche Wille also nicht nachvollziehbar ist, soll hier wie im Bürgerlichen Recht auf den mutmaßlichen Willen des Gesetzgebers abgestellt werden.[180] Aber auch dieser ist nicht ohne Weiteres herauszufinden. Im Bürgerlichen Recht wird der mutmaßliche Parteiwille nach Treu und Glauben und der Verkehrssitte analysiert.[181] Diese Kriterien können bei der Ermittlung des hypothetischen Willens des Gesetzgebers nicht herangezogen werden.[182] Hier wird vielmehr darauf abgestellt, ob die Normzwecke, die dem ursprünglichen Gesetz zugrunde lagen, auch noch durch das nach dem Urteil des Bundesverfassungsgerichts bestehende Gesetz erreicht werden. Diese wiederum richteten sich nach den ursprünglichen gesetzgeberischen Intentionen.[183]

Diese subjektive Methode, den Willen des Gesetzgebers zu ermitteln, um über die Zulässigkeit einer Teilnichtigkeit zu entscheiden, wird aber vom Bundesverfassungsgericht und von Teilen der Literatur abgelehnt.[184] Es sei auf den objektivierten Willen des Gesetzgebers abzustellen, der in der Gesetzesvorschrift selbst zum Ausdruck komme.[185] Ist das Restgesetz nach der Teilnichtigerklärung noch sinnvoll, entspreche es auch noch dem objektivierten Willen des Gesetzgebers. Ob es noch sinnvoll ist, muss wiederum daran gemessen werden, welche Ziele und Zwecke das Gesetz ursprünglich verfolgt hat und ob diese durch das Restgesetz noch gewahrt sind.[186]

Im Ergebnis gleichen sich die beiden Methoden weitgehend. Es ist dennoch auf den objektivierten Willen des Gesetzgebers für die Auslegung abzustellen, da es auf am Gesetzgebungsverfahren beteiligte Einzelpersonen nicht ankommt, sondern gerade auf den Normzweck, wie er im Gesetz manifestiert ist. Nur dieser

---

179 *Mendes*, Die abstrakte Normenkontrolle vor dem BVerfG und dem Supremo Tribunal Federal, S. 152; *Skouris*, Teilnichtigkeit, S. 83f.

180 *Mendes*, Die abstrakte Normenkontrolle vor dem BVerfG und dem Supremo Tribunal Federal, S. 152.

181 *Mendes*, Die abstrakte Normenkontrolle vor dem BVerfG und dem Supremo Tribunal Federal, S. 152; Palandt-*Heinrichs*, BGB, Komm., § 133, Rn. 20; *Skouris*, Teilnichtigkeit, S. 84.

182 *Skouris*, Teilnichtigkeit, S. 84; *Mendes*, Die abstrakte Normenkontrolle vor dem BVerfG und dem Supremo Tribunal Federal, S. 152.

183 *Skouris*, Teilnichtigkeit, S. 84; *Mendes*, Die abstrakte Normenkontrolle vor dem BVerfG und dem Supremo Tribunal Federal, S. 152.

184 BVerfGE 1, 299 [312]; *Maunz*, in Maunz/Dürig u.a., GG, Komm., Art. 93, Rn. 42f.

185 BVerfGE 1, 299 [312]; so auch: *Gern*, NVwZ 1987, S. 851 [853]; *Stober*, JA 1979, S. 416 [422].

186 *Maunz*, in: Maunz/Dürig u.a., GG, Komm., Art. 93, Rn. 43.

kann als verlässliches Auslegungskriterium herangezogen werden, da nur er im Gesetz selbst zum Ausdruck kommt. Dieser objektiv bestimmte Wille des Gesetzgebers müsste also vor dem Ausspruch der Teilnichtigkeit eines Gesetzes erforscht werden und Berücksichtigung finden, damit der Gewaltenteilungsgrundsatz gewahrt und in legislative Rechte nicht eingegriffen würde.

B. Die Besonderheiten der quantitativen Teilnichtigerklärung

Neben der Problematik, die sich für die Teilnichtigerklärung im Allgemeinen ergibt, ist nun auf die Besonderheiten der quantitativen Teilnichtigerklärung einzugehen. Der Normtext wird durch diese Art der partiellen Nichtigerklärung äußerlich erkennbar reduziert.[187]

Die quantitative Teilnichtigerklärung gefährdet den Grundsatz der Rechtssicherheit, wenn aus der Anwendung dieser Tenorierungsvariante ein Gesetz resultiert, dem kein klarer Regelungsgegenstand mehr zu entnehmen ist. Bei dieser Entscheidungsvariante ist jedenfalls am Wortlaut des Gesetzes zu erkennen, welcher Teil nach dem Urteil des Bundesverfassungsgerichts weiter gelten soll und welcher nicht. Im Allgemeinen wird der weiter geltende Regelungsgegenstand klar umrissen. Sollte eine quantitative Teilnichtigerklärung im Einzelfall dazu führen, dass der Sinnzusammenhang eines Gesetzes verloren ginge, so wird das Bundesverfassungsgericht von einer derartigen Fassung des Urteilstenors absehen müssen. Der grundsätzlichen Zulässigkeit dieser Tenorierungsvariante als solcher kann das aber nicht entgegengehalten werden.

Vom Bundesverfassungsgericht wurde einst das Kriterium aufgestellt, dass der verfassungsmäßige Teil eines teilnichtigen Gesetzes nur weitergelten kann, wenn der nichtige Teil von der Gesamtregelung klar abtrennbar ist.[188] Man könnte das mit *Skouris*[189] und anderen Vertretern seiner Ansicht[190] auch als Kriterium der Teilbarkeit bezeichnen. Dieses Kriterium wurde entwickelt, als die Analogie zu § 139 BGB als Rechtsgrundlage für die Tenorierungsvariante in Erwägung gezogen wurde, ist aber unabhängig davon zu sehen. Es stellt eine sinnvolle und notwendige Voraussetzung der Teilnichtigerklärung dar. Denn auch für die Teilnichtigerklärung eines Gesetzes ist es logische Voraussetzung, dass dieses grundsätzlich teilbar sein muss. Unabhängig von § 139 BGB ergibt sich dieses Erfordernis auch aus

---

187 *Siedler*, Gesetzgeber und Bundesverfassungsgericht, S. 94.

188 BVerfGE 2, 380 [405]; *Sachs*, DVBl. 1979, S. 389 [390]; *Klein*, in: Benda/Klein, Lehrbuch, Rn. 1264.

189 *Skouris*, Teilnichtigkeit, S. 76.

190 *Ipsen*, Rechtsfolgen, S. 99, 104; *Löwer*, in: Isensee/Kirchhof, Handbuch des Staatsrechts, Band II, § 56, Rn. 101.

dem Grundsatz der Rechtssicherheit, denn bliebe ein Gesetz übrig, das formale und materielle Mängel aufweist, so wäre die Rechtsklarheit gefährdet und die Entscheidung widerspräche der Verfassung in der Form des Grundsatzes der Rechtssicherheit. In der Konsequenz heißt das aber auch, dass dieser Grundsatz nicht gefährdet ist, wenn diesem Kriterium vor der Tenorierung Beachtung geschenkt wird.

Für die Frage, was „Teilbarkeit" genau bedeutet, kann mangels Vergleichbarkeit nicht ohne Weiteres auf § 139 BGB abgestellt werden.[191] *Skouris* macht die Teilbarkeit davon abhängig, ob dem Gesetz nach Teilung noch Normqualität zukommt.[192] Andere verlangen, dass das Restgesetz nach Teilung anwendbar bleiben müsse.[193] Beide Kriterien sind für die Teilbarkeit von Belang.

Abschließend ist also festzustellen: Die quantitative Teilnichtigerklärung ist eine Tenorierungsvariante, zu der das Bundesverfassungsgericht nach §§ 78, 95 BVerfGG ermächtigt ist und deren Grenzen und Voraussetzungen mangels genauerer Regelung im Bundesverfassungsgerichtsgesetz durch verfassungskonforme Auslegung dieser Vorschriften zu bestimmen sind. Entgegen anderer Ansichten[194] kann die quantitative Teilnichtigerklärung jedenfalls nur innerhalb dieser rechtlichen Grenzen zulässig sein. Kann die Teilbarkeit des überprüften Gesetzes bejaht werden, ist die quantitative Teilnichtigerklärung zulässig. Die praktische Notwendigkeit der Teilnichtigerklärung im Allgemeinen zeigt vor allem die Tatsache, dass sie bei den Nichtigerklärungen die mit Abstand am häufigsten verwendete Tenorierungsvariante darstellt.[195]

C. Die Besonderheiten der qualitativen Teilnichtigerklärung

Kommt man bei der quantitativen Teilnichtigerklärung mit Normtextreduzierung zu dem Ergebnis, dass sie ihrem Grundsatz nach zulässig sein muss und ihr Ausspruch lediglich in Ausnahmefällen gegen die Verfassung verstoßen kann[196], ist

---

191 Näheres hierzu im Ersten Teil unter II A 2.

192 *Skouris*, Teilnichtigkeit, S. 76; so auch *Mendes*, Die abstrakte Normenkontrolle vor dem BVerfG und dem Supremo Tribunal Federal, S. 152.

193 *Mendes*, Die abstrakte Normenkontrolle vor dem BVerfG und dem Supremo Tribunal Federal, S. 152; *Ipsen*, Rechtsfolgen, S. 99.

194 *Siedler*, Gesetzgeber und Bundesverfassungsgericht, S. 95; *Vogel*, Das BVerfG und die übrigen Verfassungsorgane, S. 217; *Leibholz/Rupprecht*, BVerfGG, Komm., § 78, Rn.6.

195 *Stern* in: Bonner Kommentar, Art. 93 (Zweitbearbeitung 1982), Rn. 302; *Ipsen*, Rechtsfolgen, S. 99; AK-GG-*Rinken*, 3. Auflage, § 94, Rn. 44; *Blasberg*, Verfassungsgerichte als Ersatzgesetzgeber, S. 61.

196 Für alle anderen: *Ulsamer*, in: Maunz/Schmidt-Bleibtreu/Klein u.a., BVerfGG, Komm., § 78, Rn. 23.

die Situation bei der im Folgenden zu untersuchenden qualitativen Teilnichtigerklärung schwieriger. Diese wird auch als Teilnichtigerklärung ohne Normtextreduzierung bezeichnet.[197] Sie liegt dann vor, wenn der Wortlaut eines Gesetzes oder einer Norm durch die Entscheidung des Bundesverfassungsgerichts gerade nicht verändert wird. Vielmehr wird eine Norm aus einem Normenbündel eliminiert, die aus dem Text dieses Normenbündels nicht herausgetrennt werden kann.[198] Beispielsweise kann dies einen nicht ausdrücklich geregelten „Anwendungsfall" einer Norm betreffen.[199] Der Umfang der Nichtigerklärung wird in der Entscheidung meistens durch einen „soweit"-Satz ausgedrückt, was aber nicht ausnahmslos auf eine qualitative Teilnichtigerklärung hinweist.[200]

1. Die Abgrenzung zur verfassungskonformen Auslegung

Zunächst ist die qualitative Teilnichtigerklärung von der verfassungskonformen Auslegung abzugrenzen, die in der Entscheidungspraxis des Bundesverfassungsgerichts ebenfalls existiert.[201] Die beiden Alternativen ähneln sich so,[202] dass sie teilweise gleichgesetzt werden[203], weil eine vernünftige Unterscheidung zwischen Teilnichtigkeit und grundgesetzkonformer Auslegung unmöglich sein soll.[204]

Betrachtet man das Ergebnis der beiden Entscheidungsalternativen, sind tatsächlich weitgehend Parallelen erkennbar. Der Normtext bleibt in beiden Fällen unberührt, jedoch wird weitestgehend der Inhalt der Norm verändert. Dogmatisch sind sie folgendermaßen zu unterscheiden: Bei der Teilnichtigerklärung wird ein Anwendungsfall aus dem Wirkungskreis der Norm für nichtig erklärt, bei der verfassungskonformen Auslegung eine Auslegungsmöglichkeit.[205] Die qualitative Teil-

---

197 *Mendes*, Die abstrakte Normenkontrolle vor dem BVerfG und dem Supremo Tribunal Federal, S. 153.

198 *Schlaich/Korioth*, Das BVerfG, Rn. 386; *Vogel*, Das BVerfG und die übrigen Verfassungsorgane, S. 217; *Skouris*, Teilnichtigkeit, S. 92; *Mendes*, Die abstrakte Normenkontrolle vor dem BVerfG und vor dem Supremo Tribunal Federal, S. 153.

199 *Skouris*, Teilnichtigkeit, S. 92.

200 *Ipsen*, Rechtsfolgen, S. 100; *Brinckmann*, Gesetz, S. 176; *Spanner*, BVerfG, S. 120.

201 *Klein*, in: Benda/Klein, Lehrbuch, Rn. 1284ff.

202 *Siedler*, Gesetzgeber und Bundesverfassungsgericht, S. 95; *Mendes*, Die abstrakte Normenkontrolle vor dem BVerfG und dem Supremo Tribunal Federal, S. 155; *Spanner*, BVerfG, S. 120.

203 *Skouris*, Teilnichtigkeit, S. 108ff. Gleichsetzung in praktischer Hinsicht: *Schlaich/Korioth*, Das BVerfG, Rn. 387; *Heun*, Funktionell-rechtliche Schranken der Verfassungsgerichtsbarkeit, S. 27.

204 *Skouris*, Teilnichtigkeit, S. 109.

205 *Schlaich/Korioth*, Das BVerfG, Rn. 387; *Blasberg*, Verfassungsgerichte als Ersatzgesetzgeber, S. 65. Bei *Siedler* (Gesetzgeber und Bundesverfassungsgericht, S. 96) wird die Unterscheidung zwischen Anwendungsfall und Auslegungsmöglichkeit besonders deutlich. Ein An-

nichtigerklärung wird überwiegend im Urteilstenor ausgesprochen und erwächst somit in Gesetzeskraft, die verfassungskonforme Auslegung dagegen nicht.[206] Insofern ist das tragende Argument von *Skouris*[207] für die Gleichsetzung der verfassungskonformen Auslegung und der qualitativen Teilnichtigerklärung, die Entscheidungsvarianten seien nicht vernünftig zu unterscheiden, widerlegt.

Er argumentiert darüber hinaus, durch das 4. Änderungsgesetz zum BVerfGG[208] sei seine Auffassung von der Gleichsetzung beider Entscheidungsvarianten bestätigt worden, da durch die Neufassung des § 79 Abs. 1 BVerfGG an beide Alternativen nun die gleichen Folgen geknüpft würden.[209] Jedoch lassen sich der amtlichen Begründung zum Regierungsentwurf[210] keine Hinweise entnehmen, dass der Gesetzgeber mit der durchgeführten Änderung die qualitative Teilnichtigerklärung mit der verfassungskonformen Auslegung gleichsetzen wollte. Im Übrigen knüpft § 79 Abs. 1 BVerfGG an andere Tenorierungsvarianten wie zum Beispiel die Unvereinbarerklärung ebenfalls die gleichen Folgen, was jedoch nicht dazu führt, dass auch diese mit der verfassungskonformen Auslegung gleichgesetzt würden.

Streng dogmatisch betrachtet haben die qualitative Teilnichtigerklärung und die verfassungskonforme Auslegung auch unterschiedliche Folgen. Eliminiert die qualitative Teilnichtigerklärung den Teil eines Gesetzes oder einer Norm, befindet die verfassungskonforme Auslegung eine Auslegungsmöglichkeit als verpflichtend bzw. verfassungswidrig. Bei ihr wird das Gesetz nur hinsichtlich der Möglichkeit seiner Auslegung betroffen. Die qualitative Teilnichtigerklärung stellt aber die Nichtigkeit eines Teiles des Gesetzes fest, auch wenn dieser Teil nicht am Wortlaut des Gesetzes festgemacht werden kann.

Folgen hat diese Differenzierung bezüglich der exklusiven Zuständigkeit des Bundesverfassungsgerichts. Wegen der Konzentration der Verwerfungskompetenz für Gesetze beim Bundesverfassungsgericht kann eine qualitative Teilnichtigerklärung (Teilverwerfung eines Gesetzes) nur vom Bundesverfassungsgericht ausgesprochen werden, sollte sie formelle, nachkonstitutionelle Gesetze betreffen. Verfassungskonform ausgelegt werden können solche Normen allerdings von jedem Ge-

---

wendungsfall ist ihrer Ansicht nach eine unter mehreren Alternativen, die eine Norm erfasst. Anwendungsfälle bestünden insofern kumulativ im Rahmen eines Gesetztes, wohingegen Auslegungsmöglichkeiten lediglich alternativ existierten. Zwar gebe es von diesen in der Regel ebenfalls mehrere im Rahmen eines Gesetzes, jedoch müsse sich der Rechtsanwender für eine bestimmte Auslegung entscheiden, bevor er das Gesetz anwenden könne.

206 *Blasberg*, Verfassungsgerichte als Ersatzgesetzgeber, S. 66.

207 *Skouris*, Teilnichtigkeit, S. 109.

208 BGBl. I (1970), S. 1765 [1766].

209 *Skouris*, Teilnichtigkeit, S. 113f.

210 BT-Drucks. V/3816, S. 11.

richt, wenn auch nicht mit der Bindungswirkung des § 31 BVerfGG. Somit ist die qualitative Teilnichtigerklärung von der verfassungskonformen Auslegung dogmatisch zu unterscheiden.[211]

2. Die Gewährleistung des Grundsatzes der Rechtssicherheit

Auch bezüglich der qualitativen Teilnichtigerklärung ohne Normtextreduzierung bestehen Bedenken hinsichtlich des Grundsatzes der Rechtssicherheit. Die Gefährdung dieses Grundsatzes steht zu befürchten, wenn das Gesetz durch die gerichtliche Entscheidung inhaltlich so verändert wird, dass ihm kein genauer Regelungsgegenstand mehr zu entnehmen ist. Diese Gefahr besteht jedoch nur in wenigen Einzelfällen. Notwendige Voraussetzung der Zulässigkeit einer qualitativen Teilnichtigerklärung im Einzelfall ist also, dass dieser Gefahr vor Ausspruch des Urteils Rechnung getragen wird.

Im Fall der qualitativen Teilnichtigerklärung ist der Grundsatz der Rechtssicherheit des Weiteren aber gefährdet, weil eine Korrektur des Normtextes unterbleibt. Der Wortlaut des Gesetzes, das für teilnichtig erklärt wird, bleibt unverändert. Das macht gerade das Charakteristische der qualitativen im Vergleich zur quantitativen Teilnichtigerklärung aus. Es hat aber zur Folge, dass am Gesetzestext selbst nicht erkennbar ist, inwieweit die Norm nach der Entscheidung des Bundesverfassungsgerichts nicht mehr anwendbar ist. Für den Normadressaten, der sich an dem Gesetz orientieren will, wirft das Probleme auf. Der neue Regelungsgehalt ist für ihn aus dem Gesetz selbst nicht ohne Weiteres ersichtlich. Dadurch entsteht ein Zustand, der im Hinblick auf das Gebot der Rechtssicherheit bedenklich ist[212], da man die Reichweite eines Gesetzes nicht mehr an dessen Text selbst, sondern nur am Urteilstext des Bundesverfassungsgerichts erkennen kann. Der rechtsstaatliche Bestimmtheitsgrundsatz verlangt aber gerade, dass ein Gesetz oder eine Norm so formuliert sein müssen, dass der Regelungsgehalt eindeutig entnommen werden kann und die Folgen eines Verstoßes berechenbar sind.[213]

a. Die Erkennbarkeit der Reichweite erst aus den Entscheidungsgründen

Dieser Zustand würde dann noch verschärft, wenn nicht aus dem Urteilstenor, sondern lediglich aus den Gründen hervorginge, welcher Teil des geprüften Gesetzes nicht mehr angewendet werden darf.[214] Die Entscheidungen des Bundesverfassungsgerichts werden grundsätzlich im Bundesgesetzblatt veröffentlicht,

---

211 So auch: *Schlaich/Korioth*, Das BVerfG, Rn. 387.
212 *Sachs*, in: Sachs, Grundgesetz, Komm., Art. 20, Rn. 125.
213 *Schulze-Fielitz*, in: Dreier, Komm. zum GG, Art. 20(R), Rn. 117.
214 BVerfGE 39, 1.

§ 31 Abs. 2 Satz 3 BVerfGG. Dies geschieht, ähnlich wie für Gesetze in Art. 82 Abs. 1 Satz 2 GG geregelt, aus Gründen der Rechtsklarheit als Element der Rechtssicherheit.[215] Laut Gesetz[216] umfasst die Veröffentlichung ihrem Umfang nach die Entscheidungsformel.

Dass überhaupt eine Veröffentlichung im Bundesgesetzblatt nötig ist, resultiert daraus, dass die Entscheidungen des Bundesverfassungsgerichts im Normenkontroll- oder Verfassungsbeschwerdeverfahren, die ein Gesetz für nichtig, verfassungsmäßig oder unvereinbar mit der Verfassung erklären, in Gesetzeskraft erwachsen, § 31 Abs. 2 Satz 1 BVerfGG. Zwar wird vertreten, dass die Veröffentlichung der Entscheidung keine zwingende Voraussetzung für ein Erwachsen in Gesetzeskraft sei,[217] jedoch wird diese Ansicht zu Recht stark kritisiert. Im Hinblick auf den Grundsatz der Rechtssicherheit dürfe es kein wirksames, unveröffentlichtes Gesetz geben. Das gleiche muss für Entscheidungen gelten, die in Gesetzeskraft erwachsen.[218]

Veröffentlicht wird der Urteilstenor, jedoch ist nicht dessen Wortlaut bindend, sondern dessen Sinngehalt, der sich auch aus den Entscheidungsgründen ergibt.[219] Dieser ist nur dem Urteil insgesamt zu entnehmen. Enthielte nun der veröffentlichte Urteilstenor einer Entscheidung keine exakte Formulierung, inwieweit ein Gesetz von der ausgesprochenen qualitativen Teilnichtigerklärung betroffen ist, und wäre dies erst im Zusammenhang mit den Entscheidungsgründen ersichtlich, wäre dies bedenklich. Zwar ergäbe sich der Sinn des Tenors dann „in Ansehung der Entscheidungsgründe“. Die genauen Grenzen des Gesetzes nach der Entscheidung wären dem Bundesgesetzblatt allein aber gerade nicht zu entnehmen. Verweist der veröffentlichte Urteilstenor im Falle einer qualitativen Teilnichtigerklärung – wie schon vorgekommen – also auf die Urteilsgründe,[220] so ist die Rechtssicherheit in hohem Maße gefährdet.[221] Jedoch wird die qualitative Teil-

---

215 Für die Veröffentlichung von Gesetzen im BGBl. aus Gründen der Rechtssicherheit: *Sachs*, in: Sachs, Grundgesetz, Komm., Art. 20, Rn. 123.

216 § 31 Abs. 2 Satz 3, 4 BVerfGG.

217 *Lechner/Zuck*, BVerfGG, § 31, Rn. 39.

218 *Pestalozza*, Verfassungsprozessrecht, S. 295.

219 *Bethge*, in: Maunz/Schmidt-Bleibtreu/Klein u.a., BVerfGG, Komm., § 31, Rn. 96.

220 BVerfGE 39, 1 [2], bei dem erst aus den Entscheidungsgründen zweifelsfrei entnommen werden kann, wieweit die Teilnichtigkeit greift.

221 So im Ergebnis auch: *Schlaich/Korioth*, Das BVerfG, Rn. 386.

nichtigerklärung[222] überwiegend im Urteilstenor ausgesprochen und erwächst somit in Gesetzeskraft,[223] so dass dieser Gefahr bereits Rechnung getragen wird.

b. Die Erkennbarkeit der Reichweite schon aus dem Urteilstenor

Aber selbst wenn dem Tenor des Urteils die genaue Reichweite des Gesetzes für die Zukunft zu entnehmen ist, bleibt der Gesetzestext selbst nach wie vor unverändert und es ist als solches nicht erkennbar eingeschränkt. Zwar soll zur Gewährleistung der Rechtssicherheit ausreichend sein, wenn man ohne unzumutbare Schwierigkeiten Kenntnis über den Inhalt eines Gesetzes erlangen kann. Das wird nach Veröffentlichung im Bundesgesetzblatt bejaht.[224] Ob es diesem Prinzip aber wirklich dient, wenn man realitätsfern davon ausgeht, jeder Bürger würde die Reichweite der Gesetze aus der Lektüre der Gesetzblätter kennen, ist sehr fraglich.

Außerdem wird aus dem Erfordernis der Rechtsklarheit gefolgert, dass aus dem Gesetz *selbst* sein Regelungsgehalt erkennbar sein muss. Insoweit scheint es also bedenklich, wenn erst eine – zwar im Bundesgesetzblatt veröffentlichte, aber den Normtext unberührt lassende – Entscheidung den Regelungsgehalt eines Gesetzes festlegt.

aa. Die Einschätzung des Bundesverfassungsgerichts

Das Bundesverfassungsgericht hielt die qualitative Teilnichtigerklärung zunächst für unzulässig, allerdings konstatierte es hierbei keine Bedenken hinsichtlich der Rechtssicherheit.[225] Vielmehr äußerte es nur, dass bei fehlender Normtextreduzierung das Gesetz inhaltlich neu geschaffen werde.[226] In einer älteren Entscheidung mit einer qualitativen Teilnichtigerklärung hat das Bundesverfassungsgericht für deren Zulässigkeit gefordert, die nichtig erklärte Vorschrift müsse nach „Wortlaut und Sinngehalt" von der weiterhin ihre Gültigkeit behaltenden Vorschrift abgetrennt werden können.[227] Das kann wohl dahingehend interpretiert werden, dass

---

222 Dies unterscheidet sie unter anderem von der verfassungskonformen Auslegung durch das Bundesverfassungsgericht.

223 *Blasberg*, Verfassungsgerichte als Ersatzgesetzgeber, S. 66.

224 *Sachs*, in: Sachs, Grundgesetz, Komm., Art. 20, Rn. 123.

225 BVerfGE 2, 380 [405f]; BVerfGE 16, 306 [329]. So auch *Siedler*, Gesetzgeber und Bundesverfassungsgericht, S. 96, die nur Bedenken, des BVerfG hinsichtlich des Gewaltenteilungsprinzips sieht.

226 BVerfGE 16, 306 [329]. So auch *Vogel*, Das BVerfG und die übrigen Verfassungsorgane, S. 218.

227 BVerfGE 17, 155 [163].

sonst die Rechtsklarheit als Teilgrundsatz der Rechtssicherheit gefährdet wäre. Nicht ganz klar ist dabei, was mit „dem Wortlaut nach abtrennbar" gemeint war. Muss nur in der Entscheidung formulierbar sein, wo die neue Grenze der Norm liegen soll oder hielt das Bundesverfassungsgericht eine Normtextreduzierung für nötig?

Von dieser Rechtsprechung nahm es später Abstand, wenn auch nicht ausdrücklich und ohne Begründung.[228] Inzwischen häufen sich qualitative Teilnichtigerklärungen in der Jurisdiktion des Bundesverfassungsgerichts.[229] Wenn es auch in Einzelfällen noch auf eine qualitative Teilnichtigerklärung verzichtete, weil es im konkreten Fall an einem Abgrenzungskriterium fehlte, ist gerade diesen Entscheidungen[230] zu entnehmen, dass das Gericht eine qualitative Teilnichtigerklärung für grundsätzlich zulässig hält. Es setzt die Teilbarkeit der Regelung für die Zulässigkeit dieser Tenorierungsvariante voraus. Diese sei gegeben, wenn ein passendes Abgrenzungskriterium vorhanden ist.[231] Darüber hinaus hat das Bundesverfassungsgericht hinsichtlich der Rechtsklarheit offensichtlich keine Bedenken. Im Ergebnis bedeutet dies, dass es der mittlerweile ständigen Rechtsprechung des Bundesverfassungsgerichts entspricht, partielle Teilnichtigerklärungen dann zu tenorieren, wenn es den Unterschied zwischen nichtigem und gültigem Teil als formulierbar erachtet.[232]

bb. Die Einschätzung durch Schrifttum und Lehre

Im Schrifttum tritt man der qualitativen Teilnichtigerklärung überwiegend mit Bedenken gegenüber. *Skouris*[233] allerdings ist der Ansicht, dass die Teilnichtigerklärung in bestimmten Fällen die Rechtssicherheit überhaupt erst gewährleisten könne. Von Gefährdung derselben dürfe keine Rede sein.[234] Die Totalnichtigerklärung eines Gesetzes hinterlasse nur allzu oft eine Regelungslücke, die einen rechtsunsicheren Zustand verursache. Für die betroffene Materie fehlte es dann gänzlich an einer Regelung.[235] Unter solchen Umständen könne es möglich sein, dass nur

---

228 BVerfGE 9, 268 [268]; BVerfGE 15, 167 [169]; BVerfGE 15, 328 [328]; BVerfGE 19, 330 [331]. So auch: *Siedler*, Gesetzgeber und Bundesverfassungsgericht, S. 97; *Klein*, in: Benda/Klein, Lehrbuch, Rn. 1264.

229 BVerfGE 8, 51 [52]; BVerfGE 9, 268 [268]; BVerfGE 11, 168 [169]; BVerfGE 15, 167 [169]; BVerfGE 15, 328 [328]; BVerfGE 16, 94 [95]; BVerfGE 19, 330 [331].

230 BVerfGE 21, 12 [39f.]; BVerfGE 63, 88 [118].

231 So auch: *Siedler*, Gesetzgeber und Bundesverfassungsgericht, S. 97.

232 *Siedler*, Gesetzgeber und Bundesverfassungsgericht, S. 97; Gegenschluss aus BVerfGE 21, 12 [39f.].

233 *Skouris*, Teilnichtigkeit von Gesetzen, 1973.

234 *Skouris*, Teilnichtigkeit, S. 68.

235 *Skouris*, Teilnichtigkeit, S. 68.

eine teilweise Nichtigerklärung für Rechtsklarheit sorge. Dies sei im Einzelfall festzustellen.[236] Tatsächlich kann aber ein inhaltlich „zerstückeltes" Gesetz ebenfalls eine rechtsunsichere Lage auslösen, wenn aus diesem ein Regelungsgegenstand nicht mehr klar hervorgeht. Im Ergebnis ist also zunächst festzustellen, dass der Grundsatz der Rechtssicherheit im Einzelfall für und auch gegen eine partielle Nichtigerklärung sprechen kann.[237]

Ipsen[238] sieht die Rechtssicherheit bei der qualitativen Teilnichtigerklärung jedenfalls in einem höheren Maße gefährdet als bei der partiellen Nichtigerklärung mit Normtextreduzierung.[239] Sollte es zu einer Entscheidung kommen, bei der der nichtige Normtext nicht heraus getrennt werden kann, befürchtet er, dass Zweifel entstehen könnten, in welcher Fassung das Gesetz nun gelten solle. Eine legislative Neuregelung zur endgültigen Klarstellung wäre dann unausweichlich.[240] *Sachs*[241] schließt die Zulässigkeit der Teilnichtigerklärung ohne Normtextreduzierung ebenfalls nicht von vorne herein aus, will aber die Forderung der Ersichtlichkeit ihres Umfanges durch die Forderung nach der Formulierbarkeit des Nichtigkeitsumfangs ersetzt wissen.[242]

In der Literatur wird das Problem folglich überwiegend darin gesehen, dass am Gesetzestext selbst nicht erkennbar ist, dass und inwieweit die Norm durch eine Entscheidung des Bundesverfassungsgerichts inhaltlich verändert worden ist.[243] Diese Bedenken sollen durch bestimmte Kriterien zerstreut werden. Der eliminierte Teil des Textes muss im Urteil benannt werden und dieser muss seinem Sinn nach vom Gesetz getrennt werden können. Teilweise wird darüber hinaus noch gefordert, dass das Gericht den gültigen vom nichtigen Teil *justiziabel* abgrenzen können muss[244]. Andere sehen dem Bestimmtheitsgrundsatz Genüge getan, wenn *ermittelbar* ist, was gültig und was ungültig sein soll.[245] Wieder anderen reicht es aus, dass dem Grundsatz der Regelsicherheit Rechnung getragen wird, der eine

---

236 *Skouris*, Teilnichtigkeit, S. 71.
237 *Skouris*, Teilnichtigkeit, S. 71f.
238 *Ipsen*, Rechtsfolgen der Verfassungswidrigkeit von Norm und Einzelakt, 1980.
239 *Ipsen*, Rechtsfolgen, S. 100.
240 *Ipsen*, Rechtsfolgen, S. 100.
241 *Sachs*, DVBl. 1979, S. 389.
242 *Sachs*, DVBl. 1979, S. 389 [392].
243 *Ipsen*, Rechtsfolgen, S. 100.
244 *Löwer*, in: Isensee/Kirchhof, Handbuch des Staatsrechts, Band II, § 56, Rn. 101.
245 *Benda/Klein*, Lehrbuch, Rn. 1264.

möglichst weite Aufrechterhaltung von Normen gebietet.[246] Keine klare Stellung bezogen wird dabei zu der Frage, woraus sich die Reichweite des Gesetzes ergeben muss: Aus dem Gesetz selbst, dem Bundesgesetzblatt oder dem Urteil des Bundesverfassungsgerichts.

c. Stellungnahme zu diesem Diskurs

Bei all diesen Bedenken darf zunächst eines nicht verkannt werden: Der Inhalt des Gesetzes wird nicht durch das Urteil des Bundesverfassungsgerichts beschränkt oder konstitutiv festgelegt. Die Grenzen des wirksamen Gesetzes legt die Verfassung selbst fest. Soweit und sobald dieses ganz oder teilweise mit der Verfassung kollidiert, tritt es insoweit außer Kraft. Schon hierdurch entsteht eine etwaige rechtsunsichere Lage. Verfahren, die sich auf einen Sachverhalt beziehen, der sich in dem Schwebezeitraum zwischen Kollision und Teilnichtigerklärung ereignet hat, und die noch nicht entschieden sind, werden nach dem Urteil des Bundesverfassungsgerichts, obwohl der Inhalt der Norm zum Zeitpunkt, als sich der zu entscheidende Sachverhalt ereignet hat, noch nicht einmal durch Urteil erkennbar verfassungswidrig und nichtig war, anhand des dann festgelegten Inhaltes des Gesetzes entschieden. Im Grunde erzeugt also nicht erst die Art und Weise der Tenorierung in diesen Fällen die Rechtsunsicherheit, sondern schon viel früher die Kollision der Norm mit der Verfassung. Der Zustand besteht also schon zu dem Zeitpunkt, in dem das Bundesverfassungsgericht entscheidet. Dieser Zustand wird durch die Entscheidung des Gerichts in Form der qualitativen Teilnichtigerklärung aber noch perpetuiert. Deshalb ist auf eine mögliche Kollision mit dem Grundsatz der Rechtssicherheit und Rechtsklarheit im Folgenden genauer einzugehen.

Die Reichweite der teilnichtigen Norm ist deswegen erkennbar, weil sie sich aus dem Verfassungstext ergibt und somit der Verfassung – geschriebenem Recht – in Verbindung mit dem Gesetzestext entnommen werden kann. Der Urteilsausspruch des Bundesverfassungsgerichts legt diesen Umfang lediglich allgemeinverbindlich fest. Durch das Urteil entsteht also zumindest ein Zustand, der dem Grundsatz der Rechtssicherheit weitergehend Rechnung trägt, als dies vor der verfassungsgerichtlichen Entscheidung der Fall war. Der Tenor der Entscheidungen des Bundesverfassungsgerichts, der in den Fällen der qualitativen Teilnichtigerklärung den Anwendungsfall, der zukünftig entfällt, in den meisten Fällen[247] genau

---

246 *Gern*, NVwZ 1987, S. 851 [853].

247 Wird im Tenor des verfassungsgerichtlichen Urteils dagegen nicht genau formuliert, welcher Anwendungsfall zukünftig nicht mehr gelten darf, liefe dies dem § 31 Abs. 2 Satz 1 BVerfGG zuwider und widerspräche dem Grundsatz der Rechtssicherheit, da die neue Reichweite des Gesetzes dann nicht in Gesetzeskraft erwüchse. Ein blo-

bezeichnet, muss im Bundesgesetzblatt veröffentlicht werden und erwächst gemäß § 31 Abs. 2 Satz 1 BVerfGG in Gesetzeskraft. Liegen diese Voraussetzungen vor, wird dem Grundsatz der Rechtssicherheit weitgehend Genüge getan. Auf diese Weise kann das Gericht von dieser Tenorierungsvariante also in zulässiger Art und Weise Gebrauch machen.

Darüber hinaus ist zu fordern, dass die teilweise nichtigen Regelungen teilbar sein müssen. Vor allem von den Vertretern[248] der These, man müsse die Teilnichtigerklärungen durch eine Analogie zu § 139 BGB untermauern, wird angenommen, dass das Kriterium der Teilbarkeit der Normen über deren Eignung zur Teilnichtigerklärung im Allgemeinen entscheiden soll. Unabhängig davon ist die Teilbarkeit eines Gesetzes oder sogar einer Norm aber ausschlaggebendes Kriterium für die Zulässigkeit der Teilnichtigerklärung dieses Prüfungsgegenstandes.

Fraglich ist, wann diese Teilbarkeit vorliegt. Oben wurde schon dargelegt, dass sie nur zu bejahen ist, wenn der Norm nach der Teilnichtigerklärung noch Normqualität zukäme bzw. sie noch anwendbar wäre. Im Unterschied zur quantitativen Teilnichtigerklärung wird die Norm nur inhaltlich reduziert. Ihr Text bleibt unverändert. Nur in wenigen Fällen bestehen Bedenken, dass der Norm nach einer qualitativen Teilnichtigerklärung die Normqualität fehlen könnte. Eine solche Prüfung ist im Einzelfall vor der Anwendung dieser Tenorierungsvariante anzustellen. Darüber hinaus sind auch Konstellationen denkbar, bei denen der Grundsatz der Rechtssicherheit die teilweise Aufrechterhaltung einer Norm bzw. eines Gesetzes sogar erforderlich macht. Entstünde bei der Nichtigerklärung der gesamten Norm oder Gesetzes im Ganzen ein „rechtloser“ Zustand, weil eine Regelungslücke übrig bliebe, ist eine nur teilweise Nichtigerklärung obligatorisch. Führt die Reduzierung des Normtextes durch eine quantitative Teilnichtigerklärung nicht zum gewünschten Ergebnis, kann die qualitative Teilnichtigerklärung die einzig mögliche Entscheidungsvariante sein, um den Grundsatz der Rechtssicherheit zu wahren.

d. Die Einschränkungen der qualitativen Teilnichtigerklärung durch den Grundsatz der Rechtssicherheit

Im Ergebnis werden neben den oben schon aufgezählten Kriterien teilweise noch weitere gefordert, die für eine zulässige qualitative Teilnichtigerklärung beachtenswert sein sollen. Es ist jedenfalls nachvollziehbar, dass der Inhalt des Gesetzes nach der Teilnichtigerklärung zwar nicht aus dem Gesetz selbst hervorgehen, je-

---

ßer Verweis im Tenor auf die Urteilsgründe bzgl. des nichtigen Anwendungsfalles ist folglich nicht zulässig.

248 Für alle anderen: *Skouris*, DÖV 1974, S. 592 [594f.].

doch ermittelbar sein muss.[249] Das bedeutet: Die Reichweite der qualitativen Teilnichtigerklärung muss einerseits der Verfassung zu entnehmen sein und sich andererseits im Detail aus dem im Bundesgesetzblatt veröffentlichten Urteilstenor ermitteln lassen. Da das Gesetz aufgrund der Kollision mit der Verfassung seinen Geltungsanspruch insoweit verliert, ist dies dann zu bejahen, wenn sich der Umfang der Teilnichtigerklärung mit dem Umfang des *ipso iure* nichtigen Gesetzesteiles deckt. Weicht die Entscheidung des Gerichts davon ab, wird das Urteil so zu gestalten sein, dass der Inhalt des Gesetzes nach der verfassungsgerichtlichen Entscheidung daraus eindeutig entnommen werden kann. Werden diese Kriterien beachtet, bestehen hinsichtlich einer Verletzung des Grundsatzes der Rechtssicherheit keine Bedenken.

3. Die Vermischung der legislativen und der judikativen Gewalt

Letztlich bestehen bei der beschriebenen Fassung des Entscheidungstenors auch deswegen Bedenken, weil dem Bundesverfassungsgericht hier eine weitreichende Gestaltungsmöglichkeit an die Hand gegeben wird, die die Grenzen zu einer legislativen Tätigkeit schon überschreiten könnte.[250] Bei manchen Teilnichtigerklärungen ohne Normtextreduzierung liegt der Verdacht nahe, dass sie einen Akt der „Rechtssetzung" darstellen.[251] Als Beispiel hierfür wird oftmals die erste Entscheidung zum Schwangerschaftsabbruch[252] angeführt, bei der das Bundesverfassungsgericht die vom Gesetzgeber geregelte Fristenlösung für den Schwangerschaftsabbruch per qualitativer Teilnichtigerklärung in eine Indikationenlösung umgewandelt hat.[253] In seinem Urteil erklärte es den § 218 a StGB in seiner damaligen Fassung für mit dem Grundgesetz insoweit unvereinbar und nichtig, als er die Straffreiheit des Schwangerschaftsabbruchs trotz Fehlens einer Indikation festlegte. Dies bedeutet im Umkehrschluss, dass das Gericht die Straffreiheit des Schwangerschaftsabbruchs dann für zulässig hielt, wenn eine Indikation vorlag. Eine solche ist in einem Grund zu sehen, „der – im Sinne der Entscheidungsgründe – vor der Wertordnung des Grundgesetzes Bestand hat"[254], was vom Gericht in den Entscheidungsgründen auf bestimmte Fälle wie beispielsweise eine vorher-

249 *Klein*, in: Benda/Klein, Lehrbuch, Rn. 1264.

250 *Blasberg*, Verfassungsgerichte als Ersatzgesetzgeber, S. 69; *Siedler*, Gesetzgeber und Bundesverfassungsgericht, S. 96; *Schlaich/Korioth*, Das BVerfG, Rn. 388.

251 *Siedler*, Gesetzgeber und Bundesverfassungsgericht, S. 96.

252 BVerfGE 39, 1; teilweise wird auch auf die 2. Entscheidung zum Schwangerschaftsabbruch (BVerfGE 88, 203) verwiesen.

253 *Löwer*, in: Isensee/Kirchhof, Handbuch des Staatsrechts, Band II, § 56, Rn. 101; *Siedler*, Gesetzgeber und Bundesverfassungsgericht, S. 101; *Blasberg*, Verfassungsgerichte als Ersatzgesetzgeber, S. 70.

254 BVerfGE 39, 1 [2].

gehende Vergewaltigung, die zu der Schwangerschaft geführt hatte, konkretisiert worden ist.[255]

Bei dieser Entscheidung wurden die Kompetenzen des Gerichts tatsächlich eindeutig überschritten. Es wurde in gewissem Maße legislativ tätig.[256] Jedoch bestand hierfür andererseits eine besondere Notwendigkeit. Die Form der qualitativen Teilnichtigerklärung erwies sich offensichtlich am geeignetsten, um zu einem entsprechendem Ergebnis zu kommen. Das Gericht hätte andererseits auch das gesamte Gesetz für nichtig erklären und eine Übergangsregelung erlassen können. Auch eine quantitative Teilnichtigerklärung ganzer Paragrafen wäre in Betracht gekommen, um diese dann anschließend neu zu regeln. Die bloße Kassation des Gesetzes konnte nicht erfolgen, da eine Rechtslage entstanden wäre, die der Verfassung noch ferner gewesen wäre. Dies ergibt sich aber aus der besonderen Situation in diesem konkreten Einzelfall[257] und spricht nicht grundsätzlich gegen die Zulässigkeit der qualitativen Teilnichtigerklärung. Nicht jede Entscheidung in dieser Form führt zu einem Verstoß gegen das Prinzip der Gewaltenteilung.

Die Kritik wegen etwaiger Übergriffe in Legislativbefugnisse wird aber auch über diese Entscheidungen hinaus geübt. Das Bundesverfassungsgericht hatte – wie schon unter II C 2 b aa dargestellt – zunächst selbst Bedenken, bevor es die qualitative Teilnichtigerklärung in seiner Rechtsprechungspraxis etablierte. Seine ablehnende Haltung gegenüber der qualitativen Teilnichtigerklärung hat es aber inzwischen, wenn auch nicht ausdrücklich, so doch an seiner Entscheidungspraxis erkennbar, aufgegeben.[258]

---

255 BVerfGE 39, 1 [48ff.].

256 Dies ergibt sich vor allem aus folgender Formulierung: „§ 218a des Strafgesetzbuches in der Fassung des Fünften Gesetzes zur Reform des Strafrechts (5. StrRG) vom 18. Juni 1974 (Bundesgesetzbl. I S. 1297) ist mit Artikel 2 Absatz 2 Satz 1 in Verbindung mit Artikel 1 Absatz 1 des Grundgesetzes insoweit unvereinbar und nichtig, als er den Schwangerschaftsabbruch auch dann von der Strafbarkeit ausnimmt, wenn keine Gründe vorliegen, die – im Sinne der Entscheidungsgründe – vor der Wertordnung des Grundgesetzes Bestand haben.“ (BVerfGE 39, 1 [2]) In den Entscheidungsgründen legt das Gericht dann zusätzliche Indikationen fest, die vor der Wertordnung des Grundgesetzes Bestand haben und regelt die Zulässigkeit des Schwangerschaftsabbruchs so völlig neu. (BVerfGE 39, 1 [48ff.]).

257 Besonders problematisch war in diesem Fall, dass es sich bei der Regelung der Strafbarkeit des Schwangerschaftsabbruchs um eine sehr kontrovers diskutierte Materie handelte und es gleichzeitig notwendig war, den notwendigen Schutz des Staates für das menschliche Leben zu gewährleisten.

258 *Siedler*, Gesetzgeber und Bundesverfassungsgericht, S. 97; BVerfGE 8, 51 [62].

a. Die Bedenken des Bundesverfassungsgerichts

In seiner Entscheidung vom 1. Juli 1953[259] äußerte das Gericht vor allem Bedenken hinsichtlich der Überschreitung der Grenzen der Gerichtsbarkeit. Es stellte hierin zunächst fest, dass eine quantitative Teilnichtigerklärung deswegen ausscheide, weil die betreffende Norm so allgemein formuliert sei, dass eine Normtextreduzierung nicht möglich wäre. Eine qualitative Teilnichtigerklärung zog es aber auch nicht in Betracht. Es stellte hierzu lediglich fest, dass mangels einer Möglichkeit der textlichen Isolierung die gesamte Vorschrift vom Gericht neu formuliert werden müsste, was die Grenzen der Gerichtsbarkeit überschreiten würde. In einem möglichen Anwendungsfall der qualitativen Teilnichtigerklärung hat es diese also unbeachtet gelassen und eine Neuformulierung durch das Gericht als einzigen Lösungsansatz gesehen, jedoch für unzulässig befunden. Ob diese Entscheidung bewusst gefällt wurde oder man die Möglichkeit der qualitativen Teilnichtigerklärung einfach nicht bedachte, ist nicht ersichtlich. Die damals geäußerten Bedenken des Gerichts hinsichtlich der Verletzung des Gewaltenteilungsgrundsatzes bezogen sich also nicht auf die qualitative Teilnichtigerklärung.

In einer späteren Entscheidung[260] äußerte das Bundesverfassungsgericht dann Bedenken hinsichtlich der Legislativbefugnisse und verzichtete deshalb ausdrücklich auf eine qualitative Teilnichtigerklärung.[261] Allerdings formuliert es nur sehr knapp, dass von einer qualitativen Teilnichtigerklärung abgesehen werde, weil diese zu einer Änderung des Gesetzes führte, „zu der das Bundesverfassungsgericht nicht befugt ist.“[262] Im Ergebnis ist die Rechtsprechung des Gerichts also zu wenig konkret, als dass ihr hilfreiche Anhaltspunkte für die Frage des Übergriffs in Legislativbefugnisse entnommen werden könnten. Man kann lediglich feststellen, dass das Bundesverfassungsgericht anfangs auch Bedenken hinsichtlich einer Überschreitung seiner Judikativkompetenzen hatte.

b. Die aktuellen Bedenken hinsichtlich einer Beeinträchtigung der Legislativkompetenzen

Da das Bundesverfassungsgericht seine Bedenken heute ohne nähere Begründung aufgegeben hat und Gesetze inzwischen für teilnichtig erklärt, ohne deren Normtext zu reduzieren,[263] sind die ehemals geäußerten und eben dargestellten Hinderungsgründe auf ihre Aktualität hin zu prüfen. In der Literatur wird nach wie vor

259 BVerfGE 2, 380.
260 BVerfGE 16, 306.
261 BVerfGE 16, 306 [329].
262 BVerfGE 16, 306 [329].
263 BVerfGE 9, 268; BVerfGE 15, 167 [169]; BVerfGE 15, 328; BVerfGE 19, 330 [331].

kritisiert, dass bei der qualitativen Teilnichtigerklärung inhaltlich ein neues Gesetz geschaffen werde und es damit zu Übergriffen in die Kompetenzen der Legislative komme.[264] Als Negativbeispiel wird hier meistens auf die schon angesprochene Entscheidung zum Schwangerschaftsabbruch verwiesen.[265]

Auch nach Ansicht der kritischen Stimmen in der Literatur soll die gesetzgeberische Gestaltungsfreiheit aber dann gewahrt sein, wenn die durch das Urteil des Bundesverfassungsgerichts entstehende Gesetzeslage dem Willen des Gesetzgebers entspricht. Anders formuliert wird in legislative Kompetenzen eingegriffen, wenn ein Restgesetz übrig bleibt, das der Gesetzgeber, hätte er die Verfassungswidrigkeit der teilnichtigen Normen gekannt, so nicht erlassen hätte.[266] Dieser Wille des Gesetzgebers ist immer objektiv anhand des Zweckes des Ursprungsgesetzes zu ermitteln. Auf den subjektiven Willen der ursprünglich am Gesetzgebungsverfahren beteiligten Personen kann es nicht ankommen.

c. Erörterung und Stellungnahme

Dem Einwand, eine qualitative Teilnichtigerklärung sei wegen des Eingriffs in Legislativkompetenzen grundsätzlich unzulässig, kann nicht zugestimmt werden. Es ist nicht ersichtlich, warum der Gesetzgeber Vorschriften, die als „Restgesetz" nach einer qualitativen Teilnichtigerklärung übrig bleiben, so niemals erlassen würde. Diese These wird auch nicht näher begründet.

Diese Art der Tenorierung wird notwendig, wenn die Beschaffenheit der Norm es nicht zulässt, die Teilnichtigerklärung so zu gestalten, dass deren Reichweite am Normtext selbst festgemacht werden kann. In diesen Fällen liegt eine allgemein formulierte Norm vor, von deren Subnormen eine oder mehrere, aber jedenfalls nicht alle, verfassungswidrig sind.[267]

---

264 *Siedler*, Gesetzgeber und Bundesverfassungsgericht, S. 98; *Vogel*, Das BVerfG und die übrigen Verfassungsorgane, S. 218; *Sachs*, DVBl. 1979, S. 389 [392]; *Löwer*, in: Isensee/Kirchhof, Handbuch des Staatsrechts, Band II, § 56, Rn. 101; AK-GG-Rinken, 3. Auflage, § 94, Rn. 44; *Zippelius*, Verfassungskonforme Auslegung, in: BVerfG und GG, Band II, S. 108 [119].

265 BVerfGE 39, 1. Teilweise wird auch noch auf die 2. Entscheidung zum Schwangerschaftsabbruch (BVerfGE 88, 203) abgestellt.

266 *Ipsen*, JZ 1983, S. 41 [44]; *Siedler*, Gesetzgeber und Bundesverfassungsgericht, S. 98. Dem wird teilweise entgegengesetzt, ein Gesetz könne nach einer qualitativen Teilnichtigerklärung niemals den Vorstellungen des Gesetzgebers entsprechen. (*Klein*, in: Benda/Klein, Lehrbuch, Rn. 1265).

267 *Blasberg*, Verfassungsgerichte als Ersatzgesetzgeber, S. 65.

Die Notwendigkeit einer Nichtigerklärung des verfassungswidrigen Teils an sich resultiert aus der Geltung der Lehre von der *ipso iure* Nichtigkeit verfassungswidriger Normen. Das Bundesverfassungsgericht entscheidet nicht konstitutiv über den Umfang der Nichtigerklärung. Es stellt diesen anhand des Umfanges der Verfassungswidrigkeit der Norm lediglich fest. Der verfassungswidrige Teil tritt durch die Kollision *eo ipso* außer Kraft. Hätte der Gesetzgeber von der Verfassungswidrigkeit des Gesetzesteiles gewusst, wäre es durchaus denkbar, dass er die Norm auch ohne diesen Part erlassen hätte.

Es kann folglich lediglich Voraussetzung für die Zulässigkeit der qualitativen Teilnichtigerklärung im Einzelfall sein, dass diese so zu treffen ist, dass der Wille des Gesetzgebers weitestgehend gewahrt wird. Das Bundesverfassungsgericht hat zu verhindern, dass das Gesetz nach seiner Entscheidung so gefasst ist, wie es der Gesetzgeber bei Kenntnis der Verfassungswidrigkeit der Subnorm niemals erlassen hätte.

Es sind aber auch Zweifel zu äußern, inwiefern die Gestaltungsfreiheit des Gesetzgebers überhaupt beeinträchtigt ist. Als alternative Entscheidungsmöglichkeit käme nur die Gesamtnichtigerklärung des teilweise nichtigen Gesetzes in Betracht. Bezüglich deren Zulässigkeit bestehen schon deswegen Bedenken, weil von der Verfassungswidrigerklärung dann auch an sich verfassungskonforme Teile betroffen wären. Ginge man dennoch von ihrer grundsätzlichen Zulässigkeit aus und vergleicht man die Teilnichtigerklärung im Allgemeinen mit der Alternative, das gesamte Gesetz für nichtig zu erklären, liegt es nicht ohne Weiteres auf der Hand, wodurch der Wille des Gesetzgebers besser gewahrt wird.[268]

Entschieden wird über einen Akt der Legislative. Es ist auch Teil des Grundsatzes der Gewaltenteilung, dass diese Kontrolle möglichst restriktiv ausgeübt wird. So existiert auch die Verpflichtung zu weitest gehender Normerhaltung. Diese Pflicht wird auch von *Stober*[269] zugunsten der qualitativen Teilnichtigerklärung angeführt. Der Wille des Gesetzgebers sei grundsätzlich auf Normentstehung gerichtet und wird von *Stober* dahingehend ausgelegt, dass die Legislative grundsätzlich auch zur Normerhaltung tendiere. Die Pflicht zur Normerhaltung ergebe sich also nicht nur aus dem Grundsatz der Gewaltenteilung, sondern auch aus dem gesetzgeberischen Willen direkt. Diesem sei also ebenfalls zu entnehmen, dass der Teilnichtigerklärung der Vorzug gelte.[270] Im Fall der Gesamtnichtigerklärung wird das Gesetzeswerk gerade nicht so weit wie möglich geschont, sondern als Ganzes „vernichtet".

---

268 *Siedler*, Gesetzgeber und Bundesverfassungsgericht, S. 98 ; *Vogel*, Das BVerfG und die übrigen Verfassungsorgane, S. 221.

269 *Stober*, JA 1979, S. 416.

270 *Stober*, JA 1979, S. 416 [422].

Da nur Teile des Gesetzes verfassungswidrig und somit nichtig sind, wirkt diese Gerichtsentscheidung sogar teilweise konstitutiv. Die Teilnichtigerklärung wird dieser Forderung der weitest gehenden Normerhaltung dagegen gerecht und ihr bleibt auch der lediglich deklaratorische Charakter erhalten. Der Gesetzgeber hat im Übrigen jederzeit die Möglichkeit, eine Neuregelung zu veranlassen. Im Gegensatz zum Bundesverfassungsgericht, das nur kontrollierend tätig wird und so in seiner Aktivität durch Initiativverbot und Prüfungsmaßstab eingeschränkt ist, bestehen diese Beschränkungen für den Gesetzgeber gerade nicht. Er kann eigeninitiativ Gesetze neu erlassen oder ändern, auch wenn diese nicht verfassungswidrig sind. Hält er also ein Restgesetz für unzweckmäßig oder ist er der Ansicht, das Gesetz in seiner neuen Gestalt entspreche nicht mehr dem Zweck oder erfülle nicht mehr die Aufgaben des Ursprungsgesetzes, so steht einer Neuregelung nichts im Wege.[271] Er muss sich dabei lediglich an die Regelungen des Grundgesetzes halten, Art. 20 Abs. 3, 1. HS GG.

Nach einer Gesamtnichtigerklärung müsste der Gesetzgeber zwingend aktiv werden, will er verhindern, dass die vor dem überprüften Gesetz geltende Rechtslage wieder in Kraft tritt oder ein Regelungsdefizit entsteht. Er hat nicht wie nach einer Teilnichtigerklärung die Wahl, das teilweise für nichtig erklärte Gesetz, das er einmal erlassen hat, zu modifizieren oder insgesamt für nichtig zu erklären. Insofern schränkt die Alternative der Gesamtnichtigerklärung die Gestaltungsmöglichkeiten des Gesetzgebers unter Umständen noch weitgehender ein, was dafür spricht, der Teilnichtigerklärung bei vorliegender Teilnichtigkeit eines Gesetzes den Vorzug zu geben.

Dies ist auch im Hinblick auf die Antragsgebundenheit des Bundesverfassungsgerichts zu unterstreichen. Es darf mit seiner Entscheidung nicht ohne Weiteres vom Antragsgegenstand abweichen.[272] Wenn der Antrag nur einen Teil des Gesetzes umfasst, kann das Gericht nicht ohne Weiteres das gesamte Gesetz zum Prüfungsgegenstand machen. Dies würde bei einer Gesamtnichtigerklärung aber geschehen.

Das Bundesverfassungsgericht muss dabei darauf achten, dass das Gesetz, das nach seiner Entscheidung bestehen bleibt, nicht auf andere Weise gegen die Verfassung verstößt. Insofern muss aus dem Urteil ein Gesetz resultieren, das der Gesetzgeber so auch hätte erlassen dürfen.[273] Die Grenzen bezüglich des Handelns des Gesetzgebers dürfen auch vom Gericht nicht überschritten werden.[274] Viel-

---

271 *Gusy*, Parlamentarischer Gesetzgeber und BVerfG, S. 183.

272 *Lechner/Zuck*, BVerfGG, Vor § 17, Rn. 7; *Stern*, in: Bonner Kommentar, Art. 93 (Zweitbearbeitung 1982), Rn. 296; *Sturm*, in: Sachs, Grundgesetz, Komm., § 93 , Rn. 28.

273 *Gern*, NVwZ 1987, S. 851 [854].

274 *Gern*, NVwZ 1987, S. 851 [854].

mehr muss sich das Gericht mit dem Restgesetz in dem der Legislative gesteckten Rahmen bewegen.

Eine Überschreitung der judikativen Kompetenzen liegt also dann nicht vor, wenn das Gericht vor seiner Tenorierung das Ergebnis dahingehend überprüft, ob der Gesetzgeber das Gesetz in seiner neuen Fassung so hätte erlassen dürfen und zumindest nicht auszuschließen ist, dass er es so erlassen hätte, wenn er die Verfassungswidrigkeit der für nichtig erklärten Normen oder Subnormen gekannt hätte.

D. Ergebnis

Im Ergebnis ist festzustellen, dass dem Bundesverfassungsgericht sowohl die quantitative als auch die qualitative Teilnichtigerklärung als Tenorierungsvariante zur Verfügung stehen und auch stehen müssen. Die Teilnichtigerklärung ist von der gesetzlichen Regelung des § 78 BVerfGG grundsätzlich umfasst, jedoch nicht näher geregelt. Die Notwendigkeit dieser Tenorierungsvarianten ergibt sich im Einzelfall aus dem Grundsatz der Gewaltenteilung oder auch aus dem Rechtsstaatsprinzip. Diese Verfassungsgrundsätze setzen den beiden Tenorierungsvarianten auch ihre Grenzen. Ihnen sind die dargestellten Voraussetzungen für die Zulässigkeit der Teilnichtigerklärungen im Einzelfall zu entnehmen. Der Zulässigkeit dieser Tenorierungsvarianten stehen sie per se aber nicht entgegen. Es wäre sicherlich wünschenswert, die Voraussetzungen der Teilnichtigerklärungen gesetzlich festzulegen, anstatt diesbezüglich auf Verfassungsgrundsätze zu verweisen. Eine dringende Notwendigkeit für diese genaue Regelung besteht aber nicht, denn in der Entscheidungspraxis des Bundesverfassungsgerichts werden die vorgegebenen Grenzen weitgehend[275] eingehalten.

Eine gesetzliche Regelung würde sich auch sehr schwierig gestalten, da die Zulässigkeitsvoraussetzungen für Teilnichtigerklärungen abstrakt-generell nur schwer festgelegt werden können, wenn sie jeden Einzelfall mit einschließen sollen. Deshalb ist in jedem Einzelfall gesondert zu entscheiden, wie genau der Verfassung Rechnung zu tragen ist. Die bisherigen Einschränkungen wurden anhand ergangener Urteile aus den Einzelfällen entwickelt. Eine gesetzliche Regelung böte zwar einerseits Rechtssicherheit, andererseits wäre aber schon absehbar, dass das Bundesverfassungsgericht unter Umständen auch von dieser einfachengesetzlichen Regelung abweichen müsste, wenn ein verfassungskonformes Ergebnis dies erforderte.

---

275 Ausnahme: BVerfGE 39, 1.

E. Die Folgen der Teilnichtigerklärung

Die Folgen der Teilnichtigerklärung im Allgemeinen sind grundsätzlich die gleichen, die auch die Nichtigerklärung nach sich zieht. Der Unterschied ist, dass ein „Restgesetz" bestehen bleibt und nur ein Teil des Gesamtwerkes von der Nichtigerklärung betroffen ist. Mit Rechtskraft des Urteils wird die Nichtigkeit dieses verfassungswidrigen Gesetzes- oder Normteils für die Zukunft und für die Vergangenheit, rückwirkend auf den Zeitpunkt der Kollision mit der Verfassung, festgestellt. Dieser Ausspruch gilt verbindlich für die Verfassungsorgane von Bund und Ländern und die Behörden sowie für die Gerichte, § 31 Abs. 1 BVerfGG. Allgemeinverbindlich gilt das Urteil, weil es nach den Kriterien des § 31 Abs. 2 BVerfGG mit seiner Veröffentlichung im Bundesgesetzblatt in Gesetzeskraft erwächst.

Die sonstigen Wirkungen für den nichtigen Teil ergeben sich aus § 79 BVerfGG. Die Teilnichtigerklärung unterscheidet sich von der Nichtigerklärung gemäß § 78 BVerfGG nur ihrem Umfang nach. Das spielt für ihre Folgen keine Rolle. Die Teilnichtigerklärung ist insoweit mit der Nichtigerklärung gemäß § 78 BVerfGG vergleichbar. Gemäß § 79 Abs. 1 BVerfGG kann also für Strafverfahren, deren Urteil auf der für teilnichtig erklärten Norm beruht und bereits in Rechtskraft erwachsen ist, die Wiederaufnahme angestrebt werden. Alle anderen unanfechtbaren Entscheidungen bleiben vom Urteil unberührt, § 79 Abs. 2 BVerfGG. Diese Regelung schränkt also auch die Rückwirkung der Teilnichtigerklärung ein. Eine Vollstreckung aus solchen unanfechtbaren Entscheidungen kann nach dem Urteil des Bundesverfassungsgerichts allerdings nicht mehr erfolgen. Der Teil des Gesetzes, der von der Teilnichtigerklärung nicht betroffen ist, bleibt bestehen und muss von Gerichten und Behörden weiterhin angewendet werden.

III. Die Gesamtnichtigerklärung trotz bloßer Teilnichtigkeit

Im Falle der Teilnichtigkeit eines Gesetzes oder einer Norm wird gelegentlich auch von der Möglichkeit der Gesamtnichtigerklärung Gebrauch gemacht. Darunter soll im Folgenden die Entscheidungsvariante zu verstehen sein, bei der ein Gesetz oder eine Norm vollständig für nichtig erklärt wird, obwohl nur ein Teil mit der Verfassung kollidiert. Zutreffender hierfür ist die Bezeichnung „Erstreckung der Nichtigkeit auf verfassungskonforme Teile". Im Allgemeinen wird aber der Begriff „Gesamtnichtigerklärung" gebraucht. Diese Variante ist immer dann notwendig, wenn zwar nur eine bestimmte Regelung einer Norm bzw. eines Gesetzes mit der Verfassung kollidiert[276], man aber – würde nur diese für nichtig erklärt – ein

276 Für die verwendete Bedeutung der Begriffe „Gesetz", „Norm" und „Regelung" vgl. im Ersten Teil unter II A.

„Restgesetz" übrig ließe, das entweder unvollständig oder sogar verfassungswidrig würde. Auch der Sinn und Inhalt des Gesetzes in seiner neuen Gestalt könnte so verfälscht sein, dass der Wille des Gesetzgebers durch das „Gesetzesrelikt" nicht mehr gewahrt würde.

Auch diese Tenorierungsvariante ist ein Unterfall der Nichtigerklärung. Ihr augenfälliger Widerspruch zu § 78 Satz 1 BVerfGG liegt darin, dass dieser seinem Wortlaut nach nur dazu ermächtigt, verfassungswidrige Gesetze oder Gesetzesteile für nichtig zu erklären, nicht aber an sich verfassungskonforme Teile einer Norm oder eines Gesetzes.[277]

A. Die Abgrenzung der Entscheidungsvariante von der Tenorierung nach § 78 Satz 2 BVerfGG

Die Gesamtnichtigerklärung ist zunächst von der Tenorierung nach § 78 Satz 2 BVerfGG abzugrenzen. Nach dieser Vorschrift darf das Bundesverfassungsgericht den Streitgegenstand auf die Teile des Gesetzes erstrecken, die vom verfahrenseinleitenden Antrag nicht umfasst sind. Es dürfen weitere Bestimmungen desselben Gesetzes für nichtig erklärt werden, wenn sie aus denselben Gründen verfassungswidrig sind wie die vom Streitgegenstand umfassten Gesetzesteile.[278] Das Charakteristische an dieser Art der Entscheidung ist, dass die Normen, auf die die Entscheidung erstreckt werden soll, schon *ipso iure* durch Kollision mit der Verfassung nichtig sind. Sie sind lediglich nicht schon durch den verfahrenseinleitenden Antrag zur Prüfung und Entscheidung gestellt.

Anders verhält es sich bei der Gesamtnichtigerklärung, die im Folgenden analysiert werden soll. Bei dieser Entscheidungsform ist zwar auch nur ein Teil des Gesetzes oder einer Norm wegen Verfassungswidrigkeit nichtig. Der Rest des Gesetzes verstößt dagegen an sich noch nicht gegen die Verfassung und ist deshalb auch nicht *ipso iure* nichtig. In vielen Fällen erfasst der verfahrenseinleitende Antrag beide Teile des Gesetzes. Die Nichtigerklärung wird aus logischen oder anderen Gründen auf den Teil des Gesetzes erstreckt, der eigentlich der Verfassung entspricht. Abzugrenzen sind die beiden Fälle der Erstreckung der Nichtigerklärung also nach dem Gegenstand, auf den sie sich erstrecken sollen. Die in § 78 Satz 2 BVerfGG geregelte Alternative umfasst nur die Fälle, in denen für nichtig erklärt wird, was

---

277 *Moench*, Gesetz und Normenkontrolle, S. 35; *Siedler*, Gesetzgeber und Bundesverfassungsgericht, S. 102f.; *Ipsen*, Rechtsfolgen, S. 101.

278 *Blasberg*, Verfassungsgerichte als Ersatzgesetzgeber, S. 27.

auch verfassungswidrig ist. Lediglich die Prüfungs- und Verwerfungskompetenz des Gerichts wird auf einen seinerseits nichtigen Teil erstreckt. Die Entscheidung hat aber vollumfänglich deklaratorischen Charakter.

Bei der hier zu analysierenden Variante stimmen inhaltliche Verfassungswidrigkeit und Umfang der Nichtigerklärung nicht ohne Weiteres überein.[279] Diese Entscheidung hat teilweise auch konstitutiven Charakter, soweit sie nämlich die Nichtigkeit eines an sich verfassungsgemäßen Gesetzes- oder Normteiles ausspricht.

B. Die Fallgruppen

Die Gesamtnichtigerklärung zieht nicht zwingend die Nichtigkeit des gesamten Gesetzes nach sich, was im Übrigen auch für die Erstreckung des Streitgegenstandes nach § 78 Satz 2 BVerfGG gilt. Die Nichtigerklärung wird über den vom Streitgegenstand umfassten bzw. nichtigen Teil hinaus erstreckt, ohne dass die Erweiterung das ganze Gesetz umfassen müsste.[280]

Bei dieser Entscheidungsvariante werden in der Literatur zwei Fallgruppen unterschieden[281]. Die Gesamtnichtigerklärung wird zum einen wegen Dependenz von Gesetzesteilen, zum anderen wegen deren Interdependenz als Tenorierungsvariante gewählt.[282] So jedenfalls differenziert die Literatur.[283] Das Bundesverfassungsgericht selbst unterscheidet nicht in gleicher Weise.[284]

Die Fallgruppe der Erstreckung der Nichtigerklärung wegen Dependenz ist dadurch gekennzeichnet, dass ein an sich verfassungsmäßiger Teil eines Gesetzes von dem verfassungswidrigen und somit nichtigen Teil desselben Gesetzes einseitig abhängig ist. Folgt man dem oben zur Teilnichtigerklärung Gesagten, so käme eine Teilnichtigerklärung in derartigen Fällen nur in Frage, wenn die Restregelung ohne den nichtigen Teil fortbestehen könnte. Bei der Dependenz kann sie das deshalb nicht, weil die Restnorm ohne den nichtigen Teil keinen Sinn mehr ergä-

---

279 *Ipsen*, Rechtsfolgen, S. 101. Sinngemäß so auch: *Gusy*, Parlamentarischer Gesetzgeber und BVerfG, S. 185.

280 *Siedler*, Gesetzgeber und Bundesverfassungsgericht, S. 102.

281 *Stern*, in: Bonner Kommentar, Art. 93 (Zweitbearbeitung 1982), Rn. 299; a.A.: *Moench*, Gesetz und Normenkontrolle, S. 35, der die einseitige Abhängigkeit nur für einen Unterfall der wechselseitigen Abhängigkeit hält.

282 *Gusy*, Parlamentarischer Gesetzgeber und BVerfG, S. 185; *Siedler*, Gesetzgeber und Bundesverfassungsgericht, S. 103; *Ipsen*, Rechtsfolgen, S. 101; *Skouris*, Teilnichtigkeit, S. 33.

283 *Blasberg*, Verfassungsgerichte als Ersatzgesetzgeber, S. 26.

284 *Siedler*, Gesetzgeber und Bundesverfassungsgericht, S. 103 mit Beispielen wie BVerfGE 26, 246 [258], wobei in den Beispielen nur eine Begründung für die Erstreckung zu lesen ist, nicht aber eine Einordnung in die Fallgruppen.

be.[285] Dependenz liegt beispielsweise vor, wenn die einzigen materiellen Normen eines Gesetzes für nichtig erklärt werden und nur noch die Ausführungsbestimmungen bestehen bleiben.[286] Diese Ausführungsbestimmungen beziehen sich auf die Hauptnormen und werden bei ihrem Wegfall gegenstandslos. Einseitige Abhängigkeit liegt auch dann vor, wenn die Restnorm keine eigenständige, abstrakt-generelle Regelung mehr darstellt, ihr also der Normcharakter fehlt.[287] Wie oben schon zur Teilnichtigerklärung dargestellt wurde[288], ist eine solche bei fehlendem Normcharakter der Restnorm unzulässig. Als Alternative bleibt nur die Erweiterung des Umfangs der Nichtigerklärung in solchen Fällen. Für diese Fallgruppe wird die Gesamtnichtigerklärung in der Literatur deshalb teilweise als schlechthin unbedenklich angesehen.[289]

Die andere Fallgruppe ist die der Erstreckung der Nichtigkeit wegen Interdependenz. In diesen Fällen besteht die Abhängigkeit zwischen dem verfassungswidrigen und dem verfassungskonformen Teil eines Gesetzes nicht einseitig. Vielmehr sind zwei Teile des Gesetzes, von denen einer verfassungswidrig und somit nichtig ist, so miteinander verschränkt, dass sie eine untrennbare Einheit bilden.[290] Das bedeutet, dass in diesem Fall nicht die nichtige Vorschrift zentrale Bedeutung im Gesetzeswerk hat, sondern vielmehr die nichtige Vorschrift und die verfassungskonformen Regelungen gleichwertig sind.[291] Es besteht eine wechselseitige Abhängigkeit. Auch das führt dazu, dass man am Sinn des Weiterbestehens der Restvorschrift zweifelt, weil beispielsweise durch Verweisungen und Bezugnahmen auf die nichtige Vorschrift der Sinn des verfassungskonformen Teils verfälscht wird oder sogar völlig entfällt. In solchen Fällen stellt sich die Frage, ob man die untrennbar verbundenen Vorschriften überhaupt getrennt voneinander überprüfen kann[292], man könnte also schon an der Teilbarkeit des Gesetzes oder Gesetzesteiles zweifeln.

---

285 *Stern*, in: Bonner Kommentar, Art. 93 (Zweitbearbeitung 1982), Rn. 299; *Gusy*, Parlamentarischer Gesetzgeber und BVerfG, S. 185; *Siedler*, Gesetzgeber und Bundesverfassungsgericht, S. 103; *Ipsen*, Rechtsfolgen, S. 101.

286 *Siedler*, Gesetzgeber und Bundesverfassungsgericht, S. 104; *Blasberg* (Verfassungsgerichte als Ersatzgesetzgeber, S. 26) nennt hierfür als Beispiele die Entscheidungen BVerfGE 5, 25 [34]; BVerfGE 15, 1 [24f.]; BVerfGE 20, 150 [161].

287 *Siedler*, Gesetzgeber und Bundesverfassungsgericht, S. 106.

288 Vgl. hierzu im Ersten Teil unter II.

289 *Stern*, in: Bonner Kommentar, Art. 93 (Zweitbearbeitung 1982), Rn. 300.

290 *Ipsen*, Rechtsfolgen, S. 102; *Siedler*, Gesetzgeber und Bundesverfassungsgericht, S. 104; *Stern*, in: Bonner Kommentar, Art. 93 (Zweitbearbeitung 1982), Rn. 301; *Blasberg* (Verfassungsgerichte als Ersatzgesetzgeber, S. 26) nennt als Beispiele hierfür BVerfGE 9, 305 [333f.]; BVerfGE 72, 330 [421].

291 *Siedler*, Gesetzgeber und Bundesverfassungsgericht, S. 104.

292 *Stern*, in: Bonner Kommentar, Art. 93 (Zweitbearbeitung 1982), Rn. 301.

Die Differenzierung zwischen diesen beiden Fallgruppen soll hier übernommen werden. Die Entscheidungen des Gerichts sollen, soweit möglich, in diese Fallgruppen eingeordnet werden.

C. Die Vereinbarkeit mit § 78 Satz 1 BVerfGG

Die einschlägige einfachgesetzliche Vorschrift, die die verfassungsgerichtlichen Tenorierungsvarianten regelt, ist der § 78 Satz 1 BVerfGG. Zunächst ist deshalb zu prüfen, ob die Erstreckung der Nichtigkeit auf verfassungskonforme Teile durch § 78 Satz 1 BVerfGG gedeckt ist. Sollte sie nicht unter die Vorschrift fallen, wäre in einem zweiten Schritt zu fragen, ob sie dieser Regelung derart zuwiderläuft, dass sie mit ihr und unter Umständen dann auch mit den verfassungsgerichtlichen Vorgaben für die verfassungsgerichtlichen Verfahren kollidiert und das Bundesverfassungsgericht somit gemäß Art. 20 Abs. 3 GG nicht in dieser Weise entscheiden dürfte, da es an Gesetz und Recht gebunden ist.

Die Gesamtnichtigerklärung eines teilnichtigen Gesetzes stellt in gewisser Weise das Gegenteil der Teilnichtigerklärung dar. Für die Frage einer Ermächtigung aus § 78 Satz 1 BVerfGG ist deshalb zunächst von der Teilnichtigerklärung auszugehen. Für diese[293] wurde festgestellt, dass § 78 Satz 1 BVerfGG zumindest zur Teilnichtigerklärung eines Gesetzes ermächtigt, wenn dieses nur teilweise nichtig ist.[294] Das heißt im Umkehrschluss aber nicht, dass nicht auch die Erstreckung der Nichtigkeit auf die verfassungskonformen Teile gem. § 78 Satz 1 BVerfGG für bestimmte Fälle legitim sein kann. Schließlich wurde schon deutlich, dass die Anwendung der Teilnichtigerklärung bestimmten Grenzen unterliegt. Es bleibt unter bestimmten Voraussetzungen theoretisch also Raum für die Zulässigkeit der Erstreckung der Nichtigerklärung auf den an sich verfassungskonformen Teil eines Gesetzes.

Man wird zunächst am Wortlaut der Vorschrift ansetzen müssen. Auch hier ist entscheidend, welcher Umfang dem Wort *Gesetz* zugebilligt wird, denn laut § 78 Satz 1 BVerfGG erklärt das Bundesverfassungsgericht „das Gesetz" für nichtig, wenn es festgestellt hat, dass es mit dem Grundgesetz oder sonstigem höherrangigen Recht unvereinbar ist. Wie bereits erörtert[295], wird der Umfang des für nichtig zu erklärenden Gesetzes durch den Antrag bestimmt, ist also durch den

293 Vgl. hierzu im Ersten Teil II A 1 am Ende.
294 Vgl. hierzu im Ersten Teil unter II A.
295 Vgl. hierzu im Ersten Teil unter II A 1.

Streitgegenstand beschränkt.[296] Daraus konnte gefolgert werden, dass *Gesetz* zumindest nicht zwingend die gesetzestechnische Einheit als Ganzes meint, sondern auch lediglich Gesetzesteile umfassen kann, wenn nur einzelne Normen oder Regelungen angegriffen sind. Andererseits ist der Begriff „Gesetz" aber auch nicht von vorneherein auf bestimmte Gesetzesteile beschränkt.

Eine Diskussion bezüglich der Legitimation der Gesamtnichtigerklärung über § 78 Satz 1 BVerfGG existiert in der Literatur jedenfalls nicht. Vielmehr wird von ihrer Zulässigkeit oft ohne Begründung ausgegangen, sie wird nicht problematisiert.[297] Eine Ermächtigung des Bundesverfassungsgerichts durch das BVerfGG wird nicht gefordert und folglich auch nicht gesucht. Allerdings ist darauf hinzuweisen, dass das Bundesverfassungsgericht an Gesetz und Recht gebunden ist, Art. 20 Abs. 3 GG, und zumindest dem § 78 Satz 1 BVerfGG nicht ohne Weiteres zuwiderhandeln darf.

Der Wortlaut des § 78 Satz 1 BVerfGG allein hilft hier nicht weiter. Die Vorschrift ist deshalb auszulegen. Dies kann mit Blick auf die einschlägigen Verfassungsgrundsätze geschehen. Der Umfang des für nichtig zu erklärenden Teils richtet sich nach der Dimension des Streitgegenstandes. Umfasst der Streitgegenstand das gesamte Gesetz, kollidiert aber nur ein Teil desselben mit der Verfassung, käme eine Gesamtnichtigerklärung in Betracht. Folgt man nun der These, die den Umfang der Nichtigerklärung allein vom Streitgegenstand abhängig macht, müsste in solchen Fällen immer eine Erstreckung der Nichtigerklärung erfolgen. Diese Ansicht wird von *Stober*[298] zu Recht kritisiert. Der Umfang der Nichtigerklärung orientiert sich ergo auch an anderen Kriterien. § 78 Satz 1 BVerfGG steht der Gesamtnichtigerklärung nicht entgegen.

D. Die Vereinbarkeit mit § 78 Satz 2 BVerfGG

Auch aus § 78 Satz 2 BVerfGG ergibt sich nichts anderes. Dieser regelt den Fall, dass weitere Bestimmungen desselben Gesetzes aus denselben Gründen mit dem Grundgesetz oder sonstigem höherrangigen Recht unvereinbar sind, diese aber nicht zur Überprüfung gestellt werden. Diese Norm erlaubt folglich die Durchbrechung des Antragsprinzips innerhalb enger Grenzen und des Weiteren die Erstre-

---

296 *Ulsamer*, in Maunz/Schmidt-Bleibtreu/Klein u.a., BVerfGG, Komm., § 78, Rn. 23; *Lee*, Schonung des Gesetzgebers, S. 306; *Stober*, JA 1979, S. 416 [419]; *Gusy*, Parlamentarischer Gesetzgeber und BVerfG, S. 184.

297 *Stern*, in: Bonner Kommentar, Art. 93 (Zweitbearbeitung 1982), Rn. 300; *Ulsamer*, in Maunz/Schmidt-Bleibtreu/Klein u.a., BVerfGG, Komm., § 78, Rn. 24; *Stuth*, in: Umbach/Clemens, BVerfGG, Komm., § 78, Rn. 18; *Ipsen*, Rechtsfolgen, S. 101; *Löwer*, in: Isensee/Kirchhof, Handbuch des Staatsrechts, Band II, § 56, Rn. 101.

298 *Stober*, JA 1979, S. 416 [421].

ckung des Streitgegenstandes auf die ebenfalls nichtigen Vorschriften. Die Ausdehnung des Streitgegenstandes auf ebenfalls verfassungswidrige Gesetzesteile wiegt weniger schwer als die Erstreckung des Streitgegenstandes und der Nichtigkeit auf zunächst verfassungskonforme Normteile. Die erste Variante hat im Gegensatz zur zweiten eine ausdrückliche gesetzliche Regelung erfahren, weshalb man argumentieren könnte, dass mangels ausdrücklicher und ausführlicher Regelung eine Erstreckung der Nichtigkeit auf an sich verfassungskonforme Teile vom Gesetz und Gesetzgeber nicht gewollt sein kann (*argumentum e contrario*[299] und *argumentum a maiore ad minus*[300]). Man könnte daraus folgern, dass der Gesetzgeber die Erstreckung der Nichtigkeit auf nicht schon selbst verfassungswidrige Teile bei Schaffung des BVerfGG für ausgeschlossen hielt. Denn hätte man die Erstreckung der Nichtigkeit als Entscheidungsmöglichkeit für das Gericht in Betracht gezogen, hätte man ja auch diese gesetzlich verankert.

Die Gesetzesmaterialien enthalten hierzu keine Bemerkungen. Vielmehr wird dort nur die Frage der *ipso iure* Nichtigkeit problematisiert. Bezogen auf das BVerfGG in seiner ersten Fassung wird in der Begründung zu dessen Entwurf geäußert, dass die Nichtigerklärung für zwingend angesehen würde und eine Unvereinbarerklärung nicht ausreichend wäre.[301] In der Begründung zum Vierten Gesetz zur Änderung des Gesetzes über das Bundesverfassungsgericht[302] werden die von § 78 Satz 1 BVerfGG abweichenden, inzwischen vom Gericht entwickelten Entscheidungsvarianten aufgezählt. Obwohl es damals schon Erstreckungen der Nichtigerklärung in der Rechtsprechungspraxis des Bundesverfassungsgerichts gab[303], wurde diese Entscheidungsmöglichkeit nicht erwähnt. Sie blieb gänzlich unberücksichtigt.[304] Man darf also annehmen, dass der Gesetzgeber durch die Nichtregelung der Voraussetzungen einer Erstreckung der Nichtigerklärung auf nicht verfassungswidrige Gesetzesteile nicht seine Ablehnung dieser Tenorierungsvariante gegenüber ausdrücken wollte, sondern deren Existenz entweder nicht wahrgenommen oder sie als nicht problematisch angesehen hat. Dem Fehlen einer Regelung ist also keine Absage an die Gesamtnichtigerklärung zu entnehmen.

---

299 Weiterführend hierzu: *Larenz*, Methodenlehre der Rechtswissenschaft, S. 390; *Kramer*, Juristische Methodenlehre, S. 152.

300 Weiterführend hierzu: *Larenz*, Methodenlehre der Rechtswissenschaft, S. 389f; *Zippelius*, Methodenlehre, S. 69f.; *Kramer*, Juristische Methodenlehre, S. 151f.

301 Begründung zum 1. Regierungsentwurf für ein Gesetz über das Bundesverfassungsgericht, BT-Drucks. I/788, S. 34.

302 BT-Drucks. V/3816, S.1 Gesetzentwurf, S. 5ff. Begründung zum Gesetzentwurf.

303 Stellvertretend für alle: BVerfGE 9, 305 (333f.) aus dem Jahr 1959; BVerfGE 15, 1 (24f.) aus dem Jahr 1962.

304 BT-Drucks. V/3812, S.9.

Daran vermag auch die Aussage des Berichterstatters Neumayer[305], dass der Teilnichtigerklärung *grundsätzlich* der Vorzug vor der Gesamtnichtigerklärung zu geben sei, nichts zu ändern. Dieser bezog sich auf die Gesamtnichtigerklärung bei Gesamtnichtigkeit. Außerdem steht es nicht im Widerspruch zu dieser Aussage, wenn das Gericht von der Gesamtnichtigerklärung zurückhaltend Gebrauch macht.

E. Die Vereinbarkeit mit dem Antragsprinzip

Bedenken bestehen allerdings hinsichtlich der Vereinbarkeit dieser Tenorierungsvariante mit dem Initiativverbot.

1. Die Problematik

Das Bundesverfassungsgericht ist für sein Tätigwerden auf einen verfahrenseinleitenden Antrag von außen angewiesen. Die Initiative für die Anstrengung eines seiner Verfahren darf nicht von ihm selbst ausgehen.[306] Diese Antragsgebundenheit beschränkt das Bundesverfassungsgericht nicht nur hinsichtlich des „ob" eines Tätigwerdens ein, sondern legt auch den Gegenstand fest, der zur Überprüfung steht.[307] Somit wäre es eine Durchbrechung des Antragsprinzips, würde der Streitgegenstand eigenmächtig erweitert.[308] Eine solche Ausdehnung wäre in den Fällen der Gesamtnichtigerklärung aber notwendig, in denen der Antrag sich nur auf die nichtigen Normen des Gesetzes bezieht und das Gericht eine Erstreckung auf weitere an sich verfassungskonforme Vorschriften anstrebt. Die Durchbrechung des Initiativverbotes ist andererseits nicht für alle Fälle der Erstreckung der Nichtigkeit notwendig. Steht das gesamte Gesetz durch den Antrag zur Überprüfung und ist trotzdem nur ein Teil nichtig, stellt sich das Problem des Initiativverbotes nicht.

2. Die Sonderkonstellation bei der Urteilsverfassungsbeschwerde

Eine Sonderkonstellation ergibt sich durch die Geltung des § 95 Abs. 3 Satz 2 i.V.m. Abs. 2 BVerfGG für den Fall der Urteilsverfassungsbeschwerde. Wird einer solchen nach § 95 Abs. 2 BVerfGG stattgegeben und beruht das angegriffene Urteil auf einem Gesetz, das verfassungswidrig ist, ist dieses Gesetz für nichtig zu erklären. Fraglich ist auch hier wieder die Bedeutung des Begriffs *Gesetz* und woraus sich der Umfang der für nichtig zu erklärenden Regelung(en) ergeben soll. Auf

---

305 Berichterstatter Neumayer in seinem Bericht vor dem Plenum über den dritten Teil des 1. Gesetzes über das Bundesverfassungsgericht BTPlPr 1951/I/112, S. 4234 (B).

306 *Vogel*, Das BVerfG und die übrigen Verfassungsorgane, S. 97f.

307 *Vogel*, Das BVerfG und die übrigen Verfassungsorgane, S. 98.

308 Eine Ausnahme hiervon bildet natürlich die gesetzliche Regelung des § 78 Satz 2 BVerfGG, in dem die Möglichkeit der Erstreckung des Streitgegenstandes für einen speziellen Fall gesetzlich festgelegt ist.

den Umfang des Streitgegenstandes, der in den Fällen von Gesetzesverfassungsbeschwerde oder Normenkontrolle herangezogen wird, kann hier nicht abgestellt werden. Der verfahrenseinleitende Antrag[309] ist in diesen Fällen auf Aufhebung der streitigen Entscheidung gerichtet und rügt das Ergehen oder Unterlassen einer hoheitlichen Maßnahme, durch die der Beschwerdeführer in seinen Rechten verletzt wird.[310] Höchstens in der Begründung wird angeführt, dass die einfachgesetzliche Vorschrift, auf der die Entscheidung beruht, nichtig ist.[311] Der Antrag selbst ist aber nicht unmittelbar auf deren Aufhebung gerichtet.

Betrachtet man den Wortlaut der Vorschrift, darf das Bundesverfassungsgericht die Nichtigerklärung eines Gesetzes als Tenorierungsvariante überhaupt nur wählen, soweit die fehlerhafte Entscheidung auf diesem Gesetz beruht.[312] Es kann nicht über ein zwar thematisch tangiertes, für die aufgehobene Entscheidung aber nicht relevantes Gesetz entscheiden. Der rechtliche Mangel der angegriffenen Entscheidung muss auch gerade mit der Verfassungswidrigkeit dieses Gesetzes begründet sein. Es muss also ein kausaler Zusammenhang zwischen der Verfassungswidrigkeit des Gesetzes und der Aufhebung des angegriffenen Urteils bestehen.[313] Dennoch kann der Umfang des Wortes *Gesetz* hier nicht schon ohne Weiteres dem Antrag entnommen werden.

Man könnte darauf abstellen, inwieweit einerseits die Nichtigkeit des Gesetzes durch die Kollision mit der Verfassung reicht, andererseits das Gesetz dem aufzuhebenden Urteil zugrunde liegt. Liegen dem Urteil nur einzelne verfassungswidrige Paragrafen zugrunde, so dürften nach dem Wortlaut des Gesetzes wohl auch nur diese aufgehoben werden, auch wenn vielleicht noch andere Teile des Gesetzes ebenfalls nichtig sind. Das wird argumentativ auch dadurch unterstrichen, dass die Notwendigkeit einer Kausalbeziehung zwischen Fehlerhaftigkeit des Urteils und Verfassungswidrigkeit des Gesetzes daraus resultiert, dass das Bundesverfassungsgericht dem Initiativverbot unterliegt, also ohne Antrag nicht tätig werden darf, und bezüglich des Umfangs der Prüfung dann auch auf den Antrag beschränkt ist. Zwar begrenzt der Antrag die Überprüfung des zugrunde liegenden Gesetzes nicht unmittelbar; jedoch kann ihm mittelbar eine Beschränkung des Prüfungsumfanges entnommen werden. Es darf also nur das Gesetz und dieses nur insoweit über-

---

309 Der Streitgegenstand ergibt sich aus dem Antrag und dem dazugehörigen Lebenssachverhalt.

310 BVerfGE 9, 83; *Lechner/Zuck*, BVerfGG, § 95, Rn. 5.

311 BVerfGE 9, 83 [85].

312 *Lechner/Zuck*, BVerfGG, § 95, Rn. 36.

313 *Lechner/Zuck*, BVerfGG, § 95, Rn. 36; *Leibholz/Rupprecht*, BVerfGG, Komm., § 95, Rn. 8; *Schmidt-Bleibtreu*, in: Maunz/Schmidt-Bleibtreu/Klein u.a., BVerfGG, Komm., § 95, Rn. 33.

prüft werden, als es kausal für den Fehler des Urteils ist, das unmittelbar durch den Antrag angegriffen wird.[314]

Eine Erstreckung auf andere Regelungen des Gesetzes käme nur über §§ 78 Satz 2, 82 Abs. 1 BVerfGG analog in Betracht.[315] Jedoch kann die Erstreckung des Streitgegenstandes darauf nur in den oben schon genannten, engen Grenzen gestützt werden. Demnach ist das Gesetz in diesem Spezialfall nur insoweit Gegenstand der Überprüfung, wie es gegen die Verfassung verstößt und soweit die aufzuhebende Entscheidung auf diesem Verfassungsverstoß beruht.

Dem kann man aber eine am objektiven Zweck der Verfassungsbeschwerde orientierte Auslegung des Begriffes *Gesetz* entgegenhalten. Die Verfassungsbeschwerde dient zwar in erster Linie dem subjektiven Rechtsschutz, jedoch hat sie auch die Funktion, das Recht in objektiver Hinsicht zu ordnen.[316] Dies kommt insbesondere in § 95 Abs. 3 Satz 2 BVerfGG zum Ausdruck, der die Prüfungs- und Verwerfungskompetenz des Bundesverfassungsgerichts auch für die Fälle der Urteilsverfassungsbeschwerde, die sich nicht unmittelbar gegen ein verfassungswidriges Gesetz richtet, auf das der Entscheidung zugrunde liegende Gesetz erstreckt. Es liegt besonders aus Gründen der Prozessökonomie nahe, dann auch das Gesetz im Ganzen und nicht nur einzelne Teile, auf denen das zur Überprüfung vorgelegte fachgerichtliche Urteil beruht, an der Verfassung zu messen. Dies wird jedenfalls für möglich gehalten.[317]

Betrachtet man die Entscheidungspraxis des Bundesverfassungsgerichts im Einzelnen, stellt man fest, dass das Gericht bei den meisten seiner Urteile nicht über den Streitgegenstand hinausgeht und keine darüber hinaus gehenden Regelungen für nichtig erklärt.[318] Dies kann man aber auch dem Umstand zurechnen, dass die Anträge nicht ausreichend präzise gestellt werden. Es existieren dennoch Urteile, in denen das Bundesverfassungsgericht über die mittelbar oder unmittelbar zur Entscheidung gestellten Gesetzesteile hinaus auch noch andere Regelungen für nichtig erklärt. Zum einen im Verfassungsbeschwerdeverfahren, wenn Gesetzestei-

---

314 *Schmidt-Bleibtreu*, in: Maunz/Schmidt-Bleibtreu/Klein u.a., BVerfGG, Komm., § 95, Rn. 33.

315 *Lechner/Zuck*, BVerfGG, § 95, Rn. 36; *Leibholz/Rupprecht*, BVerfGG, Komm., § 95, Rn. 6; *Schmidt-Bleibtreu*, in: Maunz/Schmidt-Bleibtreu/Klein u.a., BVerfGG, Komm., § 95, Rn. 33.

316 *Lechner/Zuck*, BVerfGG, § 95, Rn. 36; *Schmidt-Bleibtreu*, in: Maunz/Schmidt-Bleibtreu/Klein u.a., BVerfGG, Komm., § 95, Rn. 33.

317 *Leibholz/Rupprecht*, BVerfGG, Komm., § 95, Rn. 6; *Stark*, in: Umbach/Clemens/Dollinger, BVerfGG, Komm., § 95, Rn. 82.

318 BVerfGE 9, 305 [333f]; BVerfGE 15, 1 [24f]; BVerfGE 20, 150 [161]; BVerfGE 86, 90 [91].

le von der Nichtigerklärung betroffen sind, auf die die Verfassungswidrigkeit der Entscheidung nicht kausal zurück geführt werden kann.[319] Zum anderen in Normenkontrollverfahren, in denen das Gericht über die konkret durch den Antrag zur Prüfung gestellten Vorschriften hinausgeht und auch andere Teile des Gesetzes für nichtig erklärt[320]. Auch hier kommt es zu einem Überschreiten der Grenzen des Streitgegenstandes in der gerichtlichen Entscheidung.

3. Erörterung und Stellungnahme

Das für das Bundesverfassungsgericht verbindliche[321] Antragsprinzip findet seinen Sinn als Ausnahme zum Offizialprinzip in der Vermeidung einer zu übergeordneten Stellung des Bundesverfassungsgerichts im Vergleich zu den anderen Verfassungsorganen.[322] Das Bundesverfassungsgericht dehnt die Prüfung der Norm und auch die Nichtigkeitsentscheidung oftmals über die zur Prüfung gestellten Regelungsteile hinaus aus. Dies läuft dem eigentlichen Sinn des Initiativverbotes zuwider, das den Umfang der Prüfung wie auch den Umfang der Nichtigerklärung auf die durch den Antrag zur Überprüfung gestellten Vorschriften beschränkt. Der Antrag bestimmt den Streitgegenstand.[323] Allerdings darf das Gericht den Antrag auslegen und ihn sogar umdeuten. Die Grenzen hierfür sind im Wortlaut des Antrags zu sehen.[324] Zwar ist ein solcher, der seinem Wortlaut nach ausdrücklich nur einen Teil der Regelung zum Gegenstand der Überprüfung macht, meist eindeutig formuliert. Andererseits sind solche Anträge ihrem Sinn und Zweck nach auszulegen. Zumindest bei der Urteilsverfassungsbeschwerde, die sich mittelbar gegen ein Gesetz richtet, dürfte deswegen das gesamte Gesetz zur Prüfung gestellt sein, auch wenn im Antrag nur auf eine Vorschrift Bezug genommen wird, da der Antrag hier zugunsten des Klägers auszulegen sein wird. Diesem, der die Aufhebung einer Maßnahme begehrt, die auf einem verfassungswidrigen Gesetz beruht, kommt es zugute, wenn das Gesetz insgesamt auf seine etwaige Verfassungswidrigkeit überprüft wird.

---

319 BVerfGE 9, 83 [87]; BVerfGE 10, 200 [220].

320 Im konkreten Fall einen weiteren Satz des gleichen Absatzes: BVerfGE 20, 238 [256f]. Dies bestreitet *Blasberg* (Verfassungsgerichte als Ersatzgesetzgeber, S. 26).

321 *Stern*, Grundrechtswirkung und Parteiverbot, in: BVerfG und GG, Band I, S. 194 [200]; *Gusy*, Parlamentarischer Gesetzgeber und BVerfG, S. 123; *Söhn*, Die abstrakte Normenkontrolle, in: BVerfG und GG, Band I, S. 292 [296; 307]; *Maurer*, Staatsrecht I, § 20, Rn. 23.

322 *Söhn*, Die abstrakte Normenkontrolle, in: BVerfG und GG, Band I, S. 292 [307].

323 *Gusy*, Parlamentarischer Gesetzgeber und BVerfG, S. 123.

324 *Klein*, in: Maunz/Schmidt-Bleibtreu/Klein u.a., BVerfGG, Komm., Vor § 17, Rn. 7ff.; *Gusy*, Parlamentarischer Gesetzgeber und BVerfG, S. 123.

Bei den Normenkontrollverfahren könnte die Ausdehnung des Prüfungsumfanges auf weitere Vorschriften desselben Gesetzes auch mit § 78 Satz 2 BVerfGG gerechtfertigt werden. Dieser verdeutlicht jedenfalls, dass das Antragserfordernis nicht absolut gilt, sondern in Einzelfällen vom Bundesverfassungsgericht durchbrochen werden kann. Auch von diesem Prinzip können Ausnahmen gemacht werden,[325] was wohl nicht zuletzt mit der besonderen Stellung des Bundesverfassungsgerichts zu begründen ist. Neben seiner grundsätzlichen Einordnung als Gericht[326] ist es nämlich gleichzeitig nach § 1 BVerfGG als Verfassungsorgan anzusehen. Dabei ist umstritten, welche Folgen diese Einordnung hat.[327] Jedenfalls wird den Verfassungsorganen eine gewisse Autonomie zugebilligt.[328] Mit Blick auf den Sinn und Zweck des Antragsprinzips ist unter diesem Gesichtspunkt dessen Reichweite zu analysieren.

Das Initiativverbot setzt dem Bundesverfassungsgericht gewisse Grenzen,[329] ohne dass dies bedeutet, dass es sich von der inhaltlichen Bindungswirkung der verfahrenseinleitenden Anträge nicht etwas lösen dürfte.[330] Zwar käme es einer eigenständigen Verfahrenseinleitung durch das Gericht sehr nahe, wenn man von der Geltung des Antragsprinzips ausgehend dem Bundesverfassungsgericht die Möglichkeit einräumte, den gestellten Antrag beliebig auf andere Vorschriften als die angegriffenen *in extenso* auszudehnen. Jedoch handhabt das Bundesverfassungsgericht diese Ausdehnung bisher sehr restriktiv. Der Kern des Antragsprinzips wird durch die zurückhaltende Ausdehnung der Nichtigkeitserklärung nicht angetastet. Dies wird durch die Existenz des § 78 Satz 2 BVerfGG bestätigt, der ebenfalls eine Ausnahme zum Antragsprinzip darstellt.[331] Sieht man das Antragsprinzip durch diese Regelung als nicht verletzt, bestehen auch hinsichtlich einer etwaigen Kollision der Tenorierungsvariante Gesamtnichtigerklärung und diesem Grundsatz keine Bedenken.

Ein weiteres Argument für eine Aufweichung des Antragsprinzips zugunsten der hier dargestellten Erweiterung zumindest für die Normenkontrollverfahren ist der Charakter der Normenkontrolle als „objektives Verfahren zum Schutze der Rechtsordnung“. Deren Antrag ist „bloßer „Anstoß“ für ein im Übrigen im öf-

---

325 *Klein*, in Maunz/Schmidt-Bleibtreu/Klein u.a., BVerfGG, Komm., Vor § 17, Rn. 21.

326 *Gusy*, Parlamentarischer Gesetzgeber und BVerfG, S. 120; *Lechner/Zuck*, BVerfGG, Einl., Rn. 22.

327 *Lechner/Zuck*, BVerfGG, Einl., Rn. 22; *Stern*, in: Bonner Kommentar, Art. 93 (Zweitbearbeitung 1982), Rn. 22.

328 *Lechner/Zuck*, BVerfGG, § 1, Rn. 8.

329 *Söhn*, Die abstrakte Normenkontrolle, in: BVerfG und GG, Band I, S. 292 [307].

330 *Söhn*, Die abstrakte Normenkontrolle, in: BVerfG und GG, Band I, S. 292 [307].

331 *Söhn*, Die abstrakte Normenkontrolle, in: BVerfG und GG, Band I, S. 292 [308].

fentlichen Interesse liegendes Verfahren".[332] Das spricht dafür, dass das Bundesverfassungsgericht, ist dieser „Anstoß" einmal gegeben, aus Gründen der Prozessökonomie auch das gesamte Gesetz kontrollieren darf und seine Prüfung nicht auf die im Antrag angegriffenen Vorschriften beschränken muss. Ähnliches kann man insofern auch für die Verfassungsbeschwerde vorbringen, da der § 95 Abs. 3 Satz 2 BVerfGG gerade seinen Sinn darin hat, über den subjektiven Rechtsschutz hinausgehende, objektive Funktionen der Verfassungsbeschwerde zu normieren.[333] Wegen dieses auch objektiven Charakters der verfassungsgerichtlichen Verfahren soll es ausreichen, wenn für das Ingangsetzen des Verfahrens ein Anstoß durch den Antrag gegeben wird. Danach soll die „Schranke der richterlichen Passivität" aufgehoben sein.[334] Insofern wird das Antragsprinzip nach Antragstellung vom Offizialprinzip beschränkt.

Skouris[335] und *Stern*[336] halten das Antragsprinzip jedenfalls bei vorliegender Interdependenz zwischen dem zur Prüfung gestellten Teil eines Gesetzes und seinen restlichen Normen für nicht verletzt, auch wenn das gesamte Gesetz für nichtig erklärt wird, obwohl nur ein Teil des Gesetzes angegriffen wurde. Dies ergebe sich daraus, dass hier eine untrennbare Einheit vorliege, die gar nicht getrennt überprüft werden könnte; vielmehr sei es Aufgabe des Gerichts, den Antrag dahingehend auszulegen, dass, weil nur die Prüfung der Norm in ihrer Gesamtheit möglich ist, auch die gesamte Norm zur Überprüfung gestellt ist.[337]

Man kann also davon ausgehen, dass bei der Erstreckung der Nichtigkeit auf das verfassungsmäßige Restgesetz die vorhergehende Ausweitung des Streitgegenstandes nicht gegen das Initiativverbot verstößt. Diese Prozessmaxime kann die Rechtmäßigkeit der genannten Tenorierungsvariante nicht in Frage stellen.

F. Die Vereinbarkeit mit dem Grundsatz der *ipso iure* Nichtigkeit verfassungswidriger Gesetze

Zu untersuchen ist weiterhin, ob die Erstreckung der Nichtigkeit auf weitere Normteile möglicherweise gegen den Grundsatz der *ipso iure* Nichtigkeit verfas-

---

332 *Söhn*, Die abstrakte Normenkontrolle, in: BVerfG und GG, Band I, S. 292 [309].
333 *Lechner/Zuck*, BVerfGG, § 95, Rn. 36.
334 *Söhn*, Die abstrakte Normenkontrolle, in: BVerfG und GG, Band I, S. 292 [309].
335 *Skouris*, Teilnichtigkeit von Gesetzen, Berlin 1973.
336 *Stern*, in: Bonner Kommentar, Art. 93 (Zweitbearbeitung 1982), Rn. 301.
337 *Skouris*, Teilnichtigkeit, S. 301; *Stern*, in: Bonner Kommentar, Art. 93 (Zweitbearbeitung 1982), Rn. 301.

sungswidriger Gesetze verstößt. Dieser Grundsatz ist immer noch als herrschend anzusehen[338], wenn auch möglicherweise mit gewissen Einschränkungen.

Er besagt, dass ein Gesetz schon durch die Kollision mit der Verfassung außer Kraft tritt und keines weiteren vernichtenden Aktes mehr bedarf. Aus diesem Grundsatz können aber nur eingeschränkt Schlüsse für den Umfang der Nichtigerklärung gezogen werden. Der Mindestumfang der Nichtigerklärung ist so zu definieren, dass wenigstens der nichtige Teil für nichtig erklärt werden muss. Hinsichtlich eines Höchstumfanges der Nichtigerklärung ist dem Grundsatz keine Aussage zu entnehmen, also auch nicht für die Erstreckung der Nichtigerklärung auf an sich verfassungsmäßige Teile. Dieses Prinzip wird von der Gesamtnichtigerklärung also überhaupt nicht tangiert.

G. Die Vereinbarkeit mit dem Gewaltenteilungsgrundsatz, Art. 20 Abs. 2 GG

Die Gesamtnichtigerklärung erstreckt die Nichtigerklärung auf einen Teil eines Gesetzes, der für sich genommen verfassungsgemäß ist. Insofern greift das Gericht möglicherweise in die Kompetenzen des Gesetzgebers, der diesen Teil erlassen hat und in erster Linie auch für dessen Änderung zuständig ist, ein. Als Alternative zur Gesamtnichtigerklärung steht in einem solchen Fall, in dem ein Gesetz oder eine Norm nur teilweise verfassungswidrig ist, nur die Teilnichtigerklärung zur Verfügung. Auch bei deren Anwendung werden jedoch Bedenken hinsichtlich der Verletzung des Gewaltenteilungsgrundsatzes geäußert.[339] In der Literatur[340] ist man sich nicht einig, welche der beiden Entscheidungsvarianten Legislativbefugnisse in größerem Umfang beeinträchtigt. Hat man in bestimmten Fällen nur diese beiden Alternativen, wäre aber genau diese Frage ausschlaggebend für die Entscheidung über die Vorzugswürdigkeit der einen oder anderen Tenorierungsvariante.

---

338 Siehe hierzu im Ersten Teil I B 3 e.

339 Diese wurden bereits im Ersten Teil unter II A 3 b und II C 3 dargestellt.

340 Dafür, dass die Teilnichtigerklärung gegen den Gewaltenteilungsgrundsatz verstößt: *Sachs*, DVBl. 1979, S. 389 [392]; *Löwer*, in: Isensee/Kirchhof, Handbuch des Staatsrechts, Band II, § 56, Rn. 101; AK-GG-Rinken, 3. Auflage, § 94, Rn. 44. Für einen Verstoß der Gesamtnichtigerklärung gegen den Grundsatz der Gewaltenteilung: *Siedler*, Gesetzgeber und Bundesverfassungsgericht, S. 98; *Vogel*, Das BVerfG und die übrigen Verfassungsorgane, S. 221.

Eine Ansicht[341] vertritt die These, die Teilnichtigerklärung ziehe einen unzulässigen Eingriff in Legislativkompetenzen nach sich. Das soll sich daraus ergeben, dass diese Tenorierungsart in die gesetzestechnische Einheit eingreift, indem sie Reste des Gesetzeswerkes bestehen lässt und nur Teile desselben für nichtig erklärt. Im Gegensatz hierzu würde die Tenorierung einer auf das komplette Gesetz erstreckten Gesamtnichtigerklärung einen solchen Eingriff verhindern, da sie die gesetzestechnische Einheit nicht beeinträchtigt. Das Gesetz wird schließlich in seiner Gesamtheit von der Nichtigerklärung betroffen.

Eine andere Ansicht[342] sieht die gesetzgeberische Gestaltungsfreiheit durch die Teilnichtigerklärung gerade erst gewahrt und vielmehr durch die Gesamtnichtigerklärung gefährdet. Der gesetzgeberische Wille soll möglichst weitgehend unangetastet bleiben, was dadurch gewährleistet sei, dass ein Gesetz immer nur soweit für nichtig erklärt werde, wie es auch nichtig bzw. jedenfalls verfassungswidrig ist. Schließlich ist es in erster Linie die Aufgabe des Gesetzgebers, nicht nur neue Gesetze zu erlassen, sondern auch bestehende Gesetze zu verändern.

Im Ergebnis ist der zweiten Ansicht dahingehend zuzustimmen, dass die Gesamtnichtigerklärung bei vorliegender Teilnichtigkeit die Ausnahme bleiben muss. Wird ein Teil eines Gesetzes für nichtig erklärt, der für sich genommen verfassungsmäßig ist und den der Gesetzgeber insofern nicht ändern müsste, bedeutet dies einen weit größeren Eingriff in Legislativkompetenzen als das Bestehenlassen eines vielleicht so nicht gewollten Restgesetzes.[343] Ein solches Restgesetz kann der Gesetzgeber, sollte es seinem Willen nicht entsprechen, sofort nach der Entscheidung selbst aus der Rechtsordnung „entfernen". Durch die Gesamtnichtigerklärung wird dem Gesetzgeber dagegen die Möglichkeit genommen, das Restgesetz, wie es nach einer entsprechenden Teilnichtigerklärung übrig geblieben wäre, doch bestehen zu lassen, wenn es seinem Willen doch noch entspricht. Es besteht sogar die Gefahr des Wiederauflebens der vor dem für nichtig erklärten Gesetz geltenden Rechtslage, die der Gesetzgeber bei Schaffung des späteren streitgegenständlichen Gesetzes gerade außer Kraft gesetzt hatte. Bezüglich dieser alten Gesetzeslage ist der Wille des Gesetzgebers dahingehend, dass diese nicht mehr gelten soll, also offenbar.

Die Vorzugswürdigkeit der Teilnichtigerklärung im Grundsatz bedeutet jedoch nicht etwa, dass die Gesamtnichtigerklärung gänzlich unzulässig wäre. Es wurden

---

341 *Sachs*, DVBl. 1979, S. 389 [392]; AK-GG-Rinken, 3. Auflage, § 94, Rn. 44. *Löwer* (in: Isensee/Kirchhof, Handbuch des Staatsrechts, Band II, § 56, Rn. 101) hält sie zumindest nur in bestimmten Grenzen für gewaltenteilungsrechtlich unbedenklich.

342 *Siedler*, Gesetzgeber und Bundesverfassungsgericht, S. 98; *Vogel*, Das BVerfG und die übrigen Verfassungsorgane, S. 221.

343 Ähnlich auch: *Gusy*, Parlamentarischer Gesetzgeber und BVerfG, S. 183.

schon Fälle aufgezeigt, in denen eine Teilnichtigerklärung gerade nicht möglich[344] und eine Gesamtnichtigerklärung unverzichtbar ist. Die Erstreckung der Nichtigerklärung auf das gesamte Gesetz oder jedenfalls auf nicht ohne Weiteres verfassungswidrige Teile kann aber nur dann erfolgen, wenn gewichtige Gründe vorliegen, vom Grundsatz der Teilnichtigerklärung abzuweichen. Wann das zutrifft, wurde schon oben bei der Darstellung der Tenorierungsalternative der Teilnichtigerklärung ausführlich dargelegt.[345] Vor allem, wenn ein Gesetz übrig bliebe, das seinem Sinn nach offensichtlich nicht mehr dem Ursprungsgesetz entspräche, weil die Entscheidung des Bundesverfassungsgerichts Lücken in die gesetzestechnische Einheit risse, ist die Gesamtnichtigerklärung als Tenorierungsvariante zu erwägen. Vom Gesetzgeber wäre das Gesetz so ja niemals erlassen worden, hätte dieser die Nichtigkeit eines Teiles der Vorschrift gekannt. Also darf ein solches Gesetz nach dem Urteil des Gerichts auch nicht als Restgesetz bestehen bleiben. Eine Gesamtnichtigerklärung kommt also vor allem bei mangelnder Teilbarkeit des Gesetzes wegen Dependenz oder wegen Interdependenz in Betracht.[346] Somit steht die Gestaltungsfreiheit des Gesetzgebers als Teil des Gewaltenteilungsgrundsatzes der Gesamtnichtigerklärung nicht von vorne herein entgegen.

H. Die Vereinbarkeit mit den Normenkontrollvorschriften des Grundgesetzes

Auch hinsichtlich der Vereinbarkeit dieser Tenorierungsvariante mit den Normenkontrollvorschriften des Grundgesetzes bestehen Bedenken. Hierbei sind die Vorschriften für die bei dieser Fragestellung einschlägigen Verfahren genauer zu betrachten.

1. Die verfassungsrechtlichen Vorgaben

Die abstrakte Normenkontrolle ist in Art. 93 Abs. 1 Nr. 2 GG geregelt:

> „Art. 93
> (1) Das Bundesverfassungsgericht entscheidet:
> 1. über (...)
> 2. bei Meinungsverschiedenheiten oder Zweifeln über die förmliche und sachliche Vereinbarkeit von Bundesrecht oder Landesrecht mit diesem Grundgesetze oder die Vereinbarkeit von Landesrecht mit sonstigem Bundesrechte auf Antrag der Bundesregierung, einer Landesregierung oder eines Drittels der Mitglieder des Bundestages; ...“

344 Vgl. hierzu im Ersten Teil unter II C 3 c.
345 Vgl. hierzu im Ersten Teil unter II C 3 c.
346 *Skouris*, Teilnichtigkeit, S. 32.

Die Verfassungsbeschwerde findet ihre Regelung in Art. 93 Abs. 1 Nr. 4a GG:

> „Art. 93
> (1) Das Bundesverfassungsgericht entscheidet:
> (...)
> 4a. über Verfassungsbeschwerden, die von jedermann mit der Behauptung erhoben werden können, durch die öffentliche Gewalt in einem seiner Grundrechte oder einem seiner in Art. 20 Abs. 4, 33, 38, 101, 103 und 104 enthaltenen Rechte verletzt zu sein; ..."

Die konkrete Normenkontrolle ist in Art. 100 Abs. 1 GG geregelt:

> „Art. 100
> (1) Hält ein Gericht ein Gesetz, auf dessen Gültigkeit es bei der Entscheidung ankommt, für verfassungswidrig, so ist das Verfahren auszusetzen und, wenn es sich um die Verletzung der Verfassung eines Landes handelt, die Entscheidung des für Verfassungsstreitigkeiten zuständigen Gerichts des Landes, wenn es sich um die Verletzung dieses Grundgesetzes handelt, die Entscheidung des Bundesverfassungsgerichts einzuholen. Dies gilt auch, wenn es sich um die Verletzung eines Grundgesetzes durch Landesrecht oder um die Unvereinbarkeit eines Landesgesetzes mit einem Bundesgesetze handelt.
> ..."

Vor allem Art. 93 Abs. 1 Nr. 2 GG ist zu entnehmen, dass Gegenstand des gerichtlichen Normenkontrollverfahrens die „förmliche und sachliche Vereinbarkeit von Bundesrecht oder Landesrecht mit" dem Grundgesetz bzw. höherrangigem Recht ist. Und auch Art. 100 Abs. 1 GG ist zu entnehmen, dass das Gericht seine Prüfung darauf zu richten hat, ob ein Gesetz, das von dem vorlegenden Gericht in seiner Gültigkeit angezweifelt wird, verfassungswidrig ist. Somit richtet sich die Prüfung des Gerichts allein auf die Übereinstimmung des vorgelegten Gesetzes mit der Verfassung oder sonstigem höherrangigen Recht. Es darf also nur die Verfassungsmäßigkeit, nicht auch die Zweckmäßigkeit des Gesetzes überprüfen.[347] Für eine Ausdehnung der Nichtigerklärung auf nicht schon wegen der Kollision verfassungswidrige Vorschriften fehlt dem Bundesverfassungsgericht also möglicherweise die Legitimation.[348] *Pestalozza* geht hier sogar soweit, dass er die Erstreckung der Nichtigerklärung mangels Zuständigkeit für eine Zweckmäßigkeitsprü-

---

347 *Gusy*, Parlamentarischer Gesetzgeber und BVerfG, S. 185.

348 *Gusy*, Parlamentarischer Gesetzgeber und BVerfG, S. 185; *Blasberg*, Verfassungsgerichte als Ersatzgesetzgeber, S. 27.

fung für gesetzeswidrig hält, weil sie zwar in der Weimarer Zeit üblich war, aber bei Schaffung des Bundesverfassungsgerichts gerade nicht Gesetz geworden ist.[349] Jedenfalls gibt es für eine Ermächtigung zur Überprüfung auch der Zweckmäßigkeit des Gesetzes keine Anhaltspunkte in den Normenkontrollvorschriften des Grundgesetzes.[350]

2. Die Kriterien für die Erstreckung der Nichtigerklärung

Genauer zu analysieren ist nun, aus welchen Gründen das Bundesverfassungsgericht die Nichtigkeit auf nicht schon selbst verfassungswidrige Teile erstreckt. Würden Zweckmäßigkeitskriterien bei seinen Entscheidungen über die Erstreckung der Nichtigerklärung eine Rolle spielen, fände diese Ausdehnung nicht aus verfassungsrechtlichen Gründen – der Gesetzesteil ist nicht schon wegen einer Kollision mit der Verfassung *ipso iure* nichtig – statt.[351] Ergeben sich die Gründe für die Erstreckung aber zwingend aus der Verfassung, könnte hierüber die Nichtigkeit der betroffenen Gesetzesteile konstruiert werden.

Teilweise wird behauptet, dass gerade für die Fälle der „logischen Nichtigkeit", die vorliegen soll, wenn die Nichtigkeit einzelner verfassungswidriger Normteile auf sonstige Normen desselben Gesetzes erstreckt werden, weil sie in irgendeiner Form nicht teilbar sind, Zweckmäßigkeitsprüfungen durch das Bundesverfassungsgericht notwendigerweise durchgeführt werden müssen.[352] In den genannten Fällen, in denen es zu einer Erstreckung der Nichtigerklärung kommen soll, kann man die Notwendigkeit einer solchen Ausdehnung des Prüfungsgegenstandes aber auch wie folgt konstruieren. Die Regelungen sind zwar nicht aus Gründen ihrer direkten Kollision mit der Verfassung nichtig, jedoch wäre von einer Kollision mit dem Grundgesetz bei ihrem Weiterbestehen auszugehen. Somit liegt keine logische Nichtigkeit im eigentlichen Sinne vor. Die Normen sind vielmehr seit der *ipso iure* Nichtigkeit des unmittelbar nichtigen Gesetzesteiles ebenfalls „verdeckt" nichtig, weil sie von Verfassung wegen nicht allein weiter bestehen können, bzw. würden nichtig, wenn das Gericht den *ipso iure* nichtigen Teil aus dem Gesetz entfernen würde. Geht man hiervon aus, ist das Bundesverfassungsgericht gezwungen, die Gesamtnichtigerklärung auf die wie eben dargestellt betroffenen Teile zu erstrecken.

---

349 *Pestalozza*, Verfassungsprozessrecht, S. 50.

350 *Blasberg*, Verfassungsgerichte als Ersatzgesetzgeber, S. 27.

351 *Stern*, in: Bonner Kommentar, Art. 93 (Zweitbearbeitung 1982), Rn. 300; *Skouris*, Teilnichtigkeit, S. 35.

352 *Gusy*, Parlamentarischer Gesetzgeber und BVerfG, S. 185.

Genauer betrachtet bedeutet dies: Zwischen den ursprünglich nichtigen Regelungen und dem Restgesetz kann eine wechselseitige Verflechtung oder eine einseitige Abhängigkeit der an sich verfassungskonformen Regelungen bestehen. Aus dieser Tatsache ergibt sich dann, dass die betroffenen Restnormen nur weiterbestehen könnten, wenn auch die *ipso iure* nichtigen Normen weiterhin existierten. Sonst bliebe ein Relikt übrig, das auch der Gesetzgeber so nicht erlassen dürfte. In den Fällen nachweisbarer Dependenz oder Interdependenz ergibt es nicht nur aus Zweckmäßigkeitsgesichtspunkten, die Nichtigerklärung über den eigentlich betroffenen Teil hinaus zu erstrecken.

3. Die Erstreckung der Nichtigerklärung aus Gründen der Rechtssicherheit

Die Nichtigkeit der Restnormen in den eben genannten Fällen ergibt sich aus der Verfassung. Sie resultiert aus dem Prinzip der Rechtssicherheit, das Teil des Rechtsstaatsprinzips ist[353] und welchem Verfassungsrang zukommt.[354] Verankert ist dies in Art. 20 Abs. 3 GG. Ein Gesichtspunkt dieses Grundsatzes ist das Erfordernis der Rechtsklarheit.[355] Dieses verlangt Klarheit über den Bestand der Norm, aber auch hinsichtlich des Inhalts der Regelung.[356] Der Gesetzesadressat muss den Inhalt der rechtlichen Regelung mit hinreichender Sicherheit feststellen können, was bedeutet, sie muss aus sich selbst heraus verständlich und praktikabel sein.[357] Letzteres wäre nicht gewährleistet, ließe man Restnormen bestehen, die ohne ihre Kernregelung – die ja nichtig ist – keinen Sinn mehr haben. Sie sind dann unter Umständen weder anwendbar, noch ist ihnen eine rechtlich eindeutige Aussage zu entnehmen. Die Normen entsprächen nur dem Gebot der inhaltlichen Klarheit, wenn sie ihren Regelungsgehalt erkennen ließen und für die Adressaten verständlich wären.[358]

Differenziert man zwischen den einzelnen Fallgruppen, stellt sich die Situation wie folgt dar. Im Falle der einseitigen Abhängigkeit der Restnormen von der nichtigen Hauptnorm ergibt sich die mangelnde Rechtsklarheit daraus, dass die Restnorm alleine keinen Sinn hat, weil die nichtige Hauptnorm den Kern des Gesetzes bildet.[359] Das sind die Fälle, in denen beispielsweise nur noch Ausführungsbestimmungen übrig blieben und keine materielle Kernnorm mehr existierte, auf die sich

---

353 *Moench*, Gesetz und Normenkontrolle, S. 128.
354 *Sachs*, in: Sachs, Grundgesetz, Komm., Art. 20, Rn. 122.
355 *Schulze-Fielitz*, in: Dreier, Komm. zum GG, Art 20R, Rn. 129ff.; *Sachs*, in: Sachs, Grundgesetz, Komm., Art. 20, Rn. 122f.
356 *Sachs*, in: Sachs, Grundgesetz, Komm., Art. 20, Rn. 125.
357 *Schulze-Fielitz*, in: Dreier, Komm. zum GG, Art 20R, Rn. 129.
358 *Sachs*, in: Sachs, Grundgesetz, Komm., Art. 20, Rn. 125.
359 *Ipsen*, Rechtsfolgen, S. 101.

diese Ausführungsbestimmungen beziehen könnten.[360] In diesem Fall liegt es auf der Hand, dass die Restnormen ihren Sinn verlieren.

In den Fällen der wechselseitigen Abhängigkeit sind die Vorschriften so verschränkt, dass sie eine untrennbare Einheit bilden und schon deswegen ihren Sinn verlören bzw. dieser völlig verfälscht würde, würde man sie trennen.[361] Sie sind nicht teilbar und genau für diese Fälle wurde bei der Entscheidungsvariante der Teilnichtigerklärung schon festgestellt, dass diese gerade nicht in Frage kommt, weil eine Norm übrig bliebe, die keinen Normcharakter mehr hätte und somit nicht mehr dem Gebot der Rechtsklarheit entspräche.

Dieser Sinn bzw. Normcharakter fehlt nicht etwa erst nach der Entscheidung des Bundesverfassungsgerichts. Dann würde das Gericht zu einer vorbeugenden Nichtigerklärung greifen. Vielmehr ist von der *ipso iure* Nichtigkeit der verfassungswidrigen Kernnorm seit deren Kollision mit dem Grundgesetz auszugehen. Seit diesem Zeitpunkt fehlt den restlichen betroffenen Regelungen also auch schon der Bezugspunkt. Hierdurch verlieren auch die abhängigen Restnormen ihren Sinn und verstoßen somit gegen das Rechtsstaatsprinzip in Form der Rechtsklarheit.[362] Sie stehen ihrerseits also schon ab diesem Zeitpunkt im Widerspruch zur Verfassung. Bei konsequenter Anwendung des *ipso iure* Nichtigkeitsgrundsatzes ergibt sich dann aus der Verfassung, dass auch diese Teile des Gesetzes nichtig sein müssen und zwar eine logische Sekunde später als die eigentlich nichtigen Kernnormen.

4. Zwischenergebnis

Schon an dieser Stelle lässt sich also feststellen, dass der Entscheidungsvariante „Gesamtnichtigerklärung" die Normenkontrollvorschriften nicht entgegenstehen. In den Fallgruppen der einseitigen oder wechselseitigen Abhängigkeit hat das Bundesverfassungsgericht die Restnormen ebenfalls für nichtig zu erklären, da sie im Fall ihres Bestandes das Prinzip der Rechtsklarheit verletzen würden und gegen dieses schon seit der Kollision der Hauptnorm mit der Verfassung verstießen. Zweckmäßigkeitserwägungen spielen in diesen Fällen keine Rolle. Vielmehr wird entsprechend den Vorgaben aus dem Grundgesetz einfaches Recht auf seine förmliche und sachliche Vereinbarkeit mit der Verfassung überprüft.

Die Nichtigkeit der Restnorm ergibt sich auch nicht aus einer möglichen Verletzung der Gestaltungsfreiheit des Gesetzgebers. Gegen die Teil- und somit für die

---

360 *Siedler*, Gesetzgeber und Bundesverfassungsgericht, S. 104.

361 *Siedler*, Gesetzgeber und Bundesverfassungsgericht, S. 104; *Skouris*, Teilnichtigkeit, S. 301.

362 *Moench*, Gesetz und Normenkontrolle, S. 128.

Erstreckung der Nichtigerklärung spricht in manchen Einzelfällen, dass man nicht weiß, ob der Gesetzgeber die Norm so erlassen hätte, wäre ihm die Teilnichtigkeit der Norm bekannt gewesen.[363] Jedoch wurde schon dargestellt, dass der Gesetzgeber durch den Ausspruch einer Teilnichtigerklärung in größerem Maße geschont wird.[364] Sie lässt ihm die Möglichkeit, die Restnorm zu billigen, was ihm bei einer Gesamtnichtigerklärung verwehrt bleibt, da das Gesetz oder der Normkomplex hier schon im vollen Umgang aus der Rechtsordnung „gelöscht" wurde. In den Fällen einer Teilnichtigerklärung bleibt ihm aber auch unbenommen, die Materie vollständig neu zu regeln. Nach dem Gewaltenteilungsgrundsatz, der die Schonung des Gesetzgebers verlangt, ist die Teilnichtigerklärung im Grundsatz vorzugswürdig.

Im Ergebnis handelt das Bundesverfassungsgericht entsprechend der Normenkontrollvorschriften der Verfassung, wenn es die Nichtigerklärung in den dargestellten Fällen über den originär nichtigen Teil hinaus erstreckt. Das ergibt sich daraus, dass bei vorliegender Dependenz oder Interdependenz auch der zusätzlich noch von der Tenorierung umfasste Teil nichtig ist, weil er gegen den Grundsatz der Rechtsklarheit verstößt. Die Prüfungs- und Verwerfungskompetenz des Bundesverfassungsgerichts erstreckt sich auch auf diese Fälle.

I. Das Argument der Normerhaltung (*favor legis*)

Dem Argument der Normerhaltung wird entnommen, dass eine Vermutung für die Verfassungskonformität von Regelungen spricht und das Bestehen von Gesetzen und Normen möglichst weitgehend zu sichern ist, beispielsweise durch verfassungskonforme Auslegung.[365] Begründet wird dieses Prinzip u.a. mit Gesichtspunkten der Rechtskontinuität als Teilaspekt der Rechtssicherheit und der „Vermutung für ein verfassungskonformes Funktionieren der Gesetzgebung".[366]

Im Grundsatz spricht dieses Argument gegen die Gesamtnichtigerklärung, bei der die Entscheidung des Gerichts mehr als den ursprünglich nichtigen Teil umfasst. Griffe man stattdessen zu einer Teilnichtigerklärung, käme dies einer möglichst weitgehenden Normerhaltung sicherlich zugute und entspräche dem Grundsatz des *favor legis*. Für die sonst von der Gesamtnichtigerklärung erfasste Restregelung gälte die Vermutung der Verfassungsmäßigkeit.

---

363 *Vogel*, Das BVerfG und die übrigen Verfassungsorgane, S. 218.
364 Vgl. hierzu ausführlich im Ersten Teil unter II C 3 c.
365 *Zippelius*, Verfassungskonforme Auslegung, in: BVerfG und GG, Band II, S. 108 [110].
366 *Zippelius*, Verfassungskonforme Auslegung, in: BVerfG und GG, Band II, S. 108 [111].

Aus diesem Argument wird auch gefolgert, das Interesse des Gesetzgebers ginge auf jeden Fall dahin, das „Maximum dessen aufrechtzuerhalten, was nach der Verfassung aufrecht erhalten werden kann".[367] Andererseits dürfe hierbei der Gesetzeszweck der konkreten Regelung nicht außer Acht gelassen werden.[368]

Zippelius[369] zieht den Grundsatz des *favor legis* dagegen als Argument gegen die (qualitative) Teilnichtigerklärung heran, ohne dies näher zu begründen.[370] Er führt lediglich an, gegen die Teilnichtigerklärung aus Gründen der unbedingten Normerhaltung spreche, dass das Gericht dem Gesetzgeber mit dem Willen zur Normerhaltung seine eigene rechtspolitische Meinung unterschöbe.[371] Dem kann man als Umkehrschluss entnehmen, dass *Zippelius* in der Erstreckung der Nichtigerklärung über die eigentlich verfassungswidrigen Teile hinaus keinen Verstoß gegen die Grundsatz des *favor legis* sieht.

Hierbei ist Folgendes entscheidend. Das Gericht erklärt lediglich für nichtig, was nichtig ist. Die Nichtigkeit der Restnorm(en) ergibt sich aus ihrer Abhängigkeit von der nichtigen Kernnorm. Es besteht also eine Notwendigkeit, die Nichtigerklärung auf weitere Regelungen zu erstrecken. Geht man nach dem Argument des *favor legis* von einer Vermutung für die Verfassungsmäßigkeit von Normen aus, ist diese Vermutung bei den genannten Fallgruppen als widerlegt anzusehen. Letztendlich kann dieses Argument nur insofern Bedeutung haben, als bei der Wahl der Tenorierungsvariante zu bedenken ist, dass grundsätzlich auf Normerhaltung hingewirkt werden soll. Auch insofern ist es verfassungsrechtlich geboten, die Teilnichtigerklärung, wenn möglich, der Gesamtnichtigerklärung vorzuziehen.[372] Ist eine Teilnichtigerklärung aber nicht möglich und aus oben genannten Gründen die Nichtigkeit zu erstrecken[373], so scheitert das Begehren nach möglichst weitgehender Normerhaltung an dem Fehlen der tatsächlichen Möglichkeit.

---

367 *Zippelius*, Verfassungskonforme Auslegung, in: BVerfG und GG, Band II, S. 108 [111].

368 *Zippelius*, Verfassungskonforme Auslegung, in: BVerfG und GG, Band II, S. 108 [111].

369 *Zippelius*, Verfassungskonforme Auslegung, in: BVerfG und GG, Band II, S. 108 - 124.

370 Zwar liefert er keine ausdrückliche Begründung, jedoch ist aus dem Zusammenhang zu vermuten, dass er diese aus oben schon genannten Gründen für grundsätzlich unzulässig hält.

371 *Zippelius*, Verfassungskonforme Auslegung, in: BVerfG und GG, Band II, S. 108 [119].

372 *Müller*, DVBl. 1964, S. 104 [105].

373 Nach oben Gesagtem ist der Begriff „Erstreckung" der Nichtigkeit nicht ganz korrekt, da zwar die Nichtigkeit der Kernnorm Voraussetzung für die Nichtigkeit der Restnormen ist, jedoch wird die Nichtigkeit, wie oft in der Literatur angenommen, nicht auf verfassungskonforme Vorschriften erstreckt, sondern diese sind aus Gründen der Rechtssicherheit und -klarheit selbst nichtig, auch wenn dies erst durch die Nichtigkeit der anderen Norm(en) kommt.

J. Die Alternative: Der unverbindliche Hinweis in den Urteilsgründen

Als Alternative zur Gesamtnichtigerklärung wird diskutiert, sich auf die Teilnichtigerklärung zu beschränken und diese mit dem unverbindlichen Hinweis in den Urteilsgründen zu versehen, dass die restlichen Vorschriften in ihrer Gültigkeit möglicherweise eingeschränkt sein könnten und das Gesetz möglichst bald seinem ganzen Umfang nach von legislativer Seite neu geregelt werden sollte. Man überließe die Entscheidung über das Restgesetz der Legislative.

Die Zulässigkeit solcher Gesetzgebungsaufträge soll hier noch nicht weiter diskutiert werden. Nicht zu leugnen ist, dass sie sicherlich einen geringeren Eingriff in Legislativkompetenzen darstellen als es die „Vernichtung" eines ganzen Gesetzes tut.

Die genannte Alternative setzte jedoch voraus, dass die nicht schon originär nichtigen Teile noch verfassungskonform sind und erst durch die Entscheidung des Bundesverfassungsgerichts in der Gefahr stünden, dem Grundgesetz zuwider zu laufen. Hier liegt der Fall aber ganz anders. Das Restgesetz ist beim Vorliegen der Fallgruppen der Dependenz und Interdependenz gerade auch schon wegen des Verstoßes gegen die Verfassung eine logische Sekunde später als der eigentlich verfassungswidrige Teil *ipso iure* nichtig. Daraus resultiert für das Bundesverfassungsgericht sogar die Pflicht, die Nichtigkeit des gesamten Gesetzes oder der weiteren Vorschriften ebenfalls festzustellen. Das muss verbindlich geschehen, da ein unverbindlicher Hinweis die Verfassungswidrigkeit der übrigen Vorschriften nicht beseitigen könnte. Für die Adressaten der Entscheidung, die sich wegen ihres objektiven Charakters nicht nur an den Antragsteller richtet, sondern *erga omnes* gilt, wäre das Vertrauen auf die Kontinuität des Rechts gefährdet.[374] Sie wüssten von der Notwendigkeit, die gerügten Regelungen zu ändern, so dass sie sich auf ihr Vertrauen in das Recht nicht mehr berufen könnten. Wann und wie es zu einer Änderung kommt, ist für sie aber nicht vorhersehbar. Ein unverbindlicher Hinweis ist also kein taugliches Mittel zur Beseitigung des Verfassungsverstoßes.

K. Ergebnis

Abschließend ist festzuhalten, dass die Erstreckung der Nichtigkeit in den Fällen der Dependenz und Interdependenz der Restvorschriften, die Unterfälle der mangelnden Teilbarkeit einer Norm sind,[375] geboten ist.[376] Das Bundesverfassungsgericht findet seine Ermächtigung hierzu in den Normenkontrollvorschriften des

---

374 *Schulze-Fielitz*, in: Dreier, Komm. zum GG, Art 20R, Rn. 135.
375 *Skouris*, DÖV 1974, S. [592] 593.
376 *Müller*, DVBl. 1964, S. 104 [105].

Grundgesetzes und auch in § 78 BVerfGG. Das Antragsprinzip steht dieser Tenorierungsvariante nicht entgegen. Es legt zwar den Umfang des Prüfungsgegenstandes auf den Umfang des verfahrenseinleitenden Antrags fest. Aber schon wegen der besonderen Stellung des Bundesverfassungsgerichts einerseits als Gericht, andererseits als Verfassungsorgan kann er nur eingeschränkte Geltung beanspruchen.

Wenn in manchen Bundesverfassungsgerichtsentscheidungen[377] die Rede davon ist, dass eine Teilnichtigerklärung ausscheide, weil sonst der gesetzgeberische Wille verfälscht würde, muss überprüft werden, inwiefern Dependenz oder Interdependenz als Basis für eine Gesamtnichtigerklärung vorliegen. Allein die mögliche Verfälschung des gesetzgeberischen Willens, der dem Gesetz zugrunde liegt, kann die Erstreckung der Nichtigkeit nicht nach sich ziehen. Der Gesetzgeber wird im Grundsatz durch eine Gesamtnichtigerklärung in seiner Entscheidungsfreiheit durchaus weitergehend eingeschränkt als durch eine Teilnichtigerklärung, die ein Restgesetz übrig lässt, das seinem Willen so nicht mehr entspricht. In diesen Fällen liegt aber oft gleichzeitig die Dependenz oder Interdependenz der Restvorschriften vor. Mit diesen Argumenten ist die Erstreckung der Nichtigerklärung dann jedenfalls zulässig.

L. Die Folgen der Gesamtnichtigerklärung

Wie bei der „einfachen" Nichtigerklärung wird auch bei der Gesamtnichtigerklärung die Nichtigkeit des Gesetzes oder Gesetzesteiles für Zukunft und Vergangenheit mit Wirksamwerden der Entscheidung verbindlich festgestellt. Durch die Verkündung der Entscheidung im Bundesgesetzblatt entsprechend dem § 31 Abs. 2 BVerfGG wirkt diese Entscheidung auch allgemeinverbindlich. Das Gesetz oder der Teil desselben, der für nichtig erklärt worden ist, darf nicht mehr angewendet werden. Gemäß § 31 Abs. 1 BVerfGG sind die Verfassungsorgane des Bundes und der Länder sowie alle Gerichte und Behörden an die Bundesverfassungsgerichtsentscheidung gebunden.

Für die Gesamtnichtigerklärung muss auch der § 79 BVerfGG gelten. Man kann sie als Unterfall der Nichtigerklärung ansehen und den § 79 BVerfGG direkt anwenden; zumindest ist aber eine Analogie zu bilden, da sie von der Nichtigerklärung i.S.d. § 78 BVerfGG lediglich hinsichtlich ihres Umfangs abweicht und diese Abweichung für ihre Folgewirkungen keine Rolle spielt. Dem § 79 BVerfGG analog sind also alle weiteren Wirkungen der Erstreckung der Nichtigerklärung zu entnehmen. Dieser schränkt die Rückwirkung der Nichtigerklärung ein. Im Einzelnen ist zwar die Wiederaufnahme von Strafverfahren zulässig, wenn ein rechtskräftiges Strafurteil auf dem nichtigen Gesetz oder Gesetzesteil beruht. Im Übri-

377 BVerfGE 10, 200 [220].

gen bleiben die hierauf beruhenden Entscheidungen jedoch unberührt, obwohl die Nichtigkeit des Normkomplexes auch für die Vergangenheit festgestellt wird. Eine Vollstreckung aus diesen unanfechtbaren Entscheidungen ist gemäß § 79 Abs. 2 Satz 2 BVerfGG dennoch ausgeschlossen.

IV. Die Unvereinbarerklärung

Sehr weitreichende Bedeutung in der Entscheidungspraxis des Bundesverfassungsgerichts hat die Tenorierungsvariante der „Unvereinbarerklärung". Das zeigt sich schon an der Häufigkeit ihres Vorkommens.[378] Terminologisch ist zunächst festzulegen, dass wie schon bei *Hein*[379] der Begriff der „Unvereinbarerklärung" im Folgenden für eine Entscheidungsvariante stehen soll, die oft auch synonym als „Verfassungswidrigerklärung"[380], „Unvereinbarkeitserklärung"[381] oder „bloße Feststellung der Verfassungswidrigkeit"[382] bezeichnet wird.[383] „Unvereinbarerklärung" ist auch die im Gesetz verwandte Terminologie.[384] Aus ihr wird deutlich, dass Nichtig- und Unvereinbarerklärungen lediglich verschiedene Folgen der Verfassungswidrigkeit eines Gesetzes sind.[385] Sie wird gerade in neueren Abhandlungen überwiegend verwendet.[386]

Inhaltlich umfasst sie die Fälle, in denen das Bundesverfassungsgericht zwar die Verfassungswidrigkeit eines Gesetzes feststellt, dieses anschließend aber nicht etwa für nichtig, sondern lediglich für unvereinbar mit dem Grundgesetz erklärt. Bei der Prüfung des Streitgegenstandes kommt das Gericht also zunächst zu keinem anderen Ergebnis als bei der Nichtigerklärung, es stellt fest, dass das Gesetz mit der Verfassung kollidiert.

---

378 *Blüggel*, Unvereinbarerklärungen, S. 194ff.

379 *Hein*, Unvereinbarerklärung durch das BVerfG, S. 13.

380 *Maurer*, FS für Weber, S. 345 [345]; *Strehle*, Rechtswirkungen, S. 106.

381 *Herter*, Unvereinbarkeitserklärung verfassungswidriger Steuergesetze, S.1; *Seer*, NJW 1996, S. 285 [285].

382 *Pestalozza*, FS für das BVerfG, S. 519 [519]. Allerdings hat er in seinem Lehrbuch schon von der Terminologie Abstand genommen und verwendet die gebräuchlichere der Unvereinbarerklärung: *Pestalozza*, Verfassungsprozessrecht, S. 129; *Klein*, in: Benda/Klein, Lehrbuch, Rn. 1250.

383 *Heun*, FS 50 Jahre BVerfG, S. 615 [634].

384 Seit dem Vierten Änderungsgesetz zum Bundesverfassungsgerichtsgesetz von 1970 zu finden in: §§ 31 Abs. 2, 79 Abs. 1 BVerfGG.

385 *Hein*, Unvereinbarerklärung durch das BVerfG, S. 13.

386 *Blüggel*, Unvereinbarerklärung, S. 12; *Hein*, Unvereinbarerklärung durch das BVerfG, S. 13; *Schlaich/Korioth*, Das BVerfG, Rn. 394ff.; *Blasberg*, Verfassungsgerichte als Ersatzgesetzgeber, S. 97ff.

Anschließend weicht es jedoch von der in § 78 Satz 1 BVerfGG vorgegebenen Folge dieser Erkenntnis ab und macht von seiner Verwerfungskompetenz keinen bzw. nicht in vollem Umfang Gebrauch. Verbunden mit einer Unvereinbarerklärung kann es zu verschiedenen Folgeanordnungen kommen, so etwa zu einer Weitergeltungsanordnung bezüglich des verfassungswidrigen Gesetzes.

Auch bei der Unvereinbarerklärung wurden verschiedene Fallgruppen entwickelt. Beispiele sind hierfür die Fallgruppe der so genannten „Chaosfälle" oder die Fälle des gleichheitswidrigen[387] Begünstigungsausschlusses.[388]

Aus den Entscheidungen des Bundesverfassungsgerichts geht allerdings nicht ganz klar hervor, welche Folgen es selbst mit der Unvereinbarerklärung verbindet. Diese müssen sich von denen der Nichtigerklärung unterscheiden, sonst machte ein Abweichen von dieser ja keinen Sinn. Bedenklich erscheint auch, dass diese Tenorierungsvariante vom Wortlaut des § 78 BVerfGG nicht mehr umfasst sein dürfte. Sie könnte deshalb auch als gesetzes*widriges* Handeln des Bundesverfassungsgerichts einzuordnen sein. Insbesondere fällt der Konflikt dieses Entscheidungstyps mit der so genannten *ipso iure* Nichtigkeitslehre ins Auge.

Wegen ihrer Bedeutung soll der Darstellung dieser Tenorierungsvariante in dieser Ausarbeitung besondere Beachtung geschenkt werden. Es wird eine ausführliche Problemerörterung vorzunehmen sein. Nach Fallgruppen getrennt ist zu analysieren, ob das Bundesverfassungsgericht gegen einfaches Recht oder gar die Verfassung verstößt, wenn es Normen oder Normkomplexe nicht, wie in § 78 Satz 1 BVerfGG geregelt, für nichtig, sondern lediglich für unvereinbar mit dem Grundgesetz erklärt. Zunächst soll mit einem kurzen Überblick über die Entscheidungspraxis des Bundesverfassungsgerichts begonnen werden.

A. Die Entwicklung der Rechtslage und der Entscheidungspraxis des Bundesverfassungsgerichts

Die erste Unvereinbarerklärung in der Geschichte des Bundesverfassungsgerichts ist schon in einem Beschluss des ersten Senats aus dem Jahre 1958 zu finden.[389] Es handelte sich um ein Verfahren der konkreten Normenkontrolle, in dem der

387 Terminologisch ist zu bemerken, dass der „gleichheitswidrige Begünstigungsausschluss" synonym teilweise auch als „willkürlicher Begünstigungsausschluss" bezeichnet wird.

388 *Siedler*, Gesetzgeber und Bundesverfassungsgericht, S. 131, 145.

389 BVerfGE 7, 320. A.A. ist hier *Blüggel*, Unvereinbarerklärung, S. 18, der die erste Unvereinbarerklärung erst im Jahre 1961 in BVerfGE 13, 248 sieht. Diese unterschiedliche Ansicht rührt vermutlich daher, dass in BVerfGE 7, 320 eine Art qualitative Teilunvereinbarerklärung ausgesprochen wurde, die *Blüggel* möglicherweise nicht als Unvereinbarerklärung im eigentlichen Sinne sieht.

§ 21 Abs. 1 Satz 1 des Gesetzes über die Verbreitung jugendgefährdender Schriften für teilweise unvereinbar mit dem Grundgesetz erklärt worden ist.[390] Das Bundesverfassungsgericht stellte zwar die Verfassungswidrigkeit dieser Regelung fest[391], nicht jedoch deren Nichtigkeit. Dies tat es ganz selbstverständlich, es unterblieb jegliche Erklärung oder Begründung.[392] Auch die zeitlich unmittelbar folgenden Tenorierungen dieser Art entbehren zunächst jeder Begründung.[393]

1970 trat das Vierte Änderungsgesetz zum BVerfGG[394] in Kraft und trug der Entscheidungspraxis des Gerichts Rechnung. Die Unvereinbarerklärung wurde in den Gesetzestext der §§ 31 Abs. 2, 79 Abs. 1 BVerfGG aufgenommen und so an die Tenorierungsvariante ausdrücklich Rechtsfolgen geknüpft.[395] Zu einer Änderung der eigentlichen Tenorierungsvorschriften[396] dahingehend, dass die Voraussetzungen festgelegt worden wären, kam es allerdings nicht.[397] Es wurde also lediglich eine redaktionelle Anpassung des § 78 BVerfGG an den Sprachgebrauch des Bundesverfassungsgerichts vorgenommen. Eine Änderung in materieller Hinsicht wurde hierdurch nicht beabsichtigt.[398]

Da man die vom Gericht entwickelte Tenorierungsvariante also ausdrücklich nicht billigen oder gar legitimieren wollte[399], sind die Gründe für die Änderung der §§ 31 Abs. 2, 79 Abs. 1 BVerfGG nicht ganz klar. Der Rechtsausschuss stellte hierzu fest, dass berücksichtigt werden sollte, „dass es Entscheidungen des Bundesverfassungsgerichts gibt, durch die keine Nichtigkeit eines Gesetzes, sondern nur eine Unvereinbarkeit oder Vereinbarkeit mit dem Grundgesetz oder sonstigem Bundesrecht ausgesprochen wird".[400]

---

390 BVerfGE 7, 320 [320].
391 BVerfGE 7, 320 [326].
392 So auch: *Hein*, Unvereinbarerklärung durch das BVerfG, S. 30.
393 *Hein*, Unvereinbarerklärung durch das BVerfG, S. 30.
394 BGBl. I, S. 1765 vom 21.12.1970.
395 Viertes Gesetz zur Änderung des Bundesverfassungsgerichtsgesetzes vom 21.12.1970, BGBl. I, S. 1765 [1766].
396 §§ 78, 95 Abs. 3 BVerfGG.
397 *Pestalozza*, Verfassungsprozessrecht, S. 339f; *Sachs*, DÖV 1982, S. 23 [24].
398 Schriftlicher Bericht des Rechtsauschusses über den von der Bundesregierung eingebrachten Entwurf eines Vierten Gesetzes zur Änderung des Gesetzes über das Bundesverfassungsgericht, BT-Drucks. VI/1471, S. 5.
399 Schriftlicher Bericht des Rechtsauschusses über den von der Bundesregierung eingebrachten Entwurf eines Vierten Gesetzes zur Änderung des Gesetzes über das Bundesverfassungsgericht, BT-Drucks. VI/1471, S. 5.
400 Schriftlicher Bericht des Rechtsauschusses über den von der Bundesregierung eingebrachten Entwurf eines Vierten Gesetzes zur Änderung des Gesetzes über das Bundesverfassungsgericht, BT-Drucks. VI/1471, S. 5.

Die Änderung des § 79 Abs. 1 BVerfGG war zunächst anders geplant gewesen. Dem Regierungsentwurf über das Änderungsgesetz[401] ist zu entnehmen, dass dem Bundesverfassungsgericht im § 79 Abs. 1 BVerfGG die Befugnis einräumt werden sollte, in seiner Entscheidung bestimmen zu können, „dass ein für nichtig erklärtes Gesetz erst zu einem vom Gericht festzusetzenden Zeitpunkt als außer Kraft getreten gilt".[402] Dieser Zeitpunkt sollte jedoch nicht nach dem Wirksamwerden der Entscheidung liegen dürfen.[403] Diese Änderung wurde im Ergebnis nicht umgesetzt. Da sie zunächst lange Zeit im Gespräch war und sehr kontrovers diskutiert wurde, finden sich in den Gesetzgebungsmaterialien hauptsächlich Stellungnahmen, die sich mit dieser zunächst angestrebten, dann aber weitgehend abgelehnten Änderung des § 79 Abs. 1 BVerfGG befassen. Zu der letztendlich Gesetz gewordenen Änderung existiert dagegen kaum Material.

Nach der genannten Anpassung des BVerfGG wurde von dieser Tenorierungsart bis in die achtziger Jahre hinein reger Gebrauch gemacht.[404] Man dehnte den Anwendungsbereich zunehmend aus.[405] Waren die „Wiege der Unvereinbarerklärung"[406] noch die wenigen Fälle des gleichheitswidrigen Begünstigungsausschlusses, also Fälle der Verletzung des Art. 3 GG, wurde von dieser Tenorierung später auch bei der Verletzung von Freiheitsrechten Gebrauch gemacht.[407] Gleichzeitig begann das Gericht, durch Aufnahme des Unvereinbarkeitsausspruches in den Tenor die Unvereinbarerklärung erst zu einer Tenorierungsvariante im eigentlichen Sinne zu machen.[408] Dieser wurde gemäß der neuen gesetzlichen Regelung des § 31 Abs. 2 BVerfGG im Bundesgesetzblatt veröffentlicht und erwuchs in den Verfahren der abstrakten und konkreten Normenkontrolle und der Gesetzesverfassungsbeschwerde auch in Form der neuartigen Tenorierungsvariante in Gesetzeskraft.

---

401 Entwurf der Bundesregierung eines Vierten Gesetzes zur Änderung des Gesetzes über das Bundesverfassungsgericht, BT-Drucks. VI/388, S. 3.

402 Entwurf der Bundesregierung eines Vierten Gesetzes zur Änderung des Gesetzes über das Bundesverfassungsgericht, BT-Drucks. VI/388, S. 3.

403 Entwurf der Bundesregierung eines Vierten Gesetzes zur Änderung des Gesetzes über das Bundesverfassungsgericht, BT-Drucks. VI/388, S. 3.

404 *Hein*, Unvereinbarerklärung durch das BVerfG, S. 30.

405 *Pestalozza*, Verfassungsprozessrecht, S. 340; *Maurer*, FS für Weber, S. 345 [350].

406 *Hein*, Unvereinbarerklärung durch das BVerfG, S. 39. Sinngemäß: *Seer*, NJW 1996, S. 285 [285]; *Ipsen*, JZ 1983, S. 41 [41]; *Heun*, Normenkontrolle, FS 50 Jahre BVerfG, S. 615 [634]; *Vogel*, Das BVerfG und die übrigen Verfassungsorgane, S. 224.

407 *Maurer*, FS für Weber, S. 345 [350]; *Blüggel*, SGb 2003, S. 507 [509].

408 *Hein*, Unvereinbarerklärung durch das BVerfG, S. 31.

Es ist festzustellen, dass die Anzahl der Unvereinbarerklärungen in der Jurisdiktion des Bundesverfassungsgerichts ungefähr seit dem Jahr 1982 eher rückläufig ist.[409] Die Menge derartiger Entscheidungen sank im Vergleich zu den siebziger Jahren.[410] *Hein*[411] stellt fest, dass sich das Verhältnis der Anzahl von Nichtig- zu Unvereinbarerklärungen in dieser Zeit umgekehrt habe.[412]

Zwar hielt das Bundesverfassungsgericht die Unvereinbarerklärung in bestimmten Fällen für zwingend, schon 1958 ließ es aber durchblicken, dass die Unvereinbarerklärung in den im Folgenden noch festzulegenden Fallgruppen nur die Regel sein kann, von der wiederum auch Ausnahmen zulässig sein müssen. Sie könne also auch in diesen Fällen niemals absolut zwingend anzuwenden sein.[413]

B. Die Notwendigkeit der Tenorierungsmöglichkeit „Unvereinbarerklärung"

Vor allen anderen stellt sich die Frage nach der tatsächlichen Notwendigkeit dieser Entscheidungsvariante. Da die Unvereinbarerklärung eine Abweichung von dem gesetzlich geregelten Normalfall der Nichtigerklärung darstellt und deswegen besonderer Begründung bedarf, besteht ein Erfordernis für diese Tenorierung nur, wenn sie in ihren Folgen von denen des Regelfalls – der Nichtigerklärung – abweicht. Andernfalls wäre sie überflüssig. Deswegen verwundert es, dass teilweise vertreten wird, die Folgen und Wirkungen der Unvereinbarerklärung entsprächen denen der Nichtigerklärung.[414]

Grundsätzlich ist davon auszugehen, dass das Bundesverfassungsgericht diese Tenorierungsvariante aus der Notwendigkeit des Folgenmanagements heraus entwickelt hat. Man will untragbare Ergebnisse vermeiden, die eine Nichtigerklärung in bestimmten Konstellationen herbeiführen würde. Daraus folgt, dass das Gericht mit der Unvereinbarerklärung aber gerade andere Folgen als mit der Nichtigerklärung verbinden muss.

---

409 *Hein*, Unvereinbarerklärung durch das BVerfG, S. 31.

410 *Hein*, Unvereinbarerklärung durch das BVerfG, S. 31.

411 *Hein*, Die Unvereinbarerklärung verfassungswidriger Gesetze durch das Bundesverfassungsgericht; Grundlagen, Anwendungsbereich, Rechtsfolgen, Baden Baden, 1988, zugleich Bonn, Univ., Diss., 1987.

412 *Hein*, Unvereinbarerklärung durch das BVerfG, S. 31.

413 BVerfGE 8, 28 [37].

414 *Maurer*, FS für Weber, S. 345 [367]; so ist wohl auch das Bundesverfassungsgericht in BVerfGE 37, 217 [261] zu verstehen.

C. Die Fallgruppen der Unvereinbarerklärung

Für eine systematische Analyse ist zunächst eine Einteilung in Fallgruppen vorzunehmen.[415] Die Literatur ist sich bezüglich der Fallgruppenbildung nicht ganz einig. Das zeigt sich beispielsweise darin, dass z.B. *Maurer*[416] davon ausgeht, die Unvereinbarerklärung eines gesetzgeberischen Unterlassens müsse völlig getrennt behandelt werden, da hier schon aus „rechtstechnischen Gründen" keine Nichtigerklärung ergehen könne.[417] Ein Untätigbleiben des Gesetzgebers könne schließlich nicht alternativ für nichtig erklärt werden. Von anderer Seite wird diese Konstellation sehr wohl als Unterfall der Unvereinbarerklärung eingeordnet.[418] *Korioth* erkennt zwar auch, dass beim gesetzgeberischen Unterlassen gesetzestechnische, nicht aber materiell-rechtliche Gründe die Unvereinbarerklärung zwingend erfordern.[419] Für ihn ist das im Gegensatz zu *Maurer*[420] aber kein Ausschlusskriterium für die Einordnung dieser Fälle in eine der Unterfallgruppen.

Die verschiedenen Fälle der Unvereinbarerklärung werden zum einen[421] entsprechend der konkreten Begründung für das Abweichen von der Nichtigerklärung gebildet.[422] Teilweise[423] erfolgt eine Systematisierung in Fallgruppen auch ent-

---

415 Die Fallgruppenbildung wird in der neueren Literatur allgemein als problematisch, wenn auch nicht unmöglich empfunden, so zum Beispiel von *Blüggel* (Unvereinbarerklärung, S. 19).

416 *Maurer*, FS für Weber, S. 345 [345].

417 *Maurer*, FS für Weber, S. 345 [347f.].

418 *Schlaich/Korioth*, Das BVerfG, Rn. 408ff.

419 *Schlaich/Korioth*, Das BVerfG, Rn. 409.

420 *Maurer*, FS für Weber, S. 345 [347f.].

421 *Schlaich/Korioth*, Das BVerfG, Rn. 401ff.

422 Es wird dann folgendermaßen differenziert: (1) Entscheidungen, die aufgrund eines gleichheitswidrigen Begünstigungsausschlusses von der Nichtigerklärung abweichen, (2) solche, die das Abweichen mit der zu wahrenden Gestaltungsfreiheit des Gesetzgebers begründen, (3) solche, denen ein Unterlassen des Gesetzgebers vorausgeht, und (4) solche, die als Rechtsfolge die Weiteranwendbarkeit der Norm herbeiführen wollen und deswegen auf eine Nichtigerklärung der verfassungswidrigen Regelung verzichten. (*Schlaich/Korioth*, Das BVerfG, Rn. 401ff., 404, 405ff., 408ff.) Diese Einteilung ist insofern problematisch, als vor allem den älteren Entscheidungen des Bundesverfassungsgerichts eine Begründung oft gänzlich fehlt und diese also schlecht oder gar nicht zugeordnet werden können. Zum anderen überschneiden sich die Begründungen teilweise. (*Blüggel*, Unvereinbarerklärung, S. 22) So argumentiert das Gericht in Fällen des willkürlichen Begünstigungsausschlusses zusätzlich mit der schützenswerten Gestaltungsfreiheit des Gesetzgebers. (BVerfGE 18, 288 [302]; BVerfGE 23, 1 [1, 10]; BVerfGE 25, 101 [111]) Auf diese Art kann eine Differenzierung und Systematisierung also nicht erfolgen.

423 *Klein*, in: Benda/Klein, Lehrbuch, Rn. 1267ff.

sprechend den tatsächlichen Konstellationen, wegen derer zu dieser Tenorierungsvariante gegriffen wird.[424]

Blüggel kommt zu einer übersichtlichen und systematischen Einteilung.[425] Er geht vom Normalfall der Nichtigerklärung aus und unterscheidet in nur zwei große Fallgruppen, bei denen es zu einer Unvereinbarerklärung kommt: Die eine umfasst die Fälle, bei denen „die Beseitigung der Verfassungswidrigkeit nicht bzw. nicht allein durch die Kassation der verfassungswidrigen Norm möglich" ist.[426] Zum anderen wird von der Unvereinbarerklärung seiner Ansicht nach Gebrauch gemacht, wenn „die Beseitigung der Verfassungswidrigkeit durch Kassation der verfassungswidrigen Norm nicht zugleich den verfassungsmäßigen Zustand herstellt".[427] Diese Einteilung ergebe sich logisch aus der Überlegung, dass die Nichtigerklärung der Normalfall sei und Abweichungen von dieser in speziellen Problemfällen vorkämen, die dann die genannten Fallgruppen bildeten.[428] Diese Aufteilung ist nachvollziehbar und wird deshalb im Folgenden übernommen.

D. Die Problematik der Unvereinbarerklärung im Allgemeinen

Diese Tenorierungsvariante ist als Ausnahme zur Nichtigerklärung aus der praktischen Notwendigkeit heraus entstanden, die Folgen der Nichtigkeit flexibler handhaben zu können. Ihr Anwendungsbereich wurde im Laufe der Zeit erst erweitert, v.a. um eine verfassungswidrige Norm vorübergehend weiter anwenden zu können, etwa bis zur Neuregelung der Materie. Hierfür gab es aber weder eine ausdrückliche gesetzliche Grundlage[429] noch wurden dogmatische Grundüberlegungen angestellt.

---

424 Es entstehen dann folgende Fallgruppen: Der Verzicht auf die Nichtigerklärung erfolgt, weil (1) sonst eine unerträgliche Rechtslage zurück bliebe, (2) wegen der Wahlmöglichkeit des Gesetzgebers bzgl. der Art und Weise der Beseitigung der verfassungswidrigen Lage, die vom Gericht nicht eingeschränkt werden dürfe, (3) weil die Nichtigerklärung alleine den Verfassungsverstoß nicht beseitigen könne, (4) weil die entsprechende Regelung erst durch die Veränderung tatsächlicher Umstände in die Verfassungswidrigkeit „hineingewachsen" sei und (5) wenn das Gericht „selbst eine überraschende Neuorientierung in der verfassungsrechtlichen Beurteilung vornimmt". (*Klein*, in: Benda/Klein, Lehrbuch, Rn. 1267ff.) Diese Art der Differenzierung ist der Gefahr ausgesetzt, dass im Laufe der Zeit neue Konstellationen entstehen, die nicht mehr in die bisherigen Fallgruppen eingeordnet werden können. Korrekturen an der Aufteilung wären immer wieder nötig, was eine Systematisierung erschwert und der Übersichtlichkeit schadet.

425 *Blüggel*, Unvereinbarerklärung, S. 31.

426 *Blüggel*, Unvereinbarerklärung, S. 31.

427 *Blüggel*, Unvereinbarerklärung, S. 31.

428 *Blüggel*, Unvereinbarerklärung, S. 30f.

429 *Hein*, Unvereinbarerklärung durch das BVerfG, S. 11f.

Nach der 1970 erfolgten Änderung[430] des BVerfGG ist die Unvereinbarerklärung zwar im Gesetz erwähnt und ihre Rechtsfolgen festgelegt,[431] jedoch findet sich nach wie vor keine ausdrückliche Ermächtigung. Die Unvereinbarerklärung bildet eine Ausnahme zum gesetzlichen Regelfall der Nichtigerklärung und bedarf besonderer Begründung.[432]

1. Der Verstoß gegen §§ 78, 95 Abs. 3 BVerfGG

So ist zunächst zu analysieren, wie sich die Unvereinbarerklärung zu den §§ 78, 95 Abs. 3 BVerfGG verhält. Diese regeln als gesetzliche Tenorierungsvarianten ausdrücklich nur die Nichtig- und die Vereinbarerklärung. Das Gericht hat dem Wortlaut nach keinen Spielraum, im Fall der Verfassungswidrigkeit des Prüfungsgegenstandes von einer Nichtigerklärung abzusehen.[433] Ginge man von einer abschließenden Regelung der Tenorierungsvorschriften in den §§ 78, 95 Abs. 3 BVerfGG aus, verstieße die Praxis des Bundesverfassungsgerichts, trotz vorheriger Feststellung der Unvereinbarkeit einer Regelung mit dem Grundgesetz auf deren Nichtigerklärung zu verzichten, gegen das BVerfGG.

Dies ergibt sich aus dem Wortlaut dieser Vorschriften, der insoweit eindeutig erscheint, als ein verfassungswidriges Gesetz vom Bundesverfassungsgericht für nichtig erklärt werden *muss*.[434] Allerdings ist auf die §§ 31, 79 BVerfGG zu verweisen, deren Wortlaut an die Alternative der Unvereinbarerklärung ausdrücklich Folgen knüpft. Deshalb kommt man bei systematischer Auslegung der §§ 78, 95 BVerfGG im Hinblick auf die genannten Vorschriften zu dem Ergebnis, dass die §§ 78, 95 BVerfGG hinsichtlich der Aufzählung der Tenorierungsvarianten nicht abschließend sind. Dem könnte allenfalls entgegenstehen, dass der Wortlaut der eigentlichen Tenorierungsvorschriften[435] bei der Änderung im Jahr 1970 gleich geblieben ist. Die Unvereinbarerklärung nur in die Vorschriften über Rechtsfolgen der gerichtlichen Entscheidungen einzufügen, erscheint insofern systemwidrig. Es werden Rechtsfolgen an eine Tenorierungsvariante geknüpft, die im selben Gesetz nicht vorgesehen ist.

---

430 Viertes Gesetz zur Änderung des Bundesverfassungsgerichtsgesetzes vom 21.12.1970, BGBl. I, S. 1765 [1766].

431 *Maurer*, FS für Weber, S. 345 [345].

432 *Rupp-von Brünneck*, FS für Gebhard Müller, S. 355 [368]; *Maurer*, FS für Weber, S. 345 [346].

433 *Ulsamer*, in: Maunz/Schmidt-Bleibtreu/Klein u.a., BVerfGG, Komm., § 78, Rn. 29.

434 *Ulsamer*, in: Maunz/Schmidt-Bleibtreu/Klein u.a., BVerfGG, Komm., § 78, Rn. 11.

435 Für die Verfassungswidrigerklärung und die Normenkontrollen sind das §§ 78, 82 Abs.1, 95 BVerfGG.

Im schriftlichen Bericht des Rechtsausschusses[436] ist zu dieser konkreten Gesetzesneuerung keine explizite Stellungnahme zu finden. Unter Bezugnahme auf die Entscheidungen über die Wahlkreise[437] und die Umsatzsteuer[438] wurde lediglich darauf hingewiesen, dass die Richter des Bundesverfassungsgerichts bisher in den Fällen, in denen eine Nichtigerklärung zu nicht vertretbaren Ergebnissen geführt hätte, praktikable Lösungen gefunden hätten.[439] Erläuternd ist anzumerken, dass im Falle der Wahlkreisentscheidung von der Unvereinbarerklärung Gebrauch gemacht und diese mit einem Appell an den Gesetzgeber verknüpft worden ist. Es ist festgestellt worden, dass die Wahlkreiseinteilung gegen die Verfassung verstoßen habe, dies zum Zeitpunkt der Wahl jedoch noch nicht offensichtlich und erkennbar war.[440] Insofern hat der Rechtsausschuss des Bundestages die Möglichkeit, in Form einer Unvereinbarerklärung von den Tenorierungsvarianten des BVerfGG abzuweichen, ausdrücklich als legitime Alternative zur Nichtigerklärung gebilligt.[441]

Weitere aussagekräftige Materialien zur letztendlich Gesetz gewordenen Fassung des Vierten Änderungsgesetzes existieren nicht. Die eigentlichen Gründe für gerade diese Änderung sind deshalb schwer nachzuvollziehen. Vor allem wird nicht ganz klar, wieso nicht auch der Wortlaut des § 78 BVerfGG erweitert worden ist. Es lässt sich nur vermuten, dass eine weitergehende Umgestaltung des Gesetzes politisch nicht durchgesetzt werden konnte, war doch die zunächst geplante Änderung kontrovers diskutiert worden. Möglicherweise sah man wegen der Befürchtung eines Konfliktes mit der Theorie der *ipso iure* Nichtigkeit verfassunsgwidriger Gesetze von einer Ermächtigung des Bundesverfassungsgerichts zu dieser Entscheidungsmöglichkeit ab. Dennoch sah man die Notwendigkeit dieser Alternative und wollte der Tatsache Rechnung tragen, dass das Gericht von der Unvereinbarerklärung immer häufiger Gebrauch machte.

Betrachtet man nach alledem die §§ 78, 95 BVerfGG im Gesamtzusammenhang dieses Gesetzes, können diese im Hinblick auf dessen Systematik nicht abschließend sein. Der Gesetzgeber kann in einem Gesetz schließlich keine Folgen an eine Entscheidungsvariante knüpfen, die an anderer Stelle ausgeschlossen ist. In Folge dessen wird zu Recht aus dem eben ermittelten Willen des Gesetzgebers und

---

436 BT-Drucks. VI/1471.
437 BVerfGE 16, 130ff.
438 BVerfGE 21, 12ff.
439 Schriftlicher Bericht des Rechtsausschusses über den von der Bundesregierung eingebrachten Entwurf eines Vierten Gesetzes zur Änderung des Gesetzes über das Bundesverfassungsgericht, BT-Drucks. VI/1471, S. 6.
440 BVerfGE 16, 130 [140].
441 *Pestalozza*, FS für das BVerfG, S. 519 [520].

den §§ 31 Abs. 2 Satz 2, 79 Abs. 1 BVerfGG gefolgert, dass die Regelung des § 78 BVerfGG für verfassungswidrige Gesetze nicht abschließend sein kann.[442]

2. Die Kollision mit dem Prinzip der *ipso iure* Nichtigkeit verfassungswidriger Gesetze

Die Unvereinbarerklärung verfassungswidriger Gesetze im Tenor verfassungsgerichtlicher Entscheidungen liefe dem Grundsatz der *ipso iure* Nichtigkeit verfassungswidriger Gesetze zuwider, wenn dieser absolut und ohne Einschränkungen gälte. Mit der herrschenden Meinung ist davon auszugehen, dass ihm auch heute noch grundsätzlich Geltung zukommt.[443] Dies bedeutet jedoch nicht, dass dieser Grundsatz ohne Ausnahme gelten muss. Genauer wird nun auch zu klären sein, auf welcher Stufe der Rechtsordnung dieses Prinzip anzusiedeln ist, ob ihr also tatsächlich Verfassungsrang zukommt.

Die überwiegende Meinung in der Literatur[444] geht nicht ganz unbestritten davon aus, dass die *ipso iure* Nichtigkeitslehre Verfassungsrang besitzt.[445] Dies ergebe sich aus Art. 1 Abs. 3, 20 Abs. 3, 79 Abs. 1 Satz 1, 100 Abs. 1, 123 Abs. 1 GG.[446]. Außerdem verweist man auf die Theorie vom Stufenbau der Rechtsordnung bzw. die Rangordnungslehre[447]. Auf der Basis der Lehre von der *ipso iure* Nichtigkeit verfassungswidriger Gesetze ergibt sich die Nichtigerklärung verfassungswidriger Regelungen als logische Folge. Diese seien *eo ipso* nichtig, da die Verfassung gegenüber dem einfachen Recht als höherrangig einzuordnen sei und dieses bei einer etwaigen Kollision automatisch seiner Geltung beraube.

---

442 *Ulsamer*, in: Maunz/Schmidt-Bleibtreu/Klein u.a., BVerfGG, Komm., § 78, Rn. 11.

443 Vgl. hierzu näher im Ersten Teil unter I B 3 a und c.

444 Gegen die Lehre von der *ipso iure* Nichtigkeit verfassungswidriger Gesetze und somit auch gegen deren Verfassungsrang: *Böckenförde*, Die sogenannte Nichtigkeit, S. 55.

445 *Stern*, in: Bonner Kommentar, Art. 93 (Zweitbearbeitung 1982), Rn. 271; *Schlaich/Korioth*, Das BVerfGG, Rn. 379; *Blüggel*, Unvereinbarerklärung, S. 138; *Hein*, Unvereinbarerklärung durch das BVerfG, S. 92, 94; *Arndt*, DÖV 1959, S. 81 [82]; *Ipsen*, Rechtsfolgen, S. 153f.; BVerfGE 1, 14 [37].

446 *Stern*, in: Bonner Kommentar, Art. 93 (Zweitbearbeitung 1982), Rn. 271; *Schlaich/Korioth*, Das BVerfGG, Rn. 379.

447 Die Lehre von der Rangordnung der Rechtslehre besagt, dass es in einer Rechtsordnung bei verschiedenen Rechtsquellen für die Gewährleistung der Einheit und Widerspruchsfreiheit dieser Rechtsordnung eine Lösung im Kollisionsfall der verschiedenen Rechtsquellen geben muss. Diese Lösung soll sein, dass die vorrangige Norm gelten muss und die niederrangige Norm automatisch unwirksam ist. (*Böckenförde*, Die sogenannte Nichtigkeit, S. 27).

Vom Verfassungsrang der *ipso iure* Nichtigkeitslehre ist also grundsätzlich auszugehen. Das bedeutet jedoch nicht, dass sie ohne Einschränkungen gelten muss;[448] diese Einschränkungen können allerdings nur durch kollidierendes Verfassungsrecht erfolgen.[449]

Die Möglichkeit einer Einschränkung des Grundsatzes der *ipso iure* Nichtigkeit verfassungswidriger Gesetze wird teilweise bestritten.[450] Argumentiert wird mit dem so genannten „Rechtsgeltungsmodell"[451]. Davon ausgehend, dass in der Verfassung bestimmte Vorschriften existieren, die gleichzeitig Geltungsbedingungen für einfache Gesetze darstellen, könne Gesetzen, die gegen diese Geltungsbedingungen verstoßen, auch keine Wirksamkeit durch Abwägung der Nichtigkeitsgründe mit anderen Verfassungsgrundsätzen verliehen werden.[452] Jedoch könne es eine normative Alternative i.S.v. *Kelsen*[453] geben. Das bedeutet, dass dem geltenden Verfassungsrecht eine alternative Rechtsgeltungsnorm entnommen werden müsse, die einer an sich verfassungswidrigen Norm normative Geltung verleihe.[454]

Von der Möglichkeit der Einschränkung des Grundsatzes der *ipso iure* Nichtigkeitslehre ist im Ergebnis dennoch auszugehen. Um die Reichweite der Geltung der *ipso iure* Nichtigkeitslehre festzulegen, ist eine Abwägung i.S.e. Art praktischen Konkordanz vorzunehmen.[455] Der Grundsatz der Einheit der Verfassung macht es erforderlich, dass ein Ausgleich der verschiedenen Vorgaben der Verfassung stattfindet, wenn diese kollidieren.[456] Man will ihr so eine möglichst weitreichende Geltung verschaffen. Die Reichweite der Geltung der *ipso iure* Nichtigkeitslehre und insofern der berechtigte Gebrauch der Unvereinbarerklärung ist für jede Fallgruppe gesondert zu untersuchen. Dabei wird zunächst festzustellen sein, welche Verfassungsgüter gegeneinander abzuwägen sind.

In dieser Abwägung wird Einzelfall bezogen entschieden, welcher der kollidierenden Grundsätze vorrangig sein muss. Danach steht dann fest, welcher Grundsatz durch die Kollision inwieweit außer Kraft tritt. Durch die Abwägung soll also ermittelt werden, wie die Geltungsbestimmungen des Grundgesetzes zu verstehen

---

448 *Schneider*, Funktion der Normenkontrolle, S. 134f.

449 So auch: *Vogel*, Das BVerfG und die übrigen Verfassungsorgane, S. 228.

450 *Hartmann*, DVBl. 1997, S. 1264 [1266].

451 Weiterführend hierzu: *Hartmann*, DVBl. 1997, S. 1264 [1265].

452 *Ipsen*, Rechtsfolgen, S. 173; *Hartmann*, DVBl. 1997, S. 1264 [1266].

453 *Kelsen*, Reine Rechtslehre, S. 277.

454 *Ipsen*, JZ 1983, S. 41 [43].

455 *Hartmann*, DVBl. 1997, S. 1264 [1266]; *Moench*, Gesetz und Normenkontrolle, S. 143. Eine Abwägung wird auch angenommen bei *Söhn*, Anwendungspflicht, S. 41f; *Blüggel*, Unvereinbarerklärung, S. 150f.; *Blasberg*, Verfassungsgerichte als Ersatzgesetzgeber, S. 105f.

456 *Hesse*, Grundzüge des Verfassungsrechts, Rn. 71; *Hartmann*, DVBl. 1997, S. 1264 [1266].

sind und wie weit sie reichen. Im Ergebnis werden dann die genauen Grenzen deutlich, innerhalb derer die *ipso iure* Nichtigkeitstheorie gelten kann.

Zusammenfassend ist festzustellen, dass die Unvereinbarerklärung nicht schon als solche gegen den Grundsatz der *ipso iure* Nichtigkeit verfassungswidriger Gesetze verstößt, sondern zu prüfen bleibt, mit welcher Reichweite der Grundsatz überhaupt Anwendung finden kann.

3. Der Verstoß gegen die Normenkontrollvorschriften des Grundgesetzes

Des Weiteren ist zu prüfen, ob die Unvereinbarerklärung im Hinblick auf die Normenkontrollvorschriften der Verfassung zulässig sein kann. Diese schreiben keine ausdrückliche Tenorierungsvariante für den Fall der Unvereinbarkeit eines Gesetzes mit der Verfassung vor. Es wird in den Art. 93 Abs. 1 Nr. 2, 100 Abs. 1 GG lediglich festgelegt, wann das Bundesverfassungsgericht zu entscheiden hat, nicht jedoch wie.

Art. 100 Abs. 1 GG lässt sich auch nach Auslegung nicht eindeutig entnehmen, inwiefern die Nichtigerklärung zwingend auf die Verfassungswidrigkeit einer Norm folgen muss. Schon bei der Analyse der Frage, ob die *ipso iure* Nichtigkeitslehre heute noch zu Recht Geltung beanspruchen kann, wurde deutlich, dass eine Meinung den Art. 100 Abs. 1 GG dahingehend auslegt, dass er dieser Lehre widerspreche, da bei Nichtigkeit *eo ipso* und von Anfang an kein tauglicher Vorlagegegenstand existiere und die Vorschrift völlig ins Leere ginge, wenn der Vorlagegegenstand tatsächlich verfassungswidrig wäre. Die andere Ansicht[457] legt den Art. 100 Abs. 1 GG zugunsten der Lehre von der *ipso iure* Nichtigkeit verfassungswidriger Gesetze aus und kommt hierbei zu dem Ergebnis, das Wort „Gültigkeit" weise darauf hin, dass dem Art. 100 Abs. 1 GG gerade die Vorstellung zugrunde liege, verfassungswidrige Gesetze seien automatisch nichtig, da er davon ausgehe, gerade die Gültigkeit des Gesetzes müsse in Frage stehen, um eine Vorlagepflicht bzw. ein Vorlagerecht auszulösen. Geht man aber davon aus, dass die Gültigkeit erst mit der Entscheidung des Bundesverfassungsgerichts entfällt, könnte kein Gesetz vorgelegt werden, weil seine Verfassungswidrigkeit befürchtet wird. Es wäre im Vorlagezeitpunkt ja noch gültig und nach dieser Ansicht somit gemäß dem Wortlaut des Art. 100 Abs. 1 GG kein tauglicher Vorlagegegenstand.[458] Da diese Vorschrift schon zur *ipso iure* Nichtigkeitslehre keine ausdrückliche Aussage enthält, sprechen die Normenkontrollvorschriften jedenfalls nicht gegen die Zulässig-

---

457 *Heun*, FS 50 Jahre BVerfG, S. 615 [632]; *Moench*, Gesetz und Normenkontrolle, S. 98.
458 *Wolst*, Verfassungswidrige Gesetze, S. 40f.; *Hein*, Unvereinbarerklärung durch das BVerfG, S. 96.

keit der Unvereinbarkeitserklärung. Sie stehen der Tenorierungsvariante also auch nicht entgegen.

E. Die spezielle Problematik der einzelnen Fallgruppen

Im Folgenden wird die Zulässigkeit der Unvereinbarerklärung für die einzelnen Fallgruppen differenziert zu erörtern sein.

1. Die Unmöglichkeit der Beseitigung der Verfassungswidrigkeit

Die erste große Fallgruppe besteht aus den Fallkonstellationen, bei denen der Verfassungsverstoß nicht bzw. nicht nur durch die Nichtigerklärung der Regelung, die beanstandet wurde, beseitigt werden kann.

a. Der gleichheitswidrige Begünstigungsausschluss und sonstige Verstöße gegen den Gleichheitssatz

In die eben genannte Fallgruppe fallen unter anderem die Konstellationen des gleichheitswidrigen Begünstigungsausschlusses; in diesen Fällen ist im Allgemeinen eine Begünstigung in einer Regelung vorgesehen, die durch die Fassung ihres sachlichen oder personellen Anwendungsbereichs gegen Art. 3 Abs. 1 GG verstößt.[459] Dies tut sie in der Weise, dass ohne sachlichen Grund bestimmte Personen- oder Fallgruppen nicht oder nicht weitgehend genug von der vorteilhaften Regelung profitieren können.[460] Dies kann ausdrücklich oder konkludent geschehen. Ein expliziter Begünstigungsausschluss liegt vor, wenn der Anwendungsbereich der Norm seinem Wortlaut nach so eingeschränkt ist, dass die betroffene Personengruppe oder der gerügte Anwendungsfall an der Förderung nicht teilhaben kann. Ein solcher Ausschluss erfolgt dagegen konkludent, wenn keine negative Eingrenzung des Anwendungsbereichs besteht, die explizite positive Beschreibung eine Personengruppe oder einen Anwendungsfall nach Auslegung aber nicht mit einschließt.[461]

Die Fälle des willkürlichen Begünstigungsausschlusses werden oft als die „Wiege der Unvereinbarerklärung"[462] bezeichnet und sind heute noch ihr größtes Anwendungsgebiet.[463]

---

459 *Blüggel*, Unvereinbarerklärung, S. 32f.

460 *Maurer*, FS für Weber, S. 345 [348]; *Hein*, Unvereinbarerklärung durch das BVerfG, S. 39.

461 *Ipsen*, JZ 1983, S. 41 [41f.]; *Blüggel*, Unvereinbarerklärung, S. 35.

462 *Vogel*, Das BVerfG und die übrigen Verfassungsorgane, S. 224; *Hein*, Unvereinbarerklärung durch das BVerfG, S. 39. Sinngemäß auch: *Schlaich/Korioth*, Das BVerfG, Rn. 401; *Blüggel*, Unvereinbarerklärung, S. 60; *Ipsen*, Rechtsfolgen, S. 109.

aa. Der Begründungsansatz mit dem Schutz der Gestaltungsfreiheit des Gesetzgebers

Um die Zulässigkeit dieser Tenorierungsvariante in den genannten Fällen beurteilen zu können, ist zunächst nach einer tragfähigen Begründung für ihre Notwendigkeit zu fragen.

aaa. Die Argumentationsversuche

Häufigster Begründungsansatz für das Absehen von der Nichtigerklärung ist das Argument, man müsse die Gestaltungsfreiheit des Gesetzgebers schützen.[464] Diese scheint durch die Unvereinbarerklärung deswegen besser geschont zu werden, weil der Verfassungsverstoß in den Fällen des gleichheitswidrigen Begünstigungsausschlusses und auch sonstiger Gleichheitsverstöße ausschließlich durch eine Nichtigerklärung der gesamten verfassungswidrigen Norm, nicht jedoch nur der Ungleichbehandlung beseitigt werden kann. Damit wird aus der Rechtsordnung aber mehr als nur die eigentliche Ungleichbehandlung getilgt, da der zur Ungleichbehandlung führende Teil u.U. nicht abtrennbar ist. Die Entscheidung, inwiefern diese Nichtigerklärung mehr als den Verfassungsverstoß umfassen darf, liegt im Kompetenzbereich der Legislative, nicht des Gerichts.

(1) Die Entscheidung des Bundesverfassungsgerichts zur Künstlersozialversicherung

An folgendem Beispiel soll deutlich werden, wann der Gesetzgeber seinen Beitrag zur Wiederherstellung der verfassungskonformen Lage leisten muss. In der Entscheidung des 2. Senats vom 8. April 1987[465] kam es zu einer Unvereinbarerklärung des § 52 Abs. 5 Künstlersozialversicherungsgesetzes (KSVG), weil dieser gegen den Art. 3 Abs. 1 GG verstoßen habe und somit verfassungswidrig gewesen sei.[466] Das Gericht hatte in diesem Fall über diverse Verfassungsbeschwerden zu entscheiden, die u.a. Musik-, Schulbuch- und Zeitschriftenverlage, Tonträgerhersteller, selbständige Bühnenverlage sowie Theaterabteilungen in Verlagen etc. eingereicht hatten.[467] Den Verfassungsbeschwerden wurde teilweise stattgegeben. Inhalt der Regelung des § 52 Abs. 5 KSVG war es, dass Künstler und Publizisten, die von der Versicherungspflicht befreit waren, „jedesmal, wenn sie von einem nach § 24 KSVG zur Abgabe Verpflichteten Entgelt erhalten, von diesem einen

463 *Blüggel*, Unvereinbarerklärung, S. 33; *Maurer*, FS für Weber, S. 345 [348].

464 *Maurer*, FS für Weber, S. 345 [348]; *Schlaich/Korioth*, Das BVerfG, Rn. 401.

465 BVerfGE 75, 108ff.

466 BVerfGE 75, 108 [109, 164].

467 BVerfGE 75, 108 [109].

Zuschlag zur anteilsmäßigen Deckung der Aufwendungen verlangen, die ihnen entstehen, weil sie mit einem öffentlichen oder privaten Versicherungsunternehmen für sich und ihre Hinterbliebenen einen Versicherungsvertrag für den Fall einer Invalidität, des Todes, des Erlebens des 65. oder eines niedrigeren Lebensjahres abgeschlossen haben."[468] Zu den nach § 24 KSVG zur Abgabe Verpflichteten gehörten die antragstellenden Verlage und andere Beschwerdeführer. Das KSVG sah aber nicht vor, dass dieser Zuschlag gemäß § 52 Abs. 5 KSVG auf die von den Vermarktern zu zahlende Künstlersozialabgabe angerechnet werden konnte. Diese waren im Falle ihrer Zuschlagspflicht somit doppelt belastet.[469] Es lag eine Ungleichbehandlung der zuschlagspflichtigen im Gegensatz zu den übrigen Vermarktern vor. In diesem Fall kam es also durch eine Belastung für die Betroffenen zu einem gleichheitswidrigen Begünstigungsausschluss. Die Vermarkter hatten keinen Einfluss auf das Entstehen einer zusätzlichen Zahlungspflicht. Hierfür war allein ausschlaggebend, ob der nach § 52 KSVG Befreite einen solchen Zuschlag forderte. Für diese Ungleichbehandlung war kein sachlicher Grund ersichtlich, so dass ein Verstoß gegen den Art. 3 Abs. 1 GG festzustellen war.[470]

Das Bundesverfassungsgericht hat die Vorschrift dennoch nicht für nichtig erklärt. Es beließ es vielmehr bei der Feststellung ihrer Unvereinbarkeit mit der Verfassung und merkte an, dass es letztendlich dem Gesetzgeber obliege, diesen Gleichheitsverstoß zu beheben.[471] Das Gericht erkannte hier zutreffend, dass für die Behebung des Gleichheitsverstoßes verschiedene Möglichkeiten zur Verfügung standen, etwa die Streichung des § 52 Abs. 5 KSVG, so dass die Zuschlagspflicht entfallen wäre, oder die Regelung einer Anrechnung der gezahlten Zuschläge auf die vom Vermarkter zu leistende Künstlerabgabe.[472]

Abstrakter ausgedrückt kann in solchen Fällen entweder die gesamte Begünstigung gestrichen[473], der Begünstigtenkreis (bzw. der betroffene Lebenssachverhalt) um die benachteiligte Gruppe (bzw. in sachlicher Hinsicht) erweitert oder der Kreis der Begünstigten (bzw. der sachliche Anwendungsbereich) völlig anders und neu geregelt werden.[474] Das Bundesverfassungsgericht meint in derlei Fällen dem Gesetzgeber die Nichtigerklärung ersparen zu müssen, da diese schon eine Vorentscheidung dahingehend treffe, wie die Verfassungswidrigkeit behoben werden soll-

468 BVerfGE 75, 108 [164].
469 BVerfGE 75, 108 [164].
470 BVerfGE 75, 108 [164]
471 BVerfGE 75, 108 [165].
472 BVerfGE 75, 108 [165].
473 Sofern sich aus der Verfassung kein Regelungsauftrag ergibt.
474 *Blüggel*, Unvereinbarerklärung, S. 36.

te, der Gesetzgeber seinen Gestaltungsspielraum aber voll ausschöpfen können müsse.

(2) Beeinträchtigung der Gestaltungsfreiheit des Gesetzgebers durch die Nichtigerklärung

Fraglich ist nun einerseits, inwiefern die Gestaltungsfreiheit des Gesetzgebers durch eine Nichtigerklärung in den oben beschriebenen Fällen tatsächlich beeinträchtigt würde und andererseits, ob diese These derart verfassungsrechtlich verankert werden kann, dass sie eine Durchbrechung des Grundsatzes der *ipso iure* Nichtigkeit verfassungswidriger Gesetze rechtfertigt.

Für die Frage, ob in die Gestaltungsfreiheit des Gesetzgebers durch eine Nichtigerklärung eingegriffen würde, ist zunächst zu klären, worin deren Einschränkung genau gesehen wird. Sieht man den Eingriff darin, dass der Gesetzgeber nach der Nichtigerklärung des Gesetzes dieses in technischer Hinsicht nicht mehr einfach verändern, sondern nur noch eine Neuregelung erlassen kann[475], muss dem entgegengehalten werden, dass es wohl keinen wesentlichen Unterschied machen dürfte, ob der Gesetzgeber beispielsweise eine Erweiterung des Adressatenkreises durch eine Änderung der nur für unvereinbar erklärten Regelung erreicht oder nach Nichtigerklärung diese Erweiterung durch eine Neuregelung des nicht mehr vorhandenen Gesetzes(-teiles) umsetzt. Die Nichtigerklärung schränkt den Gesetzgeber diesbezüglich nicht stärker ein als eine etwaige Verfassungswidrigerklärung.[476]

Die Gestaltungsfreiheit des Gesetzgebers ist lediglich bezüglich des gesetzgeberischen Endergebnisses – also inhaltlich – , nicht aber hinsichtlich des gesetzestechnischen Mittels zur Erreichung des von ihm gewünschten Ergebnisses schützenswert. Es muss also gewährleistet sein, dass ihm die Wahlmöglichkeiten hinsichtlich der inhaltlichen Ausgestaltung der Neuregelung bleiben. Dahin gehend bestehen auch keine Bedenken.[477] Der Gesetzgeber könnte in diesen Fällen die für nichtig erklärte Norm genauso wieder erlassen. Er muss dabei nur darauf achten, dass die neu geschaffene Norm der Verfassung entspricht. Insofern besteht nach allgemeiner Ansicht nur ein relatives Normwiederholungsverbot.[478] Das bedeutet, dass die

---

475 So sieht es das BVerfG in seinen Entscheidungen. Für alle anderen: BVerfGE 28, 227 [242f.]; BVerfGE 25, 101 [111].

476 *Maurer*, FS für Weber, S. 345 [353]; *Vogel*, Das BVerfG und die übrigen Verfassungsorgane, S. 232.

477 So auch: *Maurer*, FS für Weber, S. 345 [353].

478 *Heusch*, in: Umbach/Clemens/Dollinger, BVerfGG, Komm., § 31, Rn. 64; *Korioth*, in: Der Staat 30, S. 549 [570]; BVerfGE 77, 84 [103f.]; BVerfGE 96, 260 [263]; BVerfGE 98, 265 [302f.]. Ähnlich: *Klein*, FS 50 Jahre BVerfG, S. 507 [528f.]. Weiterführend hierzu: *Stricker*, DÖV 1995, S. 978 [981].

Legislative nur insoweit durch die Gesetzeskraft der Urteile des Gerichts gemäß § 31 Abs. 2 Satz 1 BVerfGG gebunden ist, als sie die Gründe des Gerichts für die Verfassungswidrigkeit der verworfenen Norm bei einem Neuerlass nicht völlig außer Acht lassen darf.[479] Das ergibt sich daraus, dass der § 31 BVerfGG seiner Qualität nach zum einen nur ein einfaches Gesetz ist und somit die Legislative nicht zu binden vermag, da diese gemäß Art. 20 Abs. 3 GG in erster Linie an die verfassungsmäßige Ordnung gebunden ist.[480] Zum anderen leitet man dies daraus ab, dass die Urteile des Gerichts selbst eben keinen Verfassungsrang besitzen, sondern nur in Gesetzeskraft erwachsen.[481] Somit können die verfassungsgerichtlichen Entscheidungen die Legislative wegen Art. 20 Abs. 3 GG ebenso wenig binden.[482]

Im Hinblick auf die Stellung des Bundesverfassungsgerichts besteht eine Bindungswirkung für den Gesetzgeber also nur insoweit, als dieser bei einer Normwiederholung die Gründe des Bundesverfassungsgerichts für die Verfassungswidrigkeit des Gesetzes zu beachten hat. Dies ergibt sich auch aus der Pflicht des Gesetzgebers zur Verfassungsorgantreue.[483] Im vorliegenden Fall macht es also keinen Unterschied, ob eine Nichtigerklärung oder eine Verfassungswidrigerklärung vorliegt, denn eine absolute Bindungswirkung hinsichtlich des Inhaltes der neuen Gesetzeslage kann das Urteil in keiner Weise entfalten.[484] Eine Einschränkung der Gestaltungsfreiheit des Gesetzgebers durch die Nichtigerklärung ist nicht zu befürchten.

(3) Der Schutz der Gestaltungsfreiheit des Gesetzgebers durch die Nichtigerklärung

Es wird sogar teilweise davon ausgegangen, dass die Gestaltungsfreiheit des Gesetzgebers in dieser Hinsicht durch die Nichtigerklärung besser geschützt würde, weil diese alle Vorgaben wegfallen lasse und somit der Gesetzgeber das Gesetzesrelikt vor einer Neuregelung nicht erst noch beseitigen müsse. Im Übrigen hat der Gesetzgeber nach einer Nichtigerklärung die Wahl, ob er tätig werden will oder nicht, nach einer Unvereinbarerklärung hat er aber eine Handlungspflicht, da die

---

479 *Korioth*, in: Der Staat 30, S. 549 [571].

480 *Schlaich/Korioth*, Das BVerfG, Rn. 483; *Korioth*, in: Der Staat 30, S. 549 [579]; BVerfGE 77, 84 [103f.]. A.A.: *Klein*, FS 50 Jahre BVerfG, S. 507 [528]; *Stricker*, DÖV 1995, S. 978 [981].

481 *Korioth*, in: Der Staat 30, S. 549 [571].

482 Weitere Gründe für ein bloß relatives Normwiederholungsverbot bei *Schlaich/Korioth*, Das BVerfG, Rn. 483f. Ausführlich auch bei *Korioth*, in: Der Staat 30, S. 549 [549ff]. A.A.: *Klein*, FS 50 Jahre BVerfG, S. 507 [528]; *Stricker*, DÖV 1995, S. 978 [981].

483 *Korioth*, in: Der Staat 30, S. 549 [571].

484 *Sachs*, NVwZ 1982, S. 657 [660]. Ähnlich auch: *Korioth*, in: Der Staat 30, S. 549 [571]; *Heusch*, in: Umbach/Clemens/Dollinger, BVerfGG, Komm., § 31, Rn. 64.

verfassungskonforme Lage ja erst noch beseitigt werden muss.[485] Eine Gefährdung der Gestaltungsfreiheit des Gesetzgebers ist also bisher nicht ersichtlich, weshalb deren etwaige Schutzbedürftigkeit keine tragfähige Begründung für das Absehen von der Nichtigerklärung liefern kann.

Zu einem anderen Ergebnis kommt man, wenn man auf den Zeitraum zwischen Nichtig- bzw. Verfassungswidrigerklärung und Neuregelung abstellt, also auf die Zeitspanne, in der der Gesetzgeber noch nicht tätig wird.[486] Erklärt das Gericht die verfassungswidrige Norm für nichtig, entscheidet es zugunsten einer bestimmten der oben genannten Möglichkeiten zur Behebung des Verfassungsverstoßes. Es würde sich dann gegen die Neufassung oder Erweiterung des personellen oder sachlichen Anwendungsbereichs der Vorschrift wenden. Diese Wahlmöglichkeit soll aber allein dem Gesetzgeber vorbehalten sein, woraus gefolgert worden ist, dass das Gericht eine solche Entscheidung gerade nicht treffen darf.

Dagegen kann man einwenden, dass im Falle eines verfassungswidrigen Gesetzes diese Entscheidung für eine bestimmte Art der Abhilfe nicht das Bundesverfassungsgericht trifft, sondern dies schon durch das BVerfGG festgelegt ist. § 78 BVerfGG schreibt für den Fall der Verfassungswidrigkeit eines Gesetzes dessen Nichtigerklärung als Tenorierungsalternative vor. Dieses durch den parlamentarischen Gesetzgeber verfasste Gesetz zwingt das Gericht, die Nichtigerklärung als einziges Mittel zur Lösung des Konfliktes zu ergreifen. Der Gesetzgeber hat sich durch Erlass des BVerfGG in bestimmten Fällen in seiner Gestaltungsfreiheit also selbst eingeschränkt. Das Bundesverfassungsgericht folgt durch die Nichtigerklärung nur dessen Vorgaben.

(4) Die Teilnichtigerklärung als weitere Alternative

Zu bedenken ist aber, dass § 78 BVerfGG auch die Teilnichtigerklärung als Tenorierungsvariante abdeckt, da diese einen Unterfall der Nichtigerklärung darstellt. § 78 BVerfGG bietet dem Gericht also doch mehr als eine Möglichkeit der Auflösung des Konfliktes zwischen einfachem Recht und Verfassung. Es bliebe ihm beispielsweise auch die Beschränkung auf eine quantitative Teilnichtigerklärung. Im Fall eines gleichheitswidrigen Begünstigungsausschlusses, der ausdrücklich die antragstellende Gruppe ausschließt, könnte das Gesetz mit der Begünstigung bestehen bleiben, wenn man nur den Textteil eliminierte, der diese Gruppe zu Unrecht ausschließt.[487] Es bliebe aber auch die Möglichkeit der Nichtigerklärung der ge-

---

485 *Sachs*, NVwZ 1982, S. 657 [660]; *Pohle*, Verfassungswidrigerklärung, S. 166.

486 Laut *Maurer*, FS für Weber, S. 345 [352] müsste die „Gestaltungsfreiheit" hier etwas weiter verstanden werden.

487 *Ipsen*, JZ 1983, S. 41 [41].

samten Begünstigung. Insofern belässt es das BVerfGG doch der Entscheidung des Gerichts, wie es den Konflikt löst.

Die Wahlmöglichkeit zwischen Teil- und Gesamtnichtigerklärung führt dennoch nicht zur Einschränkung der gesetzgeberischen Gestaltungsfreiheit im Falle der Entscheidung für die Nichtigerklärung. Bindungswirkung hat die Entscheidung über die Art der Beseitigung des Verfassungsverstoßes nämlich nur in der Interimszeit, deren Dauer der Gesetzgeber selbst steuern kann. Die Entscheidung des Gerichts wird vom Bundesministerium der Justiz gemäß § 31 Abs. 2 Satz 3 BVerfGG im Bundesgesetzblatt veröffentlicht. Insofern ist gewährleistet, dass der Gesetzgeber von jeder Entscheidung Kenntnis erlangt. Darüber hinaus besteht schon vor dieser offiziellen Veröffentlichung die Möglichkeit der Kenntnisnahme durch Presseerklärungen auch auf der Internethomepage des Bundesverfassungsgerichts[488], so dass der Gesetzgeber zeitnah auf ergangene gerichtliche Entscheidungen reagieren kann. Ist ein solches Urteil offiziell bekannt gemacht, kann der Gesetzgeber zu diesem Zeitpunkt schon seine Entscheidungsfreiheit dergestalt ausnutzen, dass er ein Änderungsgesetz in Kraft setzt, welches ohne große Verzögerung das vorher durch das Bundesverfassungsgericht geänderte oder eliminierte Gesetz ersetzt.[489] Die Interimslage kann also – zumindest theoretisch – durch eine schnelle Reaktion der Legislative verkürzt oder sogar auf Null reduziert werden.

Ob der Gesetzgeber kurz nach Erlass des Gerichtsurteils tätig wird oder längere Zeit wartet, bleibt ihm überlassen. Das Bundesverfassungsgericht begrüßt ein rasches Handeln der Legislative, was sich einerseits aus den immer wieder ausgesprochenen Gesetzgebungsaufträgen mit Fristsetzung, andererseits aber auch aus Äußerungen der Richter ergibt.[490] Entscheidet sich das Bundesverfassungsgericht also für eine der verschiedenen Möglichkeiten, die Verfassungsmäßigkeit der Rechtslage wiederherzustellen, schränkt es den Gesetzgeber nicht ein. Diesem steht es jederzeit frei, die Verfassungsmäßigkeit der Rechtslage auf andere Weise zu gewährleisten.[491]

---

488 http://www.bverfg.de.

489 Da für ihn nur ein relatives Normwiederholungsverbot (*Korioth*, in: Der Staat 30, S. 549 [570f.]) besteht, könnte der Gesetzgeber sogar das gleiche Gesetz – verfassungskonform umgestaltet – nochmals erlassen.

490 So schreibt Bundesverfassungsrichter Steiner in einem Aufsatz (NJW 2001, S. 2919 [2922]) bezogen auf das Bundesverfassungsgericht : „ ... sein Ehrgeiz, mit dem Gesetzgeber zu konkurrieren, ist daher keineswegs ausgeprägt." Bezug genommen wird hier auf das hohe Fehlerrisiko für das Bundesverfassungsgericht bei Erlass von Übergangsregelungen.

491 A.A.: *Maunz* (BayVBl. 1980, S. 513 [517]), der eine Einschränkung des Gesetzgebers durchaus darin sieht, dass nicht absehbar sei, wie lange es dauere, bis ein neues Gesetz

(5) Weitere Bedenken hinsichtlich der Einschränkung des Gesetzgebers

Des Weiteren soll der Gesetzgeber aber nicht nur dahingehend eingeschränkt sein, dass ihm die Entscheidungsfreiheit über die Gesetzlage genommen werde. Es wird sogar befürchtet, dass ihm eine „Rechtslage aufgezwungen" werde, die seinem Willen offensichtlich widerspreche, und zwar die, die nach einer Nichtigerklärung an die Stelle des verfassungswidrigen Rechts tritt.[492] Dies geschehe dadurch, dass mit der Nichtigerklärung das Gesetz rückwirkend auf den Kollisionszeitpunkt mit der Verfassung aus der Rechtsordnung eliminiert werde.[493] Trat die alte Rechtslage durch das verfassungswidrige Gesetz außer Kraft, so kann diese nun wieder aufleben. In diesem Fall tritt der Widerspruch zum gesetzgeberischen Willen offen zutage. Hätte dieser die Weitergeltung der alten Rechtslage gewollt, hätte er das neue Gesetz schließlich nicht erlassen und das vorherige Gesetz so nicht außer Kraft gesetzt.

Dies ließe sich durch eine Unvereinbarerklärung vermeiden. Das Gesetz würde nicht eliminiert. Zwar hat das Bundesverfassungsgericht angemerkt, dass auch in diesen Fällen eine Weiteranwendung des verfassungswidrigen Rechts ausgeschlossen sein solle,[494] jedoch kann die alte Rechtslage jedenfalls nicht aufleben, weil es an der Nichtigkeit des verfassungswidrigen Gesetzes fehlt. Das Gesetz oder die Normen wären in der Rechtsordnung noch vorhanden und nur in ihrer Anwendbarkeit suspendiert. Durch eine Nichtigerklärung ist in diesem Fall tatsächlich eine Gefährdung bzw. ein Eingriff in die gesetzgeberische Gestaltungsfreiheit zu bejahen.

Weiterhin hat es auch gewissermaßen „gestaltende" und weitreichende Wirkung, wenn das Bundesverfassungsgericht die Ausschlussvorschrift für nichtig erklärt, die den Adressatenkreis einschränkt und bestimmte Personengruppen ausschließt. Der vom Gesetzgeber bewusst eingeschränkte Adressatenkreis würde dadurch schließlich ausgedehnt, der Anwendungsbereich der Vorschrift erweitert. Denkt man hierbei beispielsweise an das Sozialhilfe- oder Steuerrecht, kann dies unvorhersehbare Folgen für den Staatshaushalt haben, die das Gericht überhaupt nicht absehen kann und die durch das komplizierte Rechtsschöpfungsverfahren des Parlaments gerade bedacht und geprüft werden sollen. Geht man davon aus, dass es gerade Aufgabe und Zuständigkeit des Gesetzgebers ist, diese Folgenabwägung vorzunehmen, wird dieser in seiner Gestaltungsfreiheit möglicherweise schon

---

verabschiedet werden könne, sei diesbezüglich doch auch das Risiko einer fehlenden Mehrheit im Parlament mit einzuplanen.

492 *Maurer*, FS für Weber, S. 345 [353].

493 *Schneider*, Funktion der Normenkontrolle, S. 143f.

494 BVerfGE 73, 40 [101].

durch die Rechtslage in der Interimszeit nach dem Urteil eingeschränkt, da diese schon sehr weitreichende Folgen haben kann, gerade was die Möglichkeiten der späteren Regelungen betrifft.

(6) Zwischenergebnis

Wird mit der Einschränkung des Gesetzgebers in seiner Gestaltungsfreiheit durch die Nichtigerklärung für die Notwendigkeit einer Unvereinbarerklärung argumentiert, kann dies nur auf die interimistische Rechtslage bezogen sein. Eine Bindungswirkung für den Gesetzgeber hinsichtlich einer Neuregelung der Materie ist nicht ersichtlich, so dass er seine Gestaltungsfreiheit hier uneingeschränkt ausüben kann. Er ist inhaltlich nur insoweit festgelegt, als er die für verfassungswidrig erklärte Rechtslage nicht nochmals in ihrer alten Fassung erlassen darf.[495] In diesem Maß bindet ihn aber auch ein Unvereinbarkeitsausspruch.[496]

Hinsichtlich dieses etwaigen Eingriffs innerhalb der Übergangszeit fehlt dem Gesetzgeber dennoch die Schutzwürdigkeit. Die Dauer dieser Interimszeit steht schließlich zu seiner Disposition. Sobald er tätig wird und die Rechtslage neu regelt, tritt das Übergangsrecht außer Kraft. Ist er mit der vorübergehenden Rechtslage nicht einverstanden und sieht er diese im Widerspruch zu seinen Vorstellungen von der Rechtsordnung, liegt es an ihm, von seiner Änderungsmöglichkeit zeitnah Gebrauch zu machen. In der Übergangszeit darf kein rechtsleerer Raum entstehen, so dass Übergangsrecht in irgendeiner Form bestehen muss. Wird der Gesetzgeber nicht oder spät tätig, ist er nicht schützenswert. Dann ist er es, der den notwendigen Eingriff in seine Gestaltungsfreiheit erst vertieft.

Nicht ganz außer Acht bleiben darf, dass das zeitnahe Tätigwerden des Gesetzgebers nach einer verfassungsgerichtlichen Entscheidung in der Praxis nur in wenigen Ausnahmefällen überhaupt realisierbar ist. Gerade im Hinblick auf die Ausführlichkeit des Gesetzgebungsverfahrens, die Häufigkeit politischer Kontroversen, die zusätzlich für Verspätungen sorgen, und tatsächliche Umstände, wie beispielsweise das Ende einer Legislaturperiode, besteht diese Möglichkeit tatsächlich nur in der Theorie. Außerdem ist nicht zu unterschätzen, dass der Druck, der aus der Bestrebung entsteht, schnellstmöglich zu einer Neuregelung zu gelangen, die Gefahr des Erlasses unbrauchbarer oder fehlerhafter Gesetze birgt. Insgesamt kann ein Eingriff in die Gestaltungsfreiheit des Gesetzgebers durch die Wahl der

495 Sog. nicht absolutes Normwiederholungsverbot, siehe auch: *Korioth*, in: Der Staat 30, S. 549 [570f.].

496 Dafür, dass durch Entscheidungsmodus Unvereinbar- oder Nichtigerklärung der Gestaltungsspielraum des Gesetzgebers überhaupt nicht berührt wird, auch: *Ipsen*, JZ 1983, S. 41 [44].

Nichtigerklärung an Stelle einer Unvereinbarerklärung nach Würdigung aller Aspekte an dieser Stelle also nicht ganz ausgeschlossen werden. Dies gilt vor allem für die Fälle, in denen die alte Rechtslage, die vor dem für nichtig erklärten Gesetz gegolten hat, durch die Nichtigerklärung wieder auflebt. Deshalb könnte man in Einzelfällen auf dieses Argument ein Abweichen von § 78 BVerfGG stützen.

bbb. Die Verankerung in der Verfassung und die anschließende Abwägung

Dieser Aspekt müsste sich aber derart in der Verfassung verankern lassen, dass sich die Vorzugswürdigkeit der Unvereinbarerklärung aus dieser entnehmen lässt. Es wäre dann eine Abwägung mit dem Grundsatz der *ipso iure* Nichtigkeit verfassungswidriger Gesetze vorzunehmen.

Als verfassungsrechtliche Begründung für die Notwendigkeit des Schutzes der gesetzgeberischen Gestaltungsfreiheit käme der Gewaltenteilungsgrundsatz in Betracht. Dieser ist in Art. 20 Abs. 2 Satz 2 GG verankert. Er besagt, dass die Staatsgewalt von den Organen der Exekutive, Judikative und Legislative ausgeübt wird. Die drei Gewalten haben jeweils eigene Aufgaben, die nur sie wahrnehmen dürfen. Für die Legislative ist dies im Wesentlichen die Normsetzung.[497] Teil dieses Grundsatzes ist aber auch der Gedanke der gegenseitigen Kontrolle (*checks and balances*[498]). Hierdurch soll gewährleistet werden, dass jede Gewalt ihre Funktionen bestmöglich wahrnehmen kann, dabei aber auch von den anderen Gewalten kontrolliert und gegebenenfalls zur Zurückhaltung aufgefordert wird.[499] Mit Schaffung des Bundesverfassungsgerichts hat man eine besondere Kontrollinstitution geschaffen.[500] Als Teil der Judikativgewalt kontrolliert es Gesetze, die von der Legislative erlassen wurden. Im Organstreit beurteilt es das Handeln der obersten Bundesorgane, also sowohl der Exekutive, wie auch der Legislative.[501] Im Rahmen

497 *Degenhart*, Staatsrecht I, Rn. 243f.

498 *Herzog* in: Maunz/Dürig u.a., Grundgesetz, Komm., Art. 20, Abschn. V, Rn. 12; *Degenhart*, Staatsrecht I, Rn. 243.

499 *Degenhart*, Staatsrecht I, Rn. 243; *Schulze-Fielitz*, in: Dreier, Komm. zum GG, Art 20R, Rn. 63; *Herzog* in: Maunz/Dürig u.a., Grundgesetz, Komm., Art. 20, Abschn. V, Rn. 9; BVerfGE 9, 268 [279].

500 Für die Kontrollaufgabe des Bundesverfassungsgerichts gegenüber den anderen Organen: *Herzog* in: Maunz/Dürig u.a., Grundgesetz, Komm., Art. 20, Abschn. V, Rn. 49, 73.

501 Nach Art. 93 Abs. 1 Nr. 1 GG entscheidet es in diesem Verfahren „über den Umfang von Rechten und Pflichten eines obersten Bundesorgans oder anderer Beteiligter", die durch das Grundgesetz oder in einer Geschäftsordnung eines obersten Bundesorgans mit eigenen Rechten ausgestattet sind.

der Verfassungsbeschwerde überprüft es jegliches staatliche Handeln, egal welcher Gewalt die handelnde Stelle zuzuordnen ist.[502]

Durch die Normenkontrollen nimmt das Gericht im Besonderen seine kontrollierende Funktion gegenüber der Legislativgewalt wahr. Daraus ergeben sich in gewissen Grenzen aber auch Übergriffsmöglichkeiten in deren Kompetenzbereich, soweit dies für die Wahrnehmung seiner besonderen Kontrollfunktion notwendig ist. Gerade weil dem Gericht aber besonders weitgehende Übergriffsmöglichkeiten zu Lasten der anderen Gewalten eingeräumt sind, ist darauf zu achten, dass von diesen nur sehr restriktiv Gebrauch gemacht wird.

Bedenken sind daher angebracht, wenn die Judikative die Gestaltungsfreiheit des Gesetzgebers mehr als unbedingt nötig beeinträchtigt.[503] Vor allem muss den einzelnen Gewalten ein „Kernbereich autonomer Zuständigkeiten und Wirkungsmöglichkeiten" garantiert bleiben.[504] An diesen Verfassungsgrundsatz, der in Art. 20 Abs. 2 Satz 2 HS 2 GG seine gesetzliche Regelung findet, ist das Bundesverfassungsgericht gebunden, da Art. 1 Abs. 3 GG sowie Art. 97 Abs. 1 GG auch für die Judikative gelten.[505] Somit kann man die Pflicht zur Achtung der Gestaltungsfreiheit des Gesetzgebers aus dem Grundsatz der Gewaltenteilung herleiten.

Ein Eingriff in den Aufgabenbereich der Legislative ist dem Bundesverfassungsgericht dann verwehrt, wenn es entweder seine Funktionen auch ohne Eingriff in den Aufgabenbereich der anderen Gewalt wahrnehmen kann, oder wenn ein Eingriff in den Kernbereich droht.[506]

Die Funktion des Bundesverfassungsgerichts besteht im Wesentlichen im Schutz der Verfassung.[507] Der Kernbereich der anderen Verfassungsorgane ist demgegenüber schwer einzugrenzen.[508] Er soll die den einzelnen Gewalten „von der

---

502 Nach Art. 93 Abs. 1 Nr. 4a GG muss der Antragsteller lediglich rügen, „durch die öffentliche Gewalt" in seinen Grundrechten oder grundrechtsgleichen Rechten verletzt worden zu sein. Das umfasst nach allgemeiner Ansicht Akte aller drei Staatsgewalten. (Für alle: *Sturm*, in: Sachs, Grundgesetz, Komm., Art. 93, Rn. 76.).

503 *Degenhart*, Staatsrecht I, Rn. 253.

504 *Schulze-Fielitz*, in: Dreier, Komm. zum GG, Art. 20R, Rn. 66; *Herzog*, in: Maunz/Dürig u.a., GG, Komm., Art. 20, Abschn. V, Rn. 115; *Bryde*, Verfassungsentwicklung, S. 398.

505 *Höfling*, in: Sachs, Grundgesetz, Komm., Art. 1, Rn. 97; *Sachs*, in: Sachs, GG, Komm., Art. 20, Rn. 119.

506 Für den absoluten Schutz des Kernbereichs: *Herzog*, in: Maunz/Dürig u.a., GG, Komm., Art. 20, Abschn. V, Rn. 115; *Laumen*, Vollstreckungskompetenz nach § 35 BVerfGG, S. 104; BVerfGE 9, 268 [280]; BVerfGE 34, 52 [59].

507 *Degenhart*, Staatsrecht I, Rn. 594.

508 *Herzog*, in: Maunz/Dürig u.a., GG, Komm., Art. 20, Abschn. V, Rn. 115.

Verfassung zugeschriebenen typischen Aufgaben"[509] umfassen. Für die Legislative wird er in der Normsetzung gesehen, da im freiheitlich-demokratischen System des Grundgesetzes nur das Parlament „die demokratische Legitimation zur politischen Leitentscheidung"[510] besitze.[511] Der Kernbereich der Legislative kann aber nicht schon dann berührt sein, wenn irgendein Übergriff in den Bereich der Normgebung vorliegt, da das Bundesverfassungsgericht sonst überhaupt keine Normenkontrollentscheidungen erlassen dürfte. „Eine pauschale Übertragung normsetzender Gewalt" auf die Judikative wäre aber beispielsweise mit dem Prinzip der Gewaltenteilung nicht vereinbar.[512]

Die Einschätzung, ob eine Nichtigerklärung im Gegensatz zur Unvereinbarerklärung den Gesetzgeber schon deshalb in seinem Kernbereich tangiert, weil man durch Elimination einer Norm für eine Übergangszeit altes Recht wieder aufleben lässt, ist nicht einfach. Einen Eingriff in den Kernbereich muss man an dieser Stelle aber wohl verneinen. Dies ergibt sich zum einen daraus, dass die Legislative die Kompetenz zur Nichtigerklärung selbst dem Bundesverfassungsgericht im BVerfGG an die Hand gegeben hat. Die Folge dieser Tenorierung ist außerdem nur das Wiederaufleben eines gesetzgeberischen Werkes, das dem Willen des Gesetzgebers auch einmal entsprochen hat. Und auch auf seine zumindest theoretische Möglichkeit, selbst für eine zeitnahe Neuregelung zu sorgen, wurde bereits hingewiesen.

Im Ergebnis ist festzustellen, dass für die genannte Konstellation der Grundsatz der Gewaltenteilung die Durchbrechung des Grundsatzes von der *ipso iure* Nichtigkeitslehre nicht rechtfertigen kann.[513]

bb. Der Begründungsansatz der Verfassungswidrigkeit der Normenrelation

aaa. Das Argument

Ein weiteres Argument für die Vorzugswürdigkeit der Unvereinbarerklärung ergibt sich aus einer Besonderheit, die aus einem Verstoß gegen den Gleichheitssatz resultiert.[514] Das Charakteristikum dieser Konstellationen liegt darin, dass nicht ein Gesetz oder eine Norm für sich genommen gegen die Verfassung verstoßen, son-

---

509 BVerfGE 34, 52 [59].
510 BVerfGE 34, 52 [59].
511 *Degenhart*, Staatsrecht I, Rn. 244.
512 BVerfGE 34, 52 [60].
513 Im Ergebnis so auch: *Sachs*, NVwZ 1982, S. 657 [661]; *Vogel*, Das BVerfG und die übrigen Verfassungsorgane, S. 233; *Schlaich/Korioth*, Das BVerfG, Rn. 404.
514 *Sachs*, NVwZ 1982, S. 657 [660f.].

dem das Verhältnis zweier Normen zueinander das Problem verursacht.[515] Anders ausgedrückt: Verletzt im Normalfall eine bestimmte Norm oder ein Normteil ein Grundrecht, ergibt sich der Verfassungsverstoß gegen Art. 3 Abs. 1 GG oft erst aus der Relation einer zu einer oder mehreren anderen Normen.[516] Vergleicht man zwei Regelungen, die verschiedene Personengruppen unterschiedlich behandeln, greift das Gebot der Gleichbehandlung nur, weil die eine Regelung *im Vergleich* zur anderen eine Ungleichbehandlung von wesentlich Gleichem nach sich zieht. Für sich genommen sind die beanstandeten Regelungen also nicht gleichheitswidrig.[517] *Maurer* bezeichnet dies als „relative Verfassungswidrigkeit".[518]

Gerade diese nur „relative Verfassungswidrigkeit" kann von der Nichtigerklärung als solche aber nicht beseitigt werden.[519] Ist z.B. eine Personengruppe gleichheitswidrig von einem begünstigenden Tatbestand nicht erfasst, so könnte das Bundesverfassungsgericht diese Regelung für nichtig erklären. Das führte dann aber dazu, dass auch die bisher begünstigten Personengruppen in der Interimszeit zwischen der Nichtigerklärung und einer etwaigen Neuregelung durch den Gesetzgeber von der Regelung endgültig nicht mehr profitieren könnten, andererseits aber auch nicht dazu, dass die benachteiligte Personengruppe den vorher von der Norm gewährten Vorteil in Anspruch nehmen könnte.

Im konkreten Verfassungsbeschwerdeverfahren, das von einer Person initiiert worden ist, die der nicht bzw. weniger begünstigten Personengruppe angehört, könnte der Diskriminierung des Antragstellers durch eine Nichtigerklärung im Ergebnis nicht abgeholfen werden. Dessen Antrag war darauf gerichtet, ebenfalls begünstigt zu werden. Dieses Ziel kann durch eine Nichtigerklärung in den meisten Fallkonstellationen[520] von Verstößen gegen den Gleichheitssatz aber nicht erreicht werden[521]. Es ist gesetzestechnisch[522] bzw. urteilstechnisch[523] nicht möglich, nur

---

515 *Gusy*, Parlamentarischer Gesetzgeber und BVerfG, S. 195. So sieht das inzwischen auch das Bundesverfassungsgericht in der Entscheidung BVerfGE 93, 386 [396], wie auch in der Entscheidung zur Rentenbesteuerung BVerfGE 105, 73 [134f.].

516 *Klein*, in: Benda/Klein, Lehrbuch, Rn. 1269; *Hartmann*, DVBl. 1997, S. 1264 [1268]; *Maurer*, FS für Weber, S. 345 [354]; *Ipsen*, Rechtsfolgen, S. 213; *Sachs*, NVwZ 1982, S. 657 [661]; *Hein*, Unvereinbarerklärung durch das BVerfG, S. 62. A.A.: *Blüggel*, Unvereinbarerklärung, S. 157ff.

517 So auch: *Maurer*, FS für Weber, S. 345 [354].

518 *Maurer*, FS für Weber, S. 345 [354].

519 *Ipsen*, Rechtsfolgen, S. 214; *Maurer*, FS für Weber, S. 345 [354]. Ähnlich auch in der Entscheidung zur Rentenbesteuerung (BVerfGE 105, 73 [134f.]).

520 Als Ausnahme wäre hier der ausdrückliche Begünstigungsausschluss zu nennen, bei dem durch eine Teilnichtigerklärung der Begünstigungsausschluss eliminiert und dem Verfassungsverstoß so in vollem Umfang abgeholfen werden könnte.

521 *Ipsen*, Rechtsfolgen, S. 110; *Sachs*, NVwZ 1982, S. 657 [660].

genau den verfassungswidrigen Teil aus der Rechtsordnung zu eliminieren, da dieser nicht exakt fassbar ist.[524]

In Betracht kommt aber die Nichtigerklärung einer oder beider Normen, auf denen die verfassungswidrige Normenrelation basiert. Würde man beide Normen vernichten, wäre damit auch die verfassungswidrige Relation eliminiert; dieses Ergebnis erreicht man u.U. auch mit der Vernichtung von nur einer der beiden Regelungen. Diese Lösung schießt dann aber weit über das eigentliche Ziel hinaus[525] und greift in die Kernkompetenz der Legislative ein. Das ergibt sich daraus, dass jedes Gesetz für sich genommen nicht im Konflikt mit der Verfassung steht. Nur wenn man diese in Beziehung zueinander setzt, wird der Verstoß gegen Art. 3 Abs. 1 GG sichtbar. Sind die Gesetze aber an sich verfassungskonform, fehlt es dem Bundesverfassungsgericht an der Kompetenz zur Nichtigerklärung. Nur was verfassungswidrig ist, darf für nichtig erklärt werden.[526] Das ergibt sich u.a. als Umkehrschluss aus § 78 BVerfGG und auch aus dem *ipso iure* Grundsatz. § 78 BVerfGG ist im Übrigen auf die Verfassungswidrigkeit der Normenrelation nicht anwendbar.[527] § 78 BVerfGG bezieht sich seinem Wortlaut nach schließlich nur auf die Verfassungswidrigkeit von Normen.

Im Übrigen ergibt sich dieses Ergebnis auch aus dem Gewaltenteilungsgedanken, der dem Gericht die Kontroll- und Verwerfungsbefugnisse hinsichtlich der Produkte der Legislative nur insofern zugesteht, als diese gegen die Verfassung verstoßen. Damit darf es in engen Grenzen in den Aufgabenbereich des Gesetzgebers eingreifen. Weicht es davon ab, indem es die an sich deklaratorische in eine konstitutive Nichtigerklärung wandelt, greift es unerlaubterweise in den Kompetenzbereich des Gesetzgebers ein.[528] Auf die Grenzen der Eingriffsbefugnisse des Bundesverfassungsgerichts ist besonders zu achten, da seine Kontrollbefugnisse in jedem Fall schon einen – wenn auch legitimen – Eingriff in den Bereich der Legislative darstellen, welcher jedoch von seinen Kompetenzen gedeckt ist. Diese dürfen in sehr engen Grenzen ausgeübt werden. Das bedeutet u.a., dass das Bundesverfassungsgericht an einen verfahrenseinleitenden Antrag gebunden ist, jedoch auch,

---

522 *Maurer*, FS für Weber, S. 345 [354]; *Pestalozza*, Verfassungsprozessrecht, § 20, Rn. 114; *Moench*, Gesetz und Normenkontrolle, S. 64; BVerfGE 22, 349 [349, II. Leitsatz].

523 *Stuth*, in: Umbach/Clemens, BVerfGG, Komm., § 78, Rn. 19.

524 *Maurer*, FS für Weber, S. 345 [354].

525 *Hein*, Unvereinbarerklärung durch das BVerfG, S. 103; *Gusy*, Parlamentarischer Gesetzgeber und BVerfG, S. 195.

526 *Gusy*, Parlamentarischer Gesetzgeber und BVerfG, S. 195; *Heun*, FS 50 Jahre BVerfG, S. 615 [635].

527 *Lübbe-Wolff*, Grundrechte, S. 249.

528 In dem Abweichen von § 78 BVerfGG sieht auch *Sachs* (DÖV 1982, S. 23 [23]) ein unzulässiges Übergreifen in den Kompetenzbereich des Gesetzgebers.

dass es nicht die Zweckmäßigkeit eines Gesetzes überprüfen darf, sondern nur seine Verfassungswidrigkeit. Auch infolgedessen darf es, was sich auch aus § 78 BVerfGG ergibt, nur für nichtig erklären, was verfassungswidrig ist. Insofern kommt es also aus Gründen der Gewaltenteilung nicht in Betracht, dass das Bundesverfassungsgericht Gesetze für nichtig erklärt, die nicht verfassungswidrig sind. Genau dies würde es aber tun, wenn es seinen Urteilsspruch nicht auf die verfassungswidrige Normrelation beschränken würde.

bbb. Die Abwägung der kollidierenden Verfassungsgrundsätze

In diesen Fällen kollidieren also der Grundsatz der Gewaltenteilung und der Grundsatz der *ipso iure* Nichtigkeit verfassungswidriger Gesetze. Oben wurde schon dargestellt, dass letzterer an anderen Grundsätzen mit Verfassungsrang seine Grenzen finden kann. In den Fällen der Verfassungswidrigkeit der Normenrelation bei gleichheitswidrigem Begünstigungsausschluss ist aber schon fraglich, ob die Theorie der *ipso iure* Nichtigkeit verfassungswidriger Gesetze überhaupt anwendbar ist.

Ihr wird im Allgemeinen die Nichtigkeit als zwingende Folge verfassungswidriger *Normen* entnommen.[529] Beim gleichheitswidrigen Begünstigungsausschluss entsprechen die Normen für sich genommen aber der Verfassung. Der *ipso iure* Grundsatz ist dementsprechend nicht auf die Regelung der Folgen der verfassungswidrigen Normenrelation zugeschnitten. Er erfasst lediglich die Fälle, in denen sich die Verfassungswidrigkeit aus der Norm an sich ergibt.[530] Dann kann sich für das Bundesverfassungsgericht aber auch keine Verpflichtung zu einer Nichtigerklärung ergeben.[531] Eine Abwägung mit dem Grundsatz der Gewaltenteilung ist demnach entbehrlich.

ccc. Die Lösungsversuche in Fällen der Verfassungswidrigkeit der Normenrelation

Dem BVerfGG ist bezüglich der Tenorierung in diesem Sonderfall keine passende Regelung zu entnehmen.[532] Die §§ 78, 95 BVerfGG beziehen sich ausdrücklich nur auf ein verfassungswidriges *Gesetz*.[533] Was unter dem Begriff zu verstehen ist, wurde bei der Teilnichtigerklärung[534] schon ausführlich erörtert. Die Nichtigerklärung der verfassungswidrigen Normenrelation umfasst diese Vorschrift jedenfalls

529 *Hein*, Unvereinbarerklärung durch das BVerfG, S. 100f.
530 *Hein*, Unvereinbarerklärung durch das BVerfG, S. 103.
531 *Hein*, Unvereinbarerklärung durch das BVerfG, S. 103.
532 *Ipsen*, Rechtsfolgen, S. 214.
533 *Gusy*, Parlamentarischer Gesetzgeber und BVerfG, S. 195; *Lübbe-Wolff*, Grundrechte, S. 249.
534 Vgl. im Ersten Teil unter II A.

nicht. Dies ergibt sich daraus, dass die Verfassungswidrigkeit der Normrelation „ein früher nicht gesehenes rechtliches Dilemma"[535] darstellt. Diese Gesetzeslücke hat der Gesetzgeber als solche inzwischen auch gesehen[536], jedoch nicht beseitigt. Sie ist folglich nicht planwidrig, so dass eine Analogie außer Betracht bleiben muss. Die Verpflichtung zur Nichtigerklärung bei Verfassungswidrigkeit der Normrelation ergibt sich für das Bundesverfassungsgericht also auch nicht aus dem BVerfGG.

Anders sieht das *Sachs*.[537] Dieser bestreitet, dass die Beschränkung der Nichtigerklärung auf die Normenrelation notwendig ist. Er hält an der These fest, dass, wenn aus zwei Normen die Verfassungswidrigkeit resultiere[538], beide für nichtig zu erklären seien.[539] Einschränkend bemerkt er aber, dies könne nur bei gleichzeitigem Erlass der beiden Normen, die zusammen die Verfassungswidrigkeit begründen, gelten. Sind die Normen dagegen zeitlich nacheinander erlassen worden, sei nur die spätere von beiden als Grund für die Verfassungswidrigkeit anzusehen und deshalb nur diese zu eliminieren.[540] Genauer begründet *Sachs* diese Differenzierung allerdings nicht.

Hein sieht den Grund für das Fehlen dieser Begründung darin, dass für die unterschiedliche Behandlung keine tragfähige Erklärung existiere.[541] Er kritisiert weiter, *Sachs* ignoriere, dass der Verfassungsverstoß gerade nicht in einer oder in beiden Normen liege, sondern nur in dem Verhältnis der beiden zueinander. Der Kritik von *Hein* ist zuzustimmen, da die Nichtigerklärung einer oder beider Normen über das Ziel hinausschießen würde und unzulässig ist.[542] *Sachs* verneint, dass lediglich die Normenrelation verfassungswidrig ist. Er führt hierzu aus, die Verfassungswidrigkeit einer der beiden Vorschriften folge „schon daraus, dass sie gleichheitswidri-

535 *Ipsen*, Rechtsfolgen, S. 214.

536 Der Rechtsausschuss hat in seinem Bericht zu dem von der Bundesregierung eingebrachten Entwurf eines Vierten Änderungsgesetzes zum Bundesverfassungsgerichtsgesetz (BT-Drucks. VI/1471, S. 6) den Verzicht auf die Nichtigerklärung zugunsten einer Unvereinbarerklärung ausdrücklich als praktikable Lösung des Gerichts bezeichnet.

537 *Sachs*, DÖV 1982, S. 23ff; *ders.*, DÖV 1984, S. 411ff.; *ders.*, NVwZ 1982, S. 657ff.; *ders.*, FamRZ 1982, S. 981ff.

538 Auch wenn diese beiden nur in Beziehung gesetzt einen verfassungswidrigen Zustand herstellen.

539 *Sachs*, NVwZ 1982, S. 657 [661].

540 *Sachs*, NVwZ 1982, S. 657 [661].

541 *Hein*, Unvereinbarerklärung durch das BVerfG, S. 103.

542 So auch: *Gusy*, Parlamentarischer Gesetzgeber und BVerfG, S. 195. Für die Verfassungsmäßigkeit der Normenrelation und nicht der beiden Normen an sich: *Blüggel*, Unvereinbarerklärung, S. 153.

ge Begünstigungen vorsieht".[543] Er verwendet den Begriff der „Norm" dabei in einem anderen Sinne als der überwiegende Teil der Literatur[544], die lediglich die Normenrelation für verfassungswidrig hält. Nach deren und auch dem hier verwendeten Verständnis trennt *Sachs* nicht genau nach der Ursache für die Verfassungswidrigkeit[545], denn die Relation ergibt sich aus zwei Normen, die sich beispielsweise in einem Gesetz befinden können[546]: Zum einen dem Teil, der begünstigt, und zum anderen dem Teil, der die betreffende Personengruppe nicht einschließt. Außerdem ist nicht einsichtig, wieso gerade die Begünstigung der verfassungswidrige Teil sein soll, liegt es doch näher, den Ausschluss von dieser als grundgesetzwidrig anzusehen.[547] *Sachs'* Kritik kann den oben angestellten Überlegungen also nicht überzeugend gegenübertreten.[548]

ddd. Zwischenergebnis

Schon an dieser Stelle ist festzuhalten, dass sich eine Unvereinbarerklärung für die Fälle des Verstoßes gegen den Gleichheitssatz als einzig mögliche Tenorierungsform ergibt. Grund hierfür ist, dass eine Elimination der verfassungswidrigen Beziehung zweier Normen zueinander allein nicht möglich ist. Was technisch nicht möglich ist, kann auch ein Verfassungsgrundsatz nicht vorschreiben.[549] Auch der *ipso iure* Grundsatz kann in diesen Fällen nicht gelten, da er lediglich für die Folgen verfassungswidriger Normen konzipiert ist. Im BVerfGG ist hierzu ebenfalls eine Regelungslücke in den Tenorierungsvorschriften zu konstatieren. Die Nichtigerklärung beider oder einer der beiden Normen, die die gerügte Verfassungswidrigkeit beseitigen würde, greift zu weit, da mit der Normrelation auch mindestens eine an sich verfassungskonforme Norm eliminiert würde. Dies ist dem Bundesverfassungsgericht im Hinblick auf den Gewaltenteilungsgrundsatz nicht gestattet. Nicht zuletzt ist es durch eine Nichtigerklärung in der genannten Unterfallgruppe nicht möglich, dem verfahrenseinleitenden Antrag im Ergebnis zu entsprechen, obwohl dieser begründet ist.

543 *Sachs*, FamRZ 1982, S. 981 [984]. A.A.: *Gusy* (Parlamentarischer Gesetzgeber und BVerfG, S. 195), der weder die Begünstigung noch die Nichtbegünstigung als solche für verfassungswidrig hält.

544 *Hein*, Unvereinbarerklärung durch das BVerfG, S. 101; *Ipsen*, Rechtsfolgen, S.99.

545 Die eine Norm enthielte die Begünstigung, die andere den Begünstigungsausschluss.

546 *Hein*, Unvereinbarerklärung durch das BVerfG, S. 104. A.A.: *Blüggel*, Unvereinbarerklärung, S. 158.

547 *Hein*, Unvereinbarerklärung durch das BVerfG, S. 104.

548 Auch der Art. 117 Abs. 1 GG ändert an diesem Ergebnis nichts, vertiefend siehe *Hein*, Unvereinbarerklärung durch das BVerfG, S. 104f.

549 Ähnlich: *Blüggel*, Unvereinbarerklärung, S. 153.

Insofern ist die Unvereinbarerklärung in den Fällen des Gleichheitssatzverstoßes, insbesondere denen des gleichheitswidrigen Begünstigungsausschlusses, die einzig zulässige und mögliche Tenorierungsalternative, die die vorhandene Lücke in den Tenorierungsvorschriften entsprechend schließt. Sie bewirkt nicht die Nichtigkeit der Normenrelation, sondern hat lediglich Suspensivwirkung.[550] Die betroffenen Normen sind für die Zeit bis zu einem Tätigwerden des Gesetzgebers vorübergehend nicht mehr anwendbar. Insofern entsteht ein Schwebezustand.[551]

cc. Das Argument des „Folgenmanagements"

Hinsichtlich der Untergruppe des willkürlichen Begünstigungsausschlusses, aber auch für andere Fälle von Gleichheitsverstößen, spricht noch ein weiteres Argument für die Unvereinbarerklärung. In den Fällen, in denen Verfahrensgegenstand Sozial- oder Steuergesetze sind, kann eine Nichtigerklärung unmittelbare Auswirkungen auf den Bundes- oder einen anderen öffentlichen Haushalt haben. Das Bundesverfassungsgericht sollte in solchen Verfahren dann auf eine Nichtigerklärung verzichten, wenn durch seine Entscheidung andernfalls unmittelbar budgetwirksame Folgen zu befürchten wären.[552] Das Bundesverfassungsgericht fasst die Reaktion in solchen Fällen unter dem Stichwort „Folgenmanagement" zusammen.[553] Die Stabilität öffentlicher Finanzen darf durch die Entscheidungen des Gerichts nicht gefährdet werden. Eine solche Gefährdung kann aber insbesondere in Fällen des willkürlichen Begünstigungsausschlusses dann zu befürchten sein, wenn das Bundesverfassungsgericht z.B. einen expliziten Ausschluss von einer Sozialleistung oder von einer Steuerbegünstigung für nichtig erklärte.[554] Auch die Nichtigerklärung einer Norm, die einen Steuertatbestand festschreibt, hätte die gleiche Wirkung. Gegebenenfalls könnte eine Nichtigerklärung solche Folgen für den Staatshaushalt nach sich ziehen, dass die Handlungsfähigkeit des Staates gefährdet sein könnte. Um der Gefährdung des Staatshaushaltes im Allgemeinen vorzubeugen, existieren in der Verfassung ausführliche Vorschriften beispielsweise für die Erstellung eines Haushaltsplanes[555] oder den Umgang mit unplanmäßigen bzw. außerplanmäßigen Ausgaben[556]. In Art. 113 Abs. 1 Satz 1 und 2 GG ist außerdem geregelt, dass Gesetze, die Mehrausgaben verursachen, der Zustimmung

---

550 Im Ergebnis so auch: *Schlaich/Korioth*, Das BVerfG, Rn. 403.

551 *Wernsmann*, Das gleichheitswidrige Steuergesetz, S. 219.

552 Dies ist vor allem in Entscheidungen zu gleichheitswidrigen Steuergesetzen der Fall, beispielsweise in der Entscheidung zur Rentenbesteuerung BVerfGE 105, 73 [134f.].

553 So formuliert es der amtierende Bundesverfassungsrichter Steiner in seinem Aufsatz in NJW 2001, S. 2919 [2922].

554 Alle noch nicht bestands- bzw. rechtskräftigen Entscheidungen müssten dann entsprechend geändert werden.

555 Art. 110 GG.

556 Art. 112 GG.

der Bundesregierung bedürfen. Bedenkt man, dass die Entscheidungen des Bundesverfassungsgerichts gemäß § 31 Abs. 2 Satz 1 und 2 BVerfGG mit Gesetzeskraft ausgestattet sind, stellt sich die Frage, inwiefern solche budgetwirksamen Entscheidungen an Art. 113 Abs. 1 GG scheitern müssen, wenn sie die darin geregelten Folgen nach sich ziehen. Art. 113 Abs. 1 GG regelt die Beziehung zwischen Exekutive und Legislative und bezieht sich nur auf Parlamentsgesetze.[557] Außerdem sind die Entscheidungen des Bundesverfassungsgerichts zwar mit Gesetzeskraft ausgestattet, haben aber dennoch nicht die Qualität eines Gesetzes.[558]

Betrachtet man den Zweck der Vorschrift, zeigt sich dennoch die Vergleichbarkeit der Wirkungen von mit Gesetzeskraft versehenen verfassungsgerichtlichen Entscheidungen und Parlamentsgesetzen. Mit dem Erlass des Art. 113 Abs. 1 GG sollte ein zentrales Problem der staatlichen Finanzwirtschaft bewältigt werden, und zwar das des ungezügelten Wachstums staatlicher Ausgaben.[559] Selbst wenn der Art. 113 Abs. 1 GG also an sich nicht anwendbar ist, so ist doch zumindest der in ihm verkörperte Grundgedanke beachtlich.

Da eine Gefährdung des Staatshaushaltes vermieden werden muss, sind auch gerade nur die Legislative und ihr Haushaltsausschuss mit dem vorgeschriebenen Gesetzgebungsverfahren für derlei Entscheidungen beauftragt. Dem Gesetzgeber steht auch die Etathoheit u.a. in Form des parlamentarischen Budgetrechts zu.[560] Dieses Recht ist Teil der legislativen Kernzuständigkeiten. Das Bundesverfassungsgericht besitzt dagegen weder ein derartiges Verfahren mit entsprechenden Kontrollmechanismen für den Erlass solcher budgetwirksamen Maßnahmen noch den Verwaltungsunterbau für derart weitreichende Entscheidungen. In einem Erst-Recht-Schluss (*argumentum a maiore ad minus*) kommt man zu dem Ergebnis, dass, sind schon budgetwirksame Parlamentsgesetze zustimmungsbedürftig, dies erst recht für die Entscheidungen des Bundesverfassungsgerichts gelten muss, wenn diese sich unmittelbar auf den Haushalt auswirken. Da das Bundesverfassungsgericht weder das Haushaltsrecht besitzt, noch sein Verfahren dafür ausgelegt ist, den Bundeshaushalt zu beeinflussen und Auswirkungen auf ihn abzuschätzen, ist

---

557 *Siekmann*, in: Sachs, Grundgesetz, Komm., Art. 113, Rn. 1.

558 Zur Vergleichbarkeit von Gesetzen und mit Gesetzeskraft ausgestatteten Bundesverfassungsgerichtsentscheidungen wurde oben schon festgestellt, dass die Entscheidungen des Bundesverfassungsgerichts zwar nach § 31 Abs. 2 Satz 1, 2 BVerfGG in Gesetzeskraft erwachsen, dadurch aber noch nicht die Qualität eines Gesetzes erlangen. Vielmehr sind sie nur gesetzesähnlich und bleiben Urteile. (*Bethge*, in: Maunz/Schmidt-Bleibtreu/Klein u.a., BVerfGG, Komm., § 31, Rn. 122).

559 *Siekmann*, in: Sachs, Grundgesetz, Komm., Art. 113, Rn. 3.

560 *Siekmann*, in: Sachs, Grundgesetz, Komm., Art. 110, Rn. 12.

es in solchen Fällen, in denen unmittelbare[561], nicht verkraftbare Auswirkungen für die Staatsfinanzen drohen, angebracht und geboten, ganz von der Nichtigerklärung abzusehen.[562] Mit einer Unvereinbarerklärung verhindert man das Außerkrafttreten solcher Normen und überlässt die Beseitigung und Neuregelung insgesamt dem dafür zuständigen Gesetzgeber, was dem Grundgedanken des Art. 113 Abs. 1 GG gerecht wird.

b. Das defizitäre, aber nachbesserungsfähige Gesetz

Den Entscheidungen, die dieser Untergruppe angehören, ist gemein, dass die Anwendung der Unvereinbarerklärung aus Gründen der Schonung der Gestaltungsfreiheit des Gesetzgebers über die Untergruppe des gleichheitswidrigen Begünstigungsausschlusses hinaus auf sonstige Gleichheitssatzverstöße und Verletzungen der Freiheitsrechte ausgedehnt wird. Charakteristisch für sie ist, dass das Bundesverfassungsgericht dann zum Mittel der Unvereinbarerklärung greift, wenn das beanstandete Gesetz zum einen „in spezifischer Weise Verfassungsrecht"[563] verletzt, außerdem nachbesserungsfähig ist und drittens mehrere Möglichkeiten zur Beseitigung dieses Verfassungsverstoßes bestehen.[564]

aa. Die Voraussetzungen für das Vorliegen eines defizitären, aber nachbesserungsfähigen Gesetzes

Ein für unvereinbar zu erklärendes Gesetz ist defizitär, wenn ein quantitatives oder qualitatives Regelungsdefizit vorliegt.[565]

Ein *quantitatives Regelungsdefizit* liegt beispielsweise dann vor, wenn einem Verbotsgesetz eine Ausnahme fehlt, diese jedoch verfassungsrechtlich geboten ist.[566] Dem Gesetz fehlt ein bestimmter Regelungsteil, zum Beispiel ein Erlaubnistatbe-

---

561 Sicherlich haben viele Entscheidungen des Bundesverfassungsgerichts mittelbare Auswirkungen auf den Staatshaushalt. Unmittelbare Wirkungen liegen dagegen beispielsweise dann vor, wenn das Bundesverfassungsgericht einen steuerlichen Tatbestand für nichtig erklärt und alle noch anhängigen Einsprüche und Gerichtsverfahren entsprechend entschieden werden müssen. Das Urteil müsste nicht nur bei zukünftigen Veranlagungen Berücksichtigung finden, sondern würde im steuerlichen Massenverfahren zurückwirken. Diese Auswirkungen könnten im Gegensatz zu den mittelbaren Folgen des Urteils, die für die Zukunft auftreten, bei der Haushaltsplanung auf keinen Fall mehr ausreichend berücksichtigt werden und beeinflussen diese insofern unmittelbar und unvermeidbar.

562 *Wernsmann*, Das gleichheitswidrige Steuergesetz, S. 209.

563 *Blüggel*, Unvereinbarerklärung, S. 58.

564 *Blüggel*, Unvereinbarerklärung, S. 58f.

565 *Blüggel*, Unvereinbarerklärung, S 58.

566 Ähnlich: *Blüggel*, Unvereinbarerklärung, S. 50ff.

stand[567], und es greift somit inhaltlich zu kurz.[568] In einer konkreten Normenkontrolle gegen Teile des Gesetzes über das gerichtliche Verfahren in Landwirtschaftssachen und des rheinland-pfälzischen Landesgesetzes über die Berufung der landwirtschaftlichen Beisitzer (GBlG) lag das Regelungsdefizit beispielsweise in dem Fehlen einer Einschränkung.[569] So sah es das Gericht als verfassungswidrig an, dass Vorstandsmitglieder der Landwirtschaftskammern an der Rechtsprechung der Landwirtschaftsgerichte erster Instanz beteiligt wurden. § 2 GBlG schloss „die verfassungswidrige Tätigkeit von Vorstandsmitgliedern der Landwirtschaftskammer als landwirtschaftliche Beisitzer nicht aus".[570] Insofern hatte das Gesetz also ein Regelungsdefizit.

Bei einem *qualitativen Regelungsdefizit* dagegen fehlt es dem Gesetz an einer Differenzierung. Der Gesetzgeber hat in diesen Fällen also das Gebot der Ungleichbehandlung[571] missachtet, weil er eine Regelung zu „generell"[572] getroffen hat und so Ungleiches gleich behandelt hat.[573] Der Anwendungsbereich der Norm ist dann zu grob definiert.[574] Beispiele hierfür sind BVerfGE 34, 71 und BVerfGE 81, 242, aber auch die sog. Pflichtexemplarentscheidung[575], bei denen das Bundesverfassungsgericht die beanstandeten Normen wegen mangelnder Differenzierung für unvereinbar mit dem Grundgesetz erklärt hat.[576]

Nachbesserungsfähig ist ein defizitäres Gesetz, wenn der Verfassungsverstoß durch Ergänzung oder Änderung der Norm geheilt werden kann. Ist dies nicht der Fall, ist die betreffende Vorschrift von vorne herein zu eliminieren und es kommt nur eine Nichtigerklärung in Betracht.[577]

---

567 BVerfGE 75, 284 [284].

568 *Blüggel*, Unvereinbarerklärung, S. 55.

569 BVerfGE 54, 159ff.

570 BVerfGE 54, 159 [172].

571 Weiterführend zum Gebot der Ungleichbehandlung: *Alexy*, Theorie der Grundrechte, S. 371ff.

572 BVerfGE 81, 242 [261].

573 *Blüggel*, Unvereinbarerklärung, S. 49; *Alexy*, Theorie der Grundrechte, S. 371ff.

574 *Blüggel*, Unvereinbarerklärung, S. 55.

575 BVerfGE 58, 137.

576 BVerfGE 34, 71 [71, 79]; BVerfGE 81, 242 [243, 261].

577 *Blüggel*, Unvereinbarerklärung, S. 46. Ähnlich sieht dies auch das Bundesverfassungsgericht, das die Nachbesserungsbedürftigkeit und somit auch -fähigkeit für die beanstandeten Regelungen in BVerfGE 87, 114 [151] ausdrücklich feststellte; in BVerfGE 65, 325 [357f.] stellt es fest, dass mehrere Möglichkeiten zur Beseitigung der Verfassungswidrigkeit bleiben müssen, was hier aber nicht der Fall sei, da nur die Möglichkeit bestünde, die beanstandeten Vorschriften „vollständig neu und so zu fassen, daß sie den verfassungsmäßigen Anforderungen genügen."

Als dritte Voraussetzung wird, wie es auch beim gleichheitswidrigen Begünstigungsausschluss der Fall ist, gefordert, dass für die Behebung der Kollision der beanstandeten Norm mit der Verfassung verschiedene Möglichkeiten zur Verfügung stehen müssen. Diese können einmal die völlige Neuregelung des Gesetzes, aber auch die verschiedenen Möglichkeiten der Nachbesserung sein. Bestehen diese Möglichkeiten, will das Bundesverfassungsgericht die Wahl dem Gesetzgeber überlassen.[578]

bb. Das Argument der Gestaltungsfreiheit des Gesetzgebers

Warum und in welcher Weise das Gericht meint, die Gestaltungsfreiheit des Gesetzgebers schützen zu müssen, wurde schon für die Fälle des gleichheitswidrigen Begünstigungsausschlusses aufgezeigt.[579] Es wurde dort jedoch auch festgestellt, dass die Ge-staltungsfreiheit des Gesetzgebers hinsichtlich einer Neuregelung durch eine vorherige Nichtigerklärung nicht mehr eingeschränkt wird als durch eine Unvereinbarerklärung. Die Gestaltungsfreiheit kann nur in inhaltlicher Hinsicht geschützt sein; nicht schützenswert ist die freie Wahl der Mittel[580] des Gesetzgebers. Ob er nun einen vom Bundesverfassungsgericht nur für unvereinbar erklärten „Gesetzesrest“ durch Nachbesserung mit der Verfassung in Einklang bringt, oder dieses Gesetz eliminiert und deswegen in nachgebesserter Form neu erlassen muss[581], hat inhaltlich die gleichen Auswirkungen.

Ein Eingriff in die Kernbefugnisse der Legislative kann nicht schon deswegen bejaht werden, weil ihr die Möglichkeit zur bloßen Nachbesserung durch ein Änderungsgesetz genommen wird und mangels Existenz eines Änderungsgegenstandes eine Neuregelung erlassen werden muss. Insofern kann der Schutz der Gestaltungsfreiheit des Gesetzgebers hinsichtlich der Anpassung des beanstandeten Gesetzes an die Verfassung ein Abweichen vom Grundsatz der *ipso iure* Nichtigkeit verfassungswidriger Gesetze nicht rechtfertigen, da diese Gestaltungsfreiheit im Hinblick auf die Möglichkeiten der Neuregelung durch eine Nichtigerklärung nicht tangiert ist.

---

578 *Blüggel*, Unvereinbarerklärung, S. 59.

579 Siehe hierzu im Ersten Teil unter IV E 1 a aa.

580 „Wahl der Mittel“ des Gesetzgebers soll hier bedeuten, seine Entscheidung, ein Gesetz mit anderem Inhalt völlig neu zu erlassen oder das nach der Entscheidung des Gerichts noch bestehende Gesetz nur inhaltlich zu ändern.

581 Dem steht, wie oben schon ausführlich dargestellt, auch nicht das Normwiederholungsverbot entgegen, da dieses gegenüber dem Gesetzgeber nicht absolut gilt und dieser somit nur die Gründe des Gerichts für die Verfassungswidrigkeit zu beachten hat, sonst aber das Gesetz an die Verfassung angepasst genauso erlassen kann, wie es vor der Nichtigerklärung in der Rechtsordnung enthalten war. (So vor allem: *Rennert*, in: Umbach/Clemens, BVerfGG, Komm., § 31, Rn, 67; *Korioth*, in: Der Staat 30, S. 549 [549ff.]).

Auch für den Zeitraum zwischen dem Urteil des Bundesverfassungsgerichts und dem Tätigwerden des Gesetzgebers kann man nicht zu einem anderen Ergebnis kommen. Nach einer Nichtigerklärung kann die alte Gesetzeslage wieder aufleben. Dies könnte möglicherweise die Gestaltungsfreiheit und den Willen des Gesetzgebers tangieren. Hierzu wurde aber auch schon erläutert, dass es dem Gesetzgeber frei steht, wann er diese Interimsrechtslage durch eine Neuregelung ersetzt. Insofern kann er – sollte ihn die vorübergehende Regelung stören – dieser aus eigener Kraft abhelfen und ist hinsichtlich einer Neuregelung inhaltlich – außer an die Verfassung – nicht gebunden.

Wird ein Gesetz für nichtig erklärt, tangiert dies also nicht den Gewaltenteilungsgrundsatz, da das Bundesverfassungsgericht nicht in den Kernbereich der Legislative eingreift, und das Argument des Schutzes der Gestaltungsfreiheit des Gesetzgebers kann den *ipso iure* Nichtigkeitsgrundsatz nicht durchbrechen, da diese nicht gefährdet ist.

cc. Die Beschränkung der Verfassungswidrigkeit auf die Normenrelation

Im Hinblick auf den willkürlichen Begünstigungsausschluss konnte man die Unvereinbarerklärung noch mit dem Argument rechtfertigen, eine Nichtigerklärung müsse in diesen Fällen deswegen ausscheiden, weil nicht das Gesetz oder ein Teil eines Gesetzes für sich genommen gegen die Verfassung verstößt, sondern lediglich die Normenrelation, die durch eine Nichtigerklärung aber nicht punktgenau beseitigt werden könne.

Das kann für die defizitären Gesetze im Allgemeinen nicht gelten. Die Verankerung des Verfassungsverstoßes in der Normrelation ist eine Besonderheit der Fälle des gleichheitswidrigen Begünstigungsausschlusses. Liegt ein nachbesserungsfähiges, defizitäres Gesetz vor, sind diese Normen an sich verfassungswidrig und zwar ohne dass sie erst in Relation zu einer anderen Regelung gesetzt werden müssten. Hieraus entsteht in der genannten Unterfallgruppe also keine Notwendigkeit für eine Unvereinbarerklärung.

dd. Die Nachbesserungsfähigkeit als zwingendes Argument

Denkbar ist, dass sich aus der Nachbesserungsfähigkeit des Gesetzes eine Pflicht für das Bundesverfassungsgericht ergibt, das Gesetz bestehen zu lassen und nur in seiner Anwendbarkeit zu suspendieren, damit der Gesetzgeber von der Möglichkeit der Nachbesserung auch noch Gebrauch machen kann.

Erklärt das Bundesverfassungsgericht ein Gesetz für nichtig, ist dieses nicht mehr in der Rechtsordnung vorhanden. Es ist vollständig eliminiert. Im Gegensatz dazu hätte die Feststellung der Unvereinbarkeit des Gesetzes mit der Verfassung lediglich eine Anwendungssperre zur Folge. Die Normen blieben in der Rechtsordnung vorhanden. Der Gesetzgeber fände nach Ergehen des Urteils eine Materie vor, die in der Rechtsordnung nur verbessert und „reaktiviert" werden müsste. Dies könnte er dadurch erreichen, dass er deren Defizit durch eine weitergehende Regelung so ergänzt, dass das Gesetz, weil dann verfassungsgemäß, weitergelten könnte. Er müsste also nicht das komplette Gesetz oder den Gesetzesteil, der eliminiert worden ist, völlig neu erlassen und erst so wieder zum Teil der Rechtsordnung machen.

Für eine Pflicht zum Absehen von der Nichtigerklärung in diesen Fällen spricht, dass das Bundesverfassungsgericht darauf achten muss, das Werk des Gesetzgebers möglichst weitgehend zu schonen. Dies ist dem Grundsatz der Gewaltenteilung zu entnehmen. Die Prüfungskompetenz des Bundesverfassungsgerichts stellt an sich ja schon einen Eingriff in den Aufgabenbereich der Legislative dar. Dieser ist im Hinblick auf die gegenseitige Kontrollbefugnis gerechtfertigt. Der Gewaltenteilungsgrundsatz schreibt nicht nur die Trennung der Gewalten vor, sondern auch deren gegenseitige Kontrolle. Trotzdem stehen diese beiden Seiten des Gewaltenteilungsprinzips so im Spannungsverhältnis zueinander, dass die Kontrolle durch das Bundesverfassungsgericht zurückhaltend ausgeübt werden muss. Das Gericht muss seine Kontrolle und die darauffolgenden Eingriffe in die Kompetenzen der Legislative nach dem Grundsatz des *judicial self-restraint* auf ein Mindestmaß beschränken.

Diese Zurückhaltung ist aber nur dann geboten, wenn das Gericht in den Kernbereich der anderen Gewalt eingriffe. Dieser ist bei der Legislative unbestritten deren Gesetzgebungstätigkeit. Das sagt aber noch nichts darüber aus, wann dieser berührt oder eingeschränkt ist. Jedenfalls kann auf die schon[582] angeführten Argumente verwiesen und hier nochmals festgestellt werden, dass es nicht ausreicht, wenn der Gesetzgeber in seinen gesetzgebungstechnischen Mitteln[583] eingeschränkt wird. Ein eliminiertes Gesetz ist zwar nicht mehr in der Rechtsordnung existent, durchaus aber noch als Basis in Form eines Entwurfes hinsichtlich der verfassungskonformen Teile für eine Korrektur vorhanden. Unter Umständen erfolgt in den Fällen dann ja auch nur eine Teilnichtigerklärung. Der Unterschied liegt allein darin, dass bei einer Nichtigerklärung das Gesetz nicht einfach durch Erlass eines korrigierenden Änderungsgesetzes reaktiviert werden kann, sondern das korrigierte Gesetz insoweit neu erlassen werden muss, als es für nichtig erklärt

582 Vgl. hierzu im Ersten Teil unter IV E 1 a aa bbb.

583 Gesetzgebungstechnische Mittel sind einerseits der Erlass eines Änderungsgesetzes, das die bestehende Rechtslage verändert, andererseits der Neuerlass eines Gesetzes nach Elimination des alten Gesetzes.

worden ist.[584] Im Falle einer Unvereinbarerklärung könnte die Herstellung der verfassungskonformen Rechtslage im Anschluss an das Urteil durch ein Änderungsgesetz geschehen. Der Neuerlass auch des gesamten Gesetzes ist dem Gesetzgeber aber durchaus zumutbar und es macht keinen solchen Unterschied, dass ein Eingriff in den Kernbereich seiner Tätigkeit zu befürchten wäre. Eine materielle Einschränkung findet weder durch die eine noch durch die andere Tenorierungsvariante statt. Die Nachbesserungsfähigkeit eines Gesetzes zieht also keine Verpflichtung für das Bundesverfassungsgericht in der Art nach sich, dass es das vermeintlich mildere Mittel zur Behebung des Verfassungsverstoßes nutzen und die Unvereinbarerklärung der Nichtigerklärung vorziehen müsste.

Im Falle der Verfassungswidrigkeit eines nachbesserungsfähigen, defizitären Gesetzes ergibt sich die Unvereinbarerklärung nicht aus einer Beeinträchtigung der zu schützenden Gestaltungsfreiheit des Gesetzgebers und auch nicht aus anderen Gründen. In solchen Fällen ist an der Nichtigerklärung festzuhalten, da kein Verfassungsprinzip existiert, das den *ipso iure* Grundsatz in seiner grundsätzlichen Geltung einschränken könnte.

2. Die Unmöglichkeit der Wiederherstellung des verfassungsmäßigen Zustandes

Die zweite große Fallgruppe umfasst die Fälle, in denen die Kassation der Norm zwar die Verfassungswidrigkeit der konkreten Rechtslage entfallen ließe, jedoch die Rechtslage in anderer Hinsicht verfassungswidrig würde oder bliebe. Hier ist wiederum in Unterfallgruppen zu differenzieren.

a. Der Regelungsauftrag durch das Grundgesetz

In einigen Fällen des gleichheitswidrigen Begünstigungsausschlusses kann sich das Gericht neben den schon dargestellten Gründen auch deswegen nicht der Nichtigerklärung bedienen, weil kein Gegenstand vorhanden ist, der eliminiert werden könnte.[585] Allerdings ist für diese Argumentation in Bezug auf den gleichheitswidrigen Begünstigungsausschluss nur eine Entscheidung in der Literatur ausgewie-

---

584 Aus dem relativen Normwiederholungsverbot ergibt sich, dass der Gesetzgeber nicht genau das gleiche Gesetz nochmals erlassen darf, sondern zumindest den Gründen für den Befund des Bundesverfassungsgerichts, dass das Gesetz verfassungswidrig sei, Rechnung zu tragen hat. Deswegen muss es das Gesetz, soweit nichtig, in verfassungskonformer Weise korrigieren, kann es aber im Übrigen so erlassen, wie es vor seiner rechtskräftigen Elimination aus der Rechtsordnung bestanden hat. (So auch: *Koriath*, in: Der Staat 30, S. 549 [570f.]; BVerfGE 77, 84 [103f.].

585 *Ipsen*, Rechtsfolgen, S. 214; *Hartmann*, DVBl. 1997, S. 1264 [1269].

sen.[586] Sie wird oft neben der Fallgruppe des gleichheitswidrigen Begünstigungsausschlusses behandelt und soll an dieser Stelle näher erläutert werden.

In dem angesprochenen Fall handelte es sich um einen „zeitlichen" Begünstigungsausschluss. War für die eine Personengruppe eine Wiedergutmachung für nationalsozialistisches Unrecht schon ab 1951 vorgesehen, lag der Zahlungsbeginn für die andere Personengruppe erst im Jahr 1961, ohne dass für die Ungleichbehandlung ein sachlicher Grund ersichtlich gewesen wäre.[587] Da das Gesetz für beide Gruppen eine Begünstigung enthält und die eine nur in größerem Maße davon profitiert als die andere, würde die Nichtigerklärung dazu führen, dass auch die weniger begünstigten Kläger nicht nur nicht besser, sondern sogar schlechter stünden als vorher, denn die Nichtigerklärung könnte nur beide Begünstigungen außer Kraft setzen. Keine der beiden Gruppen wäre danach noch begünstigt.

Entscheidend ist im vorliegenden Fall außerdem, dass ein Regelungsauftrag für die Schaffung dieser Begünstigung aus der Verfassung bestand und deshalb durch keine Art der (Teil-) Nichtigerklärung eine verfassungsmäßige Lage hergestellt werden konnte. Erklärte man das gesamte Gesetz für nichtig, wäre zwar dem Gleichheitssatz Genüge getan; der Regelungsauftrag aus der Verfassung wäre aber noch weniger erfüllt als er dies durch die beanstandete Regelung war. Man würde durch eine Teilnichtigerklärung den Verfassungsverstoß also nicht nur nicht beheben, sondern in anderer Hinsicht sogar vertiefen. Das Bundesverfassungsgericht erklärte hierzu, es sei „nicht möglich, eine Norm insoweit für nichtig zu erklären, als sie etwas ... nicht anordnet."[588]

Eine Nichtigerklärung würde also einen noch verfassungsferneren Zustand nach sich ziehen als den durch das beanstandete Gesetz bestehenden. An die Stelle einer zu geringen Begünstigung träte das völlige Fehlen der verfassungsmäßig gebotenen Begünstigung. In einem solchen Fall muss von der Nichtigerklärung abgesehen werden.

Dies ergibt sich schon aus der Bindung des Bundesverfassungsgerichts an Recht und Gesetz gemäß Art. 1 Abs. 3, 20 Abs. 3 GG, vor allem an die Verfassung mit ihren Grundrechten.[589] Würde bei Beachtung des Grundsatzes der *ipso iure* Nichtigkeit verfassungswidriger Gesetze ein Verfassungsverstoß durch eine Nichtigerklärung statt behoben vertieft, würde das Bundesverfassungsgericht zwar keinen

---

586 *Blüggel*, Unvereinbarerklärung, S. 38 mit Verweis auf BVerfGE 18, 288.
587 BVerfGE 18, 288 [292ff.]
588 BVerfGE 18, 288 [301].
589 *Dreier*, in: ders., Komm. zum GG, Art. 1 III, Rn. 77; *Schulze-Fielitz*, in: Dreier, Komm. zum GG, Art. 20 R, Rn. 92ff.

neuen Verfassungsverstoß hervorrufen. Es würde aber den alten verschlimmern, was einem originären Verfassungsverstoß gleichkäme. Im Hinblick auf seine Verfassungsbindung ist es dem Gericht auch verwehrt, eine Entscheidung zu treffen, die ihrem Ergebnis nach der Verfassung in anderer Weise zuwider liefe als die Rechtslage vor der Entscheidung.

Für das Verfahren der Verfassungsbeschwerde und teilweise auch für das der konkreten Normenkontrolle begründet sich das Absehen von der Nichtigerklärung auch noch durch das Gebot des effektiven Rechtsschutzes. Dieses ist Ausfluss des Grundsatzes der Rechtsstaatlichkeit[590] und darüber hinaus eigens in Art. 19 Abs. 4 GG verankert.[591] Die Rechtsschutzgarantie garantiert jedem, der durch die öffentliche Gewalt des Staates in seinen Rechten beeinträchtigt wird, Rechtsschutz vor unabhängigen Gerichten.[592] Wer Verfassungsbeschwerde einlegt, macht geltend, durch die öffentliche Gewalt in seinen Grundrechten oder grundrechtsgleichen Rechten verletzt zu sein,[593] nimmt also genau diesen Anspruch auf Rechtsschutz wahr. Gerade dieses Verfahren ist in besonderem Maße Ausdruck der allgemeinen Rechtsweggarantie nach Art. 19 Abs. 4 GG, geht über diesen jedoch noch hinaus.[594] Bei der konkreten Normenkontrolle ist die Rechtsweggarantie mittelbar ebenfalls betroffen. Der Kläger des Ausgangsverfahrens kann nur effektiven Rechtsschutz erlangen, wenn im Normenkontrollverfahren – sollten die Bedenken des Richters zutreffen – auch im Ergebnis dem richterlichen Antrag entsprochen wird. Ist dieser begründet und wird ihm dennoch nicht entsprochen, weil die Nichtigerklärung als Mittel ein solches Ergebnis nicht herzustellen vermag, ist auch bei der konkreten Normenkontrolle mittelbar eine Beeinträchtigung des effektiven Rechtsschutzes zu befürchten. Um diesen zu gewährleisten muss es eine Entscheidungsvariante geben, die zumindest theoretisch zu dem vom Kläger angestrebten Ergebnis, das der Verfassung entspräche, führen kann. Im Ausgangsverfahren strebt er eine Gerichtsentscheidung an, die jedenfalls nicht auf einem verfassungswidrigen Gesetz beruhen darf. Durch eine Unvereinbarerklärung wäre der ursprüngliche, verfassungswidrige Zustand in seiner Anwendbarkeit suspendiert. Die verfassungswidrige Norm könnte zugunsten einer verfassungsmäßigen Rechtslage vom Gericht nicht endgültig beseitigt werden. Folge der Unvereinbarerklärung wäre aber eine Aussetzung der anhängigen (Ausgangs-) Verfahren, so dass dann weiterhin gewährleistet wäre, dass das angestrebte Ergebnis durch die Teilhabemöglichkeit an der verfassungsmäßigen Neuregelung durch den Gesetzgeber doch noch, wenn auch nicht sofort, erreicht werden kann.

---

590 *Degenhart*, Staatsrecht I, Rn. 405.
591 *Degenhart*, Staatsrecht I, Rn. 410.
592 *Degenhart*, Staatsrecht I, Rn. 405.
593 *Sturm*, in: Sachs, Grundgesetz, Komm., Art. 93, Rn. 71ff.
594 *Schlaich/Korioth*, Das BVerfG, Rn. 202.

Des Weiteren ist dieser Rechtsschutzgewährleistungsanspruch auch noch in anderer Hinsicht zu garantieren.[595] Stehen mögliche Grundrechtsverletzungen im Raume, so ist auch der von der neueren Verfassungsjudikatur entwickelte allgemeine Gedanke der *grundrechtssichernden Verfahrensgestaltung* zu beachten.[596] Dieser wird neben der Anwendung im Verwaltungsverfahren auch auf die Rechtsprechung bezogen und bedeutet, dass hinsichtlich des Verfahrensgangs in formaler Hinsicht auch auf die Grundrechtsverträglichkeit des Ablaufs zu achten ist.[597] Das Bestehen auf einer Nichtigerklärung im oben genannten Fall würde bei Vertiefung der Verfassungsverletzung auch unter diesem Aspekt gegen den Grundsatz des effektiven Rechtsschutzes verstoßen, wenn eine Grundrechtsverletzung durch die Vertiefung der Verfassungswidrigkeit zu befürchten wäre. Die Nichtigerklärung würde beide Begünstigungen endgültig eliminieren und die anhängigen Verfahren müssten abschlägig entschieden werden. Eine Aussetzung der Ausgangsverfahren bis zur Neuregelung der Materie durch den Gesetzgeber, durch welche er dem Regelungsauftrag aus der Verfassung gerecht wird, kommt mangels Aussetzungsgrund nicht in Betracht. Im Unterschied dazu wird eine verfassungswidrige Norm durch eine Unvereinbarerklärung nur unanwendbar, bleibt aber in der Rechtsordnung zunächst noch bestehen. Damit entsteht eine „Schwebelage“, aufgrund derer anhängige Verfahren[598] bis zu einer Neuregelung durch den Gesetzgeber auszusetzen und der Anlassfall so lange nicht zu entscheiden ist, bis der Antragsteller ebenfalls von der Neuregelung profitieren kann. Im Ergebnis bedeutete die Nichtigerklärung im Gegensatz zur Unvereinbarerklärung in diesen Fällen also eine dauerhafte Vertiefung oder Manifestierung des Grundrechtseingriffs. Der Grundsatz der grundrechtssichernden Verfahrensgestaltung würde also nicht geachtet.

Der Grundsatz des effektiven Rechtsschutzes verbietet es demnach, im Falle des Bestehens eines Regelungsauftrags eine Nichtigerklärung zur Beseitigung des Verfassungsverstoßes heranzuziehen. Die Grundsätze des effektiven Rechtsschutzes als Teil des Rechtsstaatsprinzips und der Gesetzesbindung der Judikative nach

595 *Degenhart*, Staatsrecht I, Rn. 415.

596 *Degenhart*, Staatsrecht I, Rn. 416.

597 *Degenhart*, Staatsrecht I, Rn. 416.

598 Es müssten alle anhängigen Verfahren, die von der Unvereinbarerklärung betroffen sind, ausgesetzt werden. Da sowohl die Begünstigung der ersten, weitgehender begünstigten Gruppe wie auch die der Gruppe, der der Antragsteller angehört, von der Unvereinbarerklärung erfasst werden, sind alle diese Verfahren auszusetzen und es kann von der Begünstigung zunächst niemand mehr profitieren. Auch die Verfahren der zunächst umfangreicher begünstigteren Gruppe sind also bis zur Neuregelung auszusetzen. Besteht wie in dem beschriebenen Fall ein Regelungsauftrag bzgl. der Begünstigung aus der Verfassung, muss der Gesetzgeber den ursprünglichen Tatbestand auf die Gruppe des Antragstellers erweitern. Er kann dem Gleichheitssatz nicht durch Abschaffung der gesamten Begünstigung gerecht werden, so dass beide Gruppen von der Neuregelung profitieren werden.

Art. 1 Abs. 3, 20 Abs. 3 GG erfordern ein Absehen von dieser Art der Tenorierung. Sie müssen hier zwingend gelten und durchbrechen insofern den ebenfalls mit Verfassungsrang ausgestatteten[599] Grundsatz der *ipso iure* Nichtigkeit verfassungswidriger Gesetze.

b. Die so genannten „Chaosfälle"

Mit einer ähnlichen Argumentation wird für die so genannten „Chaosfälle"[600] der Verzicht auf die Nichtigerklärung begründet. Bei dieser Fallgruppe besteht zwar kein grundgesetzlicher Regelungsauftrag für den konkreten Inhalt des beanstandeten Gesetzes. Bei einer Nichtigerklärung bliebe aber ein Regelungsdefizit in *tatsächlicher* Hinsicht zurück, so dass eine chaotische Rechtslage entstünde.[601] Im Gegensatz dazu sind die Auswirkungen des Regelungsdefizits in der eben dargestellten Gruppe eher (verfassungs-) rechtlicher Natur.

aa. Die so genannten „Beamtenbesoldungsfälle"

Oft benanntes Beispiel für derartige Fallkonstellationen sind die Urteile zur Richter- bzw. Beamtenbesoldung,[602] die so genannten Besoldungsfälle.[603] Vereinfacht dargestellt lag diesen folgender Sachverhalt zugrunde: Beamte bzw. Richter wandten sich im Wege einer Verfassungsbeschwerde[604] und andere Antragsteller im Wege einer Normenkontrolle[605] gegen das geltende Besoldungsrecht. Hätte man nun den Anträgen, die sich zumindest mittelbar auch gegen das Besoldungsgesetz richteten, derart stattgegeben, dass das verfassungswidrige Gesetz für nichtig erklärt worden wäre, hätte in der dann geltenden Rechtsordnung zunächst überhaupt keine gesetzliche Grundlage mehr für die Beamtenbesoldung existiert.[606] Da im Allgemeinen nicht damit zu rechnen ist, dass der Gesetzgeber auf eine derartige Lage sofort reagieren kann, wäre zu befürchten gewesen, dass über einen Zeitraum von wahrscheinlich mehreren Monaten u.U. sogar Jahren die Beamtenbesoldung, soweit für nichtig erklärt, ungeregelt geblieben wäre.[607] Eine fehlende Rechts-

---

599 *Blüggel*, Unvereinbarerklärung, S. 138; *Hein*, Unvereinbarerklärung durch das BVerfG, S. 92, 94; *Arndt*, DÖV 1959, S. 81 [82]; *Ipsen*, Rechtsfolgen, S. 153f.; BVerfGE 1, 14 [37].

600 *Moench*, Gesetz und Normenkontrolle, S. 39; *Pohle*, Verfassungswidrigerklärung, S. 70; *Siedler*, Gesetzgeber und Bundesverfassungsgericht, S. 145.

601 *Pohle*, Verfassungswidrigerklärung, S. 70.

602 BVerfGE 8, 1; 32, 199; 34, 9.

603 *Gerontas*, DVBl. 1982, S. 486 [489]; *Pohle*, Verfassungswidrigerklärung, S. 71; *Söhn*, Anwendungspflicht, S. 61.

604 BVerfGE 8, 1.

605 BVerfGE 32, 199; BVerfGE 34, 9.

606 BVerfGE 8, 1 [19f.].

607 *Söhn*, Anwendungspflicht, S. 62; *Gerontas*, DVBl. 1982, S. 486 [489].

grundlage für die Besoldung würde vor allem in tatsächlicher Hinsicht ein „chaotisches“ Ergebnis verursachen und wäre nicht denkbar.

bb. Die so genannten „Statusfälle“

Ähnliches gilt für die so genannten „Statusfälle“.[608] Diese liegen als Untergruppe der „Chaosfälle“ dann vor, wenn die Nichtigerklärung des beanstandeten Gesetzes die Grundlagen einer staatlichen Einrichtung beseitigen würde.[609] Diese Gefahr bestand beispielsweise in dem Verfahren „Josefine Mutzenbacher“ [610], das die Rechtmäßigkeit des Gesetzes über die Verbreitung jugendgefährdender Schriften zum Inhalt hatte. Hier kam das Bundesverfassungsgericht insbesondere zu dem Ergebnis, dass § 9 Abs. 2 GjS, der die Auswahl der Beisitzer der Bundesprüfstelle für jugendgefährdende Schriften regelte, dem Art. 5 Abs. 3 Satz 1 GG i.V.m. dem Rechtsstaatsprinzip zuwiderlaufe.[611] Der Gesetzgeber hatte wesentliche Fragen der Zusammensetzung der Bundesprüfstelle nicht selbst geregelt. Das Gericht erklärte den § 9 Abs. 2 GjS dann nicht für nichtig, sondern lediglich für unvereinbar mit dem Grundgesetz.[612] In Zusammenhang damit ordnete es sogar die Weitergeltung der Vorschrift bis zu einer Neuregelung, längstens aber bis zum Jahresende 1994[613] an. Begründet hat es dies mit den oben genannten Argumenten: Es entspreche „der Rechtsprechung des Bundesverfassungsgerichts, durch seine Entscheidung keinen Zustand herbeizuführen, der mit der Verfassung noch weniger vereinbar wäre als der gegenwärtige.“[614] Dass dies ein sog. „Chaosfall“ ist, wird deutlich, wenn man bedenkt, was die Folge einer Nichtigerklärung gewesen wäre: Die Bundesprüfstelle zum Schutze von Kindern und Jugendlichen hätte mangels ausreichender Regelung zu ihrer Besetzung überhaupt nicht mehr tätig werden können.[615] Da dies den grundrechtlich gebotenen Schutz von Kindern und Jugendlichen vor einer Gefährdung der Persönlichkeitsentwicklung einschränken würde, hätte die Nichtigerklärung also einen noch verfassungsferneren Zustand zur Folge gehabt als die vorübergehende Weitergeltung der für verfassungswidrig befundenen Vorschriften.[616]

---

608 *Pohle*, Verfassungswidrigerklärung, S. 73. Ähnlich *Gerontas*, DVBl. 1982, S. 486 [489].

609 *Gerontas*, DVBl. 1982, S. 486 [489].

610 BVerfGE 83, 130.

611 BVerfGE 83, 130 [130, 151f.].

612 BVerfGE 83, 130, [130].

613 Die Entscheidung selbst erging am 27. November 1990, so dass die verfassungswidrigen Vorschriften schlimmstenfalls vier Jahre weitergelten konnten.

614 BVerfGE 83, 130 [154].

615 BVerfGE 83, 130 [154].

616 BVerfGE 83, 130 [154].

cc. *Das so genannte „*Numerus clausus - *Urteil“*

Ein weiteres Beispiel ist das „*Numerus clausus* - Urteil“[617]. In diesem Verfahren ist ein Verstoß des § 17 Hamburgisches Universitätsgesetz (UniG) gegen Art. 12 Abs. 1 GG festgestellt worden.[618] Diese Vorschrift hatte es dem akademischen Senat in einer Art Blankettermächtigung überlassen, Zulassungsvorschriften zu beschließen.[619] Hätte man sie im Anschluss aber für nichtig erklärt, wäre die Universität in Fragen der Zulassung auf eine Art Notkompetenz angewiesen gewesen.[620] Dies wurde als ein der Verfassung noch ferner stehender Zustand erachtet. Deshalb hat man den § 17 UniG für verfassungswidrig befunden und durch den Verzicht auf die Nichtigerklärung eine Weitergeltungsanordnung ermöglicht.[621] Die Herstellung der endgültig verfassungskonformen Lage wurde dem Gesetzgeber überlassen.

dd. Die Analyse der „Chaosfälle“ im Allgemeinen

Die „Chaosfälle“ sind, allgemein gesehen, dadurch gekennzeichnet, dass bei einer Nichtigerklärung eine schon auf den ersten Blick untragbare Situation entstünde. Meistens geschähe dies durch ein Regelungsdefizit. Rechtlich resultierte aus dieser Situation dann ein größerer Verfassungsverstoß als durch die Weitergeltung des für verfassungswidrig befundenen Rechts. Es entstünde also ein Zustand, „der mit der Verfassung noch weniger vereinbar wäre“ als die Situation, die durch das verfassungswidrige Gesetz bestanden hatte.[622]

Hier lassen sich für die Unvereinbarerklärung und damit gegen die strikte Geltung des Grundsatzes der *ipso iure* Nichtigkeit verfassungswidriger Gesetze die schon unter (a) dargestellten Argumente anführen. Es widerspräche der Verfassungsbindung der Judikative, wenn das Gericht einen Verfassungsverstoß vertiefen bzw. einen Verfassungsverstoß in anderer Weise verursachen würde. Das Hervorrufen eines neuen Verfassungsverstoßes und die Vertiefung eines bestehenden sind insofern gleichzusetzen. Auch die Intensivierung solchen Unrechts kann einem neuen Verfassungsverstoß gleich zu stellen sein. Insofern verbietet die Gesetzes- und somit auch Verfassungsbindung aus Art. 1 Abs. 3, 20 Abs. 3 GG, wie oben unter (a) schon dargestellt, auf eine Nichtigerklärung zu bestehen.

---

617 *Pohle*, Verfassungswidrigerklärung, S. 77; *Gerontas*, DVBl. 1982, S. 486 [489].
618 BVerfGE 33, 303 [304f.].
619 BVerfGE 33, 303 [347]; *Pohle*, Verfassungswidrigerklärung, S. 74.
620 BVerfGE 33, 303 [347].
621 BVerfGE 33, 303 [305; 347].
622 BVerfGE 83, 130 [154].

aaa. Das Prinzip des effektiven Rechtsschutzes

Auch das Argument des effektiven Rechtsschutzes spricht in den „Chaosfällen“ teilweise[623] für einen Verzicht auf die Nichtigerklärung. Das Bestehen auf eine bestimmte Tenorierungsvariante darf nicht die Grundrechte der Antragsteller[624] bzw. derer, deren Grundrechte vom Antragsteller als verletztes Verfassungsrecht gerügt werden[625], verletzen. Wurde in einem Verfahren zum Beispiel die Besoldung der Richter und Beamten als zu niedrig angegriffen und hatte man dem in der verfassungsgerichtlichen Bewertung entsprochen, konnte das Besoldungsgesetz dennoch nicht mit der Folge für nichtig erklärt werden, dass überhaupt keine gesetzliche Grundlage für irgendeine Besoldung mehr existiert hätte. Dies würde dem an sich begründeten Antrag noch weniger gerecht als die ursprüngliche Rechtslage. In solchen Fällen ist die Intensivierung der Verletzung der Rechte der Antragsteller zu befürchten. In Folge dessen ist das Verfahren so anzupassen, dass die Grundrechte in ihrem Bestand gesichert sind. Von einer Nichtigerklärung ist infolgedessen abzusehen.

bbb. Die Besonderheiten im Fall „Josefine Mutzenbacher“

Im Falle der Entscheidung „Josefine Mutzenbacher“[626] ist dieser Schluss dagegen nicht zwingend. Die Beschwerdeführerin[627] wandte sich gegen die Aufnahme des von ihr verlegten Romans in die Liste jugendgefährdender Schriften. Geht man nun – losgelöst von der tatsächlichen Entscheidung – davon aus, dass allein der formelle Mangel – nämlich der, dass keine ausreichend konkrete Regelung für die Beisitzerauswahl bestand und somit die Aufnahme in die Liste der jugendgefährdenden Schriften formell fehlerhaft war – Grund für die Verfassungswidrigkeit der Aufnahme des Romans in die Liste gewesen ist, würde die Nichtigerklärung der angegriffenen Vorschrift auch zu einer Aufhebung der gerügten Maßnahme führen.[628] Bei erneuter Entscheidung nach Korrektur der nichtigen Vorschriften durch den Gesetzgeber könnte der Roman zwar u.U. wieder auf die Liste gelangen, was aber nicht zu beanstanden wäre, wenn er derart gegen das Gebot des Kinder- und Jugendschutzes verstieße, dass die Kunstfreiheit dahinter zurücktreten müsste.

---

623 Beispielsweise wurde dieses Argument in den so genannten Besoldungsfällen angeführt.

624 In den Fällen der Verfassungsbeschwerden durch die Beamten selbst.

625 In den Normenkontrollverfahren, die die Bundesregierung veranlasst hat (BVerfGE 32, 199; 34, 9).

626 BVerfGE 83, 130.

627 Beschwerdeführerin war die Verlegerin des Romans „Josefine Mutzenbacher – Die Lebensgeschichte einer wienerischen Dirne, von ihr selbst erzählt“.

628 Es wurden in BVerfGE 83, 130 [130f.] sowohl die Entscheidung der Bundesprüfstelle, sowie alle dem verfassungsgerichtlichen Verfahren vorangegangenen Gerichtsentscheidungen aufgehoben und wegen der Kostenentscheidung an das BVerwG zurückverwiesen.

Dem Antrag der Beschwerdeführerin würde bei festgestellter Nichtigkeit der Maßnahme also entsprochen.

Mit dem Ausspruch der Unvereinbarerklärung und der Weitergeltungsanordnung der gerügten Vorschrift entstand die Situation, dass die Beschwerdeführerin zwar Recht bekam, soweit sie die Vorschriften als verfassungswidrig gerügt hatte. Auch die Entscheidung, den Roman auf die Liste zu setzen, wurde im Urteil des Bundesverfassungsgerichts aufgehoben.[629] In derartigen Fällen besteht durch die Weitergeltungsanordnung bezüglich der verfassungswidrigen Vorschrift jedoch die Gefahr, dass in der Übergangszeit die Entscheidung nochmals genauso getroffen würde. Somit würde dem Antrag zwar zunächst entsprochen, jedoch wäre zu befürchten, dass eine inhaltlich identische Entscheidung erneut erginge. An der Effektivität des Rechtsschutzes lässt dies dann ebenfalls zweifeln. Schon an dieser Stelle sei aber bemerkt, dass die Entscheidung, den Roman auf die Liste zu setzen, wegen Verfahrensfehlern für verfassungswidrig erklärt worden ist. Insofern bestanden keine Bedenken gegen die materielle Richtigkeit der Maßnahme. Eine sachlich richtige, aber formal fehlerhafte Entscheidung kann aber mit dem gleichen Inhalt formal fehlerfrei immer wieder erlassen werden, ohne dass dies zu beanstanden wäre.

In der Entscheidung „Josefine Mutzenbacher“ erging eine Unvereinbarerklärung mit Weitergeltungsanordnung. Dabei ist die Unvereinbarerklärung hier nochmals getrennt von der Weitergeltungsanordnung zu betrachten. Inwiefern sie den effektiven Rechtsschutz nun tatsächlich gefährdet, bleibt zu klären. Eine Unvereinbarerklärung hätte die Suspendierung der verfassungswidrigen Vorschrift zur Folge, ohne diese in ihrem Bestand anzugreifen. Der ergangene Verwaltungsakt wie auch die erlassenen fachgerichtlichen Urteile werden durch die Entscheidung des Bundesverfassungsgerichts aufgehoben, § 95 Abs. 2 BVerfGG. In der Übergangszeit bis zu einer Neuregelung müsste das Verfahren bzgl. einer neuen Entscheidung entweder ausgesetzt oder, entsprechend dem Urteil des Bundesverfassungsgerichts, den Anforderungen an ein verfassungskonformes Verfahren entsprochen werden. Das gewährleistet aber im Ergebnis sehr wohl die Effektivität des angestrebten Rechtsschutzes. Dieser Grundsatz wird erst durch die Anordnung der Weitergeltung des verfassungswidrigen Norm gefährdet. Dies wird an anderer Stelle[630] bei der Frage der Rechtmäßigkeit dieser Weitergeltungsanordnungen näher zu untersuchen sein.

Steht wie im Verfahren „Josefine Mutzenbacher“ der effektive Rechtsschutz der Antragstellerin gegen die Gefährdung der Handlungsfähigkeit eines staatlichen Or-

629 BVerfGE 83, 130 [130f.].
630 Siehe hierzu im Ersten Teil unter V B 1.

gans, hat das Gericht zwischen den gefährdeten Verfassungsgütern abzuwägen. Hier ist an die Grundsätze der praktischen Konkordanz zu denken und so zu tenorieren, dass jedem Grundrecht zu möglichst weitgehender Geltung verholfen wird. Im Falle der Josefine Mutzenbacher wurde vom Gericht dem Schutz der Kinder und Jugendlichen Vorrang eingeräumt und deswegen auf die Nichtigerklärung der verfassungswidrigen Vorschrift verzichtet und diese nur für unvereinbar erklärt. Zusätzlich sah man sich gezwungen, auch die Suspensivwirkung der Unvereinbarerklärung durch eine Weitergeltungsanordnung zu verhindern, um den Schutz der Kinder und Jugendlichen durch die Erhaltung der Handlungsfähigkeit der Bundesprüfstelle für jugendgefährdende Schriften schon in der Zeit bis zum Tätigwerden des Gesetzgebers zu gewährleisten.

ee. Zwischenergebnis

Abschließend kann für die „Chaosfälle" also festgehalten werden, dass der Grundsatz der Verfassungsbindung dem Bundesverfassungsgericht die Unvereinbarerklärung dann vorschreibt, wenn in Falle der Nichtigerklärung der beanstandeten Norm(en) ein Zustand entstünde, der den Vorgaben des Grundgesetzes noch weniger entspräche als das verfassungswidrige Gesetz.[631] Im Einzelfall erfordert auch der Grundsatz des effektiven Rechtsschutzes noch zusätzlich die Vermeidung einer Nichtigerklärung. Die Unvereinbarerklärung für sich genommen läuft diesem Grundsatz in keinem Fall zuwider.

3. Die gesetzestechnische Unmöglichkeit der Nichtigerklärung: Unterlassen des Gesetzgebers

Keine echte dritte Fallgruppe, sondern eher Teil der ersten, sind die Fälle, bei denen ein Verzicht auf die Nichtigerklärung aus gesetzestechnischen Gründen erfolgt, nämlich, weil eine Nichtigerklärung schlichtweg unmöglich ist.[632] Unter dem Oberbegriff des gesetzgeberischen Unterlassens werden Sonderkonstellation der bereits dargestellten Fallgruppen zusammengefasst. Sie wurden deshalb teilweise schon mitbehandelt.

An dieser Stelle sollen sie unter dem ihnen gemeinsamen Gesichtspunkt des Unterlassens des Gesetzgebers behandelt werden, weil sie in der Literatur teilweise als eigene Fallgruppe thematisiert werden und einige Besonderheiten hieraus resultie-

---

631 Dies erinnert an die sog. „Annäherungstheorie" von *Lerche* (DÖV 1981, S. 721ff.), nach der eine an sich mit dem Grundgesetz nicht verträgliche Neuregelung dadurch legitimiert werden könnte, dass sie der Verfassung näher steht, als der zuvor gegebene Rechtszustand (*Lerche*, DÖV 1981, S. 721 [721]).

632 *Maunz*, BayVBl. 1980, S. 513 [517]; *Hein*, Unvereinbarerklärung durch das BVerfG, S. 56.

ren. Der Verzicht auf die Nichtigerklärung ergibt sich in den genannten Fällen zwingend daraus, dass keine „Materie" für eine Nichtigerklärung vorhanden ist.[633]

Diese Fälle sind streng genommen nicht unter den Begriff „Unvereinbarerklärung" zu fassen. Dieser setzt das Vorhandensein einer fehlerhaften Norm oder Normenrelation voraus. Beim Unterlassen des Gesetzgebers ergibt sich die Verfassungswidrigkeit jedoch aus dem Nichtvorhandensein einer Regelung. Es liegt eine Regelungslücke in einem Bereich des einfachen Rechts vor, für den der Verfassung ein konkludenter oder expliziter Regelungsauftrag zu entnehmen ist.[634]

Zunächst ist der Begriff des gesetzgeberischen Unterlassens zu konkretisieren. Es ist festzustellen, dass für diesen Oberbegriff ganz unterschiedliche Grenzen gezogen werden. Nach der Ansicht *Pestalozzas*[635] fallen alle Fälle darunter, in denen es der Gesetzgeber unterlässt, eine verfassungskonforme Regelung zu schaffen.[636] Das schließt – streng genommen – alle verfassungswidrigen Gesetze mit ein und berechtigte insofern das Bundesverfassungsgericht dazu, immer auf die Nichtigerklärung zu verzichten.

Seer[637] dagegen umschreibt mit dem Überbegriff des gesetzgeberischen Unterlassens die Konstellationen, bei denen das Festhalten an einer Nichtigerklärung einen noch verfassungsferneren Zustand herstellen würde als er durch das für verfassungswidrig befundene Gesetz bestanden hat.[638] Auch dies fasst die Grenzen dieser Fallgruppe zu weit. Im Folgenden soll nur das „echte Unterlassen" behandelt werden.

Solche Fallkonstellationen treten zunächst in der bereits ausführlich dargestellten[639] Unterfallgruppe des gleichheitswidrigen Begünstigungsausschlusses auf. Hierbei ergibt sich das Problem der gesetzestechnischen Unmöglichkeit einer Nichtigerklärung. Voraussetzung dafür ist zum einen, dass ein gleichheitswidriger Begünstigungsausschluss vorliegt, der eine Gruppe nicht ausdrücklich ausnimmt (expliziter Begünstigungsausschluss), sondern die Begünstigung so formuliert, dass die beanstandeten Personen an der Förderung nicht teilhaben können (konkludenter Begünstigungsausschluss), weil sie die genannten Kriterien nicht erfüllen. Als zweite Voraussetzung kommt es auf das Vorliegen eines Regelungsauftrages aus

633 *Hein*, Unvereinbarerklärung durch das BVerfG, S. 56f; *Seer*, NJW 1996, S. 285 [287]; *Strehle*, Rechtswirkungen, S. 107.

634 *Hein*, Unvereinbarerklärung durch das BVerfG, S. 56.

635 *Pestalozza*, FS für das BVerfG, S. 519ff.

636 *Pestalozza*, FS für das BVerfG, S. 519 [526].

637 *Seer*, NJW 1996, S. 285ff.

638 *Seer*, NJW 1996, S. 285 [287].

639 Vgl. hierzu im Ersten Teil unter IV E 1 a.

der Verfassung für die geforderte Privilegierung der vernachlässigten Gruppe an.[640] Unter diesen Bedingungen kann man von einem echten gesetzgeberischen Unterlassen sprechen. Die Nichtigerklärung der gesamten Begünstigung kommt in diesen Fällen deswegen nicht in Frage, weil dies zwar den Verstoß gegen den Gleichheitssatz beseitigen, jedoch nichts an der Nichterfüllung des Regelungsauftrags ändern würde. Das Unterlassen des Gesetzgebers ist hier nur deswegen ein „echtes Unterlassen", weil ein Regelungsauftrag aus der Verfassung existiert, dieser aber nicht (ausreichend) erfüllt worden ist.[641]

Auch in den sog. „Besoldungsfällen"[642] folgt der Verzicht auf die Nichtigerklärung teilweise aus dem Vorliegen eines echten Unterlassens.[643] Auch hier kommt es auf einen Gesetzgebungsauftrag an, der sich in der Verfassung findet und nicht erfüllt wurde.[644] Neben diesen beiden Untergruppen gibt es noch viele Einzelfälle des gesetzgeberischen Unterlassens. Um ein „echtes Unterlassen" bejahen zu können, muss ein Regelungsauftrag aus der Verfassung vorliegen, dem nicht entsprochen worden ist. Bei „Schlechterfüllung" eines solchen Gebotes ist ein Unterlassen wohl schon nicht mehr gegeben, da der Gesetzgeber dem Regelungsauftrag, wenn auch unzureichend, nachgekommen ist. Weiteres entscheidendes Kriterium für ein echtes Unterlassen ist, dass keine Gesetzesmaterie vorhanden ist, die vom Bundesverfassungsgericht durch eine Nichtigerklärung verfassungskonform gestaltet werden könnte.

In diesen Fällen des gesetzgeberischen Unterlassens kommt es zu Recht nur zu einer Verfassungswidrigerklärung des aktuellen Rechtszustandes, da mangels vorhandener Norm eine solche nicht für nichtig erklärt werden kann. Diese kann mangels Existenz auch nicht *ipso iure* nichtig sein. Die Nichtigerklärung muss an ihrer „tatsächlichen Unmöglichkeit" scheitern.

---

640 *Hein*, Unvereinbarerklärung durch das BVerfG, S. 57; *Maurer*, FS für Weber, S. 345 [349].

641 Ähnlich die Terminologie bei *Hein*, Unvereinbarerklärung durch das BVerfG, S. 61; *Pestalozza*, FS für das BVerfG, S. 519 [526].

642 *Pohle*, Verfassungswidrigerklärung, S. 71.

643 *Hein*, Unvereinbarerklärung durch das BVerfG, S. 63.

644 Beispielsweise in BVerfGE 44, 249, wo es der Gesetzgeber unterlassen hatte, eine Regelung zu erlassen, die der Kinderzahl von Beamten Rechnung trägt und so durch ausreichende Alimentierung eine amtsangemessene Lebensführung ermöglicht (*Hein*, Unvereinbarerklärung durch das BVerfG, S. 64).

4. Die Nichtigerklärung als Gegenausnahme

In der Literatur[645] und Rechtsprechung[646] werden für die eben dargestellten Anwendungsfälle der Unvereinbarerklärung aber auch Ausnahmen von dieser Tenorierungspraxis gemacht.

a. Die Ausnahme wegen der Wahrung der gesetzgeberischen Gestaltungsfreiheit

Diese Ausnahme von der Praxis der Unvereinbarerklärung soll dann notwendig sein, wenn kein Zweifel darüber besteht, welche Regelung der Gesetzgeber getroffen hätte, hätte er die Unvereinbarkeit der Norm mit der Verfassung gekannt. Dann könne das Bundesverfassungsgericht die Materie nach diesem mutmaßlichen Gesetzgeberwillen regeln und insofern zu einer Nichtigerklärung greifen.[647] Diese Ausnahme vom Grundsatz der Unvereinbarerklärung basiert auf der Annahme, dass durch die Unvereinbarerklärung eine etwaige Beeinträchtigung des gesetzgeberischen Willens vermieden werden soll und sie deshalb erforderlich ist. Diese Annahme wurde jedoch bereits[648] ausführlich widerlegt. Führt aber der Gedanke der Gewaltenteilung schon nicht zu einer Ausnahme vom Grundsatz der Nichtigerklärung, kann sich auch keine Gegenausnahme daraus ergeben, dass der Wille des Gesetzgebers unter Gewaltenteilungsgesichtspunkten ausreichend gewahrt ist. Es kommt überhaupt nur zu einer Unvereinbarerklärung, wenn weitere Gründe deren Notwendigkeit bedingen. An deren Vorliegen ändert sich aber nichts und somit auch nicht an der Untauglichkeit der Nichtigerklärung als Tenorierungsmöglichkeit in den Fällen des gleichheitswidrigen Begünstigungsausschlusses.[649]

Hinzu kommt, dass die Möglichkeit der Unvereinbarerklärung nur besteht, weil von einer Durchbrechung des Verfassungsgrundsatzes der *ipso iure* Nichtigkeit verfassungswidriger Gesetze auszugehen ist. Ist dieser Grundsatz einmal auf Grundgesetzebene eingeschränkt, könnte es zu einer Gegenausnahme allenfalls kommen, wenn sich deren Notwendigkeit wiederum aus der Verfassung ergäbe. In den Fällen, in denen auf den mutmaßlichen Gesetzgeberwillen abgestellt wird und der Le-

---

645 *Löwer*, in: Isensee/Kirchhof, Handbuch des Staatsrechts, Band II, § 56 Rn. 106; *Pohle*, Verfassungswidrigerklärung, S. 84; *Pestalozza*, FS für das BVerfG, S. 519 [533]; *Ipsen*, Rechtsfolgen, S. 111; *Hein*, Unvereinbarerklärung durch das BVerfG, S. 52.

646 BVerfGE 8, 28 [37]; BVerfGE 18, 288 [301f.]; BVerfGE 22, 163 [174f.]; BVerfGE 23, 1 [10]; BVerfGE 28, 227 [243]; BVerfGE 48, 376 [393]; BVerfGE 74, 9 [28].

647 *Löwer*, in: Isensee/Kirchhof, Handbuch des Staatsrechts, Band II, § 56 Rn. 106; *Pohle*, Verfassungswidrigerklärung, S. 84; *Hein*, Unvereinbarerklärung durch das BVerfG, S. 52.

648 Vgl. hierzu im Ersten Teil unter IV E 1 a aa und b bb.

649 Ähnlich: *Siedler*, Gesetzgeber und Bundesverfassungsgericht, S. 139.

gislative unterstellt wird, sie würde hier den Verfassungsverstoß nur auf eine ganz bestimmte Weise beseitigen, ist dies gerade nicht der Fall.[650]

Im Übrigen wird in diesem Fall die Nichtigerklärung als Rückausnahme auch wegen des bundesverfassungsgerichtlichen Strukturmerkmals der nachträglichen Kontrolle abgelehnt. Es widerspreche diesem, wenn das Bundesverfassungsgericht den Gesetzgeberwillen vermute, ohne dass dieser bereits in einem Gesetz zum Ausdruck gekommen sei.[651]

b. Die Ausnahme wegen der Notwendigkeit der Nichtigerklärung

Anders verhält sich dies für den Fall der Rückausnahme in den Konstellationen, in denen der Gleichheitsverstoß von Verfassung wegen nur auf eine Weise, nämlich durch eine Nichtigerklärung, behoben werden kann.[652]

Eine Rückausnahme kann dann zulässig sein, wenn sich ihre Notwendigkeit zwingend aus dem Grundgesetz ergibt.[653] Sind also bei einem Einzelfall, der grundsätzlich unter eine der Fallgruppen zu subsumieren ist, von Verfassung wegen alle anderen Möglichkeiten der Behebung der Verfassungswidrigkeit des Kontrollgegenstandes ausgeschlossen und ergibt sich so die Nichtigerklärung als einzige Variante zur Beseitigung des Verfassungsverstoßes, so liegt der Grund für die Gegenausnahme direkt im Grundgesetz begründet. Es liegt also dann ein Argument von Verfassungsrang vor, das keine andere Lösung zulässt und trotz grundsätzlicher Zugehörigkeit zu einer der Fallgruppen eine Unvereinbarerklärung verbietet. Dies kann beispielsweise ein Verfassungsauftrag sein. Daraus legitimiert sich dann auch eine etwaige „Kompetenzüberschreitung" des Bundesverfassungsgerichts, da dessen Kompetenzgrenzen mit Blick auf die gesamte Verfassung ermittelt werden müssen.

Wird im Einzelfall also festgestellt, dass die Nichtigerklärung beispielsweise bei Beurteilung eines gleichheitswidrigen Begünstigungsausschlusses zu weit greifen würde, stellt sie aber andererseits die einzige Möglichkeit zur Behebung des Verfassungsverstoßes dar, muss das Bundesverfassungsgericht einen Teil des Gesetzes oder der Norm für nichtig erklären, der eigentlich gerade nicht verfassungswidrig

---

650 Wird dies in der Literatur als Gegenmaßnahme angenommen, ging man vorher aber auch von dem Argument des Schutzes der Gestaltungsfreiheit des Gesetzgebers als Grund für die Unvereinbarerklärung aus. So zumindest *Ipsen*, Rechtsfolgen, S. 111; *Hein*, Unvereinbarerklärung durch das BVerfG, S. 52. Das wurde oben abgelehnt.

651 Weiterführend hierzu: *Siedler*, Gesetzgeber und Bundesverfassungsgericht, S. 139.

652 BVerfGE 21, 329 [337f., 354]; BVerfGE 22, 349 [362]; BVerfGE 23, 1 [10].

653 Ähnlich: *Ipsen*, Rechtsfolgen, S. 111; *Siedler*, Gesetzgeber und Bundesverfassungsgericht, S. 139.

ist, weil der Verstoß lediglich in der Relation zweier Regelungen begründet ist, diese für sich genommen aber verfassungsgemäß sind. Die Nichtigerklärung muss in solchen Fällen[654] zulässig sein und tenoriert werden, wenn sich deren Notwendigkeit zwingend aus der Verfassung ergibt.[655] Es gibt keinen Grund, wieso eine „Schwebelage" bis zum Tätigwerden des Gesetzgebers hergestellt werden sollte, wenn der Gesetzgeber die verfassungswidrigen Normen nur für nichtig erklären kann. Die Kompetenz des Gerichts für eine Nichtigerklärung der verfassungswidrigen Normenrelation ist dann aus seiner Verfassungsbindung und seiner Stellung als Hüter der Verfassung[656] zu entnehmen.

Abschließend ist darauf hinzuweisen, dass eine solche gezielte Vorgabe im Grundgesetz äußerst selten zu finden sein wird[657] und diese Gegenausnahme wohl deshalb in der Praxis kaum zum Tragen kommt.

F. Die Folgen der Unvereinbarerklärung

Nicht zuletzt sind auch die Folgen der Unvereinbarerklärung problematisch. Es besteht in der Literatur keine Einigkeit[658] darüber, inwiefern das für verfassungswidrig erklärte Gesetz nach Eintritt der Rechtskraft weiter anwendbar sein soll oder mit der ergangenen Entscheidung außer Kraft tritt und nur für die Vergangenheit seine Gültigkeit behält. Als dritte Alternative käme auch noch in Betracht, dass es genau wie nach einer Nichtigerklärung seine Gültigkeit für die Zukunft und die Vergangenheit verliert.[659] Dass sich die Rechtsfolgen der Unvereinbarerklärung von denen der Nichtigerklärung unterscheiden müssen, sollte sich schon logisch aus der Tatsache ergeben, dass man sonst von der Nichtigerklärung als gesetzlich geregelter Tenorierungsvariante nicht abweichen müsste.[660] Dies wurde auch schon im Kapitel über die Notwendigkeit dieser Entscheidungsmöglichkeit angesprochen.[661] Hierzu bemerkte *Ipsen*[662], es sei „bemerkenswert, dass zu Zeiten, als die Verfassungswidrigerklärung bereits zu einiger Blüte gelangt war und eine alter-

---

654 Beispiele für derartige Konstellationen finden sich beispielsweise in BVerfGE 21, 329 [337f., 354]; BVerfGE 22, 349 [362]; BVerfGE 23, 1 [10].
655 *Siedler*, Gesetzgeber und Bundesverfassungsgericht, S. 139.
656 *Von der Heydte*, FS für Geiger, S. 909 [922]; *Frenz*, DÖV 1993, S. 847 [851]; *Heyde/Gielen*, Die Hüter der Verfassung, S. 23.
657 *Siedler*, Gesetzgeber und Bundesverfassungsgericht, S. 139.
658 Zu den Kontroversen nach Unvereinbarerklärungen des Bundesverfassungsgerichts vgl. *Wernsmann*, Das gleichheitswidrige Steuergesetz, S. 18, Fn. 8.
659 *Maurer*, FS für Weber, S. 345 [346].
660 Ähnlich auch *Wernsmann*, Das gleichheitswidrige Steuergesetz, S. 218.
661 Vgl. hierzu im Ersten Teil unter IV B.
662 *Ipsen*, JZ 1983, S. 41ff.

native Tenorierungsform bildete, gänzlich unklar blieb, welches denn die spezifische Differenz zwischen Nichtigerklärung und Verfassungswidrigerklärung sei".[663]

Das Bundesverfassungsgericht ging zunächst wohl überwiegend davon aus, dass der Sinn des Verzichts auf die Nichtigerklärung darin läge, das Gesetz weiter anwenden zu können, ohne dies extra anordnen zu müssen.[664] Im Jahre 1974[665] äußerte es dann in einer Entscheidung zur Überraschung aller[666], die Unvereinbarerklärung könne keine anderen Folgen als die Nichtigerklärung haben.[667] Dies stellte eine Wende in der Rechtsprechung dar, ist inhaltlich aus den genannten Gründen aber sehr zweifelhaft.[668] Entsprächen die Folgen der Unvereinbarerklärung nämlich tatsächlich genau denen der Nichtigerklärung, wäre die Unvereinbarerklärung überflüssig.[669] Die Notwendigkeit der Unvereinbarerklärung ergibt sich gerade daraus, dass man in Einzelfällen die „harten" Folgen der Nichtigerklärung vermeiden will. Möglicherweise wollte das Gericht zum Ausdruck bringen, dass die Auswirkungen der Nichtigerklärung in Einzelfällen nahezu die gleichen sein *können* wie die der Unvereinbarerklärung, obwohl sich dann dennoch für diese Fälle wieder die Frage nach der Notwendigkeit des Abweichens von der Nichtigerklärung stellt.

Festzuhalten ist an dieser Stelle, dass sich die Folgen der Unvereinbarerklärung entgegen dem Wortlaut oben genannter Entscheidung des Bundesverfassungsgerichts von denen der Nichtigerklärung zumindest teilweise unterscheiden müssen.[670]

1. Dogmatische Betrachtung

Betrachtet man diese Frage dogmatisch, ist zunächst der genaue Unterschied zwischen der Nichtigkeit eines Gesetzes einerseits und eines durch eine Anwendungssperre suspendierten Gesetzes andererseits zu analysieren.

---

663 *Ipsen*, JZ 1983, S. 41 [43].

664 BVerfGE 32, 189 [221]; BVerfGE 34, 9 [44]. Dies stellt auch *Siedler* (Gesetzgeber und Bundesverfassungsgericht, S. 158) fest.

665 BVerfGE 37, 217.

666 *Schlaich/Korioth*, Das BVerfG, Rn. 419.

667 BVerfGE 37, 217 [262].

668 Bundesverfassungsrichter Steiner äußerte in einem Gespräch am 4. März 2002, dass er diese Rechtsprechung inzwischen als überholt ansehe.

669 Ähnlich auch: *Löwer*, in Isensee/Kirchhof, Handbuch des Staatsrechts, Band II, § 56, Rn 107.

670 So auch: *Schlaich/Korioth*, Das BVerfG, Rn. 419; *Wernsmann*, Das gleichheitswidrige Steuergesetz, S. 218.

a. Die Folgen der Nichtigerklärung

Ist die Nichtigkeit einer Norm durch Urteil des Verfassungsgerichts festgestellt und verkündet worden, ist diese Norm ab diesem Zeitpunkt verbindlich und endgültig aus der Rechtsordnung eliminiert.[671] Die Norm ist nach dem Grundsatz der *ipso iure* Nichtigkeit allerdings schon seit der Kollision mit der Verfassung nicht mehr existent. Da sie aber im Gesetzestext bis zum Eingreifen des Bundesverfassungsgerichts unverändert vorhanden ist, geht von ihr bis zu diesem Zeitpunkt ein Rechtsschein aus.[672] Für den Normanwender ist die Verfassungswidrigkeit oft nicht ohne Weiteres erkennbar. Dem wird in § 79 Abs. 2 BVerfGG insofern Rechnung getragen, als die Verfahren, die noch nach „altem", eigentlich nicht (mehr) existentem Recht behandelt wurden und abgeschlossen sind, von der verfassungsgerichtlichen Entscheidung unberührt bleiben, obwohl diese hinsichtlich der allgemeinverbindlichen Feststellung der Verfassungswidrigkeit einer Norm auf den Kollisionszeitpunkt zurückwirkt. Abs. 1 nimmt davon lediglich abgeschlossene Strafverfahren aus, was sich im weiteren Sinne aus dem Grundsatz *nulla poena sine lege* ergeben muss. Zugunsten des Verurteilten ist eine Wiederaufnahme nach den Vorschriften der StPO zulässig, da niemand den „Makel einer Strafe" auf sich lasten lassen muss, die auf einem verfassungswidrigen Gesetz beruht.[673] Damit wird die aus Gründen der Rechtssicherheit und des Rechtsfriedens zu Lasten der Einzelfallgerechtigkeit eingeschränkte Rückwirkung des verfassungsgerichtlichen Urteils für Strafurteile durch die Wiederaufnahmemöglichkeit wiederhergestellt.

b. Die Folgen der Unvereinbarerklärung

Im Unterschied dazu wird bei der Unvereinbarerklärung die Norm nur mit einer Anwendungssperre versehen. Sie bleibt in ihrem Bestand unangetastet und in der Rechtsordnung vorhanden[674], jedoch wird sie mit Verkündung des Urteils nach heute überwiegender Meinung von ihrer Anwendbarkeit suspendiert.[675]

---

671 *Pohle*, Verfassungswidrigerklärung, S. 165; *Blüggel*, Unvereinbarerklärung, S. 92.

672 *Steiner*, FS für das BVerfG, Band I, S. 628 [629]; *Böckenförde*, Die sogenannte Nichtigkeit, S. 101; *Pohle* (Verfassungswidrigerklärung, S. 113) nennt dies „faktische Wirksamkeit".

673 *Bethge*, in: Maunz/Schmidt-Bleibtreu/Klein u.a., BVerfGG, Komm., § 79, Rn, 28. Sinngemäß auch: *Pohle*, Verfassungswidrigerklärung, S. 167.

674 *Moench*, Gesetz und Normenkontrolle, S. 170.

675 *Steiner*, NJW 2001, S. 2919 [2922]; *Hein*, Unvereinbarerklärung durch das BVerfG, S. 182; *Pohle*, Verfassungswidrigerklärung, S. 165f; *Wernsmann*, Das gleichheitswidrige Steuergesetz, S. 218; *Blüggel*, Unvereinbarerklärung, S. 91 und S. 107; *Vogel*, Das BVerfG und die übrigen Verfassungsorgane, S. 223; *Klein*, in: Benda/Klein, Lehrbuch, Rn. 1274; *Schlaich/Korioth*, Das BVerfG, Rn. 425; *Siedler*, Gesetzgeber und Bundesverfassungsgericht, S. 157; *Gerontas*, DVBl. 1982, S. 486 [488]; *Heußner*, NJW 1982, S. 257 [258]; *Ipsen*, JZ 1983, S. 41 [43];

aa. Die Suspensivwirkung

Diese Suspensivwirkung der Unvereinbarerklärung ergibt sich aus dem Vorrang der höherrangigen Norm.[676] Suspensivwirkung bedeutet aber nicht Nichtigkeit, sondern Weiterexistenz der Norm mit beschränkter Anwendbarkeit. Die automatische Weiter*geltung* der Norm in vollem Umfang, von der früher teilweise ausgegangen wurde[677], wird nicht mehr in Betracht gezogen.[678] Vielmehr ist davon auszugehen, dass die Weitergeltung der suspendierten Norm die Ausnahme bildet und hierfür eine ausdrückliche Anordnung nötig ist.[679] Auf eine solche Weitergeltungsanordnung wird im Allgemeinen verzichtet und es bleibt bei der Anwendungssperre.[680] Hierdurch wird ein Schwebezustand herbeigeführt, während dessen die betroffenen Verfahren auszusetzen sind.[681] Insofern wird auf die Schaffung eines endgültigen Zustands verzichtet und der Rechtsschutzperspektive des Bürgers Rechnung getragen.[682]

Inwiefern die Suspensivwirkung auf den Kollisionszeitpunkt zurückwirkt, ist umstritten. *Klein* ist der Ansicht, dass die Unvereinbarerklärung die Norm in ihrer Anwendbarkeit ähnlich der Nichtigerklärung rückwirkend zum Kollisionszeitpunkt suspendiert.[683] *Pohle*[684] unterscheidet für die Wirkung der Unvereinbarerklärung

---

Moench, Gesetz und Normenkontrolle, S. 170. So auch: BVerfGE 61 319 [356]; BVerfGE 73, 40 [101]; 84, 168 [187]; BVerfGE 87, 153 [178]; BVerfGE 92, 53 [73]; BVerfGE 93, 386 [403]. A.A.: *Schneider*, Funktion der Normenkontrolle, S. 159; BVerfGE 105, 73 [134f.].

676 *Klein*, in: Benda/Klein, Lehrbuch, Rn. 1274. A.A.: *Ipsen*,(Rechtsfolgen. S. 45) der meint, eine Anwendungssperre lasse sich nicht begründen.

677 So stellt dies auch *Wernsmann* (Das gleichheitswidrige Steuergesetz, S. 218) dar.

678 Anders aber noch: *Söhn*, Anwendungspflicht, S. 60. Dieser argumentiert damit, dass beispielsweise in den Chaosfällen, namentlich den Besoldungsfällen, auf die Unvereinbarerklärung nur zurückgegriffen wird, damit der Besoldung nicht jede Rechtsgrundlage entzogen wird und die beanstandeten Vorschriften weitergelten können (*Söhn*, S. 62). Allerdings ist dem entgegenzuhalten, dass die Unvereinbarerklärung ja auch gerade als Basis für eine mögliche Weitergeltungsanordnung gesehen wird, dies aber noch nicht bedeuten muss, dass nicht grundsätzlich eine Anwendungssperre eintritt und die Weitergeltung im Ausnahmefall anzuordnen ist. Im Übrigen kann von der kleinen Unterfallgruppe der Besoldungsfälle nicht auf alle Anwendungsfälle der Unvereinbarerklärung geschlossen werden.

679 So auch schon vorgekommen beispielsweise in: BVerfGE 33, 303 [305 und 347f.]; BVerfGE 87, 153 [154f und 181]. *Wernsmann*, Das gleichheitswidrige Steuergesetz, S. 218.

680 *Maunz*, BayVBl. 1980, S. 513 [518]; *Wernsmann*, Das gleichheitswidrige Steuergesetz, S. 217f.; BVerfGE 61, 319 [356f.]; BVerfGE 73, 40 [101f.].

681 *Wernsmann*, Das gleichheitswidrige Steuergesetz, S. 218.

682 *Wernsmann*, Das gleichheitswidrige Steuergesetz, S. 218.

683 *Klein*, in: Benda/Klein, Lehrbuch, Rn. 1274.

684 *Pohle*, Verfassungswidrigerklärung.

zwischen den Entscheidungen mit Weitergeltungsanordnung und denen, die eine Anwendungssperre für das für verfassungswidrig erklärte Gesetz nach sich ziehen.[685] Grundsätzlich bestehe die festgestellte Verfassungswidrigkeit schon seit der Kollision zwischen Verfassung und einfachem Gesetz. Jedoch könne eine Entscheidung, die eine Weitergeltung der verfassungswidrigen Norm anordnet, nicht deren Unvereinbarkeit mit Rückwirkung auf den Zeitpunkt der Kollision mit der Verfassung feststellen. Besondere Gründe verlangten hier die vollumfängliche Anwendbarkeit der Norm bis zu ihrer Novellierung, so dass die Rückwirkungsproblematik dahinter zurücktrete.[686] Anders sei dies aber bei Unvereinbarerklärungen zu werten, die die Norm mit einer Anwendungssperre belegen: In diesen Fällen soll die Entscheidung auf den Kollisionszeitpunkt zurückwirken, da sie auch genau seit diesem Zeitpunkt verfassungswidrig sei. Dem solle auch nicht entgegenstehen, dass durch die Unvereinbarerklärung die Nichtigerklärung und deren Folgen gerade vermieden werden sollten, da dies nicht in erster Linie auf die *ex tunc* Wirkung bezogen werde.[687]

bb. Die Möglichkeit der analogen Anwendung des § 79 Abs. 2 BVerfGG

Infolgedessen hält *Pohle* den § 79 Abs. 2 BVerfGG hinsichtlich der Unvereinbarerklärung für analog anwendbar.[688] Dies ist durchaus nachvollziehbar, wenn man bedenkt, dass sonst die Unvereinbarerklärung unter der Prämisse ihrer Rückwirkung dazu führte, dass die Unanfechtbarkeit bereits abgeschlossener Entscheidungen aus dem Zeitraum zwischen Kollision und Unvereinbarerklärung auf dem Spiel stünde. Es wäre wie auch bei der Nichtigerklärung kaum praktikabel, diese Entscheidungen alle unter dem Gesichtspunkt der veränderten Rechtslage nochmals zu prüfen. Insofern bestünde nach der Unvereinbarerklärung eine mit dem Zeitraum nach einer Nichtigerklärung vergleichbare Lage, die einer ausdrücklichen Regelung entbehrt. Als Ausgleich für die in § 79 Abs. 2 BVerfGG geregelte Einschränkung der Einzelfallgerechtigkeit zugunsten des Rechtsfriedens und der Rechtssicherheit[689] sind diese unanfechtbaren Entscheidungen nach § 79 Abs. 2 BVerfGG nicht vollstreckbar. Im Ergebnis bleibt es auch dabei.

---

685 *Pohle*, Verfassungswidrigerklärung, S. 165.

686 *Pohle*, Verfassungswidrigerklärung, S. 165.

687 *Pohle*, Verfassungswidrigerklärung, S. 165.

688 *Pohle*, Verfassungswidrigerklärung, S. 170. Der gleichen Meinung ist auch *Bethge*, in Maunz/Schmiedt-Bleibtreu/Klein u.a., BVerfGG, Komm., § 79, Rn. 18 wie auch das BVerfG in seiner Entscheidung BVerfGE 37, 217 [262f.].

689 *Pohle*, Verfassungswidrigerklärung, S. 170.

cc. Die Konsequenzen der Änderung des § 79 BVerfGG

Allerdings ist Folgendes zu beachten. Der § 79 BVerfGG ist durch das Vierte Gesetz zur Änderung des BVerfGG[690] von 1970 lediglich dahingehend geändert worden, dass die Unvereinbarerklärung in die Regelung des Absatzes 1 eingeführt worden ist. Absatz 2 blieb dagegen unverändert.[691] Da nach § 78 BVerfGG nichtig erklärte Vorschriften *ex tunc* nichtig sind, legt der § 79 BVerfGG fest, dass nicht mehr anfechtbare Entscheidungen, die auf einer solchen Vorschrift beruhen, von dieser Rückwirkung unberührt bleiben. Dies dient dem Rechtsfrieden, da sonst bereits abgeschlossene Verfahren nochmals aufgerollt werden könnten, was für Gerichte und Verwaltung unabsehbare Folgen hätte.[692]

§ 79 Abs. 1 BVerfGG regelt seit seiner Änderung auch für die Unvereinbarerklärung, dass gegen rechtskräftige Strafurteile, die auf einer für unvereinbar erklärten Norm beruhen, nach den Vorschriften der StPO eine Wiederaufnahme zulässig ist. Daraus, dass der Gesetzgeber an die Unvereinbarerklärung nur die Folgen des ersten Absatzes geknüpft hat, ist zu schließen, dass er davon ausging, die Klarstellung aus Absatz 2 sei nicht erforderlich, da die Unvereinbarerklärung an sich *ex nunc* Wirkung habe. Die Regelung des Absatzes 1, die eine Art Rückwirkung der Entscheidung auf rechtskräftige Strafurteile – in dem Fall konstitutiv – regelt, knüpft dann als Ausnahme an diese grundsätzliche Regel an.

dd. Die Entbehrlichkeit einer Analogie zu § 79 Abs. 2 BVerfGG

Dieser Ausschluss der Unvereinbarerklärung aus dem Anwendungsbereich des Absatzes 2 geschah gewollt und nicht nur versehentlich. Dafür spricht vor allem die kontroverse und ausführliche Diskussion während des Gesetzgebungsverfahrens.[693] Der Rechtsausschuss hat zu der Änderung des Art. 79 Abs. 2 BVerfGG Stellung genommen, auch wenn er zu der Möglichkeit der Rückwirkung der Unvereinbarerklärung keine Aussage getroffen hat.[694] Ebenso äußerten sich der Bundesrat und das Plenum zu dieser Vorschrift.[695] Im Falle einer gewollten Lücke

---

690 BGBl I, S, 1765.

691 *Stuth*, in: Umbach/Clemens, BVerfGG, Komm., § 79, Rn. 12; *Schneider*, Funktion der Normenkontrolle, S. 164.

692 *Lechner/Zuck*, BVerfGG, § 79, Rn. 2.

693 *Schneider*, Funktion der Normenkontrolle, S. 165.

694 Schriftlicher Bericht der Rechtsausschusses über den von der Bundesregierung eingebrachten Entwurf eines Vierten Gesetzes zur Änderung des Gesetzes über das Bundesverfassungsgericht, BT-Drucks. VI/1471.

695 BT-Drucks. VI/388, S. 15f. und 17.

scheidet eine Analogie, wie sie von Teilen der Literatur[696] vertreten wird, aus.[697] Der Tatsache, dass der Gesetzgeber die Unvereinbarerklärung nicht in den Anwendungsbereich des § 79 Abs. 2 BVerfGG einbezogen hat, ist außerdem zu entnehmen, dass er davon ausging, der Unvereinbarerklärung käme an sich schon nur *ex nunc* Wirkung zu. Dies resultiert auch aus der Nichtanwendbarkeit der Lehre von der *ipso iure* Nichtigkeit verfassungswidriger Gesetze auf die Fälle der Unvereinbarerklärung. Da die Unvereinbarerklärung also nicht *ex tunc* wirkt, muss diese Wirkung auch nicht eingeschränkt werden.

Zusammenfassend kann festgestellt werden, dass die Unvereinbarerklärung im Gegensatz zur Nichtigerklärung die Norm in ihrem Bestand unangetastet lässt.[698] Vielmehr wird sie nur in ihrer Anwendbarkeit suspendiert. Die Feststellung der Verfassungswidrigkeit kann im Übrigen nur *ex nunc* wirken und zwar unabhängig davon, ob mit ihr eine Anwendungssperre oder eine Weitergeltungsanordnung verbunden ist.[699]

2. Die Unterschiede zwischen Unvereinbarerklärung und Nichtigerklärung

Aus der getroffenen Feststellung, dass die Norm bei der Unvereinbarerklärung nicht aus der Rechtsordnung eliminiert, sondern nur in ihrer Anwendbarkeit suspendiert wird,[700] ergeben sich einige Unterschiede zwischen den Konsequenzen der Nichtig- und denen der Unvereinbarerklärung.

a. Das Wiederaufleben der alten Rechtslage

In den Fällen der Nichtigerklärung kann die vorhergehende Rechtslage, die durch die nun nichtige Neuregelung verdrängt worden war, insbesondere bei der Elimination ganzer Gesetze oder größerer Normkomplexe wieder aufleben. Dies folgt daraus, dass mit der Nichtigerklärung die Norm *ex tunc* vollkommen aus der Rechtsordnung entfernt wird. Somit kann sie auch die vorhergehende Rechtslage nicht mehr verdrängen und diese erlangt wieder volle Wirksamkeit, soweit die neue Rechtslage eliminiert worden ist.

Anders ist dies bei der Unvereinbarerklärung. Sie lässt die Norm in ihrem Bestand unberührt. Es entsteht demnach kein rechtliches Vakuum, das durch Aufleben der

---

696 *Pohle*, Verfassungswidrigerklärung, S. 170; so auch das Bundesverfassungsgericht in seiner Entscheidung BVerfGE 37, 217 [262f.].
697 Zu den Voraussetzungen einer Analogie ausführlich: *Vogel*, Juristische Methodik, S. 133.
698 *Blüggel*, Unvereinbarerklärung, S. 107.
699 Im Ergebnis so auch *Maunz*, BayVBl. 1980, S. 513 [518].
700 *Blüggel*, Unvereinbarerklärung, S. 107.

alten Rechtslage ausgefüllt werden könnte.[701] Es bleibt vielmehr nach dem Grundsatz „*lex posterior derogat legi priori*“ dabei, dass die alte Rechtslage überholt ist und verdrängt wurde. Die Tatsache, dass der Streitgegenstand nur in seiner Anwendbarkeit suspendiert wurde, aber weiterhin existent ist, verhindert das Wiederaufleben des alten Rechts.[702]

Darin liegt ein erster wesentlicher Unterschied zwischen Unvereinbarerklärung und Nichtigerklärung. Das kann dann zum Absehen von der Nichtigerklärung führen, wenn das alte Recht nicht mehr aufleben darf, da dieses der Verfassung möglicherweise noch ferner steht als die aktuelle, ebenfalls verfassungswidrige Rechtslage.

b. Keine Rückwirkung auf den Kollisionszeitpunkt

Die Nichtigerklärung wirkt auf den Kollisionszeitpunkt zurück. Diese Rückwirkung ist durch § 79 Abs. 2 BVerfGG eingeschränkt. Danach werden unanfechtbare Entscheidungen durch die Nichtigerklärung der streitentscheidenden Norm nicht berührt. Allerdings sind solche Entscheidungen gemäß § 79 Abs. 2 Satz 2 BVerfGG nicht vollstreckbar. Ansprüche aus ungerechtfertigter Bereicherung sind in solchen Fällen gemäß Satz 4 ausgeschlossen.

Die Unvereinbarerklärung wirkt dagegen nicht auf den Zeitpunkt ihrer Kollision mit der Verfassung zurück.[703] Entscheidungen, die zwischen Kollision der Norm mit der Verfassung und der Unvereinbarerklärung ergangen und unanfechtbar geworden sind, bleiben vollstreckbar. Für Strafurteile sieht § 79 Abs. 1 BVerfGG für beide Tenorierungsvarianten gleichermaßen vor, dass eine Wiederaufnahme nach den Vorschriften der StPO zulässig ist.

c. Die Möglichkeit der Weitergeltungsanordnung

Wichtigster Unterschied zwischen Nichtig- und Unvereinbarerklärung ist in vielen Fällen die Möglichkeit einer Weitergeltungsanordnung, für die eine Unvereinbarerklärung die notwendige Voraussetzung darstellt. Inzwischen geht man in der Literatur[704] und Rechtsprechung[705] davon aus, dass eine Weitergeltung der Norm

---

701 *Strehle*, Rechtswirkungen, S. 107.

702 *Klein*, in: Benda/Klein, Lehrbuch, Rn. 1274.

703 So auch *Maunz*, BayVBl. 1980, S. 513 [518].

704 *Blüggel*, Unvereinbarerklärung, S. 93; *Löwer*, in: Isensee/Kirchhof, Handbuch des Staatsrechts, Band II, § 56, Rn. 108.

705 Das ergibt sich daraus, dass das Bundesverfassungsgericht die Weitergeltung in neueren Entscheidungen immer explizit anordnet: BVerfGE 33, 303 [305]; BVerfGE 61, 319 [320f.]; BVerfGE 73, 40 [42]; BVerfGE 83, 130 [130].

nach der Unvereinbarerklärung explizit angeordnet werden muss. Bei einer Nichtigerklärung kommt die Anordnung der Weitergeltung der Norm dagegen überhaupt nicht in Betracht. Die streitgegenständliche Regelung kann nicht erst aus der Rechtsordnung entfernt werden, nur um anschließend ihre Weitergeltung anzuordnen. Sie ist dann schon nicht mehr existent. Der Anordnung fehlte also der Gegenstand, dem weitere Geltung verliehen werden könnte. Inwiefern diese Weitergeltungsanordnungen an sich zulässig sind, soll erst später[706] überprüft werden. An dieser Stelle kann aber schon festgestellt werden, dass sie rechtstechnisch nur möglich sind, wenn das Gesetz in seinem Bestand unangetastet bleibt. Das ist eine der wesentlichen Funktionen der Unvereinbarerklärung: Sie bildet die Basis für Weitergeltungsanordnungen.

Ähnliches gilt auch für modifizierende Interimsregelungen. Wird das geltende, verfassungswidrige Recht in seiner Anwendbarkeit suspendiert, so kann es – modifiziert durch das Bundesverfassungsgericht – in Form einer Interimsregelung zur Überbrückung des Zeitraumes bis zu einer Neuregelung durch den Gesetzgeber dienen. Auch hierfür ist der Weiterbestand der Norm Voraussetzung, da der Erlass eigener Vorschriften durch das Bundesverfassungsgericht eine andere Qualität hätte als die bloße Abänderung an sich noch bestehenden Rechts. Dies soll auf seine Zulässigkeit hin ebenfalls an anderer Stelle[707] untersucht werden. Jedoch drängt sich für den Fall einer Interimsregelung nach einer Nichtigerklärung schon an dieser Stelle die oft gestellte Frage[708] auf, ob sich das Bundesverfassungsgericht als Ersatzgesetzgeber gebärden darf.

d. Die Notwendigkeit des Tätigwerdens des Gesetzgebers

Ein weiterer Unterschied zur Nichtigerklärung besteht darin, dass nach einer Unvereinbarerklärung der verfassungswidrige Zustand nicht wirklich dauerhaft beseitigt ist. Vielmehr trifft sehr häufig den Gesetzgeber die Pflicht[709], eine verfassungskonforme Lage herzustellen.[710] Durch eine Nichtigerklärung gewährleistet das Bundesverfassungsgericht zumindest, dass die verfassungswidrige Norm, wenn eine solche vorliegt[711], endgültig aus der Rechtsordnung gelöscht ist. Der Gesetz-

706 Vgl. hierzu im Ersten Teil unter V B 1.

707 Vgl. hierzu im Ersten Teil unter V B 2.

708 Vgl. hierzu im Ersten Teil unter V B 2.

709 Weiterführend zur Verpflichtung des Gesetzgebers: *Blüggel*, Unvereinbarerklärung, S. 107ff.

710 *Gerontas*, DVBl. 1982, S. 486 [488]; *Blüggel*, Unvereinbarerklärung, S. 107; *Vogel*, Das BVerfG und die übrigen Verfassungsorgane, S. 223; *Heußner*, NJW 1982, S. 257 [268]; BVerfGE 90, 263 [277].

711 Dies kann nämlich gerade nicht gelten, wenn z.B. eine verfassungswidrige Relation vorliegt.

geber wird dann nur tätig, wenn er mit der dann geltenden Rechtslage nicht einverstanden ist. Nach einer Unvereinbarerklärung muss der Gesetzgeber tätig werden und die Rechtslage dauerhaft durch eine Neuregelung ersetzen.[712] Er muss den herrschenden Schwebezustand beseitigen.

Gesetzlich festmachen kann man diese Verpflichtung des Gesetzgebers zum Tätigwerden nach der Unvereinbarerklärung an Art. 20 Abs. 3 GG, der ihn an die Verfassung bindet.[713] Er hat die verfassungsimperfekte Lage endgültig zu beseitigen. Im Übrigen habe er ohne schuldhaftes Zögern zu handeln, was sich aus dem Vorrang der höherrangigen Norm ergibt.[714]

e. Die Folgen für Gerichte und Behörden

Nicht zuletzt unterscheiden sich die beiden Tenorierungsvarianten auch hinsichtlich der Folgen für Behörden und Gerichte, die den Ausgangsfall entschieden haben bzw. bei denen Parallelfälle zur Zeit des verfassungsgerichtlichen Verfahrens anhängig sind.

aa. Die Folgen für das Ausgangsverfahren

Als Ausgangsverfahren wird das Verfahren, welches dem jeweiligen verfassungsgerichtlichen Verfahren vorausging, bezeichnet. Bei der konkreten Normenkontrolle ist dies das anhängige Gerichtsverfahren, anlässlich dessen das Gericht vor Entscheidung in der Sache Zweifel an der Verfassungsmäßigkeit einer relevanten Norm bekam. Dieses Vorlagegericht hat das Verfahren nach einer Unvereinbarerklärung weiterhin auszusetzen, bis der Gesetzgeber eine Neuregelung getroffen hat.[715] Dies soll gewährleisten, dass die Beteiligten des Ausgangsverfahrens nicht

---

712 *Klein*, in: Benda/Klein, Lehrbuch, Rn. 1276; BVerfGE 81, 363 [384]; BVerfGE 99, 202 [216]. So auch in der Entscheidung zur Rentenbesteuerung BVerfGE 105, 73 [134f.].

713 *Schneider*, Funktion der Normenkontrolle, S. 162; *Heußner*, NJW 1982, S. 257 [258]; *Gerontas*, DVBl. 1982, S. 486 [488].

714 *Klein*, in: Benda/Klein, Lehrbuch, Rn. 1276; *Blüggel*, Unvereinbarerklärung, S. 109; *Gerontas*, DVBl. 1982, S. 486 [488]; BVerfGE 32, 199 [218]; BVerfGE 34, 9 [44]; BVerfGE 81, 363 [384]; 89, 15 [27].

715 Vergleiche auch in der Entscheidung zur Rentenbesteuerung BVerfGE 105, 73 [134]. In jüngerer Zeit wurden aber auch schon Ausnahmen von der Aussetzungspflicht gemacht, so zum Beispiel in BVerfGE 87, 234. So wurde dort vom Gericht zwar eine Anwendungssperre für die Norm festgestellt, jedoch wurde ausdrücklich klargestellt, dass damit ausnahmsweise keine Aussetzungspflicht einhergehe (BVerfGE 87, 234 [262]). In diesem Fall war dies nötig, da die beanstandete Vorschrift des § 138 Abs. 1 Nr. 2 AFG die Einkommensanrechnung unter Ehegatten zum Gegenstand hatte. Diese wiederum ist maßgebend für die Bedürftigkeitsprüfung eines Arbeitslosen. Sie beeinflusst also den Anspruch auf Arbeitslosenhilfe in der Art, dass diese bei Aussetzung der Ausgangsverfahren für die Ver-

eine verfassungswidrige Regelung für oder gegen sich gelten lassen müssen, sondern von der verfassungskonformen Neuregelung profitieren können.[716] Nach einer Nichtigerklärung ist die Aussetzungspflicht mit der Entscheidung des Bundesverfassungsgerichts beendet, da dieses Urteil mit seiner Verkündung die verfassungswidrige Rechtslage sofort korrigiert und das Vorlagegericht aufgrund der dann geltenden Rechtslage entscheiden kann. Es entsteht kein Schwebezustand[717] wie nach einer Unvereinbarerklärung.

Nach einer Unvereinbarerklärung im Verfahren der (Urteils-) Verfassungsbeschwerde[718] ist das Urteil im Ausgangsverfahren aufzuheben und das Verfahren zur Entscheidung an das zuständige Instanzengericht zurückzuverweisen. Auch in diesem Fall ist das Verfahren bis zur Neuregelung auszusetzen[719], da gewährleistet sein muss, dass die Verfahrensbeteiligten von der verfassungskonformen Neuregelung, die sie vor dem Bundesverfassungsgericht erstritten haben, profitieren können.[720] Betrachtet man die eher seltenen Verfassungsbeschwerdeverfahren ohne vorherige Erschöpfung des Rechtsweges, die gemäß § 90 Abs. 2 Satz 2 BVerfGG vom Bundesverfassungsgericht dennoch entschieden werden, kann man davon ausgehen, dass auch in diesen Fällen die Verfahren an die zuständige Entscheidungsinstanz – meist eine Behörde – zurückverwiesen werden und diese das Ver-

---

fassungsbeschwerde solange diese Aussetzung dauerte, nicht hätte gewährt werden dürfen. Deswegen sollte das Verfahren ausnahmsweise nicht ausgesetzt werden (BVerfGE 87, 234 [262f.]). Im Übrigen wird teilweise auch eine bedingte Aussetzungspflicht für möglich gehalten. Weiterführend hierzu: *Blüggel*, Unvereinbarerklärung, S. 103ff.

716 *Klein*, in: Benda/Klein, Lehrbuch, Rn. 1275; *Schlaich/Korioth*, Das BVerfG, Rn. 413; *Blüggel*, Unvereinbarerklärung, S. 93ff; *Gerontas*, DVBl. 1982, S. 486 [488]; *Wernsmann*, Das gleichheitswidrige Steuergesetz, S. 218. So auch: BVerfGE 37, 217 [261]; BVerfGE 100, 59 [103]. A.A.: *Söhn*, Anwendungspflicht, S. 60.

717 So drückte sich auch das BVerfG in BVerfGE 82, 126 [155] und in BVerfGE 87, 114 [136] aus.

718 In den meisten Fällen liegen Urteilsverfassungsbeschwerden vor, da die Verfassungsbeschwerde in jeder Hinsicht subsidiär ist und insofern auch der Rechtsweg – abgesehen von Ausnahmefällen – nach § 90 Abs. 2 Satz 1 BVerfGG erschöpft werden muss.

719 Die Anordnung der Aussetzung des Verfahrens soll nach *Söhn* (Anwendungspflicht, S. 87) als Anordnung gemäß § 35 BVerfGG einzuordnen sein.

720 *Schlaich/Korioth*, Das BVerfG, Rn 413; *Klein*, in: Benda/Klein, Lehrbuch, Rn. 1275; *Blüggel*, Unvereinbarerklärung, S. 95; *Gerontas*, DVBl. 1982, S. 486 [488]. So hat zum ersten Mal wohl der zweite Senat 1962 in BVerfGE 15, 46 [76f] entschieden. Weitere Entscheidungen folgten: BVerfGE 22, 349 [363]; BVerfGE 52, 369 [379]; BVerfGE 99, 202 [215]; BVerfGE 100, 104 [186]. A.A.: *Söhn*, Anwendungspflicht, S. 60.

fahren ebenfalls bis zu einer Neuregelung auszusetzen hat.[721] In den Fällen der abstrakten Normenkontrolle gibt es einen Ausgangsfall als solchen nicht.

bb. Die Folgen für die Parallelfälle

Für die Parallelfälle gilt Ähnliches wie für die Ausgangsfälle. Ein Parallelfall liegt dann vor, wenn ein Verfahren an einem Gericht anhängig oder durch Behörden noch nicht abgeschlossen ist, für das es ebenfalls auf die für mit der Verfassung unvereinbar erklärte(n) Norm(en) ankommt, das aber selbst nicht Anlass des verfassungsgerichtlichen Verfahrens war.[722] Mangels Rückwirkung der Unvereinbarerklärung bleiben unanfechtbare Entscheidungen von Behörden wie auch Gerichten von den Urteilen des Bundesverfassungsgerichts unberührt. Dies wird allein für strafrechtliche Urteile gemäß § 79 Abs. 1 BVerfGG und die Möglichkeit der Wiederaufnahme des Verfahrens nach den Vorschriften der StPO eingeschränkt. Für noch bei Gerichten anhängige oder durch Behörden noch nicht abgeschlossene Parallelverfahren gilt, dass diese ebenfalls auszusetzen sind.[723] Dies folgt aus § 31 Abs. 1 BVerfGG, der besagt, dass die Entscheidungen des Bundesverfassungsgerichts alle Gerichte und Behörden binden.[724] Da die Entscheidungen des Bundesverfassungsgerichts gemäß § 31 Abs. 2 BVerfGG außerdem Gesetzeskraft erlangen, gilt diese Pflicht zur Aussetzung von Parallelverfahren auch nach einem abstrakten Normenkontrollverfahren, sollte dieses mit einer Unvereinbarerklärung abgeschlossen werden.[725] Gleiches gilt für Verfahren, die in der Interimszeit zwischen Entscheidung des Gerichts und Neuregelung durch den Gesetzgebers erst anhängig oder bei einer Behörde eingereicht werden. Auch diese müssen von der noch ausstehenden verfassungskonformen Neuregelung profitieren können und sind deswegen bis zur Neuregelung auszusetzen.[726]

Für die Nichtigerklärung gilt dagegen § 79 Abs. 1, 2 BVerfGG. Da in diesem Fall eine endgültige Entscheidung vorliegt, können die noch anhängigen Verfahren

---

721 *Blüggel*, Unvereinbarerklärung, S. 93. So inzwischen auch das Bundesverfassungsgericht in BVerfGE 84, 1 [5]; BVerfGE 87, 114 [136], wie auch in der Entscheidung zur Rentenbesteuerung BVerfGE 105, 73 [134].

722 *Schlaich/Korioth*, Das BVerfG, Rn. 414. Das schließt im Übrigen auch die Fälle ein, die nicht zu der weniger, sondern zu der mehr begünstigten Gruppe gehören, wegen deren Besserstellung geklagt worden ist, da auch der Begünstigungstatbestand für diesen Personenkreis von der Unvereinbarerklärung erfasst wird.

723 *Blüggel*, SGb 2003, S. 507 [509].

724 *Schlaich/Korioth*, Das BVerfG, Rn. 415; *Klein*, in: Benda/Klein, Lehrbuch, Rn. 1275; *Blüggel*, Unvereinbarerklärung, S. 94.

725 *Klein*, in: Benda/Klein, Lehrbuch, Rn. 1275; BVerfGE 37, 217 [265].

726 *Klein*, in: Benda/Klein, Lehrbuch, Rn. 1275. So auch in der Entscheidung zur Rentenbesteuerung BVerfGE 105, 73 [134]. A.A.: *Söhn*, Anwendungspflicht, S. 60.

nach Rechtskraft des Urteils entschieden werden. Die weitere Aussetzung ist nicht notwendig.

f. Das Problem: Mangelnde Durchsetzbarkeit verfassungsgerichtlicher Entscheidungen

Im Hinblick auf das bisher Festgestellte ergibt sich nun folgendes Problem: Das Bundesverfassungsgericht beseitigt durch die Unvereinbarerklärung den verfassungswidrigen Zustand nicht endgültig, sondern suspendiert das betroffene Gesetz bzw. die Norm nur in ihrer Gültigkeit. Bis zum Tätigwerden des Gesetzgebers besteht eine Art Schwebezustand, da alle aktuellen, noch anhängigen Entscheidungen ausgesetzt werden müssen. Denkbar ist nun, dass der Gesetzgeber seiner Pflicht, eine verfassungskonforme Neuregelung unverzüglich zu erlassen, nicht nachkommt. Dem Gericht stehen in diesem Fall keine „Vollstreckungs- oder Zwangsmittel" zur Verfügung.

Umstritten ist, ob das Gericht bei erneuter Antragstellung nach einem solchen Untätigbleiben der Legislativorgane die vorher nur in ihrer Wirksamkeit suspendierte Norm für nichtig erklären darf.[727] Geht man davon aus, dass eine Nichtigerklärung nur in ganz bestimmten Fällen zulässig ist, ändert das Untätigbleiben des Gesetzgebers nichts an den Gründen, die schon bei der ersten Entscheidung zwingend für den Ausspruch einer Unvereinbarerklärung gesprochen haben. Die Nichtigerklärung beseitigt beispielsweise auch dann immer noch nicht den eigentlichen Verfassungsverstoß beim gleichheitswidrigen Begünstigungsausschluss, der ja in der Relation zweier Normen liegt und nicht in diesen selbst. Insofern ist *Korioth* zuzustimmen, dass eine solche „Ersatzvornahme" nicht in Betracht kommt.[728] Dem Bundesverfassungsgericht stehen hier tatsächlich keine Mittel zur Verfügung, dieser Situation abzuhelfen.

Das Bundesverfassungsgericht hat selbst einen Ausweg aus diesem Dilemma gefunden: In seinem Urteil zu den Kündigungsfristen[729] hat es entschieden, der Schwebezustand könne, wenn er zu lange andauere, schließlich selbst verfassungswidrig werden.[730] Es kann dem Grundsatz des effektiven Rechtsschutzes schließlich nicht mehr entsprechen, wenn ein Verfahren zu lange ausgesetzt wird. In einem solchen Falle müssten die Fachgerichte die anhängigen Rechtsstreitigkeiten fortführen und selbst verfassungskonform entscheiden. Dem ist zuzustimmen.

---

727 Für eine solche nachträgliche Nichtigerklärung: *Sachs*, in: NVwZ 1982, S. 657 [659f.]. Gegen diese: *Schlaich/Korioth*, Das BVerfG, Rn. 426.

728 *Schlaich/Korioth*, Das BVerfG, Rn. 426.

729 BVerfGE 82, 136.

730 BVerfGE 82, 126 [154].

Allerdings ist kritisch anzumerken, dass wiederum unklar sein dürfte – außer für die Fälle, in denen das Bundesverfassungsgericht eine Frist setzt und diese abgelaufen ist – wann ein angemessener Zeitraum für das Tätigwerden des Gesetzgebers vorüber ist. Es ist dem Bundesverfassungsgericht deswegen zu empfehlen, solche Fristen als Anhaltspunkt für Gesetzgeber und Fachgerichte immer festzulegen.

G. Zusammenfassung

Als Ergebnis kann Folgendes festgestellt werden:

(1) Für die erste Fallgruppe der Unvereinbarerklärung sind die Fälle des gleichheitswidrigen Begünstigungsausschlusses und die des nachbesserungsfähigen, defizitären Gesetzes getrennt zu betrachten.

(a) Für die erste Unterfallgruppe wurde festgestellt, dass sie eine Unvereinbarerklärung nicht schon nötig macht, weil in diesen Fällen etwa die Gestaltungsfreiheit des Gesetzgebers gefährdet wäre. Diese bleibt schon deshalb unberührt, weil der Gesetzgeber zu befürchtende Eingriffe in seine Gestaltungsfreiheit durch die Nichtigerklärung selbst verhindern bzw. beseitigen kann. Eine Unvereinbarerklärung ist in diesen Fällen aber deshalb erforderlich, weil der Verfassungsverstoß nicht in einer Norm, sondern in der Relation zweier oder mehrerer Normen zueinander angelegt ist. Durch eine Nichtigerklärung würde das Bundesverfassungsgericht dem Umfang nach immer mehr eliminieren als unbedingt notwendig, weil verfassungswidrig ist. Es ist aber nur dazu ermächtigt, verfassungswidrige Gesetze und Gesetzesteile für nichtig zu erklären, so dass eine Unvereinbarerklärung die Nichtüberschreitung der Kompetenzen des Bundesverfassungsgerichts in diesen Fällen sichert. Im Übrigen ermöglicht diese Tenorierungsvariante insbesondere auf dem Gebiet der haushaltswirksamen Entscheidungen ein besseres Folgenmanagement.

(b) Für die zweite Unterfallgruppe der nachbesserungsfähigen, defizitären Gesetze existiert keine tragfähige Begründung für die Notwendigkeit der Unvereinbarerklärung, so dass der Grundsatz der *ipso iure* Nichtigkeit uneingeschränkt gelten muss. Es muss bei den Tenorierungsmöglichkeiten des § 78 BVerfGG bleiben.

(2) Die zweite Fallgruppe, bei der die Unvereinbarerklärung Anwendung findet, wird ebenfalls in Unterfallgruppen aufgeteilt. Zur ersten Untergruppe gehören die Fälle, bei denen ein Regelungsauftrag aus dem Grundgesetz besteht, die zweite umfasst die so genannten „Chaosfälle“. Die Unterfallgruppen haben im Ergebnis gemeinsam, dass bei einer Nichtigerklärung ein verfassungsfernerer Zustand entstünde, als er durch die Verfassungswidrigkeit des Gesetzes schon bestanden hat.

In den Fällen der ersten Untergruppe ergibt sich die Unvereinbarerklärung als zwingende Tenorierungsvariante für die Verfahren der Verfassungsbeschwerde und der konkreten Normenkontrolle auch zunächst aus dem Grundsatz des effektiven Rechtsschutzes. Darüber hinaus wird für alle Verfahren, also auch für die abstrakte Normenkontrolle, mit dem Gedanken der grundrechtssichernden Verfahrensgestaltung argumentiert.

Auch für die „Chaosfälle“ zwingt der Grundsatz des effektiven Rechtsschutzes zur Unvereinbarerklärung. Dieser kann allerdings auch entgegenstehen, so z.B. im Verfahren „Josefine Mutzenbacher“[731].

(3) Keine echte dritte Fallgruppe ist die der gesetzestechnischen Unmöglichkeit der Nichtigerklärung wegen des Vorliegens eines Unterlassens des Gesetzgebers.

Von der Nichtigerklärung wird trotz Vorliegens der Voraussetzungen für eine Unvereinbarerklärung aber dann wieder ausnahmsweise Gebrauch gemacht, wenn diese im konkreten Einzelfall die einzig mögliche Tenorierungsvariante darstellt, um zu einer verfassungskonformen Rechtslage zu gelangen. Dies kommt in der Praxis allerdings äußerst selten vor.

(4) Als Folgen der Unvereinbarerklärung sind festzuhalten, dass ihr grundsätzlich keine Rückwirkung zukommt und sie auch deshalb nur in § 79 Abs. 1 BVerfGG und nicht in dessen Absatz 2 erwähnt ist. Im Unterschied zur Nichtigerklärung lebt bei der Unvereinbarerklärung das alte Recht nicht wieder auf. Die Möglichkeit, eine Weitergeltungsanordnung anzuschließen, besteht ebenfalls nur bei der Unvereinbarerklärung. Nach dieser trifft den Gesetzgeber die Pflicht zum Tätigwerden und die Behörden und Gerichte haben der Schwebelage Rechnung zu tragen, die nach einer Unvereinbarerklärung entsteht.

V. Die Schaffung von Übergangsregelungen

Neben den bisher dargestellten Tenorierungsvarianten existiert eine weitere Tendenz in der Entscheidungspraxis des Bundesverfassungsgerichts, die keine echte eigene Tenorierungsvariante darstellt, sondern vielmehr in Verbindung mit einer solchen zu sehen ist. Das Bundesverfassungsgericht gibt seinem Tenor nicht nur einen Inhalt, der so im BVerfGG nicht vorgesehen ist, sondern legt darüber hinaus auch fest, was in einer etwaigen Übergangszeit geschehen soll. Dabei bedient es sich verschiedener Möglichkeiten von Übergangsregelungen[732]: Zum einen exis-

---

731 BVerfGE 83, 130.

732 Der Begriff „Übergangsregelung“ soll synonym mit dem der „Interimsregelung“ bzw. „Interimsanordnung“ verwendet werden. Dies sind die Oberbegriffe, die die eigentlichen

tiert vom Gericht neu formuliertes „Übergangsrecht“[733], zum anderen werden so genannte Weitergeltungsanordnungen[734], durch welche bestehendem, aber verfassungswidrigem Recht wie gehabt[735] oder leicht modifiziert[736] zur weiteren Geltung verholfen wird, erlassen. Des Weiteren werden hierzu alle anderen Übergangsanordnungen i.S.d. § 35 BVerfGG gerechnet, die durch Festlegung der Art und Weise der Vollstreckung natürlich auch das Verfahren in der Übergangszeit bis zum Tätigwerden des Gesetzgebers beeinflussen können. Solche Regelungen sind u.a. deshalb bedenklich, weil der Schluss nahe liegt, das Bundesverfassungsgericht würde anstatt kontrollierend eher gesetzgebend tätig werden.

A. Die Problematik beim Erlass von Übergangsregelungen im Allgemeinen

Beim Erlass von Übergangsregelungen stellen sich eine Vielzahl von Einzelproblemen. Bedenken hinsichtlich der Zulässigkeit solcher Interimsanordnungen ergeben sich zum einen aus den Strukturmerkmalen des Bundesverfassungsgerichts. Der Erlass solcher Regelungen tangiert die Strukturmerkmale der nachträglichen und negierenden Kontrolle sowie das der Antragsgebundenheit des Gerichts. Des Weiteren stellt sich die Frage, ob solche Anordnungen nicht einen Eingriff in die Gestaltungsfreiheit des Gesetzgebers darstellen. In diesem Zusammenhang wird das Bundesverfassungsgericht immer wieder dazu angehalten, *self-restraint* zu üben. Als problematisch erweist sich darüber hinaus, dass Übergangsregelungen oftmals im Widerspruch zum Klagebegehren stehen und dies, obwohl der Vortrag des Klägers begründet ist. Außerdem ist das Verfahren des Bundesverfassungsgerichts gerichtsförmig organisiert, also für den Erlass solcher Regelungen nicht ausgelegt. Bedenklich erscheint auch, dass die geschaffenen Interimsregelungen dem Grundsatz des Vorbehaltes des Gesetzes, wie auch dem Grundsatz *nulla poena sine lege* nicht entsprechen dürften. Und auch die verfassungsgerichtliche Aufgabe der Verfassungssicherung erscheint in diesen Fällen gefährdet. Zuletzt stellt sich dann auch die Frage einer Ermächtigungsgrundlage für das Gericht.

Übergangs*regelungen*, die Weitergeltungsanordnungen und auch sonst alle Anordnungen umfassen, die für die Interimszeit zwischen Verkündung der verfassungsgerichtlichen Entscheidung und der Neuregelung durch den Gesetzgeber gelten.

733 BVerfGE 84, 9 [22ff.]; BVerfGE 87, 234 [263].

734 Dafür, dass auch Weitergeltungsanordnungen Übergangsregelungen sind: *Böckenförde*, Die sogenannte Nichtigkeit, S. 131, 134; *Bang*, Übergangsregelungen, S. 15.

735 BVerfGE 33, 303 [305]; BVerfGE 61, 319 [321]; BVerfGE 84, 239 [284f.].

736 BVerfGE 73, 40 [102].

B. Erörterung und Problemlösung

Die dargestellten Probleme sind nun bezüglich der Weitergeltungsanordnung, der Übergangsregelungen im eigentlichen Sinne und der Weisungen an den Gesetzgeber differenziert zu erörtern.

1. Die Weitergeltungsanordnung

Zunächst soll die so genannte Weitergeltungsanordnung untersucht werden. Diese setzt voraus, dass das Bundesverfassungsgericht eine Unvereinbarerklärung ausspricht, also auf eine Nichtigerklärung verzichtet, da sonst eine Materie, deren Weitergeltung angeordnet werden könnte, nicht mehr vorhanden wäre. Die Unvereinbarerklärung zieht grundsätzlich eine Anwendungssperre nach sich. Verbindet das Bundesverfassungsgericht diese Tenorierung mit einer Weitergeltungsanordnung, verhindert es die Suspendierung des Gesetzes hinsichtlich seiner Gültigkeit. Bis zum Jahr 1997 gab es vierzehn derartige Anordnungen in der Rechtsprechung des Bundesverfassungsgerichts.[737] Die Gründe für diese Abweichung von den gesetzlichen Tenorierungsvarianten sind überwiegend identisch mit denen, die schon für die Notwendigkeit einer Unvereinbarerklärung in den „Chaosfällen"[738] angeführt worden sind[739]: Die Anordnung ist notwendig, um einerseits ein Rechtsvakuum zu vermeiden[740] und um andererseits nicht einen noch verfassungsferneren Zustand entstehen zu lassen, als er schon durch das verfassungswidrige Gesetz besteht[741].

a. Die Zulässigkeit der Weitergeltungsanordnung

Zunächst ist festzustellen, ob diese Entscheidungsmöglichkeit dem geltenden Recht oder Gesetz widerspricht.

aa. Die Strukturmerkmale des Bundesverfassungsgerichts

Eine solche Weitergeltungsanordnung steht im Widerspruch zu mehr als einem Strukturmerkmal des Bundesverfassungsgerichts. Das Gericht unterliegt zum einen dem Strukturmerkmal der nachträglichen Kontrolle und der Antragsgebun-

---

737 *Blüggel*, Unvereinbarerklärung, S. 96 mit einer Aufzählung in Fn. 77.
738 Vgl. hierzu im Ersten Teil unter IV E 2 b.
739 *Siedler*, Gesetzgeber und Bundesverfassungsgericht, S. 159.
740 BVerfGE 73, 40 [102].
741 BVerfGE 83, 130 [154].

denheit verfassungsgerichtlicher Entscheidungen, zum anderen dem der negierenden Kontrolle[742].

Das Strukturmerkmal der nachträglichen Kontrolle legt fest, dass das Gericht grundsätzlich bereits existente „Werke“ beispielsweise der gesetzgebenden Gewalt auf ihre Verfassungsmäßigkeit hin überprüft.[743] Ordnet es nun im Zuge seiner Entscheidungen zusätzlich für Gesetze, deren Verfassungswidrigkeit feststeht, die Weitergeltung an und betrachtet man diese Anordnung *isoliert*, kollidiert dies mit seiner nur nachträglichen Kontrollkompetenz. Das Gericht überprüft dann nicht mehr eine vorhandene Materie im Nachhinein auf einen bereits bestehenden Verfassungsverstoß, sondern agiert vorbeugend hinsichtlich weiterer Verfassungsverstöße, die erst durch seine Entscheidung entstehen würden, wenn es diese nicht mit einer Weitergeltungsanordnung versähe. Es stützt sein Tätigwerden bei einer Weitergeltungsanordnung auf seine Einschätzung für die Zukunft. Es prognostiziert die Folgen einer etwaigen Nichtig- oder Unvereinbarerklärung mit Anwendungssperre und entscheidet dann über die Notwendigkeit einer Weitergeltungsanordnung. Diese Art des Tätigwerdens zielt auf die Vermeidung einer bestimmten[744] Rechtslage für die Zukunft ab.

Darüber hinaus schreibt das Strukturmerkmal der Antragsgebundenheit des Gerichts vor, dass es nur tätig werden darf, wenn ein entsprechendes Verfahren durch einen Antragsberechtigten eingeleitet worden ist. Inhaltlich ist das Gericht auf den im Antrag dargestellten Streitgegenstand beschränkt.[745] Der Antrag ist im Allgemeinen gegen ein bestimmtes Gesetz oder gegen eine hoheitliche Maßnahme, nicht jedoch auf Erlass einer Weitergeltungsanordnung gerichtet. Ein Antrag auf Weitergeltungsanordnung kann im Grunde überhaupt nicht gestellt werden, denn die Regelung, deren Weitergeltung an eine Unvereinbarerklärung anschließend angeordnet werden soll, gilt zur Zeit der Antragstellung ja noch. Ziel kann zu Beginn des Verfahrens also nur sein, die Änderung der aktuellen Rechtslage zu erreichen, nicht jedoch deren Perpetuierung, wie sie durch eine Weitergeltung erreicht würde. Trotzdem erlässt das Bundesverfassungsgericht in solchen Fällen *ex officio* Weitergeltungsanordnungen, die dem Antrag also zuwider laufen.

Weiterhin ist es die Aufgabe des Bundesverfassungsgerichts, Verfassungsverstöße aus dem Gesetz zu eliminieren. Es ist aber nur dazu berechtigt, kassierend bzw.

742 *Siedler*, Gesetzgeber und Bundesverfassungsgericht, S. 162f.

743 *Ipsen*, Rechtsfolgen, S. 256.

744 Unter Umständen, weil diese noch verfassungswidriger sein soll, als die gegenwärtige bzw. weil ein nicht zu wünschendes Rechtsvakuum drohe.

745 *Roth*, AöR 124 (1999), S. 470 [497].

negierend tätig zu werden.[746] In der Regel agiert es durch die Entfernung des verfassungswidrigen Teiles aus der Rechtsordnung in Form einer Nichtigerklärung. Eine Unvereinbarerklärung kommt unter bestimmten Voraussetzungen ebenfalls in Betracht. Eine Weitergeltungsanordnung läge im Hinblick auf das Strukturmerkmal der negierenden Kontrolle jedoch außerhalb des Zulässigen. Diese ermöglicht ja gerade die Weiterexistenz und -wirkung der Norm. Das Gericht ginge damit über seine beschränkte Kontroll- und Verwerfungsbefugnis hinaus, weil es eine verfassungswidrige Lage durch die Schaffung neuer Regelungen beseitigte. Ein solches Handeln ist nicht mehr nur als negierende Kontrolltätigkeit zu qualifizieren.

bb. Der effektive Rechtsschutz nach Art. 19 Abs. 4 GG

In engem Zusammenhang mit der Antragsgebundenheit des Bundesverfassungsgerichts steht die Frage nach der Verletzung des Art. 19 Abs. 4 GG. Die Tenorierungsvariante „Unvereinbarerklärung mit Weitergeltungsanordnung" gibt zwar dem Kläger recht, entspricht im Ergebnis aber nicht seinen Interessen. Der Kläger bzw. Antragsteller rügt mittelbar[747] oder unmittelbar[748] die Verfassungswidrigkeit eines Gesetzes. Wird das Gesetz vom Gericht in Teilen oder komplett für verfassungswidrig befunden, gibt das Gericht dem Antragsteller bzw. Kläger zunächst Recht. Im Ergebnis müsste er folglich auch das Ziel seines Antrags verwirklicht sehen, also die Nichtigerklärung des verfassungswidrigen Gesetzes oder Gesetzesteiles. Wird das Gesetz aber nur für unvereinbar erklärt und anschließend seine Weitergeltung angeordnet, läuft das dem vom Antragsteller bzw. Kläger angestrebten Ergebnis zuwider, obwohl dessen Antrag zulässig und begründet ist. Dies ist bedenklich im Hinblick auf das Erfordernis des effektiven Rechtsschutzes aus Art. 19 Abs. 4 GG.[749]

Dem ist entgegenzuhalten, dass die Unvereinbarerklärung i.V.m. einer Weitergeltungsanordnung von Verfassung wegen geboten sein kann. In solchen Fällen überlagert bei einer Verfassungsbeschwerde die objektive Kontrollfunktion den Zweck des Individualrechtsschutzes.[750] Die Weitergeltungsanordnung wirkt anschließend nur vorübergehend[751], und durch eine Aussetzung des Verfahrens durch die

---

746 *Siedler*, Gesetzgeber und Bundesverfassungsgericht, S. 162f.

747 Mittelbar rügt er bei einer Verfassungsbeschwerde, die sich gegen eine Maßnahme der Exekutive oder ein Urteil richtet, ein Gesetz. Dies tut er deswegen, weil die Maßnahme oder das Urteil auf diesem verfassungswidrigen Gesetz beruhen sollen.

748 Unmittelbar wird ein Gesetz angegriffen, wenn sich eine Gesetzesverfassungsbeschwerde oder eine Normenkontrolle direkt gegen dieses wendet.

749 *Moench*, Gesetz und Normenkontrolle, S. 176.

750 *Moench*, Gesetz und Normenkontrolle, S. 176.

751 *Siedler*, Gesetzgeber und Bundesverfassungsgericht, S. 164.

Fachgerichte oder die Verwaltung wird gerade die Möglichkeit für den Antragsteller gewährleistet, an einer Neuregelung teilzuhaben. Der effektive Rechtsschutz wird also nicht verwehrt, sondern nur verzögert. Insofern erreicht der Antragsteller auf lange Sicht doch den von ihm angestrebten Erfolg. Darüber hinaus erschöpft sich der Sinn der Verfassungsbeschwerde, wie bei allen anderen verfassungsgerichtlichen Verfahren, nicht darin, nur dem Individualrechtsschutz zu dienen. Die Verfahren vor dem Bundesverfassungsgericht sind vielmehr auch oder sogar in erster Linie dazu bestimmt, die Verfassung auszulegen und insgesamt deren weitest mögliche Umsetzung zu gewährleisten.[752] Auch unter diesem Aspekt ist also dem effektiven Rechtsschutz Rechnung zu tragen. Dieses Prinzip bleibt durch die Anordnung der Weitergeltung eines verfassungswidrigen Gesetzes, so wie es vom Bundesverfassungsgericht praktiziert wird, unberührt.[753]

cc. Der Judicial self-restraint

Dem Grundsatz des *judicial self-restraint* wird entnommen, dass das Bundesverfassungsgericht weitest mögliche richterliche Zurückhaltung zeigen soll.[754] Der Grundsatz kommt aus dem U.S.-amerikanischen Rechtsraum und seine Beachtung wird dort vor allem auch von den Richtern des U.S. Supreme Courts gefordert.[755] Das Bundesverfassungsgericht hat diesen Begriff ebenfalls aufgegriffen und sich zu Eigen gemacht.[756] Nach der Auffassung des Gerichts bedeutet dieser aber nicht, dass es sich innerhalb seiner Kompetenzen einschränken müsse, sondern in erster Linie den „Verzicht, „Politik zu treiben" ".[757] Von anderer Seite[758] wird dieser Grundsatz dennoch maßgeblich bei dem Versuch einer präzisen Kompetenzabgrenzung zwischen dem Bundesverfassungsgericht und der Legislative angeführt. Insofern erlege dieses Prinzip dem Bundesverfassungsgericht die Pflicht auf, die ihm gesetzten Kompetenzgrenzen restriktiv zu beachten.[759] In den Grenzbe-

---

752 *Rupp-von Brünneck*, FS für Gebhard Müller, S. 355 [376].

753 *Moench*, Gesetz und Normenkontrolle, S. 176.

754 *Lee*, Schonung des Gesetzgebers, S. 161; *Benda/Klein*, in: Benda/Klein, Lehrbuch, Rn. 22; *Schlaich/Korioth*, Das BVerfG, Rn. 505; *Kriele*, NJW 1976, S. 777 [777]; *Schuppert*, DVBl. 1988, S. 1191 [1191].

755 *Benda/Klein*, in: Benda/Klein, Lehrbuch, Rn. 22; *Lee*, Schonung des Gesetzgebers, S. 165; *von der Heydte*, FS für Geiger, S. 909 [911].

756 BVerfGE 36, 1 [14]. Auch im Grundvertragsurteil BVerfGE 35, 257 [262]. In BVerfGE 59, 360 [377] benutzt das Gericht zwar nicht diesen Begriff, spricht aber auch davon, dass es sich große Zurückhaltung auferlegen müsse. Bestätigend auch *Heun*, Funktionell-rechtliche Schranken der Verfassungsgerichtsbarkeit, S. 11.

757 BVerfGE 36, 1 [14].

758 So zum Beispiel von *Schneider*, NJW 1994, S. 2590 [2593].

759 *Schlaich/Korioth*, Das BVerfG, Rn. 505. Ähnlich auch: *Heun*, Funktionell-rechtliche Schranken der Verfassungsgerichtsbarkeit, S. 12.

reichen, wo seine Kompetenzen nicht klar festzulegen sind, zwinge er das Gericht also, sich zurückzuhalten. Der Grundsatz des *judicial self-restraint* wird auch als Appell an das Bundesverfassungsgericht gewertet, „die Gestaltungsspielräume der anderen Staatsorgane, insbesondere den des Gesetzgebers, so wenig wie möglich einzuengen“.[760]

Zunächst ist festzuhalten, dass der *judicial self-restraint* eine Einschränkung darstellt, die sich die Richter selbst auferlegen. Das ergibt sich schon aus dem Begriff. Deswegen wird auch von *Lee*[761] festgestellt, es gebe im demokratischen Verfassungsstaat keinen *self-restraint*, sondern nur einen normativen *judicial restraint*.[762] Das ist so zu verstehen, dass schon normativ die Grenzen des Bundesverfassungsgerichts festgelegt sind und dieses binden, eine Selbstbindung insofern also überflüssig ist.

Dem ist auch zuzustimmen. Der *self restraint* hat keine Bindungswirkung, da er lediglich eine freiwillige Einschränkung der Richter gegen sich selbst darstellt. Er wird zwar immer wieder angemahnt, stellt als solcher aber keine eigene normative Grenze verfassungsgerichtlichen Handelns dar. Das Gericht hat sich lediglich an die Verfassung und die Gesetze zu halten.

dd. Die Lehre von der ipso iure Nichtigkeit verfassungswidriger Gesetze

Ein etwaiger Konflikt mit der *ipso iure* Nichtigkeitslehre ist wie folgt zu bewerten. Diese These hebt darauf ab, dass verfassungswidrige Gesetze ab dem Zeitpunkt ihrer Kollision mit der Verfassung nichtig sind, also kein konstitutiver Akt des Gerichtes notwendig ist. Ginge man hiervon ohne Einschränkungen aus, wäre eine Weitergeltungsanordnung undenkbar. Es wäre kein Gegenstand vorhanden, dem zu weiterer Geltung verholfen werden könnte. Allenfalls könnte das Bundesverfassungsgericht dann neue Regelungen mit identischem Inhalt schaffen. Allerdings spräche dieser Grundsatz nicht gegen die Weitergeltungsanordnung, sondern gegen die notwendige Voraussetzung der Unvereinbarerklärung.

Bei der Erörterung der Zulässigkeit der Unvereinbarerklärung[763] wurde hierzu bereits erläutert, dass ebender Grundsatz gerade nicht absolut gelten kann und auch eine Unvereinbarerklärung dann zulässig sein kann und muss, wenn sich aus der Verfassung Argumente ergeben, die diese Tenorierung zwingend erfordern. Die Unvereinbarerklärung wird oft schon deshalb notwendig, weil nur sie als Basis

---

760 *Lee*, Schonung des Gesetzgebers, S. 163 mit weiteren Nachweisen. Ähnlich auch: *Kriele*, NJW 1976, S. 777 [777]; *Schneider*, NJW 1994, S. 2590 [2593].

761 *Lee*, Schonung des Gesetzgebers bei Normenkontrollentscheidungen durch das Bundesverfassungsgericht.

762 *Lee*, Schonung des Gesetzgebers, S. 161.

763 Vgl. hierzu im Ersten Teil unter IV D 2.

für eine Weitergeltungsanordnung dienen kann und die Weitergeltungsanordnung aus verfassungsrechtlicher Sicht unverzichtbar ist. Hier können also die Gründe, die bei der Unvereinbarerklärung für eine Einschränkung des *ipso iure* Grundsatzes sprechen, angeführt werden. Das bedeutet, dass die Gründe für die Weitergeltungsanordnung aus der Verfassung hergeleitet werden können müssen. Der Grundsatz der *ipso iure* Nichtigkeit verfassungswidriger Gesetze ist mit dem jeweiligen Verfassungsprinzip, das die Weitergeltungsanordnung im Einzelfall erfordert, im Wege praktischer Konkordanz abzuwägen und so beiden Prinzipien zu möglichst weitgehender Geltung zu verhelfen.[764]

ee. Die Unverbrüchlichkeit der Verfassung

Gegen eine Weitergeltungsanordnung wird des Weiteren angeführt, dass das Gesetz, dessen Weitergeltung angeordnet werden soll, vorher für verfassungswidrig befunden worden ist. Der Grundsatz der Unverbrüchlichkeit der Verfassung fordere für diesen Fall, dass das einfache Gesetz der Verfassung weiche. Eine Weitergeltung der Norm sei also nicht denkbar.[765]

Diese Argumentation überzeugt allerdings vor allem dann nicht, wenn die Verfassung selbst gerade die Weitergeltung der eigentlich verfassungswidrigen Norm notwendig macht, weil ohne Weitergeltungsanordnung ein rechtsleerer Raum bzw. ein Zustand entstünde, der der Verfassung noch ferner stünde als der durch das verfassungsgerichtliche Verfahren angegriffene. Dies wäre mit dem Grundsatz der Unverbrüchlichkeit der Verfassung schließlich noch weniger vereinbar.[766] Insofern spricht dieser Grundsatz in den Fällen der verfassungsrechtlichen Notwendigkeit einer Weitergeltungsanordnung für deren Existenz.[767]

Zusammenfassend kann hier also festgestellt werden, dass das Bundesverfassungsgericht mit seinen Weitergeltungsanordnungen den Strukturmerkmalen der nachträglichen und kassierenden Kontrolle sowie dem der Antragsgebundenheit zuwider handelt. Aus der Tatsache, dass die Weitergeltungsanordnung gesetzlich nicht ausdrücklich geregelt ist, kann jedoch nicht gefolgert werden, dass sie unzulässig sein muss.

---

764 *Wernsmann*, Das gleichheitswidrige Steuergesetz, S. 66.
765 *Arndt*, BB 1959, S. 81 [82f.].
766 *Söhn*, Anwendungspflicht, S. 43; *Moench*, Gesetz und Normenkontrolle, S. 174.
767 *Moench*, Gesetz und Normenkontrolle, S. 174.

b. Die Ermächtigung des Bundesverfassungsgerichts

Zu untersuchen ist nun, inwiefern das Bundesverfassungsgericht eine ausdrückliche Ermächtigung für ein derartiges Tätigwerden benötigt.

aa. Die Frage des Geltungsgrundes der weitergeltenden Regelung

Für die Frage, ob diese Entscheidungsvariante zu den ihm grundsätzlich übertragenen Aufgaben gehört oder eine gesonderte Ermächtigung notwendig ist, ist zunächst zu untersuchen, woher die Weitergeltungsanordnungen ihren Geltungsgrund beziehen. Das Bundesverfassungsgericht könnte die verfassungswidrige Norm entweder selbst mit einem Geltungsgrund versehen oder aber nur den ursprünglichen Geltungsgrund, den das Gesetz vom Gesetzgeber erhalten hatte, reaktivieren.

Weitergeltungsanordnungen folgen auf eine Unvereinbarerklärung, da diese das Gesetz als solches bestehen lässt und nur in seiner Anwendbarkeit suspendiert. Der ursprüngliche Geltungsgrund bleibt also unangetastet und wurde durch die Unvereinbarerklärung im Gegensatz zur Situation nach der Nichtigerklärung nicht beseitigt. Vielmehr wird er durch die Unvereinbarerklärung nur in seiner Wirkung eingeschränkt.[768]

Die Kompetenz des Gerichts für ein derartiges Handeln muss also nicht etwa den Erlass eigenständiger Regelungen mit einem neuen Geltungsgrund stützen. Das ergibt sich auch daraus, dass die *ipso iure* Nichtigkeitslehre in den zulässigen Fällen der Unvereinbarerklärung nicht greift und somit die Nichtigkeit der beanstandeten Norm nicht schon automatisch eingetreten ist. Das Gericht muss den Geltungsgrund, mit dem die Regelungen vom Gesetzgeber versehen worden waren, lediglich erhalten. Eine ausdrückliche Ermächtigung aus dem Bundesverfassungsgerichtsgesetz für die Anordnung der Weitergeltung besteht nicht. Eine solche Kompetenz könnte sich aus dem allgemein dem Bundesverfassungsgericht übertragenen Aufgaben- und Kompetenzbereich ergeben.

bb. Der § 32 BVerfGG als mögliche Ermächtigungsgrundlage

Teilweise wird § 32 BVerfGG als Grundlage für Weitergeltungsanordnungen in Betracht gezogen.[769] Allerdings regelt § 32 BVerfGG nur die einstweilige Anord-

---

768 *Pohle*, Verfassungswidrigerklärung, S. 118. So auch Bundesverfassungsrichter Steiner in einem Gespräch am 4. März 2002 in Karlsruhe; ebenfalls gegen einen neuen Geltungsgrund durch das Gericht: *Pestalozza*, FS für das BVerfG, S. 519 [565f.].

769 *Klein*, in: Maunz/Schmidt-Bleibtreu/Klein u.a., BVerfGG, Komm. (alte Fassung Stand 2000), § 32, Rn. 39, wobei dieser durchaus zu bedenken gibt, dass fraglich ist, inwiefern

nung durch das Bundesverfassungsgericht. Zwar liest sich Absatz 1 auf den ersten Blick so, als könnte er auch eine Weitergeltungsanordnung stützen,[770] und zusätzlich bestärkt diesen Eindruck, dass die einstweilige Anordnung – ähnlich wie dies für eine Weitergeltungsanordnung sinnvoll wäre – nach Absatz 6 automatisch wieder außer Kraft tritt.

Die Regelungen des einstweiligen Rechtsschutzes für das Bundesverfassungsgericht stellen jedoch ein Mittel dar, um den status quo *bis* zur Entscheidung im Hauptsacheverfahren zu sichern und nicht, um diesen *nach* der Entscheidung in der Hauptsache zu manifestieren.[771] Insofern wäre es systemwidrig[772], § 32 BVerfGG auf die Zeit nach der Entscheidung des Bundesverfassungsgerichts bis zum Tätigwerden des Gesetzgebers anzuwenden.[773]

cc. Der § 35 BVerfGG als mögliche Ermächtigungsgrundlage

Vom Bundesverfassungsgericht wird § 35 BVerfGG als Rechtsgrundlage für den Ausspruch von Weitergeltungsanordnungen herangezogen.[774] Er regelt die Möglichkeit der Vollstreckung verfassungsgerichtlicher Entscheidungen.[775]

„§ 35:

Das Bundesverfassungsgericht kann in seiner Entscheidung bestimmen, wer sie vollstreckt; es kann auch im Einzelfall die Art und Weise der Vollstreckung regeln."

Da die bundesverfassungsgerichtlichen Urteile überwiegend Feststellungsurteile sind, stellt sich zunächst die Frage nach ihrer Vollstreckbarkeit. Das Bundesverfas-

---

diese Anordnungen zur Milderung der Entscheidungsfolgen für das gesamte Staatsleben nicht doch auf § 35 BVerfGG zu stützen sind (Fn. 51). A.A.: *Ipsen*, Rechtsfolgen, S. 225ff. mit weiteren Ausführungen.

770 § 32 Abs. 1 BVerfGG: „Das Bundesverfassungsgericht kann im Streitfall einen Zustand durch einstweilige Anordnung vorläufig regeln, wenn dies zur Abwehr schwerer Nachteile, zur Verhinderung drohender Gewalt oder aus einem anderen wichtigen Grund zum gemeinen Wohl dringend geboten ist."

771 *Klein*, in: Benda/Klein, Lehrbuch, Rn. 1191; *Ipsen*, Rechtsfolgen, S. 226.

772 So auch: *Ipsen*, Rechtsfolgen, S. 225f; *Gusy*, Parlamentarischer Gesetzgeber und BVerfG, S. 197.

773 Weiterführend hierzu: *Ipsen*, Rechtsfolgen, S. 225ff.

774 BVerfGE 1, 14 [65]; BVerfGE 39, 1 [2]; BVerfGE 48, 127 [185]. Aber so auch: *Bethge*, in: Maunz/Schmidt-Bleibtreu/Klein u.a., § 35, Rn. 45.

775 Dass § 32 BVerfGG keine taugliche Rechtsgrundlage bietet, wurde oben schon im Ersten Teil unter V B 1 b bb ausführlich dargestellt.

sungsgericht hat diese in ständiger Rechtsprechung unter der Prämisse bejaht, dass der Vollstreckungsbegriff des Verfassungsprozessrechts[776] dem im Übrigen geltenden Vollstreckungsbegriff nicht entspreche.[777] Vielmehr gelte der weite Vollstreckungsbegriff von *Arndt*.[778] In der Literatur wird dem Bundesverfassungsgericht diesbezüglich überwiegend zugestimmt,[779] wenn dies auch zum Teil anders begründet wird. Von der Vollstreckbarkeit verfassungsgerichtlicher Entscheidungen ist also im Grundsatz auszugehen.

Dennoch wird der § 35 BVerfGG als Kompetenzgrundlage für Weitergeltungsanordnungen von weiten Teilen der Literatur verneint.[780] Dies wird damit begründet, dass, auch wenn man dem verfassungsrechtlichen, weiteren Vollstreckungsbegriff folgt[781], die Suspendierung der eigentlichen Wirkung der Entscheidung des Bundesverfassungsgerichts nicht als Regelung bzgl. deren Vollstreckung angesehen werden kann. Die Weitergeltungsanordnung ist begrifflich von § 35 BVerfGG schon nicht umfasst. Erklärt das Gericht ein Gesetz für unvereinbar mit dem Grundgesetz, hat dies grundsätzlich eine Anwendungssperre zur Folge. Die Anordnung seiner Weitergeltung suspendiert insofern die eigentlichen Folgen des Ur-

---

776 Der verfassungsgerichtliche Vollstreckungsbegriff wurde vom Gericht (BVerfGE 6, 300 [304]; BVerfGE 68, 132 [140]) wie folgt definiert: Vollstreckung sei demzufolge „der Inbegriff aller Maßnahmen, die erforderlich sind, um solche Tatsachen zu schaffen, wie sie zur Verwirklichung des vom Bundesverfassungsgericht gefundenen Rechts notwendig sind." Allerdings legte es weiterhin fest, dass die Vollstreckungsanordnung die ihr zugrunde liegende Sachentscheidung nicht modifizieren, ändern oder erweitern dürfe (BVerfGE 68, 132 [140]).

777 BVerfGE 1, 14ff.; BVerfGE 6, 300ff.; BVerfGE 8, 42 [46]; BVerfGE 29, 312 [317]; BVerfGE 39, 1 [2, 68]; BVerfGE 68, 132 [140]; BVerfGE 97, 37ff.

778 *Arndt*, DVBl. 1952, S. 1 [3], der behauptet, Vollstreckung im verfassungsrechtlichen Sinn sei „ der Inbegriff aller Maßnahmen, die erforderlich sind, um solche Tatsachen zu schaffen, wie sie zur Verwirklichung des vom BVerfG gefundenen Rechts notwendig sind."

779 So: *Laumen*, Vollstreckungskompetenz nach § 35 BVerfGG, S. 20 unter Hinweis auf: *Lechner/Zuck*, BVerfGG, § 35, Rn. 4; *Leibholz/Rupprecht*, BVerfGG, Komm., § 35, Rn. 3; *Spanner*, BVerfG, S. 46f. So auch: *Herzog*, Der Staat 4 (1965), S. 37 [39f.]; *Lerche*, Bundesverfassungsgericht als Notgesetzgeber, S. 509 [510]. A.A.: *H. H. Klein*; BVerfG und Staatsraison, S. 35f. Die Vollstreckbarkeit jedenfalls von Normenkontrollentscheidungen verneinen: *Ipsen*, Rechtsfolgen, S. 237; *Gusy*, Parlamentarischer Gesetzgeber und BVerfG, S. 200.

780 *Ipsen*, Rechtsfolgen, S. 239; *Gusy*, Parlamentarischer Gesetzgeber und BVerfG, S. 202; *Böckenförde*, Die sogenannte Nichtigkeit, S. 133; *Pestalozza*, FS für das BVerfG, S. 519 [561]; *Blasberg*, Verfassungsgerichte als Ersatzgesetzgeber, S. 130. A.A.: *Klein*, in: Benda/Klein, Lehrbuch, Rn. 1277; *Bethge*, in: Maunz/Schmidt-Bleibtreu/Klein u.a., BVerfGG, Komm., § 35, Rn. 45.

781 Dieser bewirkt nur, dass auch auf Feststellungsurteile, die im Zivilprozessrecht als nicht vollstreckbar angesehen werden, der § 35 BVerfGG angewendet werden kann.

teilstenors der Unvereinbarerklärung. Es kann also keinesfalls als Regelung der Vollstreckung desselben angesehen werden, auch nicht im weiteren Sinne.[782]

dd. Die mögliche Ermächtigung des Bundesverfassungsgerichts auf Grund einer Annexkompetenz

In der Literatur[783] wird der Versuch unternommen, die Ermächtigung zum Erlass von Weitergeltungsanordnungen auf eine Art Annexkompetenz[784] oder Notkompetenz[785] zu stützen. Diese solle aber nur ausnahmsweise bestehen.[786] Zuwachsen soll sie dem Bundesverfassungsgericht kraft Sachzusammenhang, wenn der Erlass einer Weitergeltungsanordnung zur Wahrnehmung der ihm explizit verliehenen Kompetenzen notwendig ist.[787] Aber auch die Feststellung einer etwaigen Notkompetenz kann das Bundesverfassungsgericht nur bei zusätzlicher Feststellung des Vorliegens ihrer Voraussetzungen ermächtigen. Diese kann nur in den Einzelfällen zum Tragen kommen, in denen sich eine Grundlage in der Verfassung findet, da sie sich darauf stützt, einen Zustand vermeiden zu wollen, bei dem von Verfassung wegen Verbotenes zur Geltung gelangt.[788]

ee. Die Ermächtigung zum Erlass von Weitergeltungsanordnungen direkt aus der Verfassung

Die Konstruktion einer solchen Notkompetenz ist jedoch nicht erforderlich. Das Bundesverfassungsgericht wird in diesen Fällen nicht normgebend tätig, sondern reaktiviert nur eine bestehende, aber suspendierte Norm und auch dies nur für eine begrenzte Zeit. Ergibt sich die Weitergeltungsanordnung in Einzelfällen als zwingende Reaktion auf die Verfassungswidrigkeit einer Norm, so gehört es zum allgemeinen Aufgaben- und Kompetenzbereich des Gerichts, auf den Verfassungsverstoß gerade auf diese Art und Weise zu reagieren. Es wird also – in jedem Einzelfall – nach tragfähigen Begründungen für eine solche Weitergeltungsanordnung

---

782 *Ipsen*, Rechtsfolgen, S. 239. A.A.: *Klein*, in: Benda/Klein, Lehrbuch, Rn 1277.

783 *Roth*, AöR 124 (1999), S. 470 [490ff.]; *Lerche*, FS für Gitter, S. 509 [511]; für die Übergangsregelungen: *Blasberg*, Verfassungsgerichte als Ersatzgesetzgeber, S. 189ff.

784 *Roth*, AöR 124 (1999), S. 470 [490].

785 *Lerche*, FS für Gitter, S. 509 [511].

786 *Lerche*, FS für Gitter, S. 509 [511]: Nur soweit sie sachlich und zeitlich erforderlich sind, der Gesetzgeber nicht tätig wird und im Hinblick auf dessen gesetzgeberische Willen. *Roth* (AöR 124 (1999), S. 470 [494]) sieht eine solche Kompetenz nur in atypischen Fällen, also ganz ausnahmsweise.

787 *Lerche*, AöR 124 (1999), S. 470 [490].

788 *Lerche*, FS für Gitter, S. 509 [511].

direkt aus der Verfassung zu suchen sein.[789] In der Konsequenz wird keine allgemeine Kompetenz des Bundesverfassungsgerichts zum Erlass von Weitergeltungsanordnungen existieren, sondern allenfalls einzelfallabhängige Ermächtigungsgrundlagen, die sich direkt aus der Verfassung ergeben.[790]

Insofern sind die Konstellationen heran zu ziehen, die für die Zulässigkeit der Unvereinbarerklärung schon ausführlich erörtert wurden.[791] Zunächst sind die „Chaosfälle" zu untersuchen. Allgemein kennzeichnet diese Gruppe, dass nach dem Urteil des Bundesverfassungsgerichts ohne Weitergeltung der für verfassungswidrig befundenen Rechtslage ein Chaos entstünde, weil dann überhaupt keine Regelung der Rechtslage mehr vorhanden wäre, eine solche aber aus verfassungsrechtlichen Gründen unverzichtbar ist.

aaa. Die Besoldungsfälle

Erste Untergruppe hierfür sind die so genannten Besoldungsfälle, in denen die Verfassungswidrigkeit eines Besoldungsgesetzes mit Erfolg gerügt worden ist, dann vom Bundesverfassungsgericht aber auf eine Nichtigerklärung der Regelung verzichtet wurde, weil man eine Rechtsgrundlage brauchte, um bis zur Neuregelung durch den Gesetzgeber die Bezüge auszahlen zu können.[792] In solchen Fällen würde eine Unvereinbarerklärung mit Anwendungssperre für das beanstandete Gesetz an der kritischen Situation nach der Entscheidung des Gerichts auch nichts ändern, da sie lediglich den status quo festhielte, für die künftige Beamtenbesoldung aber keine Regelung böte. Erst durch die mit der Unvereinbarerklärung verbundene Weitergeltungsanordnung wird der drohende Zustand des „Chaos" vermieden. Aus den schon bei der Unvereinbarerklärung für die „Chaosfälle" angeführten Gründen ist also eine Weitergeltungsanordnung erforderlich, für die die Unvereinbarerklärung die Basis darstellt. Es entstünde sonst eine noch verfassungsfernere Lage, als sie bei Geltung des Gesetzes bestanden hatte.[793] Würde das Bundesverfassungsgericht also eine Nichtig- bzw. eine Unvereinbarerklärung mit Anwendungssperre aussprechen und so das Entstehen einer solchen Situation fördern oder auslösen, wirkte dies wie ein originärer Verfassungsverstoß durch das

---

789 A.A.: *Klein*, in: Benda/Klein, Lehrbuch, Rn. 1277, S. 528, Fn. 131. Dieser sieht es als nicht ausreichend an, die Kompetenz zur Anordnung der Weitergeltung des verfassungswidrigen Gesetzes allein der Verfassung zu entnehmen. Er rekurriert vielmehr auf § 35 BVerfGG.

790 *Blasberg*, Verfassungsgerichte als Ersatzgesetzgeber, S. 131.

791 Vgl. hierzu im Ersten Teil unter IV.

792 BVerfGE 32, 199; BVerfGE 34, 9.

793 Denn die Beamten würden statt eines zu geringen Gehaltes überhaupt keines mehr ausgezahlt bekommen. *Heußner*, NJW 1982, S. 257 [259, 261]; *Bang*, Übergangsregelungen, S. 145; *Pestalozza*, FS für das BVerfG, S. 519 [564].

Gericht. Dies ist ihm als Hüter der Verfassung[794] und im Hinblick auf seine Verfassungsbindung nach Art. 1 Abs. 3, 20 Abs. 3 GG versagt. Die Weitergeltungsanordnung ergibt sich als zwingende Reaktion auf die Verfassungswidrigkeit für bestimmte Einzelfälle hier also direkt aus dem Grundgesetz.

Die Notwendigkeit einer Weitergeltungsanordnung ergibt sich in diesen Fällen im Übrigen auch aus dem Vorrang der Verfassung. Dieser schreibt in den darzustellenden Fällen nicht etwa die Suspendierung der verfassungswidrigen Norm vor, sondern verlangt deren weitere Anwendung.[795]

Wurde beispielsweise die Höhe der Besoldung von Beamten erfolgreich als verfassungswidrig angegriffen, könnte diese mangels Rechtsgrundlage nach einer Nichtig- bzw. Unvereinbarerklärung mit Anwendungssperre erst einmal überhaupt nicht ausgezahlt werden. Dies entspricht noch weniger den Grundsätzen der Verfassung, da Art. 33 Abs. 5 GG fordert, dass eine gesetzliche Regelung der Besoldung existieren muss.[796] Insofern ordnet also für diesen Fall schon Art. 33 Abs. 5 GG die Weitergeltung des verfassungswidrigen Besoldungsgesetzes an.[797] Im Übrigen kann man in diesen Fällen aber auch allgemein auf die Verletzung des Grundsatzes der Rechtssicherheit abstellen[798], der die Vermeidung einer solchen Situation vorschreibt.

Die Senate des Bundesverfassungsgerichts begründen die Anordnung der Weitergeltung des mit der Verfassung nicht vereinbaren Gesetzes teilweise auch damit, dass eine untragbare Rechtslücke entstünde.[799] Diese Begründung allein ist aber nicht tragfähig; sie muss vielmehr verfassungsrechtlich verankert werden, was in vielen Fällen im Hinblick auf den Grundsatz der Rechtssicherheit möglich ist.[800]

bbb. Der Fall „Josefine Mutzenbacher“

Eine weitere Fallgruppe umfasst die Fälle, in denen eine Institution des Staates in ihrem Bestand bedroht oder in ihrer Funktionsfähigkeit eingeschränkt ist. So wurde die Regelung über die Beisitzer der Bundesprüfstelle für jugendgefährdende

794 *Von der Heydte*, FS für Geiger, S. 909 [922]; *Heyde/Gielen*, Die Hüter der Verfassung, S. 23; *Frenz*, DÖV 1993, S. 847 [851].

795 *Pohle*, Verfassungswidrigerklärung, S. 118; *Moench*, Gesetz und Normenkontrolle, S. 172f.

796 *Bang*, Übergangsregelungen, S. 17; *Pestalozza*, FS für das BVerfG, S. 519 [538].

797 So auch: *Bang*, Übergangsregelungen, S. 18; *Pestalozza*, FS für das BVerfG, S. 519 [538].

798 Ähnlich auch: *Bang*, Übergangsregelungen, S. 14; *Klein*, in: Benda/Klein, Lehrbuch, Rn. 1277; *Gerontas*, DVBl. 1982, S. 486 [489]; *Maurer*, BayVBl. 1980, S. 513 [517].

799 BVerfGE 38, 1 [22]. Diese Begründung findet sich auch in der Literatur, z.B. bei *Heußner*, NJW 1982, S. 257 [261].

800 *Klein*, in: Benda/Klein, Lehrbuch, Rn. 1277.

Schriften im Urteil Josefine Mutzenbacher[801] mangels ausreichend bestimmter Regelung für nicht verfassungskonform und der § 9 Abs. 2 GjS für verfassungswidrig befunden. Wäre auch dessen Nichtigkeit festgestellt worden, wäre die Bundesprüfstelle für jugendgefährdende Schriften in ihrer Handlungsfähigkeit eingeschränkt gewesen. Für die Bestellung der Beisitzer hätte dann überhaupt keine Rechtsgrundlage mehr existiert. So kam es zu einer Weitergeltungsanordnung bzgl. der Norm, weil der grundrechtlich verankerte Schutz von Kindern und Jugendlichen vor einer Gefährdung der Persönlichkeitsentwicklung dies erforderte.[802] Im Falle einer Nichtigerklärung wäre im Hinblick auf den Kinder- und Jugendschutz also ein noch verfassungsfernerer Zustand entstanden als bei Weitergeltung der verfassungswidrigen Regelung. Aus diesem Grunde ergibt sich auch hier aus der Verfassung, dass die Weitergeltungsanordnung in solchen Kon-stellationen vom allgemeinen Aufgaben- und Kompetenzbereich des Bundesverfassungsgerichts umfasst sein muss.

cc. Das so genannte „numerus clausus"-Urteil

Im *numerus clausus*-Urteil[803] liegt der Fall ähnlich. Hier wurde eine Vorschrift beanstandet, die die Zulassung von Studenten zum Studium regelte, dies jedoch nicht in ausreichender Art und Weise. Hätte man diese eliminiert, wäre ein noch verfassungswidrigerer Zustand entstanden.[804] Es hätte nämlich gar keine Regelung für die Vergabe von Studienplätzen mehr bestanden, so dass die Universität im Rahmen einer Notkompetenz hätte handeln müssen. Dies hätte der Verfassung noch weniger entsprochen, als die als zu wenig bestimmt gerügten Regelungen des Gesetzes über die Universität Hamburg vom 25.04.1969. Der Grundsatz der Rechtssicherheit schreibt vor, dass derartige Regelungslücken zu vermeiden sind. Der Zustand ohne eine Regelung ist eindeutig eine Verschlechterung zu der Situation bei Existenz einer zu unbestimmten Regelung.

---

801 BVerfGE 83, 130.
802 BVerfGE 83, 130 [154].
803 BVerfGE 33, 303.
804 BVerfGE 33, 303 [347f.].

Es ließen sich im Folgenden auch noch die so genannten „Finanzfälle“[805] oder „Gleichheitsfälle“[806] anführen. Ihnen ist gemein, dass aus unterschiedlichen Situationen heraus ohne Weitergeltungsanordnung ein noch verfassungsfernerer Zustand entstünde als bei einer Unvereinbarerklärung i.V.m. einer Weitergeltungsanordnung. Dies resultiert vielfach aus der Haushaltswirksamkeit solcher Entscheidungen. Somit ergibt sich aus der Verfassung direkt die Kompetenz zu einer derartigen Anordnung, da das Bundesverfassungsgericht nach Art. 1 Abs. 3, 20 Abs. 3 GG an diese gebunden ist und Verfassungsverstöße nicht vertiefen darf. In den genannten Fällen besteht also ausnahmsweise[807] eine Kompetenz zur Anordnung der Weitergeltung des verfassungswidrigen Gesetzes im Rahmen des allgemeinen Kompetenzbereichs des Bundesverfassungsgerichts, da die Verfassung selbst ein anderweitiges Tätigwerden verbietet.

ff. Zwischenergebnis

Im Ergebnis ist festzuhalten, dass es bei dem Grundsatz bleibt, dass eine Unvereinbarerklärung von einer Anwendungssperre für das verfassungswidrige Gesetz gefolgt sein muss. Das ergibt sich im Allgemeinen[808] aus dem Vorrang der Verfassung und auch daraus, dass die Strukturmerkmale der kassierenden und nur nachträglichen Kontrolle sowie der Antragsgebundenheit einer Weitergeltungsanordnung grundsätzlich entgegenstehen. Dieser Grundsatz und die Verfassungsbindung des Bundesverfassungsgerichts machen aber dann eine Weitergeltungsanordnung notwendig, wenn beim Nichtig- bzw. Unwirksamwerden des Gesetzes bzw. Gesetzesteiles ein Zustand entstünde, der der Verfassung noch weniger entspräche

---

805 BVerfGE 72, 330; BVerfGE 86, 148; BVerfGE 87, 153. In diesen Fällen wurden Steuerbelastungen bzw. mangelnde Steuerbegünstigungen für verfassungswidrig befunden. Hätte man diese für nichtig erklärt, hätten alle noch anfechtbaren Entscheidungen, die auf der verfassungswidrigen Norm beruhen, nach dem neuen Recht ohne Steuerbelastung bzw. mit der Steuerbegünstigung beurteilt werden müssen. Insofern wären verplante oder schon ausgegebene Einnahmen zurückzuzahlen gewesen, was ein unerwartetes Haushaltsloch zur Folge hätte haben können. Dies widerspräche aber einerseits dem Art. 110 Abs. 2 GG, der das Erfordernis der periodischen Haushaltsplanung und -bewilligung regelt, andererseits der Aufgabe des Einkommensteuerrechts, „den Gegenwartsbedarf der öffentlichen Haushalte durch Teilhabe am jeweiligen Gegenwartseinkommen der Steuerpflichtigen zu decken.“ Es würde also ebenfalls einen verfassungsferneren Zustand auslösen. (*Bang*, Übergangsregelungen, S. 27ff.)

806 BVerfGE 62, 256. Ausnahmsweise kann auch in einem Fall des gleichheitswidrigen Begünstigungsausschlusses ohne Weitergeltungsanordnung ein der Verfassung noch weniger entsprechender Zustand entstehen.

807 *Böckenförde*, Die sogenannte Nichtigkeit, S. 128.

808 Im Speziellen kann dieser die Weitergeltungsanordnung ja auch erforderlich machen.

als der durch das verfassungswidrige Gesetz bestehende. Hinsichtlich des Widerspruchs zu den genannten Strukturmerkmalen und dem Grundsatz der *ipso iure* Nichtigkeit ist wie schon bei der Unvereinbarerklärung zu bemerken, dass diese bei der Erforderlichkeit der Weitergeltungsanordnung aus verfassungsimmanenten Gründen zurücktreten müssen. In den genannten und gleich gelagerten Fällen ordnet das Gericht zulässigerweise die Weitergeltung der Norm an.[809]

Diese Anordnung hat, dogmatisch betrachtet, nur deklaratorische Wirkung. Ähnlich wie bei der *ipso iure* Nichtigkeit existiert auch hier eine Art Automatismus. Das Gesetz gilt kraft Verfassung weiter.[810] Das Bundesverfassungsgericht versieht das Gesetz also nicht etwa mit einem neuen Geltungsgrund. Der des Gesetzgebers ist vielmehr nach wie vor vorhanden und seine Weitergeltung ergibt sich aus der Verfassung.[811] Aber auch wenn diese Weitergeltungsanordnung nur klarstellende Funktion hat, kann darauf aus Gründen der Rechtssicherheit nicht verzichtet werden.[812] So sind so genannte implizite – also nicht ausdrücklich erklärte – Geltungsanordnungen[813] unzulässig, da ihnen nicht ausdrücklich zu entnehmen ist, ob nun die Folge der Anwendungssperre eintritt oder das Gesetz weitergelten muss. Dies ist aus Gründen der Rechtsklarheit und Bestimmtheit – schließlich erwachsen die Entscheidungen des Bundesverfassungsgerichts gemäß § 31 Abs. 2 BVerfGG in Gesetzeskraft – nicht akzeptabel.[814] Aus eben diesen Gründen ist es auch wünschenswert, dass die jeweilige Weitergeltungsanordnung in den Entscheidungstenor aufgenommen wird, eine Pflicht hierzu besteht aber nicht.[815]

Anzumerken bleibt, dass die Weitergeltung der Norm(en) nicht etwa deren Verfassungswidrigkeit heilt. Diese sind/ist auch weiterhin grundgesetzwidrig und fehlerhaft.[816] Die Weitergeltungsanordnung soll lediglich die Zeit überbrücken, bis die Verfassungswidrigkeit endgültig und vollständig behoben werden kann.

---

809 *Lübbe-Wolff*, Grundrechte, S. 252. Im Ergebnis so auch: *Lechner/Zuck*, BVerfGG, § 78, Rn. 9; *Heun*, FS 50 Jahre BVerfG, S. 615 [636]; *Klein*, in: Benda/Klein, Lehrbuch, Rn. 1277.

810 *Pohle*, Verfassungswidrigerklärung, S. 118; *Moench*, Gesetz und Normenkontrolle, S. 172f.

811 *Pestalozza*, FS für das BVerfG, S. 519 [565f.].

812 *Moench*, Gesetz und Normenkontrolle, S. 177.

813 *Bang*, Übergangsregelungen, S. 16.

814 *Moench*, Gesetz und Normenkontrolle, S. 177.

815 *Siedler*, Gesetzgeber und Bundesverfassungsgericht, S. 164; *Moench*, Gesetz und Normenkontrolle, S. 177.

816 *Söhn*, Anwendungspflicht, S. 46.

Zeitlich führt die Weitergeltungsanordnung also auch nur zu einer vorübergehenden Gültigkeit der Norm bis zu einer Neuregelung durch den Gesetzgeber.[817] Das wird weder vom Bundesverfassungsgericht noch in der Literatur bestritten und ergibt sich daraus, dass die Gesetzgebung zum Kernaufgabenbereich der Legislative gehört und es das Gewaltenteilungsprinzip verletzte, wenn die Weitergeltung der Norm dauerhaft angeordnet würde, obwohl z.B. der Gesetzgeber selbst tätig werden kann. Gleiches gilt für die inhaltliche Reichweite der Weitergeltungsanordnung. Nur das verfassungsrechtlich Gebotene darf weitergelten, das übrige verfassungswidrige Gesetz muss durch die Anwendungssperre in seiner Anwendbarkeit suspendiert bleiben.[818]

2. Die eigenständigen Übergangsregelungen des Bundesverfassungsgerichts

Eine weitere Form von Übergangsregelung stellen die Weitergeltungsanordnung in Verbindung mit der Modifizierung des vom Gesetzgeber erlassenen, aber für verfassungswidrig befundenen Rechts sowie die Schaffung gänzlich eigenständiger Regelungen für die Übergangszeit dar. Hierbei wird das Bundesverfassungsgericht in viel höherem Maße „gesetzgeberisch" tätig als in den eben behandelten und für zulässig befundenen Fällen der Weitergeltungsanordnung.

a. Die Zulässigkeit der Schöpfung solcher eigenständiger Regelungen

In den Fällen des Erlasses solcher Normen bzw. Normkomplexe handelt es sich um die eigentlichen Übergangsregelungen im engeren Sinn. Die modifizierende Weitergeltungsanordnung stellt eine Mischform der Weitergeltungsanordnung und der Schöpfung originärer Regelungen dar, da das vorhandene Recht, bevor man es für weiterhin anwendbar befindet, verändert wird. Diese Art der Tätigkeit des Gerichts ist auf seine Vereinbarkeit mit einfachem und Verfassungsrecht zu prüfen.

aa. Die Strukturmerkmale des Bundesverfassungsgerichts

Auch hinsichtlich eines solchen Tätigwerden bestehen Bedenken bezüglich der Vereinbarkeit mit den Strukturmerkmalen des Bundesverfassungsgerichts.

---

817 *Hein*, Unvereinbarerklärung durch das BVerfG, S. 194; *Moench*, Gesetz und Normenkontrolle, S. 173.

818 *Moench*, Gesetz und Normenkontrolle, S. 173; *Hein*, Unvereinbarerklärung durch das BVerfG, S. 194.

aaa. Die Nachträglichkeit verfassungsgerichtlicher Entscheidungen

Zum einen wurde schon auf das Kriterium der Nachträglichkeit verfassungsgerichtlicher Entscheidungen hingewiesen.[819] Das Bundesverfassungsgericht urteilt im Allgemeinen über die Fehlerhaftigkeit von Gesetzen. Das kann es aber erst tun, nachdem diese mit dem Grundgesetz kollidiert sind. Diesem Strukturmerkmal läuft es zuwider, Regelungen für die Zukunft zu treffen, um das Eintreten einer verfassungswidrigen Lage von vorneherein zu verhindern. Nähme das Gericht das Strukturmerkmal der nachträglichen Kontrolle ernst, müsste es, um tätig zu werden, abwarten, bis der Verfassungsverstoß tatsächlich vorliegt. Im Anschluss könnte es dann im Rahmen eines erneuten Verfahrens versuchen, die Kollision im Nachhinein zu beheben. Ein präventives Tätigwerden des Bundesverfassungsgerichts ist nicht vorgesehen.

bbb. Das Strukturmerkmal der negierenden Kontrolle

Des Weiteren steht es dem Gericht auch nicht zu, „produzierend" tätig zu werden.[820] Dies tut es aber, wenn es Übergangsregelungen selbst entwirft oder bestehende, verfassungswidrige Regelungen modifiziert, um anschließend deren Weitergeltung anzuordnen. Es erschafft neues Recht und trifft in diesem Bereich keine kassierende Entscheidung mehr, was dem Strukturmerkmal der negierenden Kontrolle zuwiderläuft.

ccc. Die Antragsgebundenheit des Gerichts

Das Gericht unterliegt außerdem dem Grundsatz der Antragsgebundenheit. Dies bedeutet einerseits, dass es ohne verfahrenseinleitenden Antrag nicht tätig werden darf. Zum anderen bedeutet es aber auch, dass der Streitgegenstand durch den Klageantrag inhaltlich bestimmt wird. Zwar gilt das nicht absolut und das Gericht darf als Herr des Verfahrens, soweit sich ein Sachzusammenhang feststellen lässt, ausnahmsweise auch über den Streitgegenstand hinaus gehen; im Grundsatz bleibt es jedoch bei der Bindung an den Verfahrensgegenstand.

Ebenso wie bei der Weitergeltungsanordnung wird es aus logischen Gründen aber weder einen Antrag auf eine modifizierende Weitergeltungsanordnung noch auf Erlass einer Übergangsregelung geben. Vielmehr wird sich der verfahrenseinleitende Antrag immer auf Kassation der Norm(en) richten. Das Gericht muss dem Antrag allerdings nur insoweit statt geben, als er der Rechtslage entspricht. Kann das Gesetz nicht ohne Weiteres aus der Rechtsordnung getilgt werden, muss eine an-

---

819 *Ipsen*, Rechtsfolgen, S. 256; *Kleuker*, Gesetzgebungsaufträge, S. 20.
820 *Siedler*, Gesetzgeber und Bundesverfassungsgericht, S. 162f.

dere Tenorierung möglich sein. Es muss also trotz Antragsgebundenheit und obwohl der Antragsteller teilweise Recht hat, möglich sein, vom angestrebten Antragsziel abzuweichen, wenn die Rechtslage insbesondere die Verfassung dies gebietet.

Als Zwischenergebnis lässt sich feststellen, dass die Übergangsregelungen i.e.S. wie auch die modifizierenden Weitergeltungsanordnungen sowohl den Strukturmerkmalen der negierenden bzw. kassierenden wie auch der nachträglichen Kontrolle zuwiderlaufen. Der Grundsatz der Antragsgebundenheit ist dagegen nicht tangiert.

bb. Der nulla poena sine lege Grundsatz und der Vorbehalt des Gesetzes

Besondere Bedenken hinsichtlich der Zulässigkeit der Weitergeltungsanordnungen bestehen wegen der Geltung des Grundsatzes des Vorbehaltes des Gesetzes und im Besonderen wegen des *nulla poena sine lege* Grundsatzes, da die hier zu behandelnden verfassungsgerichtlichen Entscheidungen zwar gemäß § 31 Abs. 2 BVerfGG in Gesetzeskraft erwachsen, jedoch fraglich ist, ob dadurch dem Parlament vorbehaltene Regelungen wirksam und in zulässiger Weise ersetzt werden können.

aaa. Der Grundsatz nulla poena sine lege

Der *nulla poena sine lege* Grundsatz verbietet eine Bestrafung, wenn eine Tat nicht vor ihrer Begehung unter Strafe steht. Auch der Wegfall von Straferleichterungen bzw. Strafmilderungen darf erst zur Strafbarkeit eines Verhaltens führen, wenn dies explizit in einem Gesetz geregelt ist.

Im ersten Abtreibungsurteil[821] hat das Gericht eine auf § 35 BVerfGG gestützte Anordnung erlassen, die die vorhandene gesetzliche Regelung modifiziert und deren Weitergeltung bestimmt. Der Schwangerschaftsabbruch war gemäß § 218a StGB a.F. bis zur zwölften Woche nach der Empfängnis nach Maßgabe der §§ 218c, 219 StGB a.F. völlig straffrei und nach diesem Zeitpunkt gemäß § 218b StGB a.F. dann nicht strafbar, wenn die so genannte medizinische Indikation[822] vorlag. Das Gericht stellte in dem Verfahren fest, dass diese Regelungen der Schutzpflicht des Staates hinsichtlich des Lebens des Kindes, die sich aus der Verfassung ergibt, nicht genügten.[823] In der Konsequenz hätte das Gericht die betrof-

---

821 BVerfGE 39, 1.

822 Das umfasste damals nach § 218b StGB a.F. die Fälle, in denen entweder der Schwangeren durch die Schwangerschaft unabwendbare Gefahr für ihr Leben oder einer schwerwiegenden Beeinträchtigung drohte oder bis zur 23. Woche nach Empfängnis eine schwere Schädigung des Kindes festgestellt worden war.

823 BVerfGE 39, 1 [1].

fenen Normen für nichtig erklären müssen. Die Folge einer solchen Entscheidung wäre allerdings die Erweiterung der Straffreiheit des Schwangerschaftsabbruches bis zur Neuregelung durch den Gesetzgeber gewesen. Angestrebt war stattdessen, die Strafbarkeit auszudehnen.

Deshalb bediente sich das Gericht neben der qualitativen Teilnichtigerklärung der Möglichkeit einer modifizierenden Weitergeltungsanordnung, die die grundsätzliche Straffreiheit vor der zwölften Woche beseitigte und ab dem ersten Tag der Schwangerschaft die Indikationenlösung anordnete. Des Weiteren führte es die Straffreiheit innerhalb dieses Zeitraumes auch für die Fälle der kriminologischen[824] und der sozialen[825] Indikation ein. Für die Zeit nach der zwölften Schwangerschaftswoche wurde ein straffreier Schwangerschaftsabbruch außer bei Gefahr für Leib und Leben der Mutter völlig ausgeschlossen.[826] Konsequenz dieser Übergangsregelungen war die angestrebte Erweiterung der bisherigen Strafbarkeit des Schwangerschaftsabbruchs.

Das Gericht veränderte also die Fristen- in eine Indikationenlösung und verschärfte durch diese Übergangsregelungen des Abtreibungsurteils die Strafbarkeit des Schwangerschaftsabbruches im Vergleich zum vorher geltenden StGB. Diese Regelungen galten nach Verkündung der Entscheidung am 25. Februar 1975 immerhin bis zum Inkrafttreten des 15. StrÄG am 18. Mai 1976[827], also länger als ein Jahr.

Ähnlich wurde auch im zweiten Abtreibungsurteil[828] geurteilt. Das Gericht legte genaue Anforderungen an die Schwangerenkonfliktberatung fest, deren ordnungsgemäße Durchführung Voraussetzung der Straffreiheit der Abtreibung war und ist.[829] Außerdem stellte es fest, dass die beratenden Stellen besonderer staatlicher Anerkennung bedürften.[830] Da ab diesem Zeitpunkt nur eine Beratung bei einer staatlich anerkannten Stelle strafbefreiende Wirkung haben sollte, ist die Festle-

---

824 Kriminologische Indikation bedeutet, dass die Schwangerschaft auf eine Vergewaltigung oder eine ähnliche Straftat (solche der §§ 176 - 179 StGB a.F.) zurückzuführen ist.

825 Soziale Indikation wurde der Fall genannt, den das Bundesverfassungsgericht als straffrei ansah, wenn von der Schwangeren eine nicht anders abwendbare Gefahr einer schwerwiegenden Notlage ferngehalten werden musste. Als soziale Indikation wurde sie deshalb bezeichnet, weil in der Praxis meist geltend gemacht wurde, dass die Schwangere durch ein Kind finanziell ruiniert wäre bzw. dieses und sich selbst aus finanziellen Gründen kaum ernähren könnte.

826 BVerfGE 39, 1 [2f.].

827 BGBl. I (1976), S. 1213.

828 BVerfGE 88, 203.

829 BVerfGE 88, 203 [210f.].

830 BVerfGE 88, 203 [211].

gung dieses Kriteriums ebenfalls eine strafbegründende Tatsache. Es wird die Strafbarkeit für den Fall begründet, dass man einen Schwangerschaftsabbruch vornehmen lässt, nachdem man eine Beratung bei einer nicht anerkannten Stelle durchlaufen hat.

Gemäß Art. 103 Abs. 2 GG bedürfen die Strafbarkeit begründende Voraussetzungen im Gegensatz zu strafbefreienden Neuregelungen der Festlegung in einem Gesetz.[831] Dabei muss es sich um ein Parlamentsgesetz handeln.[832] Eine richterrechtliche Begründung der Strafbarkeit eines Verhaltens genügt diesem Erfordernis nicht.[833] Übergangsregelungen des Bundesverfassungsgerichtes sind als Richterrecht zu qualifizieren.

Viele Übergangsregelungen sind nicht im Urteilstenor fixiert. Sie können diesem auch nicht in Ansehung der Gründe entnommen werden. Andererseits erwächst lediglich der Tenor gemäß § 31 Abs. 2 BVerfGG in Gesetzeskraft,[834] so dass derartige Übergangsregelungen i.e.S. dem *nulla poena sine lege* Grundsatz auch deswegen nicht genügen können.

Nichts anderes gilt im Ergebnis aber für in die Entscheidungsformel[835] aufgenommene Übergangsregelungen. Für diese wird teilweise schon bestritten, dass sie in Gesetzeskraft erwachsen.[836] Begründet wird diese Ansicht mit dem Wortlaut des § 31 Abs. 2 BVerfGG.[837] Dem ist entgegenzusetzen, dass der § 31 Abs. 2 BVerfGG auch systematisch auszulegen ist. Das bedeutet, dass er sich auch auf die Übergangsregelungen erstrecken müsste, jedenfalls wenn § 35 BVerfGG als deren Rechtsgrundlage herangezogen wird. Von der Gesetzeskraft werde schließlich der Tenor umfasst, folglich auch die in den Tenor aufgenommenen Übergangsregelungen.[838]

---

831 *Schmidt-Aßmann*, in: Maunz/Dürig u.a., GG, Komm., Art. 103 Abs. II, Rn. 197.

832 *Degenhart*, in: Sachs, Grundgesetz, Komm., Art. 103, Rn. 60; *Schulze-Fielitz*, in: Dreier, Komm. zum GG, Art. 103 II, Rn. 24.

833 *Degenhart*, in: Sachs, Grundgesetz, Komm., Art. 103, Rn. 60. So im Ergebnis auch: *Bethge*, in: Maunz/Schmidt-Bleibtreu/Klein u.a., BVerfGG, Komm., § 35, Rn. 37.

834 *Lechner/Zuck*, BVerfGG, § 31, Rn. 37; *Rennert*, in: Umbach/Clemens, BVerfGG, Komm., Art. 31, Rn. 103.

835 So zum Beispiel in BVerfGE 88, 203 [208ff.] und BVerfGE 39, 1 [2f.].

836 *Ipsen*, Rechtsfolgen, S. 242; *Geiger/Lampe*, Jura 1994, S. 20 [28f.]; *Gusy*, Parlamentarischer Gesetzgeber und BVerfG, S. 201.

837 *Ipsen*, Rechtsfolgen, S. 242.

838 Konsequenterweise wurden diese, wenn sie im Tenor vorhanden waren, nämlich laut *Ipsen* (Rechtsfolgen, S. 242, Fn. 152) auch im Bundesgesetzblatt veröffentlicht.

Jedoch selbst wenn Übergangsregelungen, die in die Entscheidungsformel aufgenommen worden sind, in Gesetzeskraft erwachsen könnten, genügten diese dennoch nicht den Anforderungen des *nulla poena sine lege* Grundsatzes. „Gesetzeskraft" bedeutet nicht auch „Gesetzesqualität". Die Entscheidungen des Bundesverfassungsgerichts sind keinesfalls als Gesetze im formalen Sinne einzuordnen.[839] Dementsprechend können strafbegründende Voraussetzungen in einer Entscheidung des Bundesverfassungsgericht nicht so festgelegt werden, dass sie dem Grundsatz *nulla poena sine lege* des Art. 103 Abs. 2 GG genügen könnten.[840] Das Bundesverfassungsgericht argumentiert hierzu in seinem zweiten Abtreibungsurteil[841], die Strafbarkeit ergebe sich in der Interimszeit nicht aus den richterrechtlich angeordneten Übergangsregelungen, sondern aus dem nur für unvereinbar, aber nicht für nichtig erklärten Parlamentsgesetz.[842] Dem ist entgegenzuhalten, dass die Voraussetzungen für die Strafbarkeit gerade erst durch die richterrechtlichen Übergangsregelungen begründet werden. In dem in seiner Anwendung suspendierten Parlamentsgesetz waren diese ja noch nicht vorhanden. Insofern kann die strafbegründende Übergangsregelung aber auch nicht auf dessen Geltungsgrund gestützt werden und sie kann höchstens als Weisung an den Gesetzgeber gewertet werden, wie dieser in Zukunft die Materie regeln sollte. Hätte ein Gericht in der Übergangszeit aufgrund der Regelungen in den Abtreibungsurteilen eine Frau oder einen Arzt nach den verschärften Voraussetzungen für den straffreien Abbruch verurteilt, verstieße dies gegen den Verfassungsgrundsatz *nulla poena sine lege*.[843] Um einen solchen Verfassungsverstoß gar nicht erst zu ermöglichen und auch um seinerseits die Grundsätze des Art. 103 Abs. 2 GG zu wahren, muss das Bundesverfassungsgericht aus Gründen der Verfassungssicherung entgegen seiner Praxis in den Abtreibungsurteilen in Zukunft davon absehen, derartige strafschärfende oder -begründende Regelungen zu erlassen[844].[845]

---

839 *Rennert*, in: Umbach/Clemens, BVerfGG, Komm., Art. 31, Rn. 100; *Ipsen*, Rechtsfolgen, S. 242f; *Gusy*, Parlamentarischer Gesetzgeber und BVerfG, S. 201.

840 So auch: *Ipsen*, Rechtsfolgen, S. 242; *Bethge*, in: Maunz/Schmidt-Bleibtreu/Klein u.a., BVerfGG, Komm., § 35, Rn. 37.

841 BVerfGE 88, 203.

842 BVerfGE 88, 203 [337]; so stellt dies auch *Blasberg* (Verfassungsgerichte als Ersatzgesetzgeber, S. 183, Fn. 994) dar.

843 Auch das Bundesverfassungsgericht stellte in seiner zweiten Entscheidung zum Schwangerschaftsabbruch fest, dass es durch die Anordnung gemäß § 35 BVerfGG die Strafbarkeit „über die vom Gesetzgeber gezogenen Grenzen hinaus" ausdehne (BVerfGE 88, 203 [337]).

844 Im Ergebnis so auch: *Gusy*, Parlamentarischer Gesetzgeber und BVerfG, S. 201; *Ipsen*, Rechtsfolgen, S. 242. A.A.: *Lerche*, FS für Gitter, S. 509 [514].

845 In einem Gespräch mit Bundesverfassungsrichter Steiner am 4. März 2002 in Karlsruhe merkte dieser an, dass derart detaillierte Übergangsregelungen wie in den Abtreibungsur-

bbb. Der Grundsatz des Vorbehalts des Gesetzes

Weiterhin stellt sich noch die Frage nach der Kollision verfassungsgerichtlichen Übergangsrechts mit dem allgemeinen Gesetzesvorbehalt der Verfassung. Dieser ist in Art. 20 Abs. 3 GG nicht ausdrücklich genannt, wird dort jedoch vorausgesetzt. Seine Reichweite wird im Allgemeinen anderen Verfassungsgrundsätzen, insbesondere dem Demokratieprinzip und der Grundrechtsbindung der Verwaltung, entnommen.[846] Vor allem Eingriffsakte bedürfen einer Grundlage in Form eines Gesetzes im formalen Sinne.[847]

Hinsichtlich der Reichweite des allgemeinen Gesetzesvorbehaltes wird die Wesentlichkeitstheorie des Bundesverfassungsgerichts herangezogen.[848] Diese verpflichtet den Gesetzgeber, „in grundlegenden normativen Bereichen, zumal im Bereich der Grundrechtsausübung, soweit sie staatlicher Entscheidung zugänglich sind, alle wesentlichen Entscheidungen selbst zu treffen".[849] Dies betrifft vor allem den Bereich der Eingriffsverwaltung.[850]

Betrachtet man nun unter diesem Gesichtspunkt die Übergangsregelungen, bedarf bei der modifizierenden Weitergeltungsanordnung die Modifizierung, bei originär geschaffenem Übergangsrecht der gesamte Regelungskomplex eines neuen Geltungsgrundes und erlangt hierdurch gesetzesähnlichen Charakter.[851] Wie gerade schon festgestellt, verleiht die Gesetzeskraft des § 31 Abs. 2 BVerfGG den Übergangsregelungen jedoch keine Gesetzesqualität.[852] Die Entscheidungen des Gerichts und dementsprechend auch das gerichtliche Übergangsrecht genügen dem allgemeinen Gesetzesvorbehalt des Grundgesetzes also in zweierlei Hinsicht

---

teilen die Ausnahme in der Praxis des Bundesverfassungsgerichts sind und auch bleiben werden. Die Schutzpflicht für das ungeborene Leben und die Komplexität der Materie machten diese damals notwendig. Insofern ist zu hoffen, dass derartige Übergangsregelungen, die auch gegen den Grundsatz *nulla poena sine lege* verstoßen, nicht oder kaum mehr vorkommen werden.

846 *Degenhart*, Staatsrecht I, Rn. 319.

847 *Maurer*, Staatsrecht I, § 8, Rn. 22; *Degenhart*, Staatsrecht I, Rn. 319; *Jarass*, in: Jarass/Pieroth, GG, Komm., Art. 20, Rn. 44, 54.

848 *Degenhart*, Staatsrecht I, Rn. 335; *Gusy*, Parlamentarischer Gesetzgeber und BVerfG, S. 201; *Blasberg*, Verfassungsgerichte als Ersatzgesetzgeber, S. 195.

849 BVerfGE 61, 260 [275]; BVerfGE 47, 46 [48]; *Jarass*, in: Jarass/Pieroth, GG, Komm., Art. 20, Rn. 46. Weiterführend hierzu: *Degenhart*, Staatsrecht I, Rn. 335ff.; *Staupe*, Parlamentsvorbehalt und Delegationsbefugnis, S. 104ff.; *Sachs*, in: Sachs, GG, Komm., Art. 20, Rn. 113ff.

850 *Gusy*, Parlamentarischer Gesetzgeber und BVerfG, S. 199.

851 *Gusy*, Parlamentarischer Gesetzgeber und BVerfG, S. 199.

852 *Ipsen*, Rechtsfolgen, S. 242; *Gusy*, Parlamentarischer Gesetzgeber und BVerfG, S. 201.

nicht.[853] Zum einen haben die erlassenen Übergangsregelungen schon keine Gesetzesqualität, zum anderen wären sie auch keine Gesetze im formalen Sinne. Gilt der allgemeine Gesetzesvorbehalt, kollidiert der Erlass solcher Regelungen, die verfassungswidrige Gesetzesteile ersetzen sollen, mit diesem Verfassungsgrundsatz und ist somit unzulässig.[854]

cc. Der Judicial self-restraint

Zum *judicial self-restraint* lässt sich im Anschluss an die Bemerkungen zur Weitergeltungsanordnung feststellen, dass Kern dieses Grundsatzes die Forderung nach Zurückhaltung des Gerichts hinsichtlich politischer Entscheidungen sowie nach einem Handeln innerhalb seiner Kompetenzen ist.[855] Aus diesem ergebe sich auch, dass der von Verfassung wegen garantierte Raum der anderen Verfassungsorgane zu respektieren sei.[856] Er ist aber zu allgemein und konturenlos[857], als dass er der Schaffung von Übergangsrecht rechtlich entgegenstehen könnte. Darüber fehlt dem Grundsatz des *judicial self restraint* die gesetzliche oder verfassungsrechtliche Verankerung, die ihm entsprechendes Gewicht verliehe.

Im Übrigen wird aus ihm andererseits auch gefolgert, dass das Gericht gerade verpflichtet ist, die weitreichenden Folgen seiner Entscheidungen zu beachten und zu lenken.[858] Insofern könnte dieses Prinzip den Erlass von Übergangsregelungen gerade auch stützen.[859]

dd. Das Gegenargument der gerichtsförmigen Organisation des Bundesverfassungsgerichts

Kritisch wird auch angemerkt, dass das BVerfGG nur gerichtliche Verfahren regelt, die den besonderen Anforderungen an ein Gesetzgebungsverfahrens nicht genügen.[860] Das liegt in der Natur der Sache, da vor dem Bundesverfassungsgericht Gerichtsverfahren durchgeführt werden. Seine Verfahrensstruktur ist für eine

---

853 *Ipsen*, Rechtsfolgen, S. 242f.; *Gusy*, Parlamentarischer Gesetzgeber und BVerfG, S. 201.

854 *Gusy*, Parlamentarischer Gesetzgeber und BVerfG, S. 202.

855 Ähnlich auch: *Gerontas*, Prüfung der Verfassungsmäßigkeit, S. 164; *Bethge*, in: Maunz/Schmidt-Bleibtreu/Klein u.a., § 35, Rn. 41.

856 *Lauren*, Vollstreckungskompetenz nach § 35 BVerfGG, S. 122.

857 *Lauren*, Vollstreckungskompetenz nach § 35 BVerfGG, S. 123.

858 *Lee*, Schonung des Gesetzgebers, S. 166.

859 Dafür, dass diesem Grundsatz auch die Basis für eine Selbstermächtigung entnommen werden kann, auch *Bethge*, in: Maunz/Schmidt-Bleibtreu/Klein u.a., BVerfGG, Komm., § 35, Rn. 41.

860 *Vogel*, Das BVerfG und die übrigen Verfassungsorgane, S. 242; *Ipsen*, Rechtsfolgen, S. 256.

gesetzgebende Tätigkeit deshalb nicht ausgelegt.[861] Dies sieht es im Übrigen auch selbst so.[862] Die Gerichtsförmigkeit des Verfahrens ist abgestimmt auf die Kontrolle und Kassation von Normen, nicht jedoch auf den Erlass von, wenn auch nur vorübergehend geltenden, Regelungen. Insofern spricht auch dies gegen die Zulässigkeit von verfassungsgerichtlichen Übergangsregelungen, da das Gericht weder eine mit dem Parlament vergleichbare direkte Legitimation aus dem Volk besitzt, noch gewährleistet ist, dass es zu einem breiten Konsens unter Anhörung von Expertengruppen kommt. Da sich das Gericht dieser Beurteilung im Grundsatz anschließt[863], drängt sich die Frage auf, wie es dennoch Übergangsrecht schaffen kann. Eine Erklärung ist vermutlich darin zu suchen, dass das Gericht oft letzte Instanz für geradezu „unlösbare Fälle" ist. Es muss in vielen Fällen entscheiden, in denen Politik und Gesellschaft keinen Konsens finden konnten. Solche Entscheidungen trifft man in Karlsruhe auch nicht gerne.[864] Man sieht sich in bestimmten Fällen aus verfassungsrechtlichen Gründen aber gezwungen, auf diese Weise tätig zu werden. Das Gericht geht dann bewusst das Risiko ein, seine Entscheidungen äußerst harscher Kritik auszusetzen und die Verantwortung für diese tragen zu müssen.[865]

Es wird im Folgenden zu prüfen sein, ob sich aus der Verfassung eine Kompetenz für derartige Übergangsregelungen ableiten lässt und ob sich für das Gericht in Einzelfällen sogar eine verfassungsrechtliche Pflicht ergibt, Übergangsrecht zu erlassen, auch wenn es als Institution seinem Aufbau und Verfahren nach dafür nicht ideal geeignet ist.

ee. Der Eingriff in die Kompetenzen des Gesetzgebers

Die Zulässigkeit könnte auch daran scheitern, dass der Erlass von Übergangsregelungen in die Kernkompetenz des Gesetzgebers zum Erlass von Gesetzen eingreift.[866]

---

861 *Vogel*, Das BVerfG und die übrigen Verfassungsorgane, S. 242. So im Ergebnis auch: *Brinckmann*, Gesetz, S. 46. Ähnlich sieht dies auch *Laumen*, Vollstreckungskompetenz nach § 35 BVerfGG, S. 105.

862 So zumindest Bundesverfassungsrichter Steiner in einem Gespräch am 4. März 2002 in Karlsruhe.

863 Bundesverfassungsrichter Steiner hat sich in einem Gespräch am 4. März 2002 in Karlsruhe so geäußert.

864 So Bundesverfassungsrichter Steiner in einem Gespräch am 4. März 2002 in Karlsruhe.

865 So Bundesverfassungsrichter Steiner in einem Gespräch am 4. März 2002 in Karlsruhe.

866 Denn nur bei einem Eingriff in den Kernbereich des Gesetzgebers wäre ein Verstoß gegen das Prinzip der Gewaltenteilung zu beklagen. (*Laumen*, Vollstreckungskompetenz nach § 35 BVerfGG, S. 104).

Das Bundesverfassungsgericht sieht beispielsweise im Falle der Verletzung des Gleichheitssatzes dann von der Nichtigerklärung ab, wenn der Gesetzgeber mehrere Möglichkeiten hat, die verfassungswidrige Rechtslage zu beseitigen. Dies tut es, weil es schon in einem „Aufzwingen" einer der verschiedenen möglichen Rechtslagen für die Übergangszeit eine unzulässige Beschränkung der Gestaltungsfreiheit des Gesetzgebers sieht.[867] Wie kann es aber die gesetzlich gemäß § 78 BVerfGG grundsätzlich vorgegebene Nichtigerklärung aus diesem Grunde für unzulässig halten und andererseits Übergangsrecht erlassen, das den Gesetzgeber bis zu einer Neuregelung ebenfalls bindet? Auch dieses manifestiert eine bestimmte Rechtslage für die Zeit bis zur Neuregelung durch den Gesetzgeber. Konsequenterweise müsste das Gericht die Schaffung von Übergangsrecht also im Hinblick auf die Gestaltungsfreiheit des Gesetzgebers noch viel kritischer sehen als die Nichtigerklärung in den Fällen, in denen der Gesetzgeber mehrere Möglichkeiten zur Beseitigung der verfassungswidrigen Lage hat.

Hinzu kommt, dass eine Übergangsregelung noch weitgehender in den Kernbereich des Gesetzgebers eingreift, weil es eine Art des gesetzgeberischen Tätigwerdens darstellt. Die Nichtig- bzw. Teilnichtigerklärung im Falle eines den Gleichheitssatz verletzenden Gesetzes ist dagegen nur eine kassierende Tätigkeit, die die Rechtslage zwar verändert, die jedoch keine neuen Regelungen hervorbringt, sondern allenfalls die bestehenden modifiziert.

Grundsätzlich ist hierzu zu bemerken, dass diesem Übergangsrecht immer nur Geltung zukommt bis der Gesetzgeber eine Neuregelung erlässt. Für diese Neuregelung ist er auch nicht an das Übergangsrecht gebunden, insofern liegt für diesen also keine Einschränkung vor. Der Gesetzgeber kann sich selbst von der anderweitig geschaffenen Rechtslage befreien, wenn er dies will. Eine Einschränkung könnte für ihn von vorneherein also nur in dieser Übergangszeit vorliegen.[868]

Bei der Analyse der Tenorierungsvariante Unvereinbarerklärung[869] wurde schon dargelegt, dass es nicht als tragfähiges Argument für diese Abweichung von der grundsätzlich anzuwendenden Nichtigerklärung angesehen werden kann, dass der Gesetzgeber durch das Aufdrängen der Übergangsrechtslage in seiner Gestaltungsfreiheit eingeschränkt werde. Es wurde festgestellt, dass dies nicht als Eingriff in den Kernbereich der Legislative gewertet werden kann, liegt es doch an dieser

867 So das Bundesverfassungsgericht zuletzt in seiner Entscheidung zur Rentenbesteuerung (BVerfGE 105, 73 [134f.]). Ähnlich argumentierte auch Bundesverfassungsrichter Steiner bei einem Gespräch am 4. März 2002 in Karlsruhe.

868 Daraus folgert *Lauren* (Vollstreckungskompetenz nach § 35 BVerfGG, S. 106f.) schon, dass kein Verstoß gegen den Grundsatz der Gewaltenteilung vorliegt.

869 Vgl. hierzu im Ersten Teil unter IV E 1 a aa und b bb.

selbst, die verfassungsgerichtlich geschaffene Übergangsrechtslage wieder zu beseitigen.

Da das Bundesverfassungsgericht dennoch damit argumentiert, es habe die Gestaltungsfreiheit des Gesetzgebers durch das Ausweichen auf die Unvereinbarerklärung zu schützen, muss es sich vorhalten lassen, dass der Erlass von Übergangsregelungen seiner Argumentation folgend diese Gestaltungsfreiheit erst recht verletzte. Hierzu nimmt das Bundesverfassungsgericht allerdings keine Stellung, wenn es solches Übergangsrecht erlässt.

Geht man mit der dargestellten Argumentation[870] entgegen der Ansicht des Bundesverfassungsgerichts aber davon aus, dass bei der Nichtigerklärung in den genannten Fällen kein Eingriff in die Gestaltungsfreiheit des Gesetzgebers vorliege[871], ist eine Verletzung dieses Grundsatzes durch den Erlass von Übergangsrecht gesondert zu untersuchen.

Das eigentliche Problem liegt in diesen Fällen in der „Recht-schöpfenden" Tätigkeit des Bundesverfassungsgerichts, wenn es eigenständig Regelungen für die Interimszeit erlässt. Dies ist im Gegensatz zur bloßen Veränderung der Rechtslage beispielsweise durch eine Nichtigerklärung mit der Kerntätigkeit der Legislative vergleichbar. Deshalb könnte es als Eingriff in den Kernaufgabenbereich des Gesetzgebers zu werten sein.

Böckenförde[872] unterscheidet bei Eingriffen in den Bereich des Gesetzgebers zwischen dem allgemeinen Aufgabenbereich des Gesetzgebers und dem gesetzgeberischen Ermessen.[873] Diese Unterscheidung ähnelt der Differenzierung, die auch schon an anderer Stelle zwischen Aufgabenbereich und Kernfunktionsbereich des Gesetzgebers getroffen wurde. In den allgemeinen Aufgabenbereich greift das Bundesverfassungsgericht mit jeder Normenkontrolle ein, weil es Gesetze, die die Legislative als ihre Kernaufgabe erlassen hat, kontrolliert und beurteilt. Dies ist im Gewaltenteilungsgrundsatz so vorgesehen, weil dieser auch die gegenseitige Kontrolle der Organe fordert. Ein derartiges Tätigwerden ist zulässig. Anders dagegen sind Eingriffe in den absolut geschützten Kernbereich der gesetzgebenden Gewalt zu beurteilen, die nach *Böckenförde* dann vorliegen sollen, wenn die Legislative in ihrem Ermessen beschränkt ist.

---

870 Vgl. hierzu im Ersten Teil unter IV E 1 a aa und b bb.

871 So auch *Lauren*, Vollstreckungskompetenz nach § 35 BVerfGG, S. 106f.

872 Die sogenannte Nichtigkeit verfassungswidriger Gesetze: Eine Untersuchung über Inhalt und Folgen der Rechtsschutzkontrollentscheidungen des Bundesverfassungsgerichts, Münster, Univ., Diss., 1966.

873 *Böckenförde*, Die sogenannte Nichtigkeit, S. 135.

Wie sind die Anordnung von Übergangsrecht bzw. die modifizierende Weitergeltungsanordnung nun einzuordnen? Bedenkt man, dass in diesen Fällen Regelungen geschaffen werden, die eines neuen Geltungsgrundes bedürfen, so spricht das für einen Eingriff in den Kernbereich, weil dieser die Gesetzgebungstätigkeit als Hauptzuständigkeitsbereich des Gesetzgebers schützt. Einem Gesetz zur Geltung zu verhelfen ist ureigenste Aufgabe der Legislativen. Andererseits ist dem Bundesverfassungsgericht gemäß § 31 Abs. 2 BVerfGG jedenfalls die Kompetenz eingeräumt, Urteile zu erlassen, die mit Gesetzeskraft ausgestattet sind. Diese sind zwar letztlich nicht als Gesetze zu qualifizieren, haben aber eine vergleichbare Wirkung, da sie allgemeinverbindlich gelten. Ist es also zulässig, dass das Bundesverfassungsgericht Entscheidungen trifft, die in Gesetzeskraft erwachsen, scheint es nicht völlig ausgeschlossen, dass in Einzelfällen auch Übergangsregelungen zulässig sein können. Sind sie im Tenor des Urteils ausdrücklich formuliert, könnten sie mit dem Urteil sogar in Gesetzeskraft erwachsen. Es wäre also nicht völlig systemfremd, dem Gericht eine solche Kompetenz zuzugestehen.

Die Geltung der Übergangsregelungen ist durch die Möglichkeit des Tätigwerdens der Legislative bzw. die Anordnung einer Frist durch das Gericht zeitlich beschränkt. Es liegt in erster Linie am Gesetzgeber, seiner Aufgabe nachzukommen und den vorübergehend geltenden Rechtszustand zu ersetzen. Es kann deshalb aber auch kein Eingriff in den gesetzgeberischen Kernbereich vorliegen, da die Legislative durch entsprechendes Tätigwerden das Übergangsrecht ersetzen und die Perpetuierung dieses Rechtszustandes verhindern kann.[874] Dennoch ist nicht von der Hand zu weisen, dass das Gericht hier im Gegensatz zu seiner sonst nur kassierenden Kontrolle „Recht-schöpfend" tätig wird; es verfasst eigene Regelungen. Auch wenn diese nur vorübergehend gelten, gehört diese Art von Aufgabe zum Kernbereich der Legislativen. Für den Zeitraum, in dem die genannten Regelungen gelten, kann ein Eingriff also nicht ausgeschlossen werden, weil das Gericht Regelungen schafft und diese mangels bestehendem mit einem eigenen Geltungsgrund versieht.

Für den Erlass solchen Übergangsrechts durch das Bundesverfassungsgericht existiert keine ausdrückliche Ermächtigung im BVerfGG. Deshalb ist die Möglichkeit der analogen Anwendung einer Vorschrift zu prüfen oder nach einer Ermächtigung direkt aus der Verfassung zu forschen, die diesen Eingriff in den Grundsatz der Gewaltenteilung decken und rechtfertigen könnte.[875] Von seinem allgemeinen Aufgabenbereich ist dieses Tätigwerden jedenfalls nicht mehr umfasst.

---

874 So auch: *Böckenförde*, Die sogenannte Nichtigkeit, S. 137.
875 Ähnlich auch: *Bang*, Übergangsregelungen, S. 129.

b. Die Ermächtigung des Bundesverfassungsgerichts zum Erlass eigenständiger Übergangsregelungen

aa. Allgemeines

Teile der Literatur lehnen eine Kompetenz des Bundesverfassungsgerichts für den Erlass von Übergangsregelungen von vorneherein ab.[876] Die Bildung von Übergangsrecht und die Anordnung der modifizierten Weitergeltung stellen aber derartig weite Eingriffe in die Gewaltenteilung dar, dass eine ausdrückliche Ermächtigung hierfür nötig ist.[877]

§ 32 BVerfGG kommt als Ermächtigungsgrundlage nicht in Betracht.[878] Es liefe dem Sinn und Zweck der einstweiligen Anordnung zur Sicherung des Zustandes bis zur Sachentscheidung zuwider, wenn diese Norm als Grundlage für Übergangsregelungen in der Zeit nach Erlass einer Sachentscheidung herangezogen würde.[879]

Daneben wird in der Literatur auch der vom Gericht im zweiten Abtreibungsurteil[880] als Rechtsgrundlage herangezogene § 35 BVerfGG abgelehnt.[881] Eine Ermächtigungsgrundlage aus dem § 35 BVerfGG wird näher zu untersuchen sein. Darüber hinaus käme auch die Herleitung einer Kompetenzgrundlage aus der Verfassung in Betracht.

---

876 *Siedler*, Gesetzgeber und Bundesverfassungsgericht, S. 168; *Vogel*, Das BVerfG und die übrigen Verfassungsorgane, S. 242.

877 *Geiger/von Lampe*, Jura 1994, S. 20 [29].

878 A.A.: *Klein*, in: Maunz/Schmidt-Bleibtreu/Klein u.a., BVerfGG, Komm. (alte Fassung Stand 2000), § 32, Rn. 39.

879 Im Ergebnis so auch: *Schneider*, Funktion der Normenkontrolle, S. 129; *Stricker*, DÖV 1995, S. 978 [978]; *Gusy*, Parlamentarischer Gesetzgeber und BVerfG, S. 197f; *Schlaich/Korioth*, Das BVerfG, Rn. 430; *Blasberg*, Verfassungsgerichte als Ersatzgesetzgeber, S. 188. A.A.: *Klein*, JZ 1966, S. 461 [463]; *Pohle*, Verfassungswidrigerklärung, S. 163, der dies allerdings ausdrücklich nur dann als Rechtsgrundlage ansieht, wenn vorher eine Appellentscheidung ergangen ist, der Gesetzgeber den Appell des Gerichts ignoriert hat und das Verfassungsgericht in der Sache erneut angerufen wird.

880 BVerfGE 88, 203.

881 *Stricker*, DÖV 1995, S. 978 [978]; *Böckenförde*, Die sogenannte Nichtigkeit, S. 133; *Lerche*, FS für Gitter, S. 509 [510]; *Roth*, AöR 124 (1999), S. 470 [490f.]; *Schlaich/Korioth*, Das BVerfG, Rn. 430, 474.

bb. § 35 BVerfGG als Ermächtigungsgrundlage

§ 35 BVerfGG muss als Rechtsgrundlage[882] nicht etwa schon deshalb ausscheiden, weil verfassungsrechtliche Entscheidungen grundsätzlich nicht vollstreckbar wären.[883] Im Verfassungsprozessrecht ist dem weiten Vollstreckungsbegriff von *Arndt*[884] zu folgen, den auch das Bundesverfassungsgericht heranzieht[885] und davon auszugehen, dass verfassungsgerichtliche Entscheidungen auf ihre Weise vollstreckbar sind.

§ 35 BVerfGG ist als Rechtsgrundlage für eine modifizierende Weitergeltungsanordnung bzw. den Erlass von Übergangsregelungen für sich gesehen dennoch untauglich.[886] Zwar könnten diese nach dem weiten Vollstreckungsbegriff von *Arndt*[887] als Vollstreckung der ihnen vorausgehenden Entscheidung angesehen werden.[888] Bei dem Erlass von Übergangsregelungen bzw. modifizierenden Weitergeltungsanordnungen durch das Gericht werden zunächst die eigentlichen Folgen der Unvereinbarerklärung suspendiert, um dann genau festzulegen, welche Rechtslage nach der Entscheidung gelten solle. Dies kann unter den weiten Vollstreckungsbegriff gefasst werden.

Der § 35 BVerfGG würde jedoch zur Generalermächtigung für das Bundesverfassungsgericht, seine Entscheidungen nach Belieben zu modifizieren oder in ihrer Wirkung zu suspendieren.[889] Dem Wortlaut des § 35 BVerfGG ist ein Anhaltspunkt für eine solche Ermächtigung zum Erlass von Übergangsregelungen auch nicht zu entnehmen. Legte man die Norm nun derart aus, ginge man weit über den Sinn und Zweck dieser Regelung hinaus und würde tatsächlich eine unzulässige Generalermächtigung für jegliches Handeln des Bundesverfassungsgerichts für die Zeit nach seinen Urteilen schaffen.[890]

---

882 *Weiß*, Die Vollstreckung, S. 19; *Vogel*, Verfassungswidrigerklärung, S. 163; *Klein*, BVerfG und Staatsraison, S. 34ff. Ähnlich: *Herzog*, Der Staat 4 (1965), S. 37 [40]. Außerdem folgt dem auch das Bundesverfassungsgericht, beispielsweise in seinen Entscheidungen zur Abtreibung BVerfGE 39, 1[2], zur Wehrpflicht BVerfGE 48, 127 [184] und zum Kohlepfennig BVerfGE 91, 186 [207].

883 A.A: *Gusy*, Parlamentarischer Gesetzgeber und BVerfG, S. 200; *Schlaich/Korioth*, Das BVerfG, Rn. 474.

884 *Arndt*, DVBl. 1952, S. 1 [3].

885 BVerfGE 68, 132 [140]; BVerfGE 97, 37ff.

886 *Blasberg*, Verfassungsgerichte als Ersatzgesetzgeber, S. 187.

887 *Arndt*, DVBl. 1952, S. 1 [3].

888 A.A.: *Ipsen*, Rechtsfolgen, S. 239; *Böckenförde*, Die sogenannte Nichtigkeit, S. 133; *Pestalozza*, Verfassungsprozessrecht, § 19, Rn. 12; *Pestalozza*, FS für das BVerfG, S. 519 [561].

889 *Bang*, Übergangsregelungen, S. 125f.

890 Im Ergebnis so auch: *Gusy*, Gesetzgeber und BVerfG, S. 202.

cc. *Die Ermächtigungsgrundlage direkt aus der Verfassung*

In der Literatur wird eine Rechtsgrundlage für diese Praxis des Bundesverfassungsgerichts darüber hinaus direkt aus der Verfassung hergeleitet.[891] So sieht *Bang*[892] eine Übergangsregelung dann als von Verfassung wegen geboten an, wenn andere Verfassungsorgane, namentlich der Gesetzgeber, nicht selbst zu einer Lösung kommen.[893] Die Kompetenz zum Erlass von Übergangsregelungen soll der klare Ausnahmefall bleiben.

Bang gelingt die Herleitung einer klar eingegrenzten Ermächtigung nicht. Seine Argumentation führte ebenfalls zu einer Pauschalermächtigung für das Gericht, die er durch die Forderung der Anwendung nur in Einzelfällen einzugrenzen sucht. Welche Einzelfälle dies sein sollen, könne nicht vorher festgelegt werden. Anders als bei der Tenorierungsvariante der Weitergeltungsanordnung lässt sich also allein in der Verfassung keine ausreichend bestimmte Kompetenzgrundlage finden, die den Erlass einer Übergangsregelung in bestimmten oder bestimmbaren Fällen rechtfertigt.[894]

dd. *Die Ermächtigung aus § 35 BVerfGG i.V.m. der verfassungsrechtlichen Notwendigkeit in Einzelfällen*

Eine Ermächtigungsgrundlage für das Bundesverfassungsgericht lässt sich allein aus dem Begründungsansatz herleiten, der von *Steiner*[895] und *H. H. Klein*[896] vertreten wird. Diese sehen eine Grundlage für den Erlass von Übergangsrecht durch das Bundesverfassungsgericht in § 35 BVerfGG, der verfassungskonform ausgelegt werden muss.[897] Wann dies erforderlich werde, ergebe sich im Einzelfall aus

---

891 *Bang*, Übergangsregelungen, S.128f.; *Böckenförde*, Die sogenannte Nichtigkeit, S. 133; *Lerche*, FS für Gitter, S. 509 [511]. Angedacht auch von: *Ipsen*, Rechtsfolgen, S. 255.

892 Übergangsregelungen in Normenkontrollentscheidungen des Bundesverfassungsgerichts, Hannover, Univ., Diss., 1996.

893 *Bang*, Übergangsregelungen, S. 128.

894 *Geiger/von Lampe*, Jura 1994, S. 20 [29].

895 Der Richter als Ersatzgesetzgeber, in: NJW 2001, S. 2919 – 2924. Außerdem so auch Bundesverfassungsrichter Steiner in einem Gespräch am 4. März 2002 in Karlsruhe.

896 Bundesverfassungsgericht und Staatsraison, Frankfurt am Main, Berlin 1968.

897 So auch *Frenz*, DÖV 1993, S. 847 [852], der § 35 BVerfGG über die Art. 20 Abs. 3, 1 Abs. 3 GG weit auslegt, wenn die Übergangsregelungen zur Verfassungssicherung notwendig sind. Bundesverfassungsrichter Steiner merkte in einem Gespräch am 4. März 2002 in Karlsruhe an, dass der § 35 BVerfGG nach Ansicht beider Senate des Bundesverfassungsgerichts sehr weit ausgelegt werden müsste, was die Konsequenz aus der sonst auch sehr weit gefassten Kompetenz zur Feststellung der Verfassungswidrigkeit sein müsse. Wird dem Gericht eine derart weite Kompetenz zugestanden, müsse es auch Verantwortung für die Folgen seiner Entscheidungen übernehmen können und dürfen.

bestimmten Verfassungsgrundsätzen und im Allgemeinen logisch zwingend aus den auch sonst sehr weit gefassten Kompetenzen des Gerichts. Dieses müsse für die Folgen seiner Entscheidungen die Verantwortung übernehmen können und dürfen.[898] Die Verfassung könne die Fülle an Kompetenzen nicht gewollt haben, ohne dem Gericht nicht auch die Möglichkeit geben zu wollen, seiner daraus resultierenden Verantwortung gerecht zu werden.

Der entscheidende Unterschied dieser Art der Herleitung einer Kompetenz für die Setzung von Übergangsrecht im Vergleich zu der Herleitung aus § 35 BVerfGG allein liegt darin, dass nicht nur der Vollstreckungsbegriff weiter gefasst und eine Art Generalermächtigung geschaffen wird, sondern der § 35 BVerfGG verfassungskonform ausgelegt wird, wenn dies aus verfassungsrechtlichen Gründen notwendig wird. Die Verfassung erweitert zum einen den Anwendungsbereich der Norm, bietet aber zugleich auch die Grenzen dieser Erweiterung. Im Vergleich zur Herleitung einer Kompetenz nur aus der Verfassung bietet diese Lösung eine *einheitliche* Kompetenzgrundlage, die einzelfallabhängig verfassungskonform ausgelegt wird.

Für die schon mehrfach angeführten Entscheidungen des Bundesverfassungsgerichts zum Schwangerschaftsabbruch[899] ergab sich die Kompetenz also beispielsweise aus dem nach der Verfassung auszulegenden § 35 BVerfGG i.V.m. der verfassungsrechtlichen Schutzpflicht des Staates für das ungeborene Leben.[900] Diese Schutzpflicht für das Leben i.V.m. dem Untermaßverbot[901] machten eine Übergangsregelung notwendig, unabhängig davon, ob eine solche eine Vollstreckung der Hauptsacheentscheidung im engeren Sinne darstellt.

Gegen diesen Begründungsansatz wird zwar wie bei dem Begründungsversuch über § 35 BVerfGG allein angeführt, man würde dem Gericht eine Generalermächtigung ohne genaue Grenzen an die Hand geben, was nicht zulässig sei.[902] Der Unterschied liegt jedoch darin, dass die Grenzen der Ermächtigung bei der Zusammenschau von § 35 BVerfGG und der Verfassung in letzterer selbst zu finden sind. Unter diesem Aspekt liegt also eine tragfähige Ermächtigung vor.

Ähnlich sieht das im Ergebnis auch: *Rupp-von Brünneck*, FS für Gebhard Müller, S. 355 [365].

898 So Bundesverfassungsrichter Steiner in einem Gespräch am 4. März 2002 in Karlsruhe; *Steiner*, NJW 2001, S. 2919 [2922]; *Klein*, BVerfG und Staatsraison, S. 36; *Lauren*, Vollstreckungskompetenz nach § 35 BVerfGG, S. 112.

899 BVerfGE 39, 1; BVerfGE 88, 203.

900 So äußerte sich Bundesverfassungsrichter Steiner in einem Gespräch am 4. März 2002 in Karlsruhe.

901 *Blüggel*, Unvereinbarerklärung, S. 123.

902 *Ipsen*, Rechtsfolgen, S. 239.

Am Grundsatz, dass es nur in Ausnahmefällen zum Erlass solchen Übergangsrechtes durch das Bundesverfassungsgericht kommen darf,[903] ändert sich nichts. Dies ergibt sich aus den angeführten Einwänden.[904] Das Verfahren des Bundesverfassungsgerichts ist hierfür nicht ausgelegt. Im Übrigen äußerte Richter *Steiner*[905], das Gericht selbst scheue sich davor, zu dieser Art der Entscheidung öfter als notwendig zu greifen. Dementsprechend geht das Gericht mit einer solchen Möglichkeit der Überbrückung des Zeitraums bis zur Neuregelung durch den Gesetzgeber bisher auch sehr zurückhaltend um.[906]

Die Zurückhaltung wird dem Gericht zwar in inhaltlicher Hinsicht[907] abgesprochen, vor allem mit Bezugnahme auf die Entscheidungen zu § 218 StGB. Es wird kritisiert, die in diesem Urteil ausgesprochenen Übergangsregelungen seien viel zu detailliert und ausführlich geraten und unter dem Gewaltenteilungsaspekt betrachtet nicht mehr zu rechtfertigen.[908]

Dennoch ändert dies nichts an der Beurteilung insgesamt. Gerade in den genannten Fällen erforderte die Komplexität der Materie detaillierte und weitgreifende Interimsregelungen. Sie werden hinsichtlich ihrer Ausführlichkeit jedoch die Ausnahme bleiben.[909] Darüber hinaus ist auch gerade im Hinblick auf das Argument der Gewaltenteilung und den notwendigen Schutz des Gesetzgebers vor „Übergriffen" des Bundesverfassungsgerichts in dessen Bereich nicht zu verkennen, dass dem Gericht die Entscheidungen über derart komplizierte Materien förmlich aufgedrängt werden, weil die Legislative bei schwierigen Gesetzesmaterien selbst „nicht willens oder nicht fähig ist, die notwendige Regulierung zu treffen".[910] Ge-

---

903 So sieht das nach Bundesverfassungsrichter Steiner auch das Bundesverfassungsgericht selbst, da er in einem Gespräch am 4. März 2002 in Karlsruhe betonte, gerade solche detaillierten Übergangsregelungen wie in den viel kritisierten Abtreibungsentscheidungen werden seiner Ansicht nach auch in der Zukunft die Ausnahme bleiben und waren ausschließlich durch den komplexen, zu regelnden Inhalt bedingt.

904 Vgl. hierzu im Ersten Teil unter V B 2 a.

905 So Bundesverfassungsrichter Steiner in einem Gespräch am 4. März 2002 in Karlsruhe.

906 *Laumen*, Vollstreckungskompetenz nach § 35 BVerfGG, S. 113. Zumindest zahlenmäßig ist diese Zurückhaltung festzustellen, wenn man die Praxis des Gerichts betrachtet, in der derartige Übergangsregelungen eindeutig die Ausnahme bilden. (So auch *Frenz*, DÖV 1993, S. 847 [850]).

907 Hinsichtlich der Häufigkeit solcher Tenorierungen gibt es noch kaum Kritik, da sie tatsächlich bis jetzt die absolute Ausnahme bilden.

908 *Löwer*, in: Isensee/Kirchhof, Handbuch des Staatsrechts, Band II, § 56, Rn. 101; *Siedler*, Gesetzgeber und Bundesverfassungsgericht, S. 101.

909 So Bundesverfassungsrichter Steiner in einem Gespräch am 4. März 2002 in Karlsruhe.

910 *Stern*, FS für Kriele, S. 411 [425]. Dahin geht auch die Aussage des Bundesverfassungsrichters Steiner, der bemerkte, das Bundesverfassungsgericht reiße sich nicht darum, solche Regelungen zu erlassen. Die Rechtsschöpfung sei die viel schwierigere Aufgabe im Ver-

rade in der Frage der Rechtswidrigkeit bzw. Strafbarkeit des Schwangerschaftsabbruchs gingen sowohl den jeweiligen Gesetzesentwürfen als auch den Entscheidungen des Bundesverfassungsgerichts lange und kontroverse Diskussionen in Politik und Gesellschaft voraus. Sieht *Bang* also eine Kompetenz des Bundesverfassungsgerichts für die Fälle, in denen andere Verfassungsorgane zu keiner Lösung kommen[911], so wäre genau in den immer wieder als Negativbeispiel zitierten Abtreibungsentscheidungen eine Kompetenz zu bejahen. Und gerade bei dieser Problemstellung war dies auch zutreffend, da der Komplexität des Problems begegnet und eine tragfähige Lösung gefunden werden musste. Die Entscheidung des Gerichts lässt sich auch aus der Verfassung i.V.m. § 35 BVerfGG rechtfertigen und lag somit innerhalb des Kompetenzbereichs des Bundesverfassungsgerichts.

An dieser Stelle ist als Zwischenergebnis festzuhalten, dass dem § 35 BVerfGG i.V.m. einer im Einzelfall zwingenden Verfassungsnorm eine Kompetenz des Bundesverfassungsgerichts für den Erlass von modifizierenden Weitergeltungsanordnungen und Übergangsregelungen zu entnehmen ist. Von dieser Kompetenz darf grundsätzlich nur in Ausnahmefällen Gebrauch gemacht werden, um eine Ausweitung zur Generalermächtigung zu vermeiden. Dies ergibt sich ebenfalls aus der Verfassung. Das Bundesverfassungsgericht hat also von Fall zu Fall zu prüfen, ob seine normsetzende bzw. -verändernde Tätigkeit auch verfassungsrechtlich geboten und notwendig ist. Da es sich wegen des mit ihr verbundenen Risikos scheut, von dieser Kompetenz Gebrauch zu machen,[912] ist ein verantwortungsvoller Umgang in dieser Hinsicht zu erwarten.

ee. Die Reichweite der Kompetenz aus § 35 BVerfGG i.V.m. einer Verfassungsnorm

Die Verfassung grenzt die Kompetenz aus § 35 BVerfGG i.V.m. einem Verfassungsgrundsatz in jedem Einzelfall ein, da sich die Notwendigkeit des Übergangsrechts aus dem Grundgesetz ergeben muss.

---

gleich zur bloßen Rechtsvernichtung und im Grunde erspare man dem Gesetzgeber hin und wieder auch beispielsweise sehr kontroverse oder komplizierte Regelungen. Ähnlich bemerkt er dies auch in NJW 2001, S. 2919 [2921], wo er aus seiner Praxis als Verfassungsrichter berichtet, dass unpopuläre Problemlösungen, die das Bundesverfassungsgericht trifft, im Ergebnis nicht dem Gesetzgeber angelastet werden können und damit deutlich macht, dass das Gericht dem Gesetzgeber nichts nimmt, sondern diesen entlastet. In diesem Zusammenhang spricht er von einer „geliehenen Kompetenz".

911 *Bang*, Übergangsregelungen, S. 128f.

912 *Steiner*, NJW 2001, S. 2919 [2922]. So äußerte sich Bundesverfassungsrichter Steiner auch in einem Gespräch am 4. März 2002 in Karlsruhe.

Darüber hinaus existieren aber auch allgemein geltende Grenzen. Im Folgenden ist die Reichweite der Kompetenz genauer darzulegen. Es wird teilweise diskutiert, die Voraussetzungen des § 32 Abs. 1 BVerfGG zur Einschränkung der genannten Ermächtigung zu übernehmen und auf den § 35 BVerfGG analog anzuwenden.[913] *Vor* Ergehen einer Sachentscheidung sei unstreitig § 32 BVerfGG die richtige Kompetenzgrundlage für derartige Übergangsregelungen.[914] Es sei nicht nachvollziehbar, warum das Bundesverfassungsgericht für ein solches Tätigwerden vor der Sachentscheidung an wesentlich strengere Maßstäbe gebunden sein soll, als danach.[915]

Die analoge Anwendung der Voraussetzungen des § 32 BVerfGG wird aber zurecht abgelehnt. Die generelle analoge Anwendung des § 32 Abs. 1 BVerfGG auf § 35 BVerfGG bereite Probleme und bringe im Übrigen keine Neuerungen gegenüber der Praxis, Übergangsregelungen nur ausnahmsweise und in Grenzsituationen zu erlassen, was sich schon aus der Verfassung ergebe.[916] Vielmehr ermöglicht eine Eingrenzung direkt über die Verfassung eine flexiblere Handhabung des Problems durch das Gericht, was gerade in diesen Grenzfällen oft von Nöten ist.

Des Weiteren fordert *Bang* als generelle Beschränkung, dass Übergangsregelungen nur ergehen dürften, wenn das Gericht tätig werde, weil ein anderes Verfassungsorgan, namentlich der Gesetzgeber, nicht zur Herstellung einer verfassungskonformen Lage fähig sei.[917] Davon war beispielsweise in den Abtreibungsfällen auszugehen, da schon die später für verfassungswidrig befundene Lösung des Gesetzgebers erst nach langer und kontroverser Diskussion als Gesetz beschlossen werden konnte. Eine Alternative existierte schon damals nicht. Es war also absehbar, dass er auch für einen erneuten Kompromiss bzgl. des Erlasses einer entsprechenden Neuregelung nach dem Urteil des Bundesverfassungsgerichts Zeit brauchen würde. Der Gesetzgeber konnte eine zeitnahe Lösung also nicht gewährleisten.

Allgemein muss für den Erlass von Übergangsregelungen die Voraussetzung vorliegen, dass der Gesetzgeber zu einer entsprechenden Lösung nicht fähig ist. Dies ist immer dann der Fall, wenn eine Notwendigkeit für die Vermeidung eines rechtsleeren Raumes besteht, wie zum Beispiel bei den schon mehrfach erwähnten „Chaosfällen“. Betrachtet man den Ablauf des gesetzgeberischen Verfahrens nach

---

913 *Schneider*, NJW 1994, S. 2590 [2593].

914 Nach § 32 Abs. 1 BVerfGG dürfen Übergangsregelungen vor Ergehen einer Sachentscheidung aber nur ausgesprochen werden, um schwere Nachteile abzuwehren, drohende Gewalt zu verhindern oder aus einem sonstigen Grund des gemeinen Wohls.

915 *Schneider*, NJW 1994, S. 2590 [2593].

916 Weiterführend hierzu *Laumen*, Vollstreckungskompetenz nach § 35 BVerfGG, S. 120ff.

917 *Bang*, Übergangsregelungen, S. 128; *Böckenförde*, Die sogenannte Nichtigkeit, S. 134; *Roth*, AöR 124 (1999), S. 470 [499]; *Lerche*, Symposium Ossenbühl, S. 94.

dem Grundgesetz und in der Praxis, so wird deutlich, dass es zumindest in kürzerer Zeit nach dem Urteil des Gerichts oft nicht zu einer Neuregelung kommen kann. Liegt dann noch eine derart kontrovers diskutierte Materie vor wie bei den Urteilen zum Schwangerschaftsabbruch, so wird eine zeitnahe Regelung völlig ausgeschlossen sein. Insofern springt das Gericht dann für das Verfassungsorgan Gesetzgeber ein, bis dieses selbst tätig werden kann. Denn wo der Gesetzgeber nicht fähig ist, seine Kompetenzen wahrzunehmen, kann er in diesen auch nicht beschränkt werden. Erlässt der Gesetzgeber eine Neuregelung, setzt er die Übergangsregelungen des Gerichts sowieso außer Kraft. Wäre der Gesetzgeber handlungsbereit und würde das Gericht dennoch nicht auf eine Übergangsregelung verzichten, könnte die Legislative dieses „Fehlverhalten" des Gerichts sofort durch eine Neuregelung „sanktionieren". Dass das Gericht also nur im Falle der fehlenden Handlungsfähigkeit des Gesetzgebers einspringt, ist gewährleistet.

Zusätzlich wird zu fordern sein, dass das Gericht zum Erlass von Übergangsrecht nur als *ultima ratio* greift. Das heißt, kann es mit einer anderen Tenorierung ebenso gut den Zeitraum bis zu einem erneuten Tätigwerden der Legislative überbrücken, muss es von solchem Übergangsrecht Abstand nehmen. Dies ergibt sich aus der Pflicht des Bundesverfassungsgerichts, in den Bereich der anderen Verfassungsorgane so wenig wie möglich einzugreifen. Insofern ist man sich zu Recht darüber einig, dass Übergangsregelungen der Ausnahmefall bleiben müssen.[918]

Des Weiteren darf eine Übergangsregelung auch zeitlich und sachlich nur insoweit erlassen werden, wie sie notwendig ist. Die zeitliche Grenze ist nicht erst dann erreicht, wenn der Gesetzgeber die Regelung durch ein neues Gesetz außer Kraft setzt. Sie kann auch schon dann zum Tragen kommen, wenn das Übergangsrecht vorher nicht mehr notwendig ist. Der Regelung darf also von vorne herein nur solange zur Geltung verholfen werden, wie sie für notwendig befunden wird.[919]

In sachlicher Hinsicht darf eine Interimsanordnung ebenfalls nur soweit reichen, wie unbedingter Regelungsbedarf besteht.[920] Sie sollte sich im Übrigen neben dem ersten Ziel der Verfassungskonformität am mutmaßlichen gesetzgeberischen Willen orientieren.[921] Zwar ist davon auszugehen, dass der Gesetzgeber bei einem Tätigwerden des Bundesverfassungsgerichts handlungsunfähig ist, er bleibt jedoch

---

918 *Bang*, Übergangsregelungen, S. 129; *Laumen*, Vollstreckungskompetenz nach § 35 BVerfGG, S. 117; *Roth*, AöR 124 (1999), S. 470 [493].

919 *Laumen*, Vollstreckungskompetenz nach § 35 BVerfGG, S. 113; *Lerche*, FS für Gitter, S. 509 [511].

920 *Lerche*, FS für Gitter, S. 509 [511]; *Lerche*, Symposium Ossenbühl, S. 94.

921 *Bethge*, in: Maunz/Schmidt-Bleibtreu/Klein u.a., BVerfGG, Komm., § 35, Rn. 42; *Bang*, Übergangsregelungen, S. 129; *Lechner/Zuck*, BVerfGG, § 35, Rn. 9; *Lerche*, FS für Gitter, S. 509 [511]; BVerfGE 93, 37 [85].

das eigentlich zuständige Organ, für den quasi im Rahmen einer „Ersatzvornahme“ gehandelt wird. Da liegt es nahe, dessen mutmaßlichen Willen, soweit möglich und erkennbar, zu berücksichtigen. Deswegen ist dem Gericht zu empfehlen, seine Übergangsregelung einer zu erwartenden späteren Neuregelung möglichst weitgehend anzunähern, um diese nicht zu erschweren.[922]

ff. Das Verhältnis zu den Zulässigkeitsproblemen von Übergangsregelungen

Fest steht, dass eine Kompetenzgrundlage grundsätzlich in § 35 BVerfGG i.V.m. der Verfassung zu sehen ist. Es wurden aber rechtliche Bedenken aufgezeigt, die diese Art der Tenorierung hervorruft. Es ist folglich zu untersuchen, ob die Kompetenz des Gerichts wegen dieser Einwände noch weiter einzuschränken ist.

Betrachtet man die schon aufgezeigten Einschränkungen, so bestehen hinsichtlich der Wahrung des Gewaltenteilungsgrundsatzes jedenfalls keine Bedenken.[923] Ein Eingriff in den Kernbereich der Gesetzgebung ist dann ausgeschlossen, wenn das Gericht nur soweit nötig regelnd tätig wird und auch nur dann, wenn die Legislative nicht selbst zeitnah eine verfassungskonforme Regelung finden kann.

aaa. Die Strukturmerkmale der negierenden und nachträglichen Kontrolle

Es wurde festgestellt, dass der Erlass von Übergangsrecht bestimmten Strukturmerkmalen des Bundesverfassungsgerichts zuwider läuft. Diese sind dann unbeachtlich, wenn sich die Erforderlichkeit des Übergangsrechts aus der Verfassung ergibt, denn auch das Bundesverfassungsgericht ist in erster Linie dem Grundgesetz unterworfen.

Das Strukturmerkmal der Nachträglichkeit ist letztendlich nicht tangiert, denn das Gericht reagiert auf ein im Verfahren anhängig gewordenes Problem, das schon besteht, also nachträglich. Die Verfassungswidrigkeit einer Regelung wird überwiegend auf einen Zeitraum bezogen festgestellt, der in der Vergangenheit liegt. Die Übergangsregelung soll der Korrektur dieses verfassungswidrigen Zustands dienen, auch wenn sie andererseits auf die Zukunft gerichtet ist. Ihre Notwendigkeit ergibt sich also aus einem Verfassungsverstoß in der Vergangenheit, auch wenn sie oftmals zusätzlich der Vermeidung eines Verfassungsverstoßes in der Zukunft vorbeugt. Da dem Bundesverfassungsgericht eine Ermächtigung zum Erlass von Übergangsregelungen nur zusteht, wenn diese verfassungsrechtlich notwendig sind,

922 *Bang*, Übergangsregelungen, S. 129.
923 A.A.: *Schneider*, Funktion der Normenkontrolle, S. 131.

kann das Strukturmerkmal der nachträglichen Kontrolle unter diesen Voraussetzungen insoweit auch eingeschränkt werden.

Ähnliches gilt für das Strukturmerkmal der negierenden Kontrolle. Zieht man hier die Nichtigerklärung als die klassische und vom Gesetzgeber vorgesehene Tenorierungsvariante zum Vergleich heran, ergeben sich in manchen Fällen kaum Unterschiede. Auch die Nichtigerklärung kann in Einzelfällen rechtsgestaltende Wirkung haben, da auch die Vernichtung einzelner Regelungen oder Normen gestaltende Wirkung hinsichtlich der gesamten Rechtslage hat.

Nichtsdestotrotz überwiegt bei der Nichtigerklärung ganz deutlich das negierende Element, da die gestaltende Wirkung immer nur durch die Elimination von Gesetzen oder Gesetzesteilen herbeigeführt wird. Schon die Teilnichtigerklärung hat unter Umständen eine weitergehende gestaltende Wirkung. Hier kann zum Beispiel der Anwendungsbereich einer Vorschrift durch Teilnichtigerklärung einer Voraussetzung erweitert werden. Zwar wird diese Voraussetzung dann negiert, jedoch hat die Entscheidung auch erweiternde, also rechtsgestaltende Wirkung. Sie bezieht dann beispielsweise Personen in den Anwendungsbereich ein, die vorher von der Norm nicht erfasst worden waren. Eine Tendenz zur Aufweichung der ausschließlich negierenden Kontrolle besteht also und lässt sich auch nicht vermeiden. Bedenkt man nun, dass es zu einer Übergangsregelung nur bei verfassungsrechtlicher Notwendigkeit kommen kann, kann auch dieses Strukturmerkmal kein Zulässigkeitshindernis für den Erlass von Übergangsrecht darstellen.

bbb. Der Einwand des Grundsatzes nulla poena sine lege scripta

Für die wenigen Fälle von Übergangsregelungen, die eine Strafschärfung enthalten, stellt sich das Problem der Kollision mit dem Grundsatz *nulla poena sine lege scripta*. Dieser Grundsatz hat Verfassungsrang und ist in Art. 103 Abs. 2 GG verankert. Insofern stehen dieses Prinzip einerseits und die etwaige verfassungsrechtliche Notwendigkeit einer Übergangsregelung andererseits auf einer Stufe. Sie kollidieren in diesen Fällen und es ist fraglich, welchem Grundsatz Vorrang einzuräumen ist.

Jedenfalls kann nicht für alle Fälle die uneingeschränkte Geltung des Grundsatzes des Art. 103 Abs. 2 GG festgestellt werden, da unklar ist, welcher Verfassungsgrundsatz im Einzelfall die Übergangsregelung erforderlich macht. Die Notwendigkeit einer Übergangsregelung ergab sich in den Verfahren über die Regelungen zum Schwangerschaftsabbruch[924] beispielsweise aus der Pflicht zum Schutz des höchsten Verfassungsgutes, nämlich des menschlichen Lebens.

Andererseits ist es ebenfalls unmöglich, festzustellen, dass der Grundsatz *nulla poena sine lege scripta* immer zurücktreten muss, weil sich die Notwendigkeit einer Übergangsregelung auch aus einem weniger hochrangigen Rechtsgut ergeben kann und man in einem solchen Fall dem Recht des Täters, nur nach dem geltenden, geschriebenen Recht bestraft zu werden, bei einer Abwägung Vorrang gewähren müsste.

Der Grundsatz der *nulla poena sine lege scripta* bewirkt nicht generell die Unzulässigkeit von Übergangsregelungen. Übergangsregelungen, deren Inhalt strafschärfend oder -begründend ist, können im Einzelfall zulässig sein. Für diese wenigen Fälle ist eine Einzelfallabwägung vorzunehmen. Da es sich in diesen speziellen Fällen um eine Kollision von Verfassungsnormen handelt, hat sie im Wege der praktischen Konkordanz zu geschehen.

In den Fällen, in denen der Inhalt einer geplanten Übergangsregelung also strafschärfend oder strafbegründend wirkt, wird das Gericht zu prüfen haben, ob ein ausreichend zeitnahes Tätigwerden des Gesetzgebers anstelle des Gerichts zu erwarten ist. Anschließend hat es zu analysieren, aus welcher verfassungsrechtlichen Norm sich die Notwendigkeit für eine Übergangsregelung im konkreten Fall ergibt. Auf diese Regelung i.V.m. dem entsprechend auszulegenden § 35 BVerfGG stützt es schließlich seine Kompetenz. Diese darf es aber nur und insoweit wahrnehmen, als die Verpflichtung zum Erlass des Übergangsrechtes mit dem genannten Inhalt nach einer Abwägung als verfassungsrechtlich notwendiger zu beurteilen ist. Die Abwägung wird im Wege der praktischen Konkordanz vorgenommen, so dass den beiden kollidierenden Verfassungsgütern weitest möglich Rechnung getragen werden muss. Es ist also gegebenenfalls eine Regelung zu treffen, die den *nulla poena sine lege* Grundsatz so wenig wie möglich einschränkt. Das Gericht hat im Übrigen auf strafschärfende oder strafbegründende Regelungen weitgehend zu verzichten.

Hinsichtlich der Urteile zu den strafrechtlichen Abtreibungsnormen wird gerügt, dass der Grundsatz *nulla poena sine lege scripta* völlig außer Acht geblieben sei. Inwiefern das Gericht ihn in seine Entscheidung einbezogen und abgewogen hat, wird aus den Urteilen selbst nicht ersichtlich. Jedoch ergab sich die Notwendigkeit der Übergangsregelungen in diesen Fällen aus der Schutzpflicht des Staates für das ungeborene Leben, einem der höchsten Verfassungsgüter. Dessen Schutz hätte in einer etwaigen Abwägung jedenfalls Vorrang haben müssen, so dass nach dem e-

---

924 BVerfGE 39, 1; BVerfGE 88, 203.

ben Ausgeführten auch strafschärfende bzw. -begründende Regelungen erlassen werden durften, soweit diese hierfür erforderlich waren. Die Kritik an diesen Entscheidungen ist letztendlich also unberechtigt.

cc. Die gerichtsförmige Organisation des bundesverfassungsgerichtlichen Verfahrens

Der Einwand, das Gericht könne wegen der gerichtsförmigen Organisation seines Verfahrens eine solch weitreichende Kompetenz nicht wahrnehmen, da es nicht zur Rechtssetzung geschaffen wurde und somit als Institution mit seiner Organisation hierfür nicht ausgelegt ist, ist grundsätzlich nachvollziehbar. Es sei schlichtweg überfordert, vor allem wenn man das parlamentarische Gesetzgebungsverfahren betrachte, das verschiedenste Gremien an der Gestaltung neuer Gesetze beteilige.[925] Diese Gremien existierten beim Bundesverfassungsgericht nicht, so dass es Experten nicht derart ausführlich beteiligen könne, wie dies im Gesetzgebungsverfahren geschehe.

Bei einer derartigen Argumentation werden aber zwei Dinge verkannt. Zum einen wird das Gericht nur in einer Art Notsituation tätig, nämlich genau dann, wenn der Gesetzgeber gerade wegen seines langwierigen Verfahrens nicht zeitnah tätig werden kann, eine schnelle Neuregelung der Materie aber unverzichtbar ist. Es kann in dieser Notsituation aber auch nur einspringen, weil sein Verfahren keinen breiten Konsens erfordert, der in vielerlei Gremien erst erzielt werden muss. Sein Verfahren erweist sich in solchen Situationen also als flexibler.

Andererseits maßt sich das Gericht schließlich nicht an, dauerhafte Regelungen zu treffen, deren Geltung so weit reicht wie die eines parlamentarischen Gesetzes. Vielmehr wird es nur soweit und solange regelnd tätig, wie der Gesetzgeber gerade wegen seines langwierigen Verfahrens nicht selbst handeln kann. Dieser ersetzt dann gegebenenfalls die von Gericht getroffene Übergangsregelung durch ein Gesetz, das den entsprechenden, breiten Konsens findet.

gg. Ergebnis

Insgesamt ist also festzustellen, dass es bei der Kompetenz des Bundesverfassungsgerichts in dem festgestellten Umfang bleibt. Es ist ermächtigt, Übergangsrecht bzw. modifizierende Übergangsregelungen zu erlassen, wenn hierfür eine Pflicht aus der Verfassung besteht, die die Anwendbarkeit des § 35 BVerfGG erweitert und i.V.m. diesem eine Ermächtigungsgrundlage bietet. Hierzu darf es nur kommen, wenn der Gesetzgeber selbst die Lücke nicht zeitnah schließen kann. Das Gericht muss sich außerdem immer bewusst sein, dass es den Erlass von

925 Vgl. hierzu: Art. 70 ff. GG

Übergangsregelungen bzw. modifizierenden Weitergeltungsanordnungen nur als *ultima ratio* in Erwägung ziehen darf, wenn die Anwendbarkeit einer anderen Tenorierungsvariante ausscheidet.

Erlässt es Übergangsregelungen, dürfen diese inhaltlich auch nur soweit wie unbedingt notwendig reichen. Das gilt sowohl in zeitlicher als auch in sachlicher Hinsicht. Wird der Erlass von strafbegründenden oder strafschärfenden Regelungen für notwendig erachtet, ist darauf zu achten, dass der Grundsatz *nulla poena sine lege* nur soweit wie nötig eingeschränkt oder, wenn sich das aus der Abwägung ergibt, nicht tangiert wird. Hierfür ist nach den Regeln der praktischen Konkordanz vorzugehen und der bestmögliche Ausgleich zwischen dem Grundsatz aus Art. 103 Abs. 2 GG und dem im Einzelfall zu schützenden Rechtsgut oder Verfassungsgrundsatz zu finden.

3. Die Weisungen an den Gesetzgeber

An dieser Stelle soll ergänzend die Zulässigkeit von Weisungen des Gerichts an den Gesetzgeber untersucht werden. Das Gericht verknüpft derartige Weisungen überwiegend mit einer Unvereinbarerklärung. Inhaltlich spricht es aus, was die Legislative seiner Ansicht nach bei der Neuregelung der Materie zu beachten hat.[926] Teile der Literatur[927] fassen diese Entscheidungen statt dessen unter den Oberbegriff der Appellentscheidung. Dies ist jedoch nicht ganz zutreffend. Appellentscheidungen umfassen nur solche Entscheidungen, die den Appell mit einer Vereinbarerklärung verknüpfen. Diese werden gesondert untersucht.

a. Das zweite Urteil zum Schwangerschaftsabbruch als Beispielsfall

Das zweite Urteil zum Schwangerschaftsabbruch[928], in dem das Gericht Einzelheiten für die Neuregelung des Beratungs- und Anerkennungsverfahrens festlegte, enthält eine solche Weisung.[929] Da das Bundesverfassungsgericht nur eines von mehreren Verfassungsorganen ist und nicht schon grundsätzlich eine Vorrangstellung inne hat, könnte sein Vorgehen in die Balance der drei Gewalten, namentlich

---

926 So zum Beispiel in sehr eingeschränkter Art und Weise in der Entscheidung zur Rentenbesteuerung (BVerfGE 105, 73) in den Leitsätzen, 3. Absatz, sowie am Ende der Entscheidung ausführlicher auf Seite 134f. Ausführlichere Weisungen finden sich vor allem in den Entscheidungen zum Schwangerschaftsabbruch BVerfGE 39, 1 und BVerfGE 88, 203. So hat es in Letzterer beispielsweise ausführliche Weisungen zur Regelung der Schwangerenkonfliktberatung sowohl in den Leitsätzen (Nr. 12, BVerfGE 88, 203 [204]), als auch in der Entscheidungsformel (BVerfGE 203, 88 [210]) getroffen.

927 Für alle: *Kleuker*, Gesetzgebungsaufträge, S. 32ff.; *Bernd*, Legislative Prognosen, S. 134f.

928 BVerfGE 88, 203.

929 *Schneider*, NJW 1994, S. 2590 [2591].

in den Kernbereich der Legislative, eingreifen, und so gegen den Gewaltenteilungsgrundsatz verstoßen.[930] Das ist vor allem zu befürchten, wenn man davon ausgeht, dass die gesetzgeberische Gestaltungsfreiheit auch die Möglichkeit bietet, etwas gesetzlich überhaupt nicht zu regeln.[931] Zu prüfen ist also, wie sich diese Weisungen auf die anschließende Legislativtätigkeit des Gesetzgebers auswirken.

b. Die Bindungswirkung solcher Weisungen nach § 31 Abs. 1 BVerfGG

Betrachtet man den Wortlaut des § 31 Abs. 1 BVerfGG, kann der Eindruck entstehen, dass derartige Weisungen im Urteilstenor oder in den tragenden Gründen den Gesetzgeber zu binden vermögen. Schließlich ist auch dieser als Verfassungsorgan zu qualifizieren.[932]

„§ 31

(1) Die Entscheidungen des Bundesverfassungsgerichts binden die Verfassungsorgane des Bundes und der Länder sowie alle Gerichte und Behörden....“

Jedoch wird eine derart weitreichende Bindungswirkung dieser einfachgesetzlichen Vorschrift überwiegend verneint[933]. Art. 20 Abs. 3 GG sieht den Gesetzgeber nur durch die verfassungsmäßige Ordnung gebunden.[934] Da die Verfassung Vorrang vor dem einfachen Gesetz hat, vermag das BVerfGG die Bindung des Gesetzgebers nicht über Art. 20 Abs. 3 GG hinaus zu erweitern. Verneint wird diese Bindungswirkung außerdem, weil der § 31 Abs. 1 BVerfGG nur solche Teile der Entscheidung in Gesetzeskraft erwachsen lässt, die für die Entscheidung denknotwendig sind. Das ist bei der Weisung im Verhältnis zur eigentlichen Tenorierung aber nicht der Fall.[935]

---

930 Das vertreten zumindest: *Schneider*, NJW 1994, S. 2590 [2591]; *Lauren*, Vollstreckungskompetenz des § 35 BVerfGG, S. 104.

931 *Kleuker*, Gesetzgebungsaufträge, S. 21. Dabei könnte man von einer Art „negativen Gestaltungsfreiheit“ des Gesetzgebers sprechen.

932 *Stricker*, DÖV 1995, S. 978 [980].

933 *Mendes*, Die abstrakte Normenkontrolle vor dem BVerfG und dem Supremo Tribunal Federal, S. 189; *Klein*, in: Benda/Klein, Lehrbuch, Rn. 1280; *Moench*, Gesetz und Normenkontrolle, S. 186.

934 *Stricker*, DÖV 1995, S. 978 [981].

935 *Mendes*, Die abstrakte Normenkontrolle vor dem BVerfG und dem Supremo Tribunal Federal, S. 189.

Beachtlich ist auch die Bindungswirkung des § 31 Abs. 2 BVerfGG, aufgrund dessen die Entscheidungen des Bundesverfassungsgerichts in den dort aufgeführten Fällen in Gesetzeskraft erwachsen.

> „§ 31
>
> (2) In den Fällen des § 13 Nr. 6, 11, 12 und 14 hat die Entscheidung des Bundesverfassungsgerichts Gesetzeskraft. Das gilt auch in den Fällen des § 13 Nr. 8a, wenn das Bundesverfassungsgericht ein Gesetz als mit dem Grundgesetz vereinbar oder unvereinbar oder für nichtig erklärt. ...“

Aus dieser Vorschrift könnte also eine Bindungswirkung der Entscheidungen des Gericht abgeleitet werden, zumindest was den Umfang der Entscheidungsformel betrifft. Jedoch ist auch hier Art. 20 Abs. 3 GG zu beachten. Zum einen handelt es sich bei den vom Gericht mit Gesetzeskraft verkündeten Entscheidungen nicht um Gesetze im eigentlichen Sinn, sondern lediglich um gesetzesähnliche Regelungen. Zum anderen stehen diese allenfalls auf der Stufe des einfachen Rechts, welches die Legislative wegen Art. 20 Abs. 3 GG nicht zu binden vermag. Als Zwischenergebnis kann hier also festgestellt werden, dass Weisungen, auch wenn sie in den Entscheidungsgründen oder im Tenor erfolgen, rechtlich keine Bindungswirkung für den Gesetzgeber entfalten.[936]

c. Die faktische Bindungswirkung der Weisungen

Dennoch geht von ihnen eine faktische Bindungswirkung aus.[937] Erklärt das Gericht ein Gesetz für nichtig bzw. verfassungswidrig und erlässt es anschließend Weisungen für den Gesetzgeber, wie eine Neuregelung verfassungskonform zu erlassen wäre, präjudiziert das Gericht seine Entscheidung, die es bei einem etwaigen Verfahren gegen das zukünftige Gesetz treffen würde. Will der Gesetzgeber also nicht riskieren, dass das korrigierte Gesetz erneut Gegenstand eines Verfahrens vor dem Bundesverfassungsgericht wird, wird er sich an die Weisungen des Gerichts halten. Etwaige (politische) Gegner des Gesetzes können aus solchen Weisungen Schlüsse hinsichtlich der Erfolgsaussichten einer erneuten Klage vor

---

936 *Brinckmann*, Gesetz, S. 46. Dafür, dass § 31 Abs. 1 BVerfGG den Gesetzgeber nicht binden kann, auch: *Schlaich/Korioth*, Das BVerfG, Rn. 484. A.A.: *Pestalozza*, FS für das BVerfG, S. 519 [557], der derartige Weisungen als eine ausfüllungsbedürftige Rahmengesetzgebung des Bundesverfassungsgerichts ansieht und für verbindlich hält.

937 *Mendes*, Die abstrakte Normenkontrolle vor dem BVerfG und dem Supremo Tribunal Federal, S. 191.

dem Bundesverfassungsgericht ziehen.[938] Auch dies bindet den Gesetzgeber bzw. die im Parlament einen Entwurf vorlegenden Organe der öffentlichen Gewalt jedenfalls in faktischer Hinsicht.

Diese faktische Bindungswirkung hat für den Gesetzgeber aber nicht nur negative Auswirkungen. Dem ist nämlich entgegenzuhalten, dass diese Bindungswirkung nur in faktischer Hinsicht besteht und der Gesetzgeber sowieso gehalten ist, ein verfassungskonformes Gesetz zu erlassen. Weist das Gericht auf zu vermeidende Kollisionen mit der Verfassung hin, ist dies darüber hinaus eine Hilfestellung für den Gesetzgeber, die durchaus auch im Sinne der gegenseitigen Organtreue sein kann, da sie die Legislative davor bewahren kann, ihr neues Gesetz einem erneuten Kontrollverfahren ausgesetzt zu sehen.[939]

Hinzu kommt, dass die faktische Bindungswirkung nicht so weit reicht, wie man auf den ersten Blick meinen könnte. Das Gericht besteht aus zwei Senaten, die im Ergebnis nicht immer identisch judizieren. Außerdem besteht die Möglichkeit einer Rechtsprechungsänderung und des Wechsels der Zusammensetzung der Senate, was die Rechtsprechung erfahrungsgemäß ebenfalls inhaltlich beeinflussen kann. Gerade solch personelle Wechsel stellen die Verlässlichkeit der einheitlichen Rechtsprechung des Gerichts in ähnlich gelagerten Fällen in Frage. Die Weisungen des Gerichts, die oft lediglich einen Rahmen vorgeben, kann man also allenfalls als Hilfestellung für den Gesetzgeber ansehen, um diesen bei der Schaffung einer verfassungskonformen Neuregelung zu unterstützen.[940] Sein eigener Beurteilungsspielraum wird hierdurch nicht eingeschränkt.

Darüber hinaus ist noch zu bemerken, dass dieses Handeln unter prozessökonomischen Gesichtspunkten im Rahmen der sinnvollen Ausübung verfassungsgerichtlicher Kompetenzen liegt.[941] Das Bundesverfassungsgericht verhindert unter Umständen ein erneutes Verfahren, wenn es schon im Vorhinein mitteilen kann, welche Art von Neuregelung im Hinblick auf die Verfassung ebenfalls bedenklich

---

938 Einen Hinweis für die anderen Teilnehmer am Rechtsleben sieht auch: *Vogel*, Das BVerfG und die übrigen Verfassungsorgane, S. 256.

939 Für die Appelle bei den Appellentscheidungen sieht dies genauso: *Rupp-von Brünneck*, FS für Gebhard Müller, S. 355 [366].

940 So auch Bundesverfassungsrichter Steiner in einem Gespräch am 4. März 2002 in Karlsruhe.

941 *Breuer*, Wahlrecht von Auslandsdeutschen, S. 229; ähnlich: *Moench*, Gesetz und Normenkontrolle, S. 185.

wäre.[942] Die Weisungen des Gerichts sind mangels Bindungswirkung für den Gesetzgeber also kein Verstoß gegen den Grundsatz der Gewaltenteilung.[943]

d. Die Rechtsgrundlage für derartige Weisungen

Damit ist noch nicht geklärt, ob die Weisungen einer Rechtsgrundlage bedürfen oder ob ihr Ausspruch im allgemeinen Kompetenzbereich des Bundesverfassungsgerichts liegt. Eine solche Rechtsgrundlage wäre in der Verfassung zu suchen, wenn die Weisungen eine bestehende verfassungsmäßige Pflicht zum Tätigwerden des Gesetzgebers nur deklaratorisch feststellen würden. Es ist also nach dem Inhalt solcher Weisungen zu unterscheiden.[944]

Folgt einer Unvereinbarerklärung eine Weisung, die für unvereinbar erklärte Gesetzeslage zu beseitigen, so ergibt sich die Pflicht, dies zu tun, schon aus Art. 20 Abs. 3 GG.[945] Wird diese Aufgabe durch Ausspruch einer Unvereinbarerklärung zur Schonung der Gestaltungsfreiheit des Gesetzgebers auf diesen verlagert, so ergibt sich auch für ihn aus Art. 20 Abs. 3 GG die Pflicht zur Elimination der verfassungswidrigen Lage. Das Bundesverfassungsgericht ist als Hüter der Verfassung gehalten, den Gesetzgeber hierauf auch hinzuweisen, allerdings nur mit deklaratorischer Wirkung. Insofern ergibt sich die Kompetenz zu solchen Weisungen, die die Beseitigung der verfassungswidrigen Lage anmahnen, aus Art. 20 Abs. 3 GG.

Die Weisung kann für die Beseitigung des verfassungswidrigen Zustandes eine Neuregelung als einzig taugliches Mittel aber nur vorsehen, wenn sonst keine Möglichkeit zur Beseitigung der verfassungswidrigen Lage ersichtlich ist. Nur dann kann das Gericht diese Weisung auf Art. 20 Abs. 3 GG stützen. Das ist dann zu bejahen, wenn konkrete Regelungspflichten[946] bezüglich der relevanten Materie direkt aus der Verfassung bestehen.[947]

Existiert keine Pflicht zur Regelung der Materie, kommt der Weisung des Gerichts keine Bindungswirkung zu und sie hat keinerlei Auswirkungen für den Gesetzgeber. Für bloße Hinweise benötigt das Gericht auch keine ausdrückliche Kompe-

---

942 Für Appelle bei Appellentscheidungen so auch: *Rupp-von Brünneck*, FS für Gebhard Müller, S. 355 [367].

943 *Moench*, Gesetz und Normenkontrolle, S. 185. A.A.: *Geiger/von Lampe*, Jura 1994, S. 20 [28], die unter Hinweis auf die detaillierten Regelungen im zweiten Urteil zum Schwangerschaftsabbruch (BVerfGE 88, 203) das Gebot der richterlichen Selbstbeschränkung (judicial self-restraint) als missachtet ansehen.

944 *Kleuker*, Gesetzgebungsaufträge, S. 40.

945 *Klein*, in: Benda/Klein, Lehrbuch, Rn. 1282; *Kleuker*, Gesetzgebungsaufträge, S. 40.

946 Eine solche Regelungspflicht resultiert z. B. aus einer Verletzung des Art. 6 Abs. 5 GG.

947 *Kleuker*, Gesetzgebungsaufträge, S. 40f.

tenzgrundlage, wenn diese – wie hier – innerhalb seines allgemeinen Aufgaben- und Kompetenzbereichs liegen.

VI. Die Appellentscheidung

A. Überblick

1. Der Begriff der Appellentscheidung

Der Terminus der Appellentscheidung wird in der Literatur verschiedenartig verwendet.[948] Teilweise werden unter diesen Begriff solche Urteile gefasst, die eine Unvereinbarerklärung mit einem Appell verknüpfen.[949] Im Folgenden soll diese Bezeichnung mit dem überwiegenden Teil der Literatur[950] nur für solche Entscheidungen verwendet werden, bei denen das Bundesverfassungsgericht feststellt, dass das zur Entscheidung stehende Gesetz den Vorschriften der Verfassung gerade noch genügt. Das Gericht spricht also dessen Vereinbarkeit mit der Verfassung i.S.d. § 78 Satz 1 BVerfGG aus, verbindet diese Feststellung dann aber, weil ein verfassungswidriger Zustand droht, mit einem Appell an den Gesetzgeber, eine Neuregelung anzustreben.[951]

Appellentscheidungen enthalten oftmals eine Frist für den Gesetzgeber, innerhalb derer er die Rechtslage durch ein entsprechendes Gesetz zu ändern habe, und gleichzeitig eine Anordnung bestimmter Folgen für den Fall des fruchtlosen Fristablaufs. Die Appellentscheidung wird zum einen als eine Vorstufe zur Nichtiger-

---

948 Dies bestätigt: *Kleuker*, Gesetzgebungsaufträge, S. 15.

949 Beispiel hierfür: Die sog. Wahlkreisentscheidung BVerfGE 16, 130, bei der zwar die vergangene Wahl für gültig erklärt wurde, weil die Wahlkreiseinteilung zu diesem Zeitpunkt noch nicht verfassungswidrig war, deren Verfassungswidrigkeit zum Zeitpunkt der Entscheidung aber festgestellt worden ist. So vertreten von *Bernd*, Legislative Prognosen, S. 135; undeutlich: *Lee*, Schonung des Gesetzgebers, S. 323f.; *Yang*, Die Appellentscheidungen des BVerfGs, S. 344.

950 So auch: *Siedler*, Gesetzgeber und Bundesverfassungsgericht, S. 176; *Maurer*, FS für Weber, S. 345 [346]; *Rau*, Grenzen in der Rechtsprechung, S. 215; *Herter*, Unvereinbarkeitserklärung verfassungswidriger Steuergesetze, S. 21; *Ipsen*, Rechtsfolgen, S. 132; *Mendes*, Die abstrakte Normenkontrolle vor dem BVerfG und dem Supremo Tribunal Federal, S. 180; *Moench*, Gesetz und Normenkontrolle, S. 70; *Klein*, in: Benda/Klein, Lehrbuch, Rn. 1279; *Wernsmann*, Das gleichheitswidrige Gesetz, S. 37; *Söllner*, 50 Jahre Bundessozialgericht, S. 43 [47]. Anders: *Yang*, Die Appellentscheidungen des BVerfGs, S. 343; *Kleuker*, Gesetzgebungsaufträge, S. 17, der unter den Begriff „Appellentscheidung" alle Entscheidungen fasst, die einen Gesetzgebungsauftrag enthalten, unabhängig davon, ob diesem eine Nichtig-, Unvereinbar- oder Vereinbarerklärung vorausgeht. Viel zu weit definiert auch von: *Bernd*, Legislative Prognosen, S. 135.

951 Ein Beispiel hierfür ist die Entscheidung zum Versorgungsausgleich (BVerfGE 53, 257).

klärung gesehen, weil die Verfassungswidrigkeit der in Frage stehenden Norm noch nicht eingetreten, jedoch in sachlicher und zeitlicher Hinsicht spezifizierbar ist.[952] Zum anderen wird sie als Unterfall der Vereinbarerklärung eingeordnet.[953] Ihre Grundlage in der Rechtsprechung wurde in der Entscheidungen zum Saarstatut[954] im Jahre 1955 gelegt.[955]

2. Fallgruppen der Appellentscheidung

Um die Appellentscheidung analysieren zu können, ist es sinnvoll, diese, wie es teilweise in der Literatur erfolgt[956], in Fallgruppen einzuteilen.

Als erste Fallgruppe ist die des Verfassungswidrigwerdens einer Norm durch den Wandel der rechtlichen oder tatsächlichen Verhältnisse zu nennen. Ein Fall des Wandels der tatsächlichen Verhältnisse liegt dann vor, wenn bei Erlass der Norm andere tatsächliche Verhältnisse galten als im Zeitpunkt der verfassungsgerichtlichen Entscheidung.[957] Ein Wandel in den rechtlichen Verhältnissen, der zum Verfassungswidrigwerden einer Norm führen kann, ist dann eingetreten, wenn sich die Ansprüche, die der Prüfungsmaßstab an den Prüfungsgegenstand stellt, geändert haben.[958] Ein Beispiel für diese Fallgruppe ist die so genannte Wahlkreisentscheidung[959]. In dem diesem Urteil vorhergehenden Verfahren hatte das Bundesverfassungsgericht über die Verfassungsmäßigkeit der Wahlkreiseinteilung zum Zeitpunkt der vorhergehenden Bundestagswahl zu entscheiden. Es urteilte, diese Einteilung sei zum Zeitpunkt der Bundestagswahl noch mit der Verfassung vereinbar gewesen, begegne aber inzwischen verfassungsrechtlichen Bedenken, da im Laufe

---

952 *Gerontas*, DVBl. 1982, S. 486 [486]; *Lee*, Schonung des Gesetzgebers, S. 324; *Moench*, Gesetz und Normenkontrolle, S. 184.

953 *Siedler*, Gesetzgeber und Bundesverfassungsgericht, S. 177; *Yang*, Die Appellentscheidungen des BVerfGs, S. 55.

954 BVerfGE 4, 157.

955 *Mendes*, Die abstrakte Normenkontrolle vor dem BVerfG und dem Supremo Tribunal Federal, S. 180; *Schlaich/Korioth*, Das BVerfG, Rn. 432; *Yang*, Die Appellentscheidungen des BVerfGs, S. 31.

956 Für alle anderen: *Breuer*, Wahlrecht von Auslandsdeutschen, S. 228; *Lee*, Schonung des Gesetzgebers, S. 330; *Mendes*, Die abstrakte Normenkontrolle vor dem BVerfG und dem Supremo Tribunal Federal, S. 181. Andere Aufteilung: *Vogel*, Das BVerfG und die übrigen Verfassungsorgane, S. 249.

957 *Wernsmann*, Das gleichheitswidrige Steuergesetz, S. 39.

958 *Wernsmann*, Das gleichheitswidrige Steuergesetz, S. 42.

959 BVerfGE 16, 130.

der Jahre Bevölkerungsverschiebungen zwischen den einzelnen Ländern stattgefunden hätten.[960]

Eine zweite Fallgruppe ist die der Nichterfüllung von bestehenden Gesetzgebungsaufträgen. Ein Beispiel für diese Fallgruppe ist die Entscheidung zum Unehelichenrecht[961].

Eine dritte Fallgruppe sollen die Entscheidungen wegen des zwischenzeitlichen Wandels des Verfassungsverständnisses sein, bei denen eine Verfassungsnorm im Laufe der Zeit anders interpretiert wird und deshalb im Laufe der Zeit weitere Tatbestände unter ihren Anwendungsbereich gefasst werden.

Zuletzt bilden die Fälle der fehlenden Evidenz des Verfassungsverstoßes eine vierte Fallgruppe.[962] Auch hierfür wird die Entscheidung zur Wahlkreiseinteilung[963] als Beispiel herangezogen, da der Verfassungsverstoß in diesem Fall im entscheidenden Zeitpunkt der Bundestagswahl noch nicht evident gewesen sein soll. Mangels Evidenz könne der Verfassungsverstoß dann auch nicht zur Nichtigkeit der Norm führen.[964]

3. Die Problematik

Besonderes Problem der Appellentscheidungen ist der Hinweis bzw. Befehl an den Gesetzgeber, die gültige Rechtslage zu ändern.[965] Dies ist bedenklich, weil das Gericht mit dieser Art von Entscheidung den Eindruck erweckt, es sei in der Position, der legislativen Gewalt ihr Tun vorschreiben zu können. Das greift in das Gefüge der Gewaltenteilung ein, sind die drei Gewalten doch grundsätzlich als gleichrangig anzusehen. Fraglich ist auch, auf welcher Kompetenzgrundlage das Bundesverfassungsgericht derartig tätig wird.

---

960 *Lee*, Schonung des Gesetzgebers, S. 330. Bei dieser Fallgruppe wird die Appellentscheidung unter Berücksichtigung der dynamischen Veränderungen von Normkomplexen und tatsächlichen Verhältnissen im Gegensatz zu einem statisch ausgerichteten Blickwinkel als passende Tenorierungsvariante angewandt (*Vogel*, Das BVerfG und die übrigen Verfassungsorgane, S. 250).

961 BVerfGE 25, 167, hierzu unten mehr.

962 Zur Fallgruppenbildung genauer: *Lee*, Schonung des Gesetzgebers, S. 332; *Mendes*, Die abstrakte Normenkontrolle vor dem BVerfG und dem Supremo Tribunal Federal, S. 186.

963 BVerfGE 16, 130.

964 *Mendes*, Die abstrakte Normenkontrolle vor dem BVerfG und dem Supremo Tribunal Federal, S. 186.

965 So z.B. in: BVerfGE 54, 11 [39] (Entscheidung zu den Beamtenpensionen).

Darüber hinaus liegt in vielen Fällen der Appellentscheidung der Verdacht nahe, das Gericht ginge bei Entscheidungsaussprüchen, die den ersten drei Fallgruppen zugeordnet werden, eigentlich schon von der Verfassungswidrigkeit des Prüfungsgegenstandes aus, sehe aber davon ab, diese auch festzustellen und entsprechend zu tenorieren. Liegt ein Fall der mangelnden Evidenz, also der vierten Fallgruppe vor, steht die Verfassungswidrigkeit der geprüften Norm im Entscheidungszeitpunkt sogar schon fest, was vom Gericht auch nicht in Frage gestellt wird. Diese Verfassungswidrigkeit wird dann aber als nicht evident eingeordnet und die Norm deshalb für noch verfassungsgemäß erklärt.[966] Dieses Vorgehen ist auf seine Vereinbarkeit mit dem Wortlaut des § 78 Satz 1 BVerfGG zu überprüfen. Für die Entscheidungen, die der vierten Fallgruppe zugerechnet werden, ist schon *per definitionem*[967] zweifelhaft, ob sie als Appellentscheidungen eingeordnet werden können.

Man könnte dem Bundesverfassungsgericht vorwerfen, es wolle durch das Verwenden der Appellentscheidung als Tenorierungsvariante seiner Verpflichtung entgehen, an die Verfassungswidrigkeit der Norm eine Unvereinbar- oder sogar Nichtigerklärung nach § 78 Satz 1 BVerfGG knüpfen zu müssen.[968] Sollte diese Vermutung zutreffen, würde die Appellentscheidung zur Umgehung des Gesetzes, nämlich des § 78 Satz 1 BVerfGG, dienen, was hinsichtlich ihrer Zulässigkeit sehr große Bedenken aufwerfen würde.

Im Folgenden sind die Einwände gegen die Zulässigkeit dieser Art von Tenorierung genauer zu betrachten und zu untergliedern in solche, die sich gegen die Vereinbarerklärung der möglicherweise doch bereits verfassungswidrigen Regelung richten und solche, die gegen die Zulässigkeit von Appellen erhoben werden.

B. Die Vereinbarerklärung trotz verfassungsrechtlicher Einwände

Zunächst ist die Problematik der Vereinbarerklärung trotz der Bedenken des Gerichts hinsichtlich der Verfassungsmäßigkeit der Norm darzustellen.

1. Der Verdacht des widersprüchlichen Verhaltens des Gerichts

Als häufiger Einwand gegen die Zulässigkeit der Appellentscheidung wird angeführt, das Gericht zweifle bei seiner Entscheidung insgeheim schon an der Verfas-

966 *Mendes*, Die abstrakte Normenkontrolle vor dem BVerfG und dem Supremo Tribunal Federal, S. 186.

967 Vgl. im Ersten Teil unter VI B 1.

968 *Wernsmann*, Das gleichheitswidrige Steuergesetz, S. 73; *Yang*, Die Appellentscheidungen des BVerfGs, S. 26.

sungsmäßigkeit des Gesetzes.[969] Dennoch sehe es von der Verfassungswidrigerklärung ab, um die Folgen der Verfassungswidrigkeit der Norm zu vermeiden. Statt dessen erkläre es die verfassungswidrigen Regelungen für (noch) vereinbar mit dem Grundgesetz und spreche einen Appell an den Gesetzgeber aus. Ein solches Verhalten verstoße gegen § 78 BVerfGG. Dieser schreibt für den Fall, dass das Gericht von der Verfassungswidrigkeit eines Gesetzes überzeugt ist, vor, dass diese Tatsache festzustellen sei. Ein Vereinbarkeitsausspruch trotz vorliegender Verfassungswidrigkeit liefe dem § 78 Satz 1 BVerfGG sogar völlig zuwider.

Der Einwand, die Appellentscheidung sei trotz der Tatsache, dass man das Gesetz eigentlich für verfassungswidrig halte und es trotzdem bestehen lasse, die einzige Möglichkeit, auf die oben genannten Fallkonstellationen angemessen zu reagieren, bestätigt den beschriebenen Verdacht, das Gericht erkläre die Vereinbarkeit der angegriffenen Normen wider besseres Wissen. In solchen Fällen, in denen die Norm schon im Entscheidungszeitpunkt verfassungswidrig ist, eine Nichtigerklärung aber keine adäquate Lösung darstellt, böte eine Unvereinbarerklärung mit einer Weitergeltungsanordnung die sachgerechtere Alternative. Die Verfassungswidrigkeit der Norm wird dann explizit festgestellt, statt im Urteil die Verfassungsmäßigkeit auszusprechen, obwohl man zumindest das baldige Verfassungswidrigwerden vorhersieht. Die Lösung wird so auf der Rechtsfolgenseite gefunden.[970]

2. Die „Appellentscheidung“ wegen mangelnder Evidenz oder mangelnder Vorwerfbarkeit des Verfassungsverstoßes

Unter den Begriff „Appellentscheidung“ werden, wie schon erwähnt, auch Entscheidungen gefasst, in denen die Verfassungswidrigkeit des angegriffenen Gesetzes auch vom Gericht nicht bestritten wird, bei denen die Richter jedoch die Konsequenzen der Feststellung der Verfassungswidrigkeit im Urteilstenor mit dem Argument vermeiden, der Verstoß sei entweder noch nicht evident oder dem Gesetzgeber nicht vorwerfbar.[971] Auch hier ist der entscheidende Gesichtpunkt also das Folgenmanagement.

Dementsprechend muss aber auch hier das eben Dargestellte[972] gelten. Liegt das Problem auf der Rechtsfolgenseite, ist auch die Lösung zunächst dort zu suchen. Eine Unvereinbarerklärung i.V.m. einer Weitergeltungsanordnung wäre vorzugs-

---

969 *Kleuker*, Gesetzgebungsaufträge, S. 42; *Klein*, in: Benda/Klein, Lehrbuch, Rn. 1282; *Wernsmann*, Das gleichheitswidrige Steuergesetz, S. 73.
970 *Wernsmann*, Das gleichheitswidrige Steuergesetz, S. 73.
971 Z.B. in der Wahlkreisentscheidung, BVerfGE 16, 130ff.
972 Vgl. im Ersten Teil unter VI B 1.

würdig. Eine Vereinbarerklärung, auch wenn sie mit einem Appell an den Gesetzgeber verbunden würde, liefe in solchen Fällen nicht nur dem klaren Wortlaut des § 78 BVerfGG, sondern auch dem Grundsatz der Unverbrüchlichkeit der Verfassung und der Stellung des Bundesverfassungsgerichts als „Hüter des Grundgesetzes" zuwider. Steht die Verfassungswidrigkeit im Entscheidungszeitpunkt auch nach Ansicht des Gerichts schon fest, fallen derartige Entscheidungen *per definitionem* auch schon nicht mehr unter den Begriff „Appellentscheidung". Insofern können diese Fallkonstellationen aber auch nicht für die Beurteilung der Zulässigkeit der Appellentscheidung herangezogen werden.

Das Bundesverfassungsgericht darf die Möglichkeit der Appellentscheidung also dann nicht wählen, wenn eine Norm verfassungswidrig ist, auch wenn diese Verfassungswidrigkeit noch nicht als evident bezeichnet werden kann. Alternativ bietet sich der Ausspruch der Verfassungswidrigkeit einer Norm in Form einer Unvereinbarerklärung an, die mit einer Weitergeltungsanordnung auch zu den gewünschten Ergebnissen bezüglich der Rechtsfolgen führt.[973]

3. Das bloße Bevorstehen des Verfassungswidrigwerdens der Norm

Den Appellentscheidungen, wie sie hier definiert werden, ist gemeinsam, dass der jeweilige Prüfungsgegenstand, sofern nicht das unter 1. und 2. Dargestellte gilt, nicht weit von der Verfassungswidrigkeit entfernt bzw. seine Verfassungsmäßigkeit nicht eindeutig ist. Auch wenn die Verfassungswidrigkeit also noch nicht eingetreten ist, stellt sich die Frage, ob eine Vereinbarerklärung noch legitim ist, wenn derart weitgehende verfassungsrechtliche Bedenken hinsichtlich einer Norm bestehen. Gerade diese Situation erfordert aber die Tenorierungsvariante der Appellentscheidung. Ist das Gericht von der Verfassungswidrigkeit (noch) nicht überzeugt bzw. kann es diese (noch) nicht eindeutig feststellen, darf es den Prüfungsgegenstand auch nicht für verfassungswidrig erklären. So formuliert das Gericht beispielsweise in seiner Appellentscheidung zur Sonderbesteuerung des Werkfernverkehrs[974]: „Das Bundesverfassungsgericht kann nicht feststellen, dass die mit der Verfassungsbeschwerde bekämpfte Erhöhung des Steuersatzes für den Werkfernverkehr bis jetzt einen verfassungswidrigen Zustand geschaffen hat."[975] Den bestehenden verfassungsrechtlichen Bedenken für die Zukunft der Norm(en) trägt es durch den Appell Rechnung. Hinzuzufügen ist, dass auch das Strukturmerkmal der nachträglichen Kontrolle durch das Gericht zu dieser Vereinbarerklärung zwingt. Die bloße Möglichkeit des Verfassungswidrigwerdens ermächtigt nicht vorbeugend zu einer Unvereinbar- bzw. Nichtigerklärung.

---

973 *Wernsmann*, Das gleichheitswidrige Steuergesetz, S. 73.
974 BVerfGE 16, 147.
975 BVerfGE 16, 147 [160].

Hinsichtlich der Vereinbarerklärung als Basis für einen Appell an den Gesetzgeber in Fällen, in denen die Verfassungswidrigkeit eines Gesetzes zu erwarten, aber noch nicht eingetreten ist, bestehen also keine Bedenken. Im Gegenteil, das Gericht hat in den genannten Fallkonstellationen keine andere Tenorierungsvariante zur Verfügung.

C. Die Zulässigkeit des Appells an den Gesetzgeber

Die Einwände gegen die Appelle an den Gesetzgeber von Seiten des Gerichts entsprechen weitgehend denen, die auch gegen die schon behandelten Weisungen des Gerichts an den Gesetzgeber erhoben werden.[976] Im Unterschied zu den mit einer Unvereinbarerklärung verknüpften Weisungen des Gerichts werden die so genannten Appelle jedoch mit einer Vereinbarerklärung verbunden. Wegen dieser Besonderheit der Appellentscheidung ist eine differenzierende Betrachtung notwendig.

1. Das Strukturmerkmal der nachträglichen Kontrolle durch das Gericht

Die Funktion des Bundesverfassungsgerichts ist es in erster Linie, auf bereits bestehende Verfassungsverstöße zu reagieren. Das Gericht wird also im Nachhinein wegen eines Verfassungsverstoßes tätig. Es entspricht grundsätzlich nicht seiner Funktion, solchen Verstößen auch vorzubeugen, wenn es der Meinung ist, diese könnten erst noch drohen.[977] Andererseits kann das Gericht als „Hüter der Verfassung" nicht sehenden Auges nur die in § 78 BVerfGG geregelte Vereinbarerklärung aussprechen, obwohl hinsichtlich der Vereinbarkeit der angegriffenen Regelungen mit der Verfassung schon Bedenken bestehen und absehbar ist, dass diese in naher Zukunft verfassungswidrig sein werden. Es muss eine Möglichkeit bestehen, zumindest das zuständige Organ auf diesen drohenden Zustand aufmerksam zu machen. Nichts anderes tut das Gericht.

Auch unter prozessökonomischen Gesichtspunkten ist es wünschenswert, den Gesetzgeber bei der Vermeidung von Verfassungsverstößen zu unterstützen und so der Notwendigkeit einer etwaigen erneuten Normenkontrolle durch das Gericht vorzubeugen. Mangels schon vorhandenem Verfassungsverstoß kann diese drohende Verfassungswidrigkeit nicht mit einer Unvereinbar- bzw. Nichtigerklärung sanktioniert werden. Der Appell stellt in einer solchen Situation das mildeste Mittel dar und ist geeignet, im Zeitpunkt der Entscheidung auf das drohende Verfassungswidrigwerden zu reagieren. Das Gericht wird so seiner Funktion als „Hüter der Verfassung" gerecht.

---

976 Vgl. hierzu im Ersten Teil unter V B 3.
977 *Kleuker*, Gesetzgebungsaufträge, S. 52.

2. Der Verstoß gegen den Gewaltenteilungsgrundsatz

Bedenken gegen die Appellentscheidung bestehen auch hinsichtlich eines möglichen Übergriffs in den Kompetenzbereich des Gesetzgebers, weil dessen Gestaltungsfreiheit unzulässig beschränkt sein und so gegen den Gewaltenteilungsgrundsatz verstoßen werden könnte.[978]

a. Die Bedenken hinsichtlich einer Verletzung des Gewaltenteilungsgrundsatzes

Hielte man die Gesetzgebungsaufträge in Form des Appells für bindend, entstünde daraus für den Gesetzgeber eine Verpflichtung zur Änderung der Norm oder zum Neuerlass einer solchen. Seine Gestaltungsfreiheit gibt ihm schließlich auch die Möglichkeit, eine Materie nicht zu regeln, also eine Art „negative Regelungskompetenz".[979] Etwas anderes würde bei Verbindlichkeit der Appelle nur für die Fälle gelten, in denen ein Gesetzgebungsauftrag direkt aus der Verfassung besteht und dieser vom Gericht nur festgestellt wird.[980] Dann wäre der Gesetzgeber nicht durch den Appell des Gerichts, sondern schon durch das Verfassungsrecht und seine Bindung daran gemäß Art. 20 Abs. 3 GG verpflichtet. Dem Appell des Gerichts kann dann nur deklaratorische Wirkung zukommen. Ein Eingriff in die Gestaltungsfreiheit des Gesetzgebers durch den Appell läge also nicht vor.[981]Dafür, dass der Appell insgesamt nur deklaratorische Wirkung hat, spricht schon die Bedeutung des Wortes „Appell", die nicht etwa Befehl oder Anweisung, sondern „Aufruf" ist.[982]

Bedenken hinsichtlich der Zulässigkeit solcher Appelle bestehen darüber hinaus vor allem, wenn das Gericht konkrete inhaltliche Angaben für die Ausgestaltung der zukünftigen Norm formuliert, die über das hinausgehen, was in der Verfassung bindend festgelegt ist. Hier wird neben dem „Ob" einer solchen Verpflichtung auch über das „Wie" ihrer Erfüllung entschieden. In solchen Fällen ist ein Eingriff in die Gestaltungsfreiheit des Gesetzgebers zu befürchten. Zusätzlich setzt das Bundesverfassungsgericht nicht selten[983] Fristen für das Tätigwerden des Gesetzgebers, was ebenfalls Bedenken hervorruft.[984] Darin könnte man die eigenmächti-

---

978 *Kleuker*, Gesetzgebungsaufträge, S. 21. Für die Appellentscheidung 1 BvR 26/66, FamRZ 1969, S. 196ff. zum Unehelichenrecht: *Diekmann*, FamRZ 1969, S. 267 [303].

979 *Kleuker*, Gesetzgebungsaufträge, S. 22.

980 *Kleuker*, Gesetzgebungsaufträge, S. 21.

981 *Kleuker*, Gesetzgebungsaufträge, S. 22.

982 Sinn- und sachverwandte Wörter, Duden, Band 8, S. 54.

983 Eine konkrete Frist wurde zum Beispiel in BVerfGE 25, 167 gesetzt, „eine angemessene Frist" setzte das Gericht beispielsweise in BVerfGE 21, 12 [12]; BVerfGE 23, 242 [257f.].

984 *Diekmann*, FamRZ 1969, S. 297 [302f].

ge Manifestierung einer übergeordneten Stellung des Gerichts gegenüber den anderen Verfassungsorganen sehen.

Zusammenfassend kann also festgestellt werden, dass für die Frage nach einem Verstoß gegen den Gewaltenteilungsgrundsatz insbesondere die Reichweite der Bindungswirkung der Appelle zu prüfen sein wird. Des Weiteren ist die inhaltliche Ausgestaltung der Appelle ausschlaggebend. Die Frage nach der Reichweite der Bindungswirkung der Appelle des Bundesverfassungsgerichts ist für den Zeitraum bis zum Verfassungswidrigwerden der Norm einerseits und für die Zeit danach andererseits differenziert zu betrachten. An dieser Stelle ist bereits zu bemerken, dass das Gericht, indem es der drohenden Verfassungswidrigkeit nur durch einen Appell Rechnung trägt, schon das mildeste Mittel wählt, seiner Aufgabe, die Verfassung zu wahren, gerecht zu werden. Insofern übt es durchaus im Rahmen des *judicial self-restraint* Zurückhaltung gegenüber dem Gesetzgeber, wenn es zu einer Appellentscheidung greift.[985]

b. Der Zeitraum direkt nach der Entscheidung

Für die Zeit nach der Entscheidung bis zur Verfassungswidrigkeit der noch für vereinbar erklärten Norm können die Appelle selbst keinerlei Bindungswirkung gegenüber dem Gesetzgeber entfalten.[986] Allenfalls aus dem Grundsatz der Verfassungsorgantreue ließe sich eine solche Bindungswirkung herleiten. Dieser ist im Prinzip der Gewaltenteilung des Art. 20 Abs. 1 Satz 2 GG verankert und bedeutet u.a., dass alle Verfassungsorgane die Prüfkompetenz des Bundesverfassungsgerichts in ihre Überlegungen mit einzubeziehen und alles zu unterlassen haben, „was dem BVerfG eine rechtzeitige und wirksame Ausübung seiner Kompetenz erschweren oder unmöglich machen könnte“[987]. Allerdings wird hier zum einen gerade auf das Bestehen einer Kompetenz des Gerichts abgestellt. Zum anderen wird aus diesem Grundsatz auch das Gebot zur *gegenseitigen* Rücksichtnahme gefol-

---

985 *Heun*, Funktionell-rechtliche Schranken der Verfassungsgerichtsbarkeit, S. 24; *Rupp-von Brünneck*, FS für Gebhard Müller, S. 355 [369]; *Gerontas*, DVBl. 1982, S. 486 [486]; *Lee*, Schonung des Gesetzgebers, S. 328. *Vogel* (Das BVerfG und die übrigen Verfassungsorgane, S. 251) spricht von „sanften Appellen an die Adresse des Gesetzgebers“. A.A.: *Gusy*, Parlamentarischer Gesetzgeber und BVerfG, S. 208.

986 So im Ergebnis auch: *Klein*, in: Benda/Klein, Lehrbuch, Rn. 1280; *Siedler*, Gesetzgeber und Bundesverfassungsgericht, S. 193; *Lee*, Schonung des Gesetzgebers, S. 333; *Steinberg*, Der Staat 26 (1987), S. 161 [184]; *Pestalozza*, FS für das BVerfG, S. 519 [556]. A. A.: *Pestalozza*, ebenda, S. 560; *Klein*, AöR 108 (1983), S. 410 [434].

987 BVerfG, 36, 1[15]; *Voßkuhle*, NJW 1997, S. 2216 [2217].

gert[988], welches auch für das Bundesverfassungsgericht gegenüber dem Gesetzgeber gilt.

Es ergibt sich auch keine andere Einschätzung der Verbindlichkeit der Appelle für den Gesetzgeber, wenn ein solcher im Urteilstenor ausgesprochen wird und somit § 31 Abs. 1 BVerfGG zum Tragen kommt. Zwar bindet § 31 Abs. 1 BVerfGG grundsätzlich den Gesetzgeber an die Entscheidungen des Bundesverfassungsgerichts. Allerdings gilt das nur für Feststellungen, die einen Ausspruch über den Entscheidungsgegenstand enthalten, was für Appelle nicht zutrifft.[989]

Ist die bedenkliche Norm wie in den Fällen der Appellentscheidung noch mit der Verfassung vereinbar, besteht aus dem Appell zunächst keine Verpflichtung für den Gesetzgeber, diese neu zu regeln. Zwar hat er auch die Verantwortung dafür, dass die Gesetze nicht nur bei ihrem Erlass in Einklang mit der Verfassung stehen, sondern dies auch weiterhin bleiben.[990] Diese Verpflichtung ergibt aber aus der Bindung des Gesetzgebers an die Verfassung nach Art. 20 Abs. 3 GG, nicht jedoch aus den Appellen des Gerichts.[991] Dieser Grundsatz verpflichtet ihn lediglich, das Verfassungswidrigwerden der Norm zu verhindern, nicht aber, den Appell an sich zu befolgen. Der Gesetzgeber ist im Hinblick auf seine legislative Tätigkeit nur an die Verfassung gebunden. Für das Bundesverfassungsgericht existiert demnach auch keine Kompetenzgrundlage, Appelle mit Bindungswirkung für den Gesetzgeber auszusprechen.[992] Anderes ergibt sich dann auch nicht aus dem Grundsatz der Verfassungsorgantreue. Legte man die streitgegenständliche Norm dem Gericht in diesem Zeitpunkt im Rahmen eines Verfahrens (nochmals) vor, könnte es diese nach wie vor nicht für verfassungswidrig oder nichtig befinden, solange sie mit der Verfassung noch übereinstimmte. Eine Bindungswirkung der Appelle in diesem Zeitraum ist also zu verneinen.[993] Da sie den Gesetzgeber im Zeitraum bis zum Verfassungswidrigwerden nicht zu binden vermögen[994], können sie ihn in seiner Gestaltungsfreiheit aber auch nicht einschränken und bedeuten keinen Übergriff in seinen Kompetenzbereich.[995]

---

988 *Voßkuhle*, NJW 1997, S. 2216 [2217].

989 *Blasberg*, Verfassungsgerichte als Ersatzgesetzgeber, S. 95.

990 *Yang*, Die Appellentscheidungen des BVerfGs, S. 346.

991 *Yang*, Die Appellentscheidungen des BVerfGs, S. 346.

992 *Bernd*, Legislative Prognosen, S. 136; *Lee*, Schonung des Gesetzgebers, S. 333. Ähnlich auch: *Kleuker*, Gesetzgebungsaufträge, S. 85.

993 *Bernd*, Legislative Prognosen, S. 136. Im Ergebnis so wohl auch: *Pestalozza*, FS für das BVerfG, S. 519 [556].

994 *Vogel*, Das BVerfG und die übrigen Verfassungsorgane, S. 256.

995 *Lee*, Schonung des Gesetzgebers, S. 328; *Kleuker*, Gesetzgebungsaufträge, S. 28; *Gerontas*, DVBl. 1982, S. 486 [487].

Dass die Appelle möglicherweise eine faktische Bindungswirkung entfalten[996], weil das Gericht konkludent zum Ausdruck bringt, welche Rechtslage der drohenden Verfassungswidrigkeit abhelfen könnte, und somit das Ergebnis einer etwaigen erneuten Normenkontrolle gegen eine von seinem Vorschlag abweichende Neuregelung durch den Gesetzgeber vorwegnimmt, kann ebenfalls nicht als Eingriff gewertet werden. Die im Appell ausgeführte Lösung muss keineswegs die einzig verfassungskonforme Regelungsmöglichkeit darstellen.

Einer etwaigen präjudizierenden Wirkung der Appelle des Gerichts steht darüber hinaus die für den Gesetzgeber auch positive Wirkung der Appelle gegenüber. Diese können ihm als Hilfestellung dienen.[997] Die Appelle sichern den Gesetzgeber in faktischer Hinsicht auch zu einem gewissen Maße ab. Enthalten diese konkrete Hinweise, welche Mindestanforderungen eine verfassungskonforme Regelung nach Meinung des Gerichts erfüllen muss, kann sich der Gesetzgeber daran orientieren. Solche Hinweise vermeiden also u.U. eine erneute Normenkontrolle und sind insofern sogar wünschenswert. Die Appelle kollidieren im Zeitraum nach der Entscheidung folglich nicht mit der Entscheidungsfreiheit des Gesetzgebers.

c. Der Zeitraum nach Eintritt der Verfassungswidrigkeit

Anders ist die Bindungswirkung der Appelle aber möglicherweise für die Zeit nach dem Verfassungswidrigwerden des beanstandeten Gesetzes zu werten. Würde in diesem Zeitraum das alte Gesetz dem Verfassungsgericht (nochmals) vorgelegt, könnte es dieses für verfassungswidrig und nichtig oder für unvereinbar mit dem Grundgesetz erklären. Die Entscheidung bände dann auch den Gesetzgeber.

Deshalb könnte man den Gedanken in Erwägung ziehen, den Appellen des Gerichts komme ab dem Zeitpunkt des Verfassungswidrigwerdens des Gesetzes bindender Charakter für den Gesetzgeber zu. Waren es zwischen dem Zeitpunkt der Urteilsverkündung und dem Verfassungswidrigwerden des Gesetzes also noch unverbindliche Hinweise, würde die Bindungswirkung der Appelle einsetzen wie auch die Verfassungsmäßigkeit plötzlich einem verfassungswidrigen Zustand weicht. Ab diesem Zeitpunkt bestünden dann aber auch verstärkte Bedenken hinsichtlich eines Übergriffs in den Bereich des Gesetzgebers.

---

996 *Gusy*, Parlamentarischer Gesetzgeber und BVerfG, S. 210; *Klein*, in: Benda/Klein, Lehrbuch, Rn. 1280.

997 *Yang* (Die Appellentscheidungen des BVerfGs, S. 340f.) bezeichnet die Appelle als Anregungen an den Gesetzgeber. Er betont darüber hinaus, dass die Appelle als Hilfestellungen zu sehen sind und insofern zwischen Bundesverfassungsgericht und Gesetzgeber ein Kooperationsverhältnis bestehe.

Auch für diese Konstellation gilt aber, dass nicht etwa der Urteilsspruch des Bundesverfassungsgerichts den Gesetzgeber bindet, sondern allenfalls die Verfassung selbst.[998] Aus dieser resultiert materiellrechtlich eine etwaige Notwendigkeit, die geltende Rechtslage zu verändern, und gegebenenfalls auch eine konkrete inhaltliche Verpflichtung bezüglich der Ausgestaltung eines neuen Gesetzes. Der Gesetzgeber ist an den Verfassungsauftrag nach Art. 20 Abs. 3 GG gebunden.[999] Die streitgegenständlichen Normen treten im Zeitpunkt ihrer Kollision mit der Verfassung dann - ausnahmsweise *nach* der verfassungsgerichtlichen Entscheidung - *ipso iure* außer Kraft.[1000] Der Appell hätte in dieser Situation also auch nur deklaratorische Wirkung, würde den Gesetzgeber auf die bestehende Situation aufmerksam machen, ihm käme aber keine originäre Bindungswirkung zu.[1001] Auch im Zeitraum nach dem Verfassungswidrigwerden der ehemals streitgegenständlichen Normen schränkt der Appell den Gesetzgeber in seiner Gestaltungsfreiheit also nicht ein und verstößt demnach auch nicht gegen den Gewaltenteilungsgrundsatz.

d. Die Wirkung der gesetzten Fristen

Die nicht selten mit einem Appell verbundenen Fristen für eine Neuregelung begründen darüber hinaus auch keinen Verstoß gegen den Grundsatz der Gewaltenteilung. In der Entscheidung zum Unehelichenrecht[1002] hat das Gericht auf einen Verfassungsauftrag aus Art. 6 Abs. 5 GG zur Reform des Unehelichenrechts hingewiesen und festgestellt, dass dieser für den Fall der nicht rechtzeitigen Neuregelung derogierende Wirkung habe. Es hat dem Gesetzgeber hierfür eine Frist bis zum Ende der damaligen (fünften) Legislaturperiode gesetzt. [1003] In einer Entscheidung[1004] zum Steuerrecht aus dem Jahr 1991 hat das Gericht ebenfalls eine konkrete Frist bis zum 1.1.1993 für die Neuregelung angeordnet und als Folge für die Nichteinhaltung das Verfassungswidrigwerden der noch konformen Norm ab diesem Zeitpunkt festgelegt. Es hat darüber hinaus geäußert, dass die Gerichte, die die Norm zu diesem Zeitpunkt anwenden müssten, die Frage ihrer Verfassungswidrigkeit erneut dem Bundesverfassungsgericht vorzulegen hätten.[1005] In der zweiten Entscheidung zur Witwenrente[1006] hat das Bundesverfassungsgericht geäußert, es gehe davon aus, dass die zu fordernde Neuregelung bis zum Ende der

998 *Klein*, in: Benda/Klein, Lehrbuch, Rn. 1280; *Yang*, Die Appellentscheidungen des BVerfGs, S. 235; *Lee*, Schonung des Gesetzgebers, S. 333.
999 *Yang*, Die Appellentscheidungen des BVerfGs, S. 235.
1000 So zum Beispiel in der Entscheidung zum Unehelichenrecht (BVerfGE 25, 167).
1001 *Gusy*, Parlamentarischer Gesetzgeber und BVerfG, S. 206.
1002 BVerfGE 25, 167.
1003 BVerfGE 25, 167 [167].
1004 BVerfG BStBl. 1991 II, S. 654.
1005 BVerfG BStBl. 1991 II, S. 654 [670].
1006 BVerfGE 39, 169.

übernächsten Legislaturperiode in Kraft gesetzt sein müsse.[1007] In anderen Entscheidungen verlangte das Gericht ein Tätigwerden des Gesetzgebers in einer „angemessenen Frist", ohne diese näher zu bestimmen.[1008] In einer solchen Fristsetzung wird teilweise eine unnötige und unzulässige Einschränkung des Gesetzgebers durch das Gericht gesehen.[1009]

Derartige Fristen, die teilweise unbestimmt gefasst, teilweise aber auch auf den Tag genau datiert sind, ergeben sich als solche nicht unmittelbar aus der Verfassung. Jedoch ist es gerade Aufgabe des Bundesverfassungsgerichts, unbestimmte Rechtsbegriffe aus dem Grundgesetz zu konkretisieren. So musste es in den genannten Fällen teilweise entscheiden, wie lang eine angemessene Frist zu sein hat, bis zum Beispiel die derogierende Wirkung des Art. 6 Abs. 5 GG eintritt. Dazu war die Verfassung auszulegen und festzustellen, wann mit dem Verfassungswidrigwerden zu rechnen war.

Die Fristsetzung dient im Hinblick auf anschließende Entscheidungen der Fachgerichte und Behörden insbesondere dem Grundsatz der Rechtssicherheit.[1010] Da den Appellen des Bundesverfassungsgerichts wie auch dessen Fristsetzungen keine Bindungswirkung zukommt, können die Fachgerichte und Behörden nach Fristablauf die Norm nicht einfach außer Anwendung lassen.[1011] Dies widerspräche dem Verwerfungsmonopol, das dem Bundesverfassungsgericht zukommt. Sie wissen aber, wann Bedenken hinsichtlich der Verfassungsmäßigkeit der Norm angezeigt sind, und sind darauf hingewiesen, dass die Regelungen dem Bundesverfassungsgericht erneut vorgelegt werden sollten, wenn der Gesetzgeber nicht reagiert hat. Das Gericht stellt nur deklaratorisch fest[1012], wann ein solches Verfassungswidrigwerden seiner Ansicht nach eintritt und bestimmt so das Fristende.

Abschließend sei noch bemerkt, dass in der Tat die Notwendigkeit besteht, solche Fristen explizit festzustellen, um dem Gesetzgeber die Erforderlichkeit seines Tätigwerden bewusst zu machen. So ist den Gesetzesmaterialien zum Reformgesetz, das auf die Entscheidung zum Unehelichenrecht[1013] hin erging, zu entnehmen,

---

1007 BVerfGE 39, 169 [194f.].

1008 BVerfGE 23, 242 [258] (Entscheidung zur Besteuerung von Wertpapieren). Zum Tätigwerden innerhalb einer „längeren Frist": BVerfGE 16, 147 [188] (Entscheidung zur Besteuerung des Werkfernverkehrs). Ähnlich in BVerfGE 21, 12 [42] (Entscheidung zur Umsatzsteuer).

1009 *Diekmann*, FamRZ 1969, S. 297 [303].

1010 Ähnlich auch: *Rupp-von Brünneck*, FS für Gebhard Müller, S. 355 [371].

1011 So auch: *Yang*, Die Appellentscheidungen des BVerfGs, S. 261f.

1012 Für die nur feststellende Wirkung der Appellentscheidung: *Mendes*, Die abstrakte Normenkontrolle vor dem BVerfG und dem Supremo Tribunal Federal, S. 187.

1013 BVerfGE 25, 167.

dass dieses in der Fünften Legislaturperiode wohl nicht mehr verabschiedet worden wäre, hätte das Bundesverfassungsgericht nicht vorher ausdrücklich das Verfassungswidrigwerden ab diesem Zeitpunkt angekündigt.[1014]

3. Die Reichweite der Kompetenz des Bundesverfassungsgerichts

Aus der Verfassungskonformität der Appelle ergibt sich noch nicht zwingend, dass das Bundesverfassungsgericht zu deren Erlass auch entsprechend ermächtigt ist. Zunächst ist zu prüfen, ob das Gericht für die Appellentscheidungen eine ausdrückliche Kompetenzgrundlage beispielsweise aus dem BVerfGG benötigt. Trifft dies zu, so ist zu erörtern, ob eine solche existiert.

Da die Appellentscheidung als Unterfall der Vereinbarerklärung eingeordnet wird, wird § 78 BVerfGG als Rechtsgrundlage in Betracht gezogen.[1015] Das BVerfGG erwähnt die genannte Tenorierungsalternative in seinem § 78 aber gerade nicht, sondern legt als einzige Reaktion des Gerichts auf die Feststellung der Verfassungsmäßigkeit des zu prüfenden Gesetzes dessen Vereinbarerklärung fest. Schon deshalb wird das Bestehen einer Rechtsgrundlage für ein derartiges Tätigwerden von vielen Seiten angezweifelt.[1016]

Eine ausdrückliche Kompetenzgrundlage aus dem BVerfGG erübrigte sich dann, wenn sich eine solche aus der Verfassung herleiten ließe. Argumentiert man „*a maiore ad minus*" muss ein unverbindlicher Appell an den Gesetzgeber, das streitgegenständliche Gesetz wegen drohender Verfassungswidrigkeit zu ändern, erst recht zulässig sein, wenn man bedenkt, dass bei einer (wiederholten) Vorlage zu einem späteren Zeitpunkt, in dem das Gesetz bereits verfassungswidrig geworden ist, auch die Verwerfungskompetenz des Gerichts greifen würde. *Lee* bezeichnet die Appellentscheidung als „eine äußerst schwierige Gradwanderung zwischen zulässiger Aufgabenerfüllung und unzulässiger Kompetenzüberschreitung".[1017]

Eine Kompetenz für derartige Appelle könnte sich aus Art. 20 Abs. 3 GG ergeben. Dieser verpflichtet den Gesetzgeber, die Verfassung in ihrer Unverbrüchlichkeit zu wahren, also auch verfassungswidrige Rechtslagen zu beseitigen.[1018] Auch das Gericht ist hieraus zur Wahrung der Verfassung verpflichtet, es hat die Stel-

---

1014 *Rupp-von Brünneck*, FS für Gebhard Müller, S. 355 [359].

1015 *Breuer*, Wahlrecht von Auslandsdeutschen, S. 229; *Mendes*, Die abstrakte Normenkontrolle vor dem BVerfG und dem Supremo Tribunal Federal, S. 187.

1016 Stellvertretend für alle: *Klein*, AöR 108 (1983), S. 410 (434); *Bryde*, Verfassungsentwicklung, S. 395.

1017 *Lee*, Schonung des Gesetzgebers, S. 329.

1018 *Kleuker*, Gesetzgebungsaufträge, S. 48.

lung des „Hüters der Verfassung" inne.[1019] Wirkt es durch Appelle an die Legislative darauf hin, dass das Verfassungswidrigwerden einer Norm verhindert werden kann, indem der Gesetzgeber in die Lage versetzt wird, die betroffenen Regelungen rechtzeitig zu ändern, wird es also nur seiner Aufgabe gerecht.[1020]

Zwar besteht keine konkrete Verpflichtung des Gesetzgebers, das Eintreten der Verfassungswidrigkeit eines Gesetzes schon im Vorhinein zu vermeiden.[1021] Jedoch entsteht seine Verpflichtung aus Art. 20 Abs. 3 GG zur Änderung der Rechtslage in der Sekunde, in der die Verfassungswidrigkeit eingetreten ist. Da die Appelle insoweit aber auch nur eine Hinweisfunktion für den Gesetzgeber haben, ist eine explizite Kompetenz des Gerichts hierfür nicht erforderlich. Es reicht vielmehr aus, dass es innerhalb seines allgemeinen Aufgabenbereichs tätig wird[1022] und sich dabei auf Art. 20 Abs. 3 GG stützen kann. Eine Verpflichtung des Gesetzgebers tritt sowohl mit als auch ohne Appell dann ein, wenn die Gesetzeslage tatsächlich verfassungswidrig wird[1023] und resultiert direkt aus der Verfassung.

Auch für die Fristsetzung in den Appellen ergibt sich eine Kompetenz aus dem allgemeinen Aufgabenbereich des Bundesverfassungsgerichts, den es als „Hüter der Verfassung" inne hat. Mangels Bindungswirkung der Fristen gegenüber dem Gesetzgeber ist eine darüber hinausgehende Ermächtigung für das Gericht entbehrlich. Die Fristen sollen nur konkretisieren, zu welchem Zeitpunkt die Verpflichtung des Gesetzgebers, dem Regelungsauftrag aus der Verfassung nachzukommen, voraussichtlich verletzt wird. Nichts anderes gilt für genauere Anweisungen bezüglich der inhaltlichen Ausgestaltung der Neuregelung, da auch diese in einem solchen Fall als bloße Hinweise zu werten sind.

4. Die mangelnde Durchsetzbarkeit der Fristen und Appelle

Es kann also festgestellt werden, dass die Appelle des Bundesverfassungsgerichts keine originäre Bindungswirkung entfalten. Daraus resultiert der Einwand, die Appelle und Fristsetzungen des Bundesverfassungsgerichts seien völlig überflüssig,

---

1019 *Yang*, Die Appellentscheidungen des BVerfGs, S. 351.

1020 *Kleuker*, Gesetzgebungsaufträge, S. 44; ähnlich auch *Lee*, Schonung des Gesetzgebers, S. 328.

1021 *Ipsen*, Rechtsfolgen, S. 133; *Bernd*, Legislative Prognosen, S. 139; *Kleuker*, Gesetzgebungsaufträge, S. 44; *Mendes*, Die abstrakte Normenkontrolle vor dem BVerfG und dem Supremo Tribunal Federal, S. 189.

1022 *Bernd*, Legislative Prognosen, S. 139.

1023 *Mendes*, Die abstrakte Normenkontrolle vor dem BVerfG und dem Supremo Tribunal Federal, S. 189; *Gusy*, Parlamentarischer Gesetzgeber und BVerfG, S. 206.

weil das Gericht kein Mittel habe, um die Nichteinhaltung der Fristen zu ahnden oder die Einhaltung inhaltlicher Regelungsvorschläge durchzusetzen.[1024]

Nach allem bisher Gesagten resultiert dies aber gerade aus der Qualität der Appelle. Es ist klar geworden, dass die Verfassung und das einfache Recht entsprechende Sanktionen bereit halten. Die Folgen knüpfen sich nur nicht an die Missachtung des eigentlichen Appells. Vielmehr resultieren sie aus dem Verstoß gegen das Grundgesetz. Sollte eine in einem Appell genannte Frist nicht eingehalten werden und die Verfassungswidrigkeit des streitgegenständlichen Gesetzes eintreten, tritt die Norm durch die derogierende Wirkung der Verfassung außer Kraft. Einem erneuten Verfahren vor dem Bundesverfassungsgericht mit einer Nichtig- oder Unvereinbarerklärung am Ende steht dann nichts mehr im Wege. Durch die Fristsetzung wird dieser Zeitpunkt lediglich genauer bestimmbar. *Mendes*[1025] bemerkt hierzu, dass nicht etwa der Ablauf der Frist die Wirksamkeit der Norm beeinflusse,[1026] sondern diese durch die Verfassung von ihrer Wirksamkeit suspendiert werde. Spielt die strittige Norm nach Ablauf der Frist beispielsweise eine entscheidende Rolle in einem Gerichtsverfahren, muss das entscheidende Gericht diese beim Verfassungsgericht erneut zur Kontrolle vorlegen. Seine Überzeugung von der Verfassungswidrigkeit der streitgegenständlichen Norm muss sich aus der vorhergehenden Entscheidung des Bundesverfassungsgerichts ergeben. Zwar wird vom Bundesverfassungsgericht auch angeregt, dass die Fachgerichte sich in Einzelfällen eigenständig über solche Normen hinweg setzen, und zwar immer dann, wenn der derogierende Verfassungsauftrag hinreichend deutlich und bestimmt ist.[1027] Wegen seines Entscheidungsmonopols ist es aber auch in solchen Fällen unverzichtbar, dass die Fachgerichte die streitigen Normen dem Bundesverfassungsgericht im Rahmen einer konkreten Normenkontrolle erneut vorlegen und diese allgemeinverbindlich für verfassungswidrig und nichtig erklären lassen. Dieser Mechanismus sanktioniert also mittelbar das gesetzgeberische Fehlverhalten, wenn die Legislative etwaige Fristen verstreichen lässt.

Zusammenfassend kann festgestellt werden, dass die Appellentscheidung als solche zulässig ist und den Gesetzgeber mangels eigenständiger Bindungswirkung nicht in seinen Kompetenzen einschränkt, sondern vielmehr bei seinen Aufgaben

---

1024 *Gusy*, Parlamentarischer Gesetzgeber und BVerfG, S. 206.

1025 *Mendes*, Die abstrakte Normenkontrolle vor dem BVerfG und dem Supremo Tribunal Federal.

1026 *Mendes*, Die abstrakte Normenkontrolle vor dem BVerfG und dem Supremo Tribunal Federal, S. 190. So auch: *Moench*, Gesetz und Normenkontrolle, S. 187.

1027 BVerfGE 25, 167 [187]; so auch: *Mendes*, Die abstrakte Normenkontrolle vor dem BVerfG und dem Supremo Tribunal Federal, S. 185.

unterstützt. Das Gericht bewegt sich mit einem solchen Tätigwerden innerhalb seines allgemeinen Aufgaben- und Kompetenzbereichs.

VII. Ergebnis

Insgesamt lässt sich feststellen, dass dem unmittelbaren Wortlaut des BVerfGG zunächst zwei Tenorierungsformen zu entnehmen sind, die Nichtig- und die Vereinbarerklärung. Im Fall der Verfassungswidrigkeit einer Norm ist grundsätzlich deren Nichtigkeit festzustellen. Eingetreten ist die Nichtigkeit nach der Lehre von der *ipso iure* Nichtigkeit verfassungswidriger Gesetze jedoch schon vorher durch ihre Kollision mit der Verfassung. Diese Theorie kann zwar nach wie vor Geltung beanspruchen. Jedoch können sich aus kollidierendem Verfassungsrecht Einschränkungen ergeben. Im Fall der Verfassungsmäßigkeit der Norm wird im Allgemeinen deren Vereinbarkeit erklärt.

Vor diesem Hintergrund sind die vom Bundesverfassungsgericht entwickelten Entscheidungsvarianten zu sehen, die es ihm ermöglichen, auf Probleme zu reagieren, die sich aus besonderen Konstellationen im einzelnen Verfahren ergeben. So lässt sich beispielsweise der Verfassungsverstoß nicht immer durch eine Nichtigerklärung beseitigen oder eine solche kann auch zu einem noch verfassungsferneren Zustand führen als er schon besteht. Deshalb kommen in der heutigen Entscheidungspraxis des Bundesverfassungsgerichts sowohl Teilnichtigerklärungen qualitativer und quantitativer Art vor, als auch Gesamtnichtigerklärungen, bei denen die Nichtigkeitsfolge über den originär nichtigen Teil hinaus erstreckt wird, sowie Unvereinbarerklärungen, der Erlass von Übergangsregelungen und Appellentscheidungen. Diese Tenorierungsvarianten wurden grundsätzlich alle für zulässig erachtet. Jedoch hat das Gericht bei derartiger Tenorierung darauf zu achten, dass bestimmte Voraussetzungen vorliegen, ohne die ein Abweichen von den gesetzlichen Tenorierungsformen unzulässig wäre.

A. Die Teilnichtigerklärungen

So sind Teilnichtigerklärungen nur zulässig, wenn mindestens der verfassungswidrige Teil von der Nichtigerklärung erfasst wird und ein „Restgesetz" bestehen bleibt, das noch dem objektiven Willen des Gesetzgebers entspricht und aus dem ein klarer Regelungsgegenstand hervorgeht. Für die qualitative Teilnichtigerklärung ist zusätzlich erforderlich, dass die Reichweite des neuen Gesetzes, dessen Normtext an sich unverändert bleibt, klar aus dem im Bundesgesetzblatt veröffentlichten Tenor des Urteils entnommen werden kann. Die Folgen sowohl der quantitativen als auch der qualitativen Teilnichtigerklärung entsprechen denen der klassischen Nichtigerklärung.

B. Die Gesamtnichtigerklärung

Im Gegensatz hierzu wird bei der Gesamtnichtigerklärung die Entscheidung über den eigentlich nichtigen Teil hinaus auf andere Gesetzesteile erstreckt. Dabei sind diese Gesetzesteile selbst noch nicht verfassungswidrig. Allerdings hängen sie entweder einseitig von dem nichtigen Teil ab oder sind mit diesem so verbunden, dass beide für sich gesehen keinen echten Regelungsgegenstand enthalten. Verzichtete man auf die Erstreckung der Nichtigerklärung in diesen Fällen, würden diese Normen verfassungswidrig, wenn der zunächst schon nichtige Teil isoliert für nichtig erklärt würde. Deshalb ist in den Fällen der Dependenz oder Interdependenz eine Gesamtnichtigerklärung von Verfassung wegen geboten. Auch die Folgen der Gesamtnichtigerklärung entsprechen denen der Nichtigerklärung nach § 78 BVerfGG.

C. Die Unvereinbarerklärung

Die bedeutendste nicht geregelte Tenorierungsvariante in der Praxis des Bundesverfassungsgerichts ist die Unvereinbarerklärung. Diese wird vor allem dann notwendig, wenn der Verfassungsverstoß durch eine Nichtigerklärung nicht beseitigt werden kann oder eine solche zu einem noch verfassungsferneren Zustand führen würde als er vor der Entscheidung bestanden hat. Wichtige Fälle, in denen eine Unvereinbarerklärung ausgesprochen wird, sind vor allem die des gleichheitswidrigen Begünstigungsausschlusses, die der defizitären, aber nachbesserungsfähigen Gesetze sowie die Fälle, bei denen nach einer Nichtigerklärung ein noch verfassungsfernerer Zustand entstünde als vorher, wie zum Beispiel bei den so genannten „Chaosfällen“. Die Notwendigkeit, von einer Nichtigerklärung in den genannten Fällen abzusehen, ergibt sich jeweils aus der Verfassung. Beispielsweise kann das Bundesverfassungsgericht durch sein Urteil nicht einen noch verfassungsferneren Zustand herstellen, als er vor seinem Urteil bestanden hat. Dies liefe seiner Stellung als „Hüter der Verfassung“ und dem Grundsatz der Unverbrüchlichkeit der Verfassung zuwider. Liegt diese Voraussetzung im Einzelfall vor, ist eine Unvereinbarerklärung zulässig.

Ihre Folgen unterscheiden sich von denen der Nichtigerklärung dahin gehend, dass die für verfassungswidrig erklärte Norm in der Rechtsordnung vorhanden bleibt, jedoch in ihrer Anwendbarkeit suspendiert wird. Dadurch entsteht eine Schwebelage, die die Gerichte und Behörden dazu verpflichtet, den Anlassfall wie auch Parallelfälle auszusetzen und erst zu entscheiden, wenn der Gesetzgeber eine verfassungskonforme Lage geschaffen hat. Dadurch wird garantiert, dass der verfassungswidrige Zustand einerseits nicht manifestiert wird und andererseits alle betroffenen, noch nicht rechts- oder bestandskräftig entschiedenen Fälle an der Neuregelung teilhaben. Gleichzeitig kann an diese Art der Tenorierung eine Weitergeltungsanordnung anknüpfen, die in einigen Fällen zusätzlich notwenig ist, um das Eintreten eines noch verfassungsferneren Zustandes zu vermeiden.

D. Die Übergangsregelungen

Das Bundesverfassungsgericht erlässt darüber hinaus aber auch Regelungen, die für die Zeit unmittelbar nach der Entscheidung des Bundesverfassungsgerichts bis zu einem Tätigwerden des Gesetzgebers gelten sollen. Solche Übergangsregelungen sind auf § 35 BVerfGG i.V.m. einem Verfassungsgrundsatz zu stützen, der es im Einzelfall notwendig macht, dass das Bundesverfassungsgericht die Rechtslage für den genannten Zeitraum vorübergehend selbst regelt. Nur wenn sich die Notwendigkeit für eine solche Regelung der Rechtslage in der Interimszeit aus der Verfassung ergibt, ist der Erlass solcher Regelungen durch das Bundesverfassungsgericht legitim. Allerdings gilt dies nur dann, wenn der Gesetzgeber nicht selbst zeitnah nach dem Urteil des Bundesverfassungsgerichts entsprechend tätig werden kann. Diese Voraussetzungen lagen in den bekanntesten Fällen von Übergangsregelungen, den Abtreibungsurteilen[1028], vor.

Als Formen solcher Übergangsregelungen kommen die schon erwähnte Weitergeltungsanordnung, die an eine Unvereinbarerklärung anknüpft, sowie der Erlass von eigenständigem Übergangsrecht und Weisungen an den Gesetzgeber nach einer Nichtig- oder Unvereinbarerklärung in Betracht.

E. Die Appellentscheidung

Nicht zuletzt hat das Bundesverfassungsgericht auch die Möglichkeit, eine Vereinbarerklärung mit einem Appell an den Gesetzgeber zu verbinden, weil abzusehen ist, dass die Rechtslage in der Zukunft verfassungswidrig werden wird. Damit wird das Gericht seiner Funktion als „Hüter der Verfassung" gerecht, indem es auch vorbeugend agiert, und unterstützt dabei die Legislative durch die genannten Appelle. Die Appelle haben gegenüber dem Gesetzgeber keine eigenständige, rechtliche Bindungswirkung. Eine solche kann vielmehr lediglich aus der Verfassung selbst resultieren, wenn die Rechtslage dieser zu widersprechen droht. In den Appellen ist diese verfassungsrechtliche Situation lediglich deklaratorisch wiedergegeben.

1028 BVerfGE 1, 39 und BVerfGE 88, 203.

Zweiter Teil
Rechtsvergleichung

Ergänzend soll nachfolgend ein Blick über die Grenzen des deutschen Rechts- und Verfassungssystems hinaus geworfen werden. Es ist zu erörtern, welche Möglichkeiten die Verfassungsgerichte anderer Länder und der Europäische Gerichtshof haben, auf Verfassungsverstöße und Verstöße gegen höherrangiges Recht zu reagieren. Zunächst soll näher auf die Praxis der Landesverfassungsgerichte, insbesondere des Niedersächsischen Staatsgerichtshofs, eingegangen werden.

I. Die Bundesländer am Beispiel von Niedersachsen

Die Bundesländer haben für ihre Verfassungsgerichte ganz unterschiedliche Regelungen getroffen. Schon die Zuständigkeiten der einzelnen Landesverfassungsgerichte entsprechen sich im Einzelnen nicht. So kennt das Bayerische Verfassungsprozessrecht zusätzlich zur Verfassungsbeschwerde beispielsweise die Popularklage[1029]. Darüber hinaus lässt sich den einzelnen Gesetzen über das jeweilige Landesverfassungsgericht aber auch ein sehr unterschiedlicher Regelungsgehalt zu den Möglichkeiten der Tenorierung eines Urteils entnehmen.

A. Überblick über die rechtlichen Grundlagen in einigen Bundesländern

Das Gesetz über den Bayerischen Verfassungsgerichtshof (BayVfGHG) enthält beispielsweise keine wirklichen Tenorierungsvorschriften für den Fall, dass der Verfassungsgerichtshof die Verfassungsmäßigkeit einer Norm zu überprüfen hat. Es regelt explizit weder die Nichtig- oder die Vereinbarerklärung noch eine sonstige Tenorierungsvariante.

Das Hessische Gesetz über den Staatsgerichtshof (HessStGHG) enthält in seinem § 40 Abs. 1[1030] dagegen eine sehr detaillierte Tenorierungsvorschrift. In dieser ist für den Hessischen Staatsgerichthof sowohl die Nichtig- also auch die Unverein-

---

1029 Art. 2 Nr. 7 BayVfGHG.

1030 § 40 Abs. 1 HessStGHG lautet: „Kommt der Staatsgerichtshof zu der Überzeugung, dass eine im Antrag bezeichnete Bestimmung eines Gesetzes oder einer Rechtsverordnung mit der Verfassung im Widerspruch steht, so erklärt er diese für nichtig oder für unvereinbar mit der Verfassung des Landes Hessen. Widersprechen weitere Bestimmungen desselben Gesetzes oder derselben Rechtsverordnung aus denselben Gründen der Verfassung, so kann sie der Staatsgerichtshof in seine Entscheidung einbeziehen. Darüber hinaus kann der Staatsgerichtshof solche Vorschriften desselben Gesetzes oder derselben Rechtsverordnung in seine Entscheidung einbeziehen, die mit diesen in einem engen Zusammenhang stehen."

barerklärung als gesetzliche Entscheidungsmöglichkeit festgelegt. Darüber hinaus kennt dieses Gesetz aber auch die Variante der Erstreckung der Nichtigkeit auf Vorschriften desselben Gesetzes wegen Dependenz bzw. Interdependenz.

Dem Sächsischen Verfassungsgerichtshof gibt das Sächsische Gesetz über den Verfassungsgerichtshof (SächsVerfGHG) in seinem § 23[1031] die Möglichkeit, bei Entscheidungen in den Verfahren der konkreten und abstrakten Normenkontrolle die Norm, die das Gericht für verfassungswidrig hält, für nichtig zu erklären. Für die Verfassungsbeschwerden, die sich gegen ein Gesetz oder gegen eine Entscheidung, die auf einem verfassungswidrigen Gesetz beruht, richten, gewährt § 31 Abs. 3 SächsVerfGHG diese Möglichkeit der Nichtigerklärung ebenfalls. Eine Erstreckung der Nichtigerklärung in den Normenkontrollverfahren ermöglicht das SächsVerfGHG entsprechend dem BVerfGG nur, wenn weitere Vorschriften desselben Gesetzes ebenfalls verfassungswidrig sind.

Das Gesetz über das Hamburgische Verfassungsgericht (HmbVerfGG) regelt in seinem § 42[1032] für das Verfahren der abstrakten Normenkontrolle als Tenorierungsmöglichkeit nur die Nichtigerklärung. Für die konkrete Normenkontrolle legt § 45 HmbVerfGG sehr einschränkend fest: „Das Verfassungsgericht entscheidet nur die Rechtsfrage, ob das Gesetz oder die Rechtsverordnung gültig oder nichtig ist."

Aufgrund der unterschiedlichen rechtlichen Voraussetzungen ist anzunehmen, dass die Praxis der einzelnen Landesverfassungsgerichte ebenfalls eine sehr unterschiedliche ist. Deshalb soll stellvertretend für die anderen die Entscheidungspraxis des Niedersächsischen Staatsgerichtshofs, dessen Tenorierungsvorschriften denen des BVerfGG ähneln, näher beleuchtet und mit der des Bundesverfassungsgerichts verglichen werden.

B. Die Rechtslage und Entscheidungspraxis des Niedersächsischen Staatsgerichtshofs

Gemäß Art. 54 Nr. 3, 4 NdsVerf ist der Staatsgerichtshof (StGH) des Landes Niedersachsen für abstrakte und konkrete Normenkontrollen zuständig. Er wird, wie

---

1031 § 23 SächsVerfGHG lautet: „Kommt der Verfassungsgerichtshof zu der Überzeugung, dass Landesrecht mit der Verfassung unvereinbar ist, so erklärt er die zur Prüfung gestellten Bestimmungen für nichtig. Sind weitere Bestimmungen desselben Gesetzes aus denselben Gründen mit der Verfassung unvereinbar, so kann der Verfassungsgerichtshof sie gleichfalls für nichtig erklären."

1032 § 42 HmbVerfGG lautet: „Kommt das Verfassungsgericht zu der Überzeugung, dass Landesrecht mit der Verfassung oder abgeleitetes Landesrecht mit einem Landesgesetz unvereinbar ist, so stellt es in seiner Entscheidung die Nichtigkeit fest."

das Bundesverfassungsgericht, nicht nur als Gericht, sondern gleichzeitig als Verfassungsorgan gesehen.[1033] Wie schon seine Stellung und seine Zuständigkeiten orientieren sich auch die Entscheidungsfolgen der Urteile in Normenkontrollverfahren vor dem StGH an denen des Bundesverfassungsgerichts.[1034] Insbesondere durch die konkrete Normenkontrolle ist die Verwerfungskompetenz bezüglich Landesgesetzen, soweit diese an der Landesverfassung zu messen sind, ebenfalls beim Staatsgerichtshof monopolisiert.[1035]

Der Niedersächsische StGH hat gemäß § 34 Abs. 1 Satz 1 NdsStGHG die Nichtigkeit einer Norm festzustellen, wenn er diese für landesverfassungswidrig hält. Nichtsdestotrotz kennt auch die Praxis des StGH die Tenorierungsvariante der Unvereinbarerklärung.[1036] So hat der StGH in seiner Entscheidung vom 10.07.1997[1037] den § 3 Abs. 1 Nr.1 NdsHaushaltsG 1995/1996 für mit der NdsVerf teilweise nicht vereinbar erklärt. Er hat auf die vorgeschriebene Nichtigerklärung verzichtet. Diese Entscheidung wurde für gesetzeswidrig befunden.[1038] Dennoch wird die Unvereinbarerklärung als Tenorierungsvariante des StGH anerkannt und der Wortlaut des § 34 Abs. 1 Satz 1 NdsStGHG als zu eng empfunden.[1039]

In der genannten Entscheidung zum Haushaltsgesetz ordnet der StGH gleichzeitig die Weitergeltung der verfassungswidrigen Norm für die Übergangszeit an. Auf Landesebene wird vom Verfassungsgericht also auch die Weitergeltungsanordnung ausgesprochen. Gestützt wird diese Anordnung auf § 12 Abs. 1 NdsStGHG, der § 35 BVerfGG entspricht.[1040] Durch diese Art der Tenorierung wird der Landtag verpflichtet, die erkannte Verfassungswidrigkeit zu beheben. Dies sollte in den genannten Entscheidungen dem Landesgesetzgeber vorbehalten bleiben, da verschiedene Möglichkeiten existierten, die Verfassungswidrigkeit der genannten Norm zu beheben.[1041]

Aus dem Vergleich mit dem Niedersächsischen Staatsgerichtshof ergibt sich, dass dieses Gericht sich als Landesverfassungsgericht in der Wahl seiner Tenorierungs-

---

1033 *Neumann*, Niedersächsische Verfassung, Komm., § 42, Rn. 2; *Ipsen*, Verfassungsrecht Niedersachsen, S. 65 [108].

1034 *Ipsen*, Verfassungsrecht Niedersachsen, S. 65 [108].

1035 *Ipsen*, Verfassungsrecht Niedersachsen, S. 65 [108]; *Juhle*, Landesverfassungsgerichtsbarkeit, S. 52.

1036 *Burghart*, NVwZ 1998, S. 1262 [1263].

1037 NdsStGH (Urteil vom 10. Juli 1997), NVwZ 1998, S. 1288.

1038 *Burghart*, NVwZ 1998, S. 1262 [1263].

1039 *Burghart*, NVwZ 1998, S. 1262 [1263].

1040 *Burghart*, NVwZ 1998, S. 1262 [1264].

1041 *Burghart*, NVwZ 1998, S. 1262 [1264].

varianten an der Entscheidungspraxis des Bundesverfassungsgerichts orientiert. Auch dort wird in einer Weise tenoriert, die so im Gesetz keine ausdrückliche Regelung gefunden hat, weicht doch auch das Bundesverfassungsgericht trotz des entgegenstehenden Wortlauts des BVerfGG von diesem ab. Gleiches gilt wohl für den Ausspruch der Weitergeltungsanordnung. Diese wird auf den dem § 35 BVerfGG entsprechenden landesrechtlichen Paragrafen gestützt. Diese Rechtsgrundlage muss im Hinblick auf die im Ersten Teil unter V B 1 b gewonnenen Ergebnisse auch für die Landesverfassungsgerichtsbarkeit in Frage gestellt werden.

II. Österreich

In Österreich, dem Ursprungsland der Verfassungsgerichtsbarkeit im engeren, technischen Sinne[1042], existiert, wie in Deutschland, das „konzentrierte Normenkontrollsystem". Das bedeutet, dass zwar jedes Gericht ein Gesetz auf seine Verfassungswidrigkeit hin überprüfen darf, jedoch im Gegensatz zum „diffusen"[1043] System nur einem zentralen Verfassungsgericht die Verwerfungskompetenz zusteht.[1044] Dieses ist der österreichische Verfassungsgerichtshof (VfGH).[1045] Der VfGH erkennt über die Verfassungswidrigkeit von Gesetzen auf Antrag oder von Amts wegen, was sich aus Art. 140 des Österreichischen Bundesverfassungsgesetzes (B-VG)[1046] ergibt.[1047] Seine Entscheidung über die Verfassungswidrigkeit wird grundsätzlich am Tage der Verkündung rechtskräftig.

1042 *Horn*, DÖV 1980, S. 84 [88].

1043 *Dreier*, ZNR 1998, S. 28 [42].

1044 *Horn*, DÖV 1980, S. 84 [87]; *Adamovich/Funk*, Österreichisches Verfassungsrecht, S. 338; *Huh*, Probleme der Normenkontrolle, S. 72.

1045 *Schneider*, Funktion der Normenkontrolle, S. 27.

1046 Art. 140 des Österreichischen Bundesverfassungsgesetzes:
„(1) Der Verfassungsgerichtshof erkennt über die Verfassungswidrigkeit eines Bundes- oder Landesgesetzes auf Antrag des Verwaltungsgerichtshofes, des Obersten Gerichtshofes oder eines zur Entscheidung in zweiter Instanz berufenen Gerichtes, sofern aber der Verfassungsgerichtshof ein solches Gesetz in einer anhängigen Rechtssache anzuwenden hätte, von Amts wegen. Er erkennt über Verfassungswidrigkeit von Landesgesetzen auch auf Antrag der Bundesregierung und über die Verfassungswidrigkeit von Bundesgesetzen auch auf Antrag einer Landesregierung oder eines Drittels der Mitglieder des Nationalrates. Durch Landesverfassungsgesetz kann bestimmt werden, daß ein solches Antragsrecht hinsichtlich der Verfassungswidrigkeit von Landesgesetzen auch einem Drittel der Mitglieder des Landtages zusteht. Der Verfassungsgerichtshof erkennt ferner über Verfassungswidrigkeit von Gesetzen auf Antrag einer Person, die unmittelbar durch diese Verfassungswidrigkeit in ihren Rechten verletzt zu sein behauptet, sofern das Gesetz ohne Fällung einer gerichtlichen Entscheidung oder ohne Erlassung eines Bescheides für diese Person wirksam geworden ist; (...)
(2) (...)

Stellt der VfGH die Verfassungswidrigkeit eines Gesetzes fest, hat seine Entscheidung konstitutiven Charakter. Man geht in Österreich nicht von der *ipso iure* Nichtigkeit verfassungswidriger Gesetze aus.[1048] Daraus folgt auch, dass die Entscheidung regelmäßig mit einer *ex nunc* Wirkung *erga omnes* ausgestattet ist. Das bedeutet, dass sie eine Rückwirkung nur für den Anlassfall entfaltet. Darüber hinaus wirkt die Aufhebung des Gesetzes nur für die Zukunft.[1049] Etwas anderes gilt allerdings, wenn der VfGH von der gesetzlichen Möglichkeit Gebrauch macht, die Rückwir-

---

(3) Der Verfassungsgerichtshof darf ein Gesetz nur insoweit als verfassungswidrig aufheben, als seine Aufhebung ausdrücklich beantragt wurde oder als der Verfassungsgerichtshof das Gesetz in der bei ihm anhängigen Rechtssache anzuwenden hätte. Gelangt der Verfassungsgerichtshof jedoch zu der Auffassung, daß das ganze Gesetz von einem nach der Kompetenzverteilung nicht berufenen Gesetzgebungsorgan erlassen oder in verfassungswidriger Weise kundgemacht wurde, so hat er das ganze Gesetz als verfassungswidrig aufzuheben. Dies gilt nicht, wenn die Aufhebung des ganzen Gesetzes offensichtlich den rechtlichen Interessen der Partei zuwiderläuft, die einen Antrag gemäß dem letzten Satz des Absatzes 1 gestellt hat oder deren Rechtssache Anlaß für die Einleitung eine amtswegigen Gesetzesprüfungsverfahrens gegeben hat.
(4) (...)
(5) Das Erkenntnis des Verfassungsgerichtshofes, mit dem ein Gesetz als verfassungswidrig aufgehoben wird, verpflichtet den Bundeskanzler oder den zuständigen Landeshauptmann zur unverzüglichen Kundmachung der Aufhebung. Dies gilt sinngemäß für den Fall eines Ausspruches gemäß Absatz 4. Die Aufhebung tritt am Tage der Kundmachung in Kraft, wenn nicht der Verfassungsgerichtshof für das Außerkrafttreten eine Frist bestimmt. Diese Frist darf ein Jahr nicht überschreiten.
(6) Wird durch ein Erkenntnis des Verfassungsgerichtshofs ein Gesetz als verfassungswidrig aufgehoben, so treten mit dem Tag des Inkrafttretens der Aufhebung, falls das Erkenntnis nicht anderes ausspricht, die gesetzlichen Bestimmungen wieder in Wirksamkeit, die durch das vom Verfassungsgerichtshof als verfassungswidrig erkannte Gesetz aufgehoben worden waren. (...)
(7) Ist ein Gesetz wegen Verfassungswidrigkeit aufgehoben worden oder hat der Verfassungsgerichtshof gemäß Absatz 4 ausgesprochen, daß ein Gesetz verfassungswidrig war, so sind alle Gerichte und Verwaltungsbehörden an den Spruch des Verwaltungsgerichtshofes gebunden. Auf die vor der Aufhebung verwirklichten Tatbestände mit Ausnahme des Anlaßfalles ist jedoch das Gesetz weiterhin anzuwenden, sofern der Verfassungsgerichtshof nicht in seinem aufhebenden Erkenntnis anderes ausspricht. Hat der Verfassungsgerichtshof in seinem aufhebenden Erkenntnis eine Frist gemäß Absatz 5 gesetzt, so ist das Gesetz auf alle bis zum Ablauf dieser Frist verwirklichten Tatbestände mit Ausnahme des Anlaßfalles anzuwenden."

1047 *Korinek*, Verfassungsgerichtsbarkeit in Österreich, in: Starck/Weber, Band I, S. 149 [165]; *Schneider*, Funktion der Normenkontrolle, S. 28; *Adamovich/Funk*, Österreichisches Verfassungsrecht, S. 342; *Walter/Mayer*, Grundriß des österreichischen Bundesverfassungsrechts, Rn. 1162.

1048 *Böckenförde*, Die sogenannte Nichtigkeit, S. 39.

1049 *Adamovich/Funk*, Österreichisches Verfassungsrecht, S. 339; *Strehle*, Rechtswirkungen, S. 23; *Schneider*, Funktion der Normenkontrolle, S. 28; *Mayer*, B-VG, Art. 140, Anm. V.1.

kung auch auf andere Fälle auszudehnen. Dies liegt in seinem freien Ermessen.[1050] Somit kann das Gericht die Rückwirkungsproblematik flexibel handhaben und diese mit Blick auf die tatsächlichen Folgen einschränken oder ausdehnen. Im deutschen Verfassungsprozessrecht gilt wegen der Theorie der *ipso iure* Nichtigkeit verfassungswidriger Gesetze dagegen, dass die Entscheidungen des Bundesverfassungsgerichts grundsätzlich bis auf den Kollisionszeitpunkt zurückwirken. Dem Bundesverfassungsgericht steht aus dem BVerfGG keine ausdrückliche Kompetenz zu, diese Rückwirkung einzuschränken.

Zunächst fällt auf, dass die gesetzlichen Regelungen zur Normenkontrolle vor dem Österreichischen VfGH deutlich detaillierter sind als die im BVerfGG. So legt zum Beispiel Art. 140 Abs. 3 B-VG fest, dass das Gericht das streitige Gesetz grundsätzlich nur in dem Umfang für nichtig erklären darf, wie dies ausdrücklich beantragt ist. Eine Erstreckung der Nichtigerklärung über den verfassungswidrigen Teil hinaus kommt nur dann in Betracht, wenn dem gesetzgebenden Organ bei Erlass die Kompetenz fehlte oder das Gesetz in verfassungswidriger Art und Weise verkündet worden ist.[1051] Jedoch erachtet es der VfGH als unzulässig, eine festgestellte Verfassungswidrigkeit nicht vollständig zu beseitigen.[1052] Insofern regelt also das B-VG, in welchen engen Grenzen eine Gesamtnichtigerklärung durch den VfGH zulässig ist.

Dem VfGH wurde darüber hinaus eine Möglichkeit eingeräumt, die auch für das Bundesverfassungsgericht diskutiert, im Gesetzgebungsverfahren letztendlich aber abgelehnt worden war: Der VfGH darf ein Gesetz für verfassungswidrig erklären, jedoch für sein Außerkrafttreten eine Frist von bis zu einem Jahr bestimmen.[1053] Diese Fristsetzung zielt darauf ab, Regelungslücken für den Zeitraum zu vermeiden, den der Gesetzgeber zur Neuregelung der Materie benötigt.[1054] Damit erzielt der VfGH eine ähnliche Wirkung, wie sie das Bundesverfassungsgericht durch die Weitergeltungsanordnungen erreicht. Da die österreichische Verfassung nicht von der *ipso iure* Nichtigkeit verfassungswidriger Gesetze ausgeht, braucht das Gericht auch nicht die Weitergeltung eines Gesetzes anzuordnen, das an sich schon außer Kraft getreten ist. Vielmehr versieht es seine konstitutive Verfassungswidrigerklärung stattdessen mit einer aufschiebenden Bedingung, so dass das Gesetz erst au-

---

1050 *Korinek*, Verfassungsgerichtsbarkeit in Österreich, in: Starck/Weber, Band I, S. 149 [164]; *Strehle*, Rechtswirkungen, S. 23.

1051 *Strehle*, Rechtswirkungen, S. 22f.

1052 *Mayer*, B-VG, Art. 140, Anm. IV.2.

1053 *Schneider*, Funktion der Normenkontrolle, S. 28f.; *Korinek*, Verfassungsgerichtsbarkeit in Österreich, in: Starck/Weber, Band I, S. 149 [166]; *Strehle*, Rechtswirkungen, S. 24; *Horn*, DÖV 1980, S. 84 [88].

1054 *Schneider*, Funktion der Normenkontrolle, S. 29.

ßer Kraft tritt, wenn eine vom Gericht bestimmte Frist von maximal einem Jahr abgelaufen ist. Diese gesetzliche Regelung sichert die Rechtsklarheit.

Die Regelung in Österreich zeigt, dass es durchaus denkbar wäre, eine solche Kompetenz auch für das Bundesverfassungsgericht festzulegen. In den vorbereitenden Verfahren zum Vierten Änderungsgesetz zum BVerfGG wurde dies dennoch überwiegend abgelehnt und allenfalls für die Zeit bis zum Inkrafttreten der Entscheidung für möglich gehalten. In Österreich muss wegen des konstitutiven Charakters der Entscheidung nur das Außerkrafttreten des streitgegenständlichen Gesetzes hinausgeschoben und nicht vorher eine befristete Weitergeltung angeordnet werden. Dieser Unterschied gründet, wie bereits festgestellt, in dem unterschiedlichen Ausgangspunkt hinsichtlich der *ipso iure* Nichtigkeit verfassungswidriger Gesetze.

Eine weitere Möglichkeit des VfGH, Rechtsunsicherheit zu vermeiden, ergibt sich aus Art. 140 Abs. 6 B-VG. Es ist ausdrücklich festgelegt, dass die der verfassungswidrigen Norm vorhergehende Rechtslage wieder auflebt, die von der aufgehobenen Regelung ehemals außer Kraft gesetzt worden ist.[1055] Der VfGH kann abweichend davon bestimmen, inwieweit und ob dies überhaupt geschehen soll. Das verleiht ihm „quasilegislatorische" Befugnisse.[1056]

Aus dem B-VG ergibt sich, dass die Antragsgebundenheit des VfGH nicht ganz so strikt gilt wie die des Bundesverfassungsgerichts. Der VfGH kann ein Normenkontrollverfahren dann, wenn er das zu prüfende Gesetz in einer bei ihm anhängigen Rechtssache anzuwenden hat, gemäß Art. 140 Abs. 1 B-VG[1057] auch von

---

1055 *Walter/Mayer*, Grundriß des österreichischen Bundesverfassungsrechts, Rn. 1170; *Mayer*, B-VG, Art. 140, Anm. IV.3.

1056 *Strehle*, Rechtswirkungen, S. 24. Ähnlich auch: *Mayer*, B-VG, Art. 140, Anm. IV.3.

1057 Art. 140 Abs. 1 des Österreichischen Bundesverfassungsgesetzes:

„(1) Der Verfassungsgerichtshof erkennt über die Verfassungswidrigkeit eines Bundes- oder Landesgesetzes auf Antrag des Verwaltungsgerichtshofes, des Obersten Gerichtshofes oder eines zur Entscheidung in zweiter Instanz berufenen Gerichtes, sofern aber der Verfassungsgerichtshof ein solches Gesetz in einer anhängigen Rechtssache anzuwenden hätte, von Amts wegen. Er erkennt über Verfassungswidrigkeit von Landesgesetzen auch auf Antrag der Bundesregierung und über die Verfassungswidrigkeit von Bundesgesetzen auch auf Antrag einer Landesregierung oder eines Drittels der Mitglieder des Nationalrates. Durch Landesverfassungsgesetz kann bestimmt werden, daß ein solches Antragsrecht hinsichtlich der Verfassungswidrigkeit von Landesgesetzen auch einem Drittel der Mitglieder des Landtages zusteht. Der Verfassungsgerichtshof erkennt ferner über Verfassungswidrigkeit von Gesetzen auf Antrag einer Person, die unmittelbar durch diese Verfassungswidrigkeit in ihren Rechten verletzt zu sein behauptet, sofern das Gesetz ohne Fällung einer gerichtlichen Entscheidung oder ohne Erlassung eines Bescheides für diese Person wirksam geworden ist; (...)"

Amts wegen einleiten.[1058] Im Ergebnis schränkt die Antragsgebundenheit das Bundesverfassungsgericht aber dennoch nicht viel weitgehender ein als den VfGH. Das Bundesverfassungsgericht kann beispielsweise in einem Verfassungsbeschwerdeverfahren, das sich nicht unmittelbar gegen ein Gesetz richtet, ein der aufzuhebenden Entscheidung zugrunde liegendes Gesetz, sollte dieses verfassungswidrig sein, gemäß § 95 Abs. 3 Satz 2 BVerfGG ebenfalls für nichtig erklären.

Die Urteile des VfGH erwachsen im Gegensatz zu denen des Bundesverfassungsgerichts nicht in Gesetzeskraft, sind jedoch im jeweiligen Gesetzesblatt vom Bundeskanzler oder dem zuständigen Landeshauptmann bekannt zu machen, Art. 140 Abs. 5 B-VG. In Art. 140 Abs. 7 B-VG ist festgelegt, dass Gerichte und Verwaltungsbehörden an die Entscheidung des Verfassungsgerichtshofes gebunden sind.[1059]

Im Ergebnis sind die österreichischen Regelungen für die Normenkontrolle wesentlich detaillierter.[1060] Einige Problemstellungen treten deswegen nicht auf, weil die österreichische Verfassungsordnung den Grundsatz der *ipso iure* Nichtigkeit verfassungswidriger Gesetze nicht kennt. Das zeigt, dass die *ipso iure* Nichtigkeit verfassungswidriger Gesetz nicht die einzige denknotwendige Folge der Kollision einer Norm des einfachen Rechts mit der Verfassung ist.[1061] Ausdrücklich geregelt ist die Tenorierungsvariante der Gesamtnichtigerklärung für Fälle, in denen lediglich ein Teil des Gesetzes angegriffen wurde. Eine solche ist in anderen Verfassungsordnungen also nicht nur denkbar, sondern – wenn auch in engen Grenzen – ausdrücklich vorgesehen. Die Fristsetzungsmöglichkeit und die Befugnis, zu bestimmen, welche Teile des Altrechtes wieder aufleben sollen, gibt dem Gericht flexible Handlungsmöglichkeiten. Die Fristsetzungsmöglichkeit ersetzt auch in gewisser Hinsicht die Appellentscheidung und die Unvereinbarerklärung, die das österreichische Recht nicht kennt.[1062]

III. Italien

Der Verfassungsgerichtshof Italiens, genannt Corte Costitutionale, nimmt ausschließlich die Aufgaben eines Verfassungsgerichts war und hat entsprechend der Rechtslage in Deutschland die Alleinzuständigkeit für die Normenkontrolle und

---

1058 *Strehle*, Rechtswirkungen, S. 21.
1059 *Strehle*, Rechtswirkungen, S. 23.
1060 So auch: *Horn*, DÖV 1980, S. 84 [88].
1061 So auch: *Böckenförde*, Die sogenannte Nichtigkeit, S. 39.
1062 *Strehle*, Rechtswirkungen, S. 125.

-verwerfung.[1063] Zu seinen Verfahren zählen die abstrakte und die konkrete Normenkontrolle.

Hinsichtlich der Behandlung verfassungswidriger Normen ist die Geltung der *ipso iure* Nichtigkeitslehre auch in Italien umstritten. Nach einer Ansicht gilt die Vernichtbarkeitslehre, nach welcher die Entscheidung des Gerichts konstitutiven Charakter habe und verfassungswidrige Normen erst durch das Urteil ihre Wirksamkeit verlören. Bis zur Entscheidung des Gerichts seien die Normen demnach voll wirksam und nicht schon *ipso iure* nichtig. Die Möglichkeit, der Entscheidung Rückwirkung zu verleihen, wird allerdings bejaht.[1064]

Jedoch geht auch die h.M. in Italien von der *ipso iure* Nichtigkeit verfassungswidriger Normen aus. Eine verfassungswidrige Norm verliere nicht erst durch die Entscheidung des Corte Costitutionale ihre Wirksamkeit, sondern sei schon vorher außer Kraft getreten, so dass dessen Urteil den Rechtszustand lediglich deklaratorisch feststellt.[1065] Hinsichtlich der Rückwirkung der Entscheidungen auf bereits abgeschlossene Parallelfälle und der Ausnahmen hierzu entspricht das italienische System dem deutschen.

Hält der Corte Costitutionale ein Gesetz für nur teilweise verfassungswidrig, spricht er eine quantitative Teilnichtigerklärung aus.[1066] Es existiert jedoch auch die Möglichkeit, eine qualitative Teilnichtigerklärung zu tenorieren. Das Gericht kann eine Norm beispielsweise für verfassungswidrig erklären, soweit diese etwas nicht anordnet. Die Norm bleibt dann in ihrem Wortlaut unverändert, wird inhaltlich durch die Verfassungsgerichtsentscheidung aber soweit erweitert, dass sie der Verfassung entspricht. Der Norm auch ihrem Wortlaut nach einen verfassungskonformen Charakter zu geben, ist dann Sache des italienischen Gesetzgebers. Appelle an den Gesetzgeber sind in Italien ebenfalls nicht unbekannt.[1067] Diese sind inhaltlich oftmals sehr detailliert gefasst[1068] und begegnen kaum Bedenken.

Die Entscheidungen des Gerichts werden wirksam, wenn sie im italienischen Gesetzblatt, der „Gazetta Ufficiale", veröffentlicht sind. Dies ist in Art. 136 der italienischen Verfassung festgelegt.[1069] Die Entscheidung entfaltet *ex tunc*[1070] und *erga*

1063 *Dietrich*, Italienischer Verfassungsgerichtshof, S. 33.

1064 *Modugno*, Giurisprudenza Costitutionale 1963, S. 1728ff; *Dietrich*, Italienischer Verfassungsgerichtshof, S. 168.

1065 *Dietrich*, Italienischer Verfassungsgerichtshof, S. 168.

1066 *Ritterspach*, Verfassungsgerichtsbarkeit in Italien, in: Starck/Weber, Band I, S. 219 [234].

1067 *Ritterspach*, Verfassungsgerichtsbarkeit in Italien, in: Starck/Weber, Band I, S. 219 [234].

1068 *Ritterspach*, Verfassungsgerichtsbarkeit in Italien, in: Starck/Weber, Band I, S. 219 [235].

1069 *Dietrich*, Italienischer Verfassungsgerichtshof, S. 164.

1070 A.A.: *Schneider*, Funktion der Normenkontrolle, S. 30.

omnes Wirkung und ergeht mit Rückwirkung nicht nur für den Anlassfall.[1071] Diese Rückwirkung ist entsprechend der deutschen Regelungen dahingehend eingeschränkt, dass Rechtsverhältnisse, die bereits abgeschlossen sind, also verjährte Forderungen, unanfechtbare Verwaltungsakte und rechtskräftige Urteile, von dieser ausgenommen sind. Nach Art. 30 Abs. 4 des legge costitutionale 11 marzo 1953[1072] bilden wie im § 79 BVerfGG rechtskräftige Strafurteile die Gegenausnahme.[1073]

Die Folgen der Entscheidung des Verfassungsgerichts sind ausdrücklich nur für den Richter festgelegt, der die konkrete Normenkontrolle eingereicht hat. Dieser Richter *a quo* darf das verfassungswidrige Gesetz nicht mehr anwenden, wenn es einmal vom Corte Costitutionale für verfassungswidrig erklärt worden ist. Das gilt auch dann, wenn der Richter die Akten und das Urteil zurückerhält, bevor dieses in der „Gazetta Ufficiale" veröffentlicht worden ist, auch wenn dieses dann noch nicht wirksam ist. Alles andere stünde im Widerspruch zur Funktion der konkreten Normenkontrolle.[1074] Die Entscheidung des Gerichts bindet allerdings auch den Gesetzgeber und zwar dahingehend, dass er die für verfassungswidrig erklärte Norm nicht mehr in Kraft setzen darf.[1075]

Im Ergebnis zeigt das Beispiel Italien zum einen, dass es auch in anderen Ländern die Notwendigkeit und die Möglichkeit einer Teilnichtigerklärung gibt. Selbst die als hinsichtlich der Rechtssicherheit bedenklich eingestufte qualitative Teilnichtigerklärung existiert auch hier als Tenorierungsvariante und hat sich etabliert. Die Änderung des Wortlautes im Anschluss an eine qualitative Teilnichtigerklärung hat durch den Gesetzgeber zu erfolgen.

Darüber hinaus hat man in Italien keine Bedenken, detaillierte und direkte Appelle an den Gesetzgeber zu erlassen. Sieht man es zur Wahrung von dessen Kompetenzen einerseits als notwendig an, die Änderung des Gesetzeswortlauts im Anschluss an eine qualitative Teilnichtigerklärung der Legislative zu überlassen, müssten gleichermaßen Bedenken bzgl. bindende Appelle bestehen. Auch diese greifen schließlich in die Kompetenz des Gesetzgebers ein und beschneiden dessen Gestaltungsfreiheit. Solche Appelle sind demnach als unverbindliche Weisungen einzustufen, da nur so die Gestaltungsfreiheit des Gesetzgebers in vollem Umfang gewahrt bleibt.

1071 *Schneider*, Funktion der Normenkontrolle, S. 30.

1072 Gesetz Nr. 87/1953 vom 11. März 1953.

1073 *Dietrich*, Italienischer Verfassungsgerichtshof, S. 165; *Ritterspach*, Verfassungsgerichtsbarkeit in Italien, in: Starck/Weber, Band I, S. 219 [234].

1074 *Dietrich*, Italienischer Verfassungsgerichtshof, S. 169.

1075 *Dietrich*, Italienischer Verfassungsgerichtshof, S. 170.

IV. Die Vereinigten Staaten von Amerika

Die verfassungsgerichtliche Situation in den USA ist mit der in Deutschland anzutreffenden kaum vergleichbar. Das resultiert in erster Linie daraus, dass der US-amerikanische Supreme Court nicht nur als Verfassungsgericht, sondern auch als oberstes „ordentliches" Bundesgericht konzipiert ist.[1076] Ausdrücklich ist ihm aus der Verfassung keine den deutschen Regelungen entsprechende Normenkontrollkompetenz zugewiesen. Das richterliche Prüfungsrecht bezüglich Bundesgesetzen und somit eine Art konkrete Normenkontrollkompetenz wird vielmehr aus der Entscheidung *Marbury versus Madison*[1077] aus dem Jahr 1803 hergeleitet.[1078] In dem dieser Leitentscheidung zugrunde liegenden Fall klagte Marbury gegen den *Secretary of State* Madison. Marbury war am letzten Tag der Amtszeit von Präsident Adams noch zum Friedensrichter ernannt und die Ernennungsurkunde vom alten Präsidenten und dessen *Secretary of State* Marshall unterzeichnet worden. Diese wollte er nun vom *Secretary of State* des neuen Präsidenten Thomas Jefferson ausgehändigt bekommen, welcher die Ernennung jedoch als nicht vollzogen und somit für ungültig erachtete. Dementsprechend hatte er die Übergabe der Urkunde verweigert.[1079]

Zwar war der Fall materiell-rechtlich eher unbedeutend, jedoch wurde zum ersten Mal ein Erlass des Kongresses vom Supreme Court für unwirksam erklärt.[1080] Darüber hinaus enthält die Entscheidung eingehende Begründungen des Grundsatzes der *ipso iure* Nichtigkeit verfassungswidriger Gesetze.[1081] Inzwischen gilt die Kompetenz zur konkreten Normenkontrolle als allgemein anerkannt. Das Gericht darf Bundesgesetze insoweit kontrollieren, wie es für den anhängigen Fall notwendig ist. Es prüft die Verfassungsmäßigkeit von Gesetzen also nur inzident.[1082] Hält der Supreme Court ein Gesetz für verfassungswidrig, so erklärt er dessen Nichtanwendbarkeit für den konkreten Fall. Anders als das Bundesverfassungsgericht spricht es also nicht dessen Nichtigkeit mit *erga omnes* Wirkung aus.

Davon ausgehend, dass die Entscheidungen des Supreme Court für alle Untergerichte bindend sind (*stare decises*), entsteht im Ergebnis dennoch eine *erga omnes* Wirkung der Normenkontrollentscheidungen dieses Gerichts für alle Fälle, die gleich

---

1076 *Wolf*, Verfassungsgerichtsbarkeit in den USA, S. 26.

1077 1 Cranch 137, 2 L. Ed. 60 (1803).

1078 *Horn*, DÖV 1980, S. 84 [86]; *Brugger*, Einführung in das öffentliche Recht der USA, S. 8; *Wolf*, Verfassungsgerichtsbarkeit in den USA, S. 26; *Wieland*, in: Dreier, Komm. zum GG, Art. 93, Rn. 26.

1079 *Brugger*, Einführung in das öffentliche Recht der USA, S. 8.

1080 *Wolf*, Verfassungsgerichtsbarkeit in den USA, S. 26.

1081 *Horn*, DÖV 1980, S. 84 [86].

1082 *Wieland*, in: Dreier, Komm. zum GG, Art. 93, Rn. 26.

gelagert sind wie der eigentliche Anlassfall. Somit entspricht die Wirkung der Entscheidung des Supreme Courts, jedenfalls bezogen auf vergleichbare Fälle, der einer Nichtigerklärung durch das Bundesverfassungsgericht.[1083]

Auf einen Unterschied bleibt aber noch hinzuweisen: Die Entscheidungen des Supreme Court haben nicht die Nichtigkeit der angegriffenen Norm zur Folge, sondern ziehen lediglich eine Anwendungssperre nach sich. Entscheidungen, die mit einem Appell an den Gesetzgeber verbunden würden, wären darüber hinaus weder mit der historisch bedingten „diffusen"[1084] Verfassungskontrolle in den USA noch mit dem funktionellen Selbstverständnis des Supreme Court vereinbar.[1085] Solche Appelle existieren also nicht.

In den USA ist das Verwerfungsmonopol für das Oberste Gericht nicht in der Art festgelegt wie in Deutschland oder Österreich. Die Bündelung der Verwerfungskompetenz bei einem Gericht eines Landes garantiert die Einheitlichkeit der Rechtsprechung und Gesetzeslage. In den USA wird diese Wirkung durch die festgelegte Bindungswirkung der Entscheidungen des Obersten Gerichts für die Untergerichte erzielt. Der Supreme Court ist in der Lage, Entscheidungen der Untergerichte aufzuheben und mit seinen eigenen Einzelfallentscheidungen Recht zu schaffen.[1086] Darüber hinaus kennt die Rechtsprechung des Supreme Court die abstrakte Normenkontrolle und die Verfassungsbeschwerde nicht.[1087]

Der Überblick über die Normenkontrollkompetenzen des Supreme Courts zeigt, dass dessen Kompetenz weitgehend auf seine eigene Rechtsprechung zurückgeht und kaum geregelt ist. Trotzdem hat sie sich bezüglich der konkreten Normenkontrolle etabliert und wird nicht mehr in Frage gestellt. Beim Bundesverfassungsgericht dagegen sind die Grundkompetenzen weitgehend festgelegt und nur für bestimmte Konstellationen weicht das Gericht durch richterrechtlich entwickelte Tenorierungsvarianten vom Gesetzeswortlaut ab.

Im Übrigen ist der Supreme Court mit dem Bundesverfassungsgericht aber nicht wirklich vergleichbar. Er ist kein genuines Verfassungsgericht, sondern Teil eines „diffusen Normenkontrollsystems"[1088].

1083 *Schneider*, Funktion der Normenkontrolle, S. 26.
1084 *Dreier*, ZNR 1998, S. 28 [42].
1085 *Rau*, Grenzen in der Rechtsprechung, S. 254.
1086 *Horn*, DÖV 1980, S. 84 [86].
1087 *Wolf*, Verfassungsgerichtsbarkeit in den USA, S. 26.
1088 *Dreier*, ZNR 1998, S. 28 [42].

V. Brasilien

Auch in der brasilianischen Bundesverfassung (BV) ist eine Normenkontrolle vorgesehen. Zuständiges Gericht ist der Supremo Tribunal Federal. Dieser hat eine Zwitterstellung. Als oberstes Bundesgericht ist er einerseits letztinstanzliches Organ der einzelnen Gerichtsbarkeiten, andererseits Verfassungsgerichtshof, der die Verfassungsmäßigkeit von Bundes- und Landesgesetzen zu überprüfen hat.[1089] Er ähnelt also dem U.S.-amerikanischen Supreme Court, dem er nachempfunden worden ist.

Als Normenkontrollklage ist in erster Linie die sog. „Direktklage der Verfassungswidrigkeit" (Art. 102 I BV) zu qualifizieren. Daneben existiert die sog. „deklaratorische Klage der Verfassungsmäßigkeit" (Art. 102 I BV). Antragsberechtigt sind für den Fall der Direktklage der Bundespräsident, der Vorsitz des Bundessenats, der Vorsitz des Bundestags, der Vorsitz eines Landtags oder der Vorsitz der Gesetzgebungskammer des Bundesbezirks, der Gouverneur eines Landes oder der Gouverneur des Bundesbezirks, der Generalstaatsanwalt, der Bundesrat der brasilianischen Anwaltskammer, jede politische Partei mit Vertretung im Nationalkongress und jeder Gewerkschaftsverband bzw. jede Berufsgenossenschaft von nationaler Verbreitung.[1090]

Die Entscheidungsfindung des Gerichts ist in den Art. 22ff. des Gesetzes Nummer 9868 vom 10. November 1999 geregelt. Nach Art. 24 dieses Gesetzes erklärt der Supremo Tribunal Federal eine Direktklage für unzulässig und eine eventuell deklaratorische Klage für zulässig und begründet, wenn er zu dem Ergebnis kommt, das entsprechende Gesetz sei verfassungskonform. Kommt das Gericht dagegen zu dem Ergebnis, das zu prüfende Gesetz entspreche der Verfassung nicht, trifft es seine Entscheidungen diesem Resultat entsprechend.[1091] Detailliertere Regelungen bezüglich der Entscheidungsvarianten sind im brasilianischen Recht nicht zu finden.

Rechtsprechung und Lehre haben wie in Deutschland allerdings zusätzliche Tenorierungsvarianten entwickelt: Auch im brasilianischen Recht findet sich als Ausgangspunkt zunächst die Nichtigerklärung. Diese wird entweder als Nichtigerklärung eines Gesetzes als gesetzestechnische Einheit oder als Gesamt- oder Teilnichtigerklärung ausgesprochen. Als gesetzestechnische Einheit wird ein Gesetz vom

---

1089 *Mendes*, Die abstrakte Normenkontrolle vor dem BVerfG und dem Supremo Tribunal Federal, S. 34.

1090 *Mendes*, Die abstrakte Normenkontrolle vor dem BVerfG und dem Supremo Tribunal Federal, S. 46; *Heck*, Die Normenkontrolle im brasilianischen Verfassungsrecht, S. 120.

1091 *Heck*, Die Normenkontrolle im brasilianischen Verfassungsrecht, S. 121.

obersten Gerichtshof dann für nichtig erklärt, wenn es an formellen Mängeln leidet oder unter Verstoß gegen die Bestimmung über die Gesetzesinitiative bzw. gegen die Kompetenzordnung zustande gekommen ist.[1092] Die Praxis des Supremo Tribunal Federal hinsichtlich der Tenorierung von Gesamtnichtigerklärungen gleicht der des Bundesverfassungsgerichts. Diese sprechen die Richter dann aus, wenn zwischen den verfassungsmäßigen und verfassungswidrigen Gesetzesteilen ein Dependenz- bzw. Interdependenzverhältnis besteht. Grundsätzlich sei aber von der Teilbarkeit von Normen auszugehen und insofern erklärt das Gericht im Normalfall nur den Teil der Norm für verfassungswidrig, der auch mit der Verfassung kollidiert, und lässt das restliche Gesetz, soweit es autonom weiterbestehen kann, unberührt.[1093] In der Rechtsprechung des Supremo Tribunal Federal kam es auch schon zu Teilnichtigerklärungen ohne Normtextreduzierung. Das Gericht setzt diese im Gegensatz zum Bundesverfassungsgericht mit der verfassungskonformen Auslegung gleich, die es ebenfalls als Entscheidungsvariante ansieht.[1094] Die Verfassungsmäßigkeitserklärung gibt es im brasilianischen Verfassungsprozessrecht zwar auch; jedoch gelang es der Lehre und Rechtsprechung mangels konkreter Regelung nicht, deren dogmatische Bedeutung zu präzisieren.[1095] In der Geschäftsordnung (Art. 143) des Supremo Tribunal Federal wird für eine Verfassungsmäßigkeitserklärung eine qualifizierte Mehrheit gefordert. Der Wortlaut dieser Geschäftsordnung setzt die Existenz dieser Tenorierungsvariante also voraus.[1096]

Schon in der Verfassung von 1946 ist die Tenorierungsmöglichkeit der Unvereinbarerklärung zu finden, die dem Gericht bis heute offen steht. In der Verfassung von 1988 wurde ihre Bedeutung durch die Möglichkeit der gerichtlichen Kontrolle gesetzgeberischen Unterlassens erweitert. Der Art. 103 § 2 BV sieht heute die Möglichkeit der Direktklage gegen ein verfassungswidriges Unterlassen des Ge-

1092 *Mendes*, Die abstrakte Normenkontrolle vor dem BVerfG und dem Supremo Tribunal Federal, S. 200.

1093 *Mendes*, Die abstrakte Normenkontrolle vor dem BVerfG und dem Supremo Tribunal Federal, S. 201.

1094 *Mendes*, Die abstrakte Normenkontrolle vor dem BVerfG und dem Supremo Tribunal Federal, S. 203.

1095 *Mendes*, Die abstrakte Normenkontrolle vor dem BVerfG und dem Supremo Tribunal Federal, S. 207.

1096 *Mendes*, Die abstrakte Normenkontrolle vor dem BVerfG und dem Supremo Tribunal Federal, S. 207.

setzgebers vor.[1097] Eine solche kann auch dann erhoben werden, wenn ein Verfassungsauftrag nicht vollständig erfüllt worden ist.[1098]

Gemäß Art. 28 des Gesetzes Nummer 9868 vom 10. November 1999 wirken die Aussprüche des Gerichts *erga omnes* und binden die Organe der rechtsprechenden Gewalt und die Bundes-, Landes- und Gemeindeverwaltungen.[1099]

Ungeregelt ist die Frage, ob die Entscheidungen des brasilianischen Supremo Tribunal Federal *ex tunc* oder *ex nunc* wirken. In der Tradition des brasilianischen Rechts ist die These von der *ipso iure* Nichtigkeit verfassungswidriger Gesetze lange Jahre unangefochten gewesen. Man hatte diese aus der amerikanischen Lehre übernommen. Dogmatisch wurde sie zunächst nicht weiter begründet. Es wurde vielmehr auf die Evidenz dieses Grundsatzes verwiesen und die Pflicht der Staatsorgane, verfassungswidrige Gesetze nicht mehr anzuwenden, betont.[1100] Nach der heute herrschenden Lehre und auch nach Meinung des obersten Gerichtshofs gilt die *ex tunc* und *ipso iure* Nichtigkeit verfassungswidriger Gesetze nach wie vor.[1101] Die Annahme, dass ein Gesetz trotz seiner Verfassungswidrigkeit vorübergehend weitergilt, sei mit dem Grundsatz des Verfassungsvorrangs nicht zu vereinbaren.[1102] Dem Grundsatz der *ipso iure* Nichtigkeit wird nach dem Verständnis des obersten Gerichtshofs Verfassungsrang beigemessen.[1103] 1975 hat das Oberste Gericht festgelegt, dass die Entscheidungen des Gerichts *inter omnes* wirken, was seitdem nicht mehr bestritten worden ist.[1104]

1097 *Heck*, Die Normenkontrolle im brasilianischen Verfassungsrecht, S. 121.

1098 *Mendes*, Die abstrakte Normenkontrolle vor dem BVerfG und dem Supremo Tribunal Federal, S. 193.

1099 *Heck*, Die Normenkontrolle im brasilianischen Verfassungsrecht, S. 121. Für die *inter omnes*-Wirkung: *Mendes*, Die abstrakte Normenkontrolle vor dem BVerfG und dem Supremo Tribunal Federal, S. 72.

1100 *Mendes*, Die abstrakte Normenkontrolle vor dem BVerfG und dem Supremo Tribunal Federal, S. 194.

1101 *Mendes*, Die abstrakte Normenkontrolle vor dem BVerfG und dem Supremo Tribunal Federal, S. 196. Allerdings konstatiert dieser, dass in der Rechtsprechung des Gerichtshofs Versuche festzustellen sind, nach der Lehre Kelsens die Nichtigkeitslehre zugunsten der Vernichtbarkeitslehre aufzugeben und der Entscheidung des Gerichts somit konstitutiven Charakter zu verleihen.

1102 *Mendes*, Die abstrakte Normenkontrolle vor dem BVerfG und dem Supremo Tribunal Federal, S. 197.

1103 *Mendes*, Die abstrakte Normenkontrolle vor dem BVerfG und dem Supremo Tribunal Federal, S. 197.

1104 *Mendes*, Die abstrakte Normenkontrolle vor dem BVerfG und dem Supremo Tribunal Federal, S. 195.

In der brasilianischen Verfassungsversammlung wurde in den Jahren 1986 - 1988 diskutiert, ob man den Obersten Gerichtshof ermächtigen solle, bestimmen zu können, wann die für verfassungswidrig erklärte Norm im abstrakten Normenkontrollverfahren ihre Wirksamkeit verliert. Man erwog, das Gericht zur Anordnung einer befristeten Weitergeltung zu ermächtigen, lehnte dies im Ergebnis aber ab.[1105]

Inzwischen hat das Gericht andere Möglichkeiten und kann nach Art. 27 des Gesetzes Nummer 9868 vom 10. November 1999, wenn es die Verfassungswidrigkeit eines Gesetzes deklariert, jedenfalls die Wirkungen dieses Ausspruchs einschränken. Es kann entscheiden, dass dieser erst ab dem Zeitpunkt seiner Rechtskraft oder ab einem davon abweichenden wirksam wird.[1106]

Hinsichtlich der Wirkungen der Entscheidungen gibt es keine dem § 79 BVerfGG entsprechende Regelung. Trotzdem wirkt die Entscheidung auf „Einzelaktsebene" (im Gegensatz zur „Normebene") nicht zurück. Die sog. Präklusionsformeln (*fórmulas de preclusão*)[1107] gewährleisten, dass unanfechtbare Einzelakte bestehen bleiben, auch wenn die Norm, auf der sie beruhen, für verfassungswidrig erklärt worden ist.[1108] Einzige Ausnahme bildet ein rechtskräftiges Strafurteil, weil ein Wiederaufnahmeverfahren nach der Strafprozessordnung jederzeit wieder eingeleitet werden kann. Ein Wiederaufnahmegrund ist auch das Basieren des Urteils auf einem verfassungswidrigen Gesetz.[1109]

Die Darstellung der Rechtslage bezüglich der brasilianischen Verfassungsgerichtsbarkeit zeigt, dass der Supremo Tribunal Federal keinen derart ausführlichen Regelungen unterliegt wie der Österreichische Verfassungsgerichtshof. Vielmehr mussten viele der Tenorierungsvarianten ähnlich wie in Deutschland von Rechtsprechung und Lehre entwickelt werden.

Die Unvereinbarerklärung ist in der Brasilianischen Verfassung zumindest für das gesetzgeberische Unterlassen ausdrücklich geregelt. Aber auch darüber hinaus ist die Unvereinbarerklärung als Tenorierungsvariante gebräuchlich. Dass gleichzeitig an der *ipso iure* Nichtigkeitslehre festgehalten wird, zeigt wiederum, dass diese die

---

1105 *Mendes*, Die abstrakte Normenkontrolle vor dem BVerfG und dem Supremo Tribunal Federal, S. 198.

1106 *Heck*, Die Normenkontrolle im brasilianischen Verfassungsrecht, S. 121.

1107 *Mendes*, Die abstrakte Normenkontrolle vor dem BVerfG und dem Supremo Tribunal Federal, S. 199.

1108 *Mendes*, Die abstrakte Normenkontrolle vor dem BVerfG und dem Supremo Tribunal Federal, S. 199.

1109 *Mendes*, Die abstrakte Normenkontrolle vor dem BVerfG und dem Supremo Tribunal Federal, S. 199.

Möglichkeit der bloßen Verfassungswidrigerklärung nicht ausschließen muss. Auch im Übrigen wurden den deutschen entsprechende Entscheidungsvarianten entwickelt, insbesondere die verschiedenen Arten der Nichtigerklärung, die sich am Umfang der Verfassungswidrigkeit orientieren. Hieraus wird deutlich, dass nicht nur beim Bundesverfassungsgericht ein Bedürfnis für diese Tenorierungsmöglichkeiten besteht.

Interessanterweise wurden aber wie in Deutschland auch in Brasilien nach Beratungen Änderungsvorschläge verworfen, nach denen dem Verfassungsgericht die Möglichkeit eingeräumt werden sollte, den Zeitpunkt des Einsetzens der Wirkung seiner Entscheidungen selbst festzulegen. Auch dort sah man dies als zu weitgehende Kompetenz an.

In Brasilien gibt es keine dem § 79 BVerfGG entsprechende Regelung. Jedoch gilt im Ergebnis das Gleiche wie in Deutschland. Grundsätzlich bleiben unanfechtbare Entscheidungen mit Ausnahme von Strafurteilen von verfassungsgerichtlichen Urteilen unberührt. Dies ergibt sich in Brasilien aus der immer währenden Wiederaufnahmemöglichkeit bezüglich abgeschlossener Strafverfahren. Man verneint für Strafurteile also deren Unanfechtbarkeit.

VI. Die Europäische Union

Auch der Europäische Gerichtshof kennt eine Nichtigerklärung gemäß Art. 231 Abs. 1 EG. Diese hat er auszusprechen, wenn eine Klage gemäß Art. 230 Abs. 1 EG begründet ist. Art. 231 EG gibt dem EuGH für eine andere Urteilsformel grundsätzlich keinen Raum.[1110] Handlungen i.S.d. Vorschrift, über die der EuGH zu befinden hat, sind insbesondere europarechtliche Normen, z.B. Richtlinien und Verordnungen. Somit stellt diese Klage ebenfalls eine Art der Normenkontrolle dar. Zuständig für die Überwachung der Handlungen des Rates, der Kommission und der EZB ist gemäß Art. 230 Abs. 1 EG in erster Linie der EuGH.[1111]

Über die Nichtigkeit hinausgehende Urteilswirkungen darf der Gerichtshof grundsätzlich nicht anordnen.[1112] Die Nichtigerklärung wirkt *erga omnes* und die betroffenen Bestimmungen dürfen von den mitgliedsstaatlichen Stellen und den Ge-

---

1110 *Booß*, in: Grabitz/Hilf, Das Recht der EU, Band II, EGV/EUV, Art. 231, Rn. 1.

1111 Gem. Art. 230 Abs. 1 EG gilt dies nicht für Empfehlungen oder Stellungnahmen. Insofern greift für Entscheidungen im ersten Rechtszug gem. Art. 225 Abs. 1 EG die Zuständigkeit des EuG.

1112 *Cremer*, in: Calliess/Ruffert, EUV/EGV, Art. 231, Rn. 1.

meinschaftsorganen nicht mehr angewandt werden.[1113] Das Urteil hat gestaltende Wirkung.[1114]

Grundsätzlich greift der EuGH mit seinem Nichtigkeitsausspruch den Maßnahmen, die das beklagte Organ nach dem Urteil zu ergreifen hat, auch nicht vor. Vielmehr bleibt es Sache des Organs, die Maßnahmen zu ergreifen, die durch die Nichtigkeit der angefochtenen Handlung notwendig werden. Der EuGH setzt diesbezüglich auch keine genaue Frist, bis wann der Beklagte tätig werden muss, stellt allerdings in den Entscheidungsgründen teilweise fest, dass „die begangene Unregelmäßigkeit" in einer angemessenen Frist behoben werden muss.[1115]

Der EuGH hat seine Zurückhaltung bezüglich der Ausdehnung seiner Kompetenzen bei Urteilen nach Art. 231 Abs. 1 EG darüber hinaus in einer Entscheidung aus dem Jahr 1979[1116] außerdem teilweise aufgegeben. In dieser Entscheidung beschränkte er die Nichtigerklärung zwar in ihrer Wirkung, so dass diese nur *inter partes* gilt, gleichzeitig gab er der Kommission aber auf, die Situation des Klägers neu zu prüfen und zu entscheiden.[1117]

Die Nichtigerklärung wirkt grundsätzlich *ex tunc*.[1118] Für die Nichtigerklärung von Verordnungen räumt Art. 231 Abs. 2 EG dem EuGH aber einen weiteren Entscheidungsspielraum ein.[1119] Der Gerichtshof darf die Wirkungen seiner Entscheidung für die Zukunft und die Vergangenheit beschränken. Diese Regelung soll dazu dienen, den Konflikt zwischen der Rechtssicherheit und der Rechtmäßigkeit hoheitlichen Handelns aufzulösen.[1120] Sie wird analog auch für die Nichtigerklärung von Richtlinien angewandt.[1121]

1113 *Borchardt*, in: Lenz, EGV, Komm., Art. 231, Rn. 3; *Cremer*, in: Calliess/Ruffert, EUV/EGV, Art. 231, Rn. 2; *Booß*, in: Grabitz/Hilf, Das Recht der EU, Band II, EGV/EUV, Art. 231, Rn. 4; *Geiger*, EUV/EGV, Komm., Art. 233, Rn. 2.

1114 *Geiger*, EUV/EGV, Komm., Art. 233, Rn. 1; *Booß*, in: Grabitz/Hilf, Das Recht der EU, Band II, EGV/EUV, Art. 231, Rn. 1; *Borchardt*, in: Lenz, EGV, Komm., Art. 231, Rn. 2.

1115 *Booß*, in: Grabitz/Hilf, Das Recht der EU, Band II, EGV/EUV, Art. 231, Rn. 2.

1116 Rs. 92/78, Simmenthal, Slg. 1979, 777 [811].

1117 *Booß*, in: Grabitz/Hilf, Das Recht der EU, Band II, EGV/EUV, Art. 231, Rn. 3.

1118 *Geiger*, EUV/EGV, Komm., Art. 233, Rn. 3; *Booß*, in: Grabitz/Hilf, Das Recht der EU, Band II, EGV/EUV, Art. 231, Rn. 6.

1119 Art. 231 Abs. 2 EG: „Erklärt der Gerichtshof eine Verordnung für nichtig, so bezeichnet er, falls er dies für notwendig hält, diejenigen ihrer Wirkungen, die als fortgeltend zu betrachten sind."

1120 *Cremer*, in: Calliess/Ruffert, EUV/EGV, Art. 231, Rn. 3.

1121 *Booß*, in: Grabitz/Hilf, Das Recht der EU, Band II, EGV/EUV, Art. 231, Rn. 5; *Cremer*, in: Calliess/Ruffert, EUV/EGV, Art. 231, Rn. 6.

Es lässt sich feststellen, dass von dieser Kompetenz dann Gebrauch gemacht wird, wenn ein chaotischer Rechtszustand droht oder Ungerechtigkeiten vermieden werden müssen, aber auch zur Schonung mitgliedstaatlicher oder gemeinschaftlicher Ressourcen.[1122] Eine Weitergeltungsanordnung erfolgte meist aus Gründen der Rechtssicherheit.[1123] Der EuGH hat auch schon die gesamten Wirkungen eines für nichtig erklärten Rechtsaktes aufrecht erhalten.[1124] Das Urteil wirkte dann nur für die Zukunft.

Der EuGH kennt darüber hinaus auch die Teilnichtigerklärung, und zwar in den Fällen, in denen die „Handlung" aus mehreren, voneinander trennbaren Teilen besteht und nur einer der Teile nichtig ist. Eine Gesamtnichtigerklärung kommt nur dann in Frage, wenn die rechtswidrigen Teile vom rechtmäßigen Rest nicht abtrennbar sind, da die Restregelung sonst keine sinnvollen Rechtswirkungen mehr hervorbrächte bzw. in ihrem Kern verändert würde.[1125]

Im Ergebnis ist also festzustellen, dass der EuGH grundsätzlich auf die Nichtigerklärung festgelegt ist, sollte er einen Rechtsakt für rechtswidrig befinden. Die Entscheidungswirkungen wurden aber offensichtlich teilweise für unpassend befunden. Das Gericht kann die Wirkungen der Nichtigerklärung von Verordnungen deshalb laut Art. 231 Abs. 2 EG beschränken. Auf diese Rechtsgrundlage stützt der EuGH auch seine Weitergeltungsanordnungen bis zu einer etwaigen Neuregelungen durch das zuständige Organ. Von der Nichtigerklärung als solcher weicht er grundsätzlich nur dem Umfang nach ab.

VII. Ergebnis

Als Ergebnis des rechtsvergleichenden Teiles lässt sich folgendes festhalten. Die *ipso iure* Nichtigkeit verfassungswidriger Gesetze wird zwar auch in anderen Ländern immer noch vertreten, jedoch geht man in Österreich seit jeher von der Vernichtbarkeit verfassungswidriger Normen aus. Die Theorie der *ipso iure* Nichtigkeit entspricht zwar der deutschen Verfassungstradition, ist als solche aber nicht zwingend.

Auch wenn man im Grundsatz von dieser Theorie ausgeht, wird beispielsweise in Brasilien eine Unvereinbarerklärung für möglich gehalten. Die Theorie wird folg-

---

1122 *Cremer*, in: Calliess/Ruffert, EUV/EGV, Art. 231, Rn. 4.

1123 *Cremer*, in: Calliess/Ruffert, EUV/EGV, Art. 231, Rn. 5; *Booß*, in: Grabitz/Hilf, Das Recht der EU, Band II, EGV/EUV, Art. 231, Rn. 11.

1124 EuGH Rs. C 360/93, Parlament/Rat, Slg. 1996, I-1195, Rz. 34ff.

1125 *Booß*, in: Grabitz/Hilf, Das Recht der EU, Band II, EGV/EUV, Art. 231, Rn. 8; *Geiger*, EUV/EGV, Komm., Art. 233, Rn. 4.

lich nicht notwendigerweise in Widerspruch zu der genannten Tenorierungsvariante gesetzt.

Auch die sonstigen, vom Bundesverfassungsgericht entwickelten Tenorierungsvarianten werden auch in anderen Ländern angewandt. Dies legt den Schluss nahe, dass für deren Existenz eine praktische Notwendigkeit über die Grenzen der deutschen Verfassungsgerichtsbarkeit hinaus besteht.

Der Vergleich mit etwaigen Landesverfassungsgerichten ist hingegen wenig hilfreich, da diese sich, was am Beispiel des Niedersächsischen Staatsgerichtshofs deutlich wurde, an der Rechtsprechung und Tenorierung des Bundesverfassungsgerichts orientieren. Der Niedersächsische Staatsgerichtshof übernahm teilweise die vom Bundesverfassungsgericht entwickelten Tenorierungsvarianten, auch wenn diese dem Niedersächsischen Landesrecht nicht entsprachen. Dass die alternativen Tenorierungsvarianten auch in anderen Ländern für notwendig erachtet und angewandt werden, stellt jedenfalls insgesamt ein Indiz dafür dar, dass deren Existenz und Entwicklung durch das Bundesverfassungsgericht nicht ganz abwegig sein kann.

Dritter Teil
Neuere Entwicklungen der Entscheidungspraxis des Bundesverfassungsgerichts

Im Folgenden werden anhand von zwei Entscheidungen aktuelle Entwicklungen in der Rechtsprechungspraxis des Bundesverfassungsgerichts dargestellt. An diesen Beispielen wird deutlich, dass das Gericht nach wie vor geneigt ist, von den Regelungen des BVerfGG auch in anderer als der bisher dargestellten Art und Weise abzuweichen oder dessen Bestimmungen sehr weit auszulegen, wenn es dies für notwendig erachtet.

In den darzustellenden Fällen sind allerdings nicht die Tenorierungsvorschriften betroffen. Vielmehr liegen die Abweichungen von den Vorschriften des BVerfGG darin, dass das Gericht zum einen ein Urteil ausspricht, obwohl der verfahrenseinleitende Antrag wieder zurückgenommen worden ist, zum anderen auf eine einvernehmliche Einigung der Parteien drängt. Damit könnte es seine gesetzlichen Befugnisse überschreiten. Im Hinblick auf den Grundsatz des *judicial self-restraint* erscheinen solche Tendenzen bedenklich.

I. Die Entscheidung des Gerichts trotz Rücknahme des Antrags

Zunächst werden die Fälle dargestellt, in denen das Gericht entscheidet, obwohl der Klageantrag zurück genommen worden ist. So kam es vor, dass sich in einem Verfahren schon nach der mündlichen Verhandlung abzeichnete, wie das Gericht entscheiden würde. Deshalb nahm der Antragsteller seinen Antrag vor Urteilsverkündung zurück, um sein Scheitern nicht durch die Entscheidung des Gerichts offenbar werden zu lassen. Will das Gericht das Verfahren nun trotz der Rücknahme des Antrages durch einen Urteilsausspruch beenden, stellt sich das Problem, ob dies zulässig sein kann.

Diese Frage wurde im Jahre 1998 in Verfassungsbeschwerdeverfahren relevant, mit denen sich die Antragsteller gegen die Rechtschreibreform[1126] wandten. Angegriffen wurden Beschlüsse des OVG Schleswig-Holstein[1127] und des Schleswig-Holsteinischen VG[1128].[1129] Die Antragstellung erfolgte durch die Eltern zweier schulpflichtiger Kinder,[1130] welche vor den Verwaltungsgerichten mit einer einst-

1126 BVerfGE 98, 218.
1127 Beschluss vom 13. August 1997, Aktenzeichen 3 M 17/97.
1128 Beschluss vom 12. März 1997, Aktenzeichen 3 B 13/97 (92).
1129 *Lang*, DÖV 1999, S. 624 [625].
1130 BVerfGE 98, 218 [219, 231].

weiligen Anordnung gegen die Unterrichtung ihrer Kinder nach den neuen Regeln der Rechtschreibung erfolglos geblieben waren und für welche die Entscheidung über die Klage in der Hauptsache noch ausstand.[1131]

Ausgangspunkt für die Verfahren war, dass die Kultusministerkonferenz am 1. Dezember 1995 die Einführung der neuen Regelungen über die Rechtschreibung beschlossen hatte.[1132] Diese wurden für die Unterrichtung an den Schulen verbindlich, obwohl die neuen Rechtschreibregeln in der Öffentlichkeit breite Kritik erfuhren.[1133] Im Dezember 1997 beschlossen die großen deutschen Nachrichtenagenturen, die neuen Rechtschreibregeln nicht zu berücksichtigen.[1134]

Am 12. Mai 1998 kam es in den Verfassungsbeschwerdeverfahren zur mündlichen Verhandlung vor dem Bundesverfassungsgericht. Jedoch nahmen die Beschwerdeführer am 6. Juli 1998 ihre Verfassungsbeschwerde zurück.[1135] Dies geschah ca. eine Woche vor der geplanten Urteilsverkündung, nachdem bekannt geworden war, dass sich das Verfassungsgericht im Ergebnis gegen den Antrag der Beschwerdeführer entscheiden und somit die Verfassungsbeschwerden keinen Erfolg haben würden.[1136] Trotz der Antragsrücknahme beendete das Gericht die Verfahren durch Urteil[1137] vom 14. Juli 1998 und stellte fest, dass die verfahrenseinleitenden Anträge zwar zurückgenommen worden seien, diese Prozesshandlung unter den gegeben Umständen aber unwirksam sei.[1138] Im Ergebnis wies es sodann die Verfassungsbeschwerden als unbegründet zurück.[1139]

Bei einem derartigen Handeln des Gerichts stellen sich zwei Probleme: Zum einen steht die Entscheidungsbefugnis des Bundesverfassungsgerichts nach wirksamer Antragsrücknahme in Frage, zum anderen ist zu analysieren, unter welchen Gesichtspunkten eine Antragsrücknahme überhaupt wirksam ist.

1131 BVerfGE 98, 218 [232f.].

1132 BVerfGE 98, 218 [223].

1133 BVerfGE 98, 218 [229].

1134 BVerfGE 98, 218 [229].

1135 BVerfGE 98, 218 [242].

1136 *Benda*, in: Benda/Klein, Lehrbuch, S. 123, Fn. 16; *Wißmann*, DÖV 1999, S. 152 [153]; *Bauer/Möllers*, JZ 1999, S. 697 [697]; *Lang*, DÖV 1999, S. 624 [625]; *Wagner*, NJW 1998, S. 2638 [2638]; *Gelinsky*, DRiZ 1999, S. 46 [46]; *Grupp*, JA 1999, S. 633 [633].

1137 BVerfGE 98, 218.

1138 BVerfGE 98, 218 [242]; *Wißmann*, DÖV 1999, S. 152 [153]; *Kleine-Cosack*, Verfassungs- und Menschenrechtsbeschwerden, Rn. 31.

1139 *Lang*, DÖV 1999, S. 624 [625].

A. Die Entscheidung des Bundesverfassungsgerichts trotz wirksamer Antragsrücknahme

§ 23 BVerfGG legt fest, dass das Bundesverfassungsgericht grundsätzlich antragsgebunden ist. Es hat keine Befugnis zur Einleitung von Verfahren *ex officio*. Insofern gilt die Dispositionsmaxime unstreitig auch für das verfassungsgerichtliche Verfahren.[1140] Ihre Reichweite ist aber umstritten.[1141] Die wirksame Rücknahme eines verfahrenseinleitenden Antrags ist so zu behandeln, als wäre ein solcher nie gestellt worden.[1142] Da das Verfahren schon im Gange ist, ist es vom Bundesverfassungsgericht einzustellen. Dies geschieht durch Beschluss.[1143] Es existiert also keine Möglichkeit, nach *wirksamer* Antragsrücknahme noch eine Entscheidung zu treffen. Es kommt folglich entscheidend darauf an, unter welchen Voraussetzungen ein Antrag beim Bundesverfassungsgericht wirksam zurückgenommen werden kann und wann nicht.

B. Die Zulässigkeit der Antragsrücknahme durch den Antragsteller

In anderen Prozessordnungen[1144] sind die Voraussetzungen für eine wirksame Klagerücknahme meist für alle Verfahrensarten gemeinsam geregelt. Im Bundesverfassungsgerichtsgesetz findet sich eine gesetzliche Regelung dagegen nur in den §§ 52 Abs. 3, 58 Abs. 1, und zwar beschränkt auf die Verfahren der Richter- und Präsidentenanklage.[1145] Für andere Verfahrensarten fehlt es an einer ausdrücklichen Regelung.[1146]

1. Ansichten zur Zulässigkeit einer Antragsrücknahme

Zwar wird hieraus teilweise gefolgert, dass die §§ 52 Abs. 3, 58 Abs. 1 BVerfGG als Spezialvorschriften grundsätzlich nicht ohne Weiteres verallgemeinert werden können. Hier sind sie dennoch heranzuziehen, um allgemeine Grundsätze bezüg-

---

1140 *Klein*, in: Benda/Klein, Lehrbuch, Rn.. 282; *Schlaich/Korioth*, Das BVerfG, Rn. 58; *Wißmann*, DÖV 1999, S. 152 [155].

1141 *Ipsen*, NJW 2002, S. 866 [867].

1142 AK-GG-*Rinken*, 3. Auflage, Art. 94, Rn. 37; a.A.: *Lang*, DÖV 1999, S. 624 [626]: Dieser differenziert nicht zwischen wirksamer und unwirksamer Antragsrücknahme, sondern geht von der Wirksamkeit jeder Antragsrücknahme aus und fragt dann, wann das BVerfG diese unberücksichtigt lassen darf. Im Ergebnis führt das zu einer ähnlichen Diskussion auf einer etwas anderen Ebene.

1143 *Klein*, in: Benda/Klein, Lehrbuch, Rn. 291.

1144 Z.B.: § 269 Abs. 1 ZPO; § 102 Satz 3 SGG; § 72 Abs. 1 Satz 2 FGO; §§ 92, 126 VwGO.

1145 *Hensgen*, Verfassungsgerichtshof von Rheinland-Pfalz, S. 50, Fn. 32.; *Leibholz/Rupprecht*, BVerfGG, Komm., Vor § 17, Rn 3c.

1146 *Lang*, DÖV 1999, S. 624 [625].

lich der Antragsrücknahme in anderen Verfahren herzuleiten. Aus ihnen soll sich ergeben, dass eine Rücknahme grundsätzlich auch in den anderen Verfahrenarten des BVerfGG zulässig sein müsse.[1147] Darüber hinaus wird dem Gesetz an dieser Stelle entnommen, dass die Wirksamkeit einer Antragsrücknahme immer vom Zeitpunkt abhängig sei. *Nach* einer Entscheidung durch das Bundesverfassungsgericht sei diese jedenfalls immer unzulässig.[1148]

Gegen die Existenz der Möglichkeit einer Antragsrücknahme über die Verfahren der Präsidenten- und Richteranklage hinaus spricht allerdings, dass das Gesetz diese Möglichkeit gerade nur beschränkt auf die genannten Verfahren normiert. Die Regelungslücke für die anderen Verfahren könnte vom Gesetzgeber gewollt sein. Eine bewusst gesetzte Lücke darf nicht durch eine Analogie geschlossen werden.[1149]

2. Die Geltung der Dispositions- bzw. Offizialmaxime in den verfassungsgerichtlichen Verfahren

Zur Lösung dieser Frage spielt die genaue Reichweite der Geltung der Dispositions- und/oder Offizialmaxime in den verfassungsgerichtlichen Verfahren eine entscheidende Rolle.[1150] Diese ist für die verschiedenen Verfahrensstadien und die diversen Verfahrensarten[1151] gesondert zu betrachten.

Bei Ingangsetzung des Verfahrens und bei der Bestimmung des Verfahrensgegenstandes ist die Dispositionsmaxime zumindest in den meisten Verfahren anwendbar. Für die Verfahrensbeendigung ist dies schwieriger zu beurteilen.[1152] Die Tatsache, dass der Gesetzgeber die genannte Lücke gelassen hat, muss noch nicht zwingend zu der Annahme führen, eine solche Prozesshandlung[1153] solle für die restlichen Verfahren ausgeschlossen sein.[1154] Konkrete Anhaltspunkte dafür, dass die Lücke vom Gesetzgeber gewollt ist, sind nicht ersichtlich.

1147 *Klein*, in Maunz/Schmidt-Bleibtreu/Klein u.a., BVerfGG (alte Fassung Stand 2000), Vor § 17, Rn. 8.

1148 *Klein*, in Maunz/Schmidt-Bleibtreu/Klein u.a., BVerfGG (alte Fassung Stand 2000), Vor § 17, Rn. 8.

1149 So bezogen auf eine Erweiterung der Möglichkeit zur Antragsrücknahme auf das Parteiverbotsverfahren beispielsweise *Ipsen*, NJW 2002, S. 866 [867].

1150 *Ipsen*, NJW 2002, S. 866 [867].

1151 *Ipsen*, NJW 2002, S. 866 [867].

1152 *Klein*, in: Benda/Klein, Lehrbuch, Rn. 281ff.

1153 Qualifizierung der Antragsrücknahme als Prozesshandlung: *Hund*, FS für Faller, S. 63 [65].

1154 *Klein*, in: Benda/Klein, Lehrbuch, Rn. 284.

Man kann wie folgt argumentieren: Das Anklageverfahren, für das die Antragsrücknahme als Ausfluss der Dispositionsmaxime ausdrücklich zugelassen ist, ist mit den Verfahren der Strafprozessordnung verwandt. In der Strafprozessordnung gilt das Offizialprinzip,[1155] so dass diesem wegen der Ähnlichkeit zum Strafprozess auch im Anklageverfahren überwiegende Geltung zukommen wird. Ist die Antragsrücknahme als Ausfluss der Dispositionsmaxime im Anklageverfahren dennoch ausdrücklich zulässig, kommt man in einem Erst-Recht-Schluss zu dem Ergebnis, dass die Dispositionsmaxime in den anderen Verfahren, die die Ähnlichkeit zum Strafverfahren, das vom Offizialprinzip dominiert wird, nicht aufweisen, noch weitgehender gelten muss. Eine Antragsrücknahme als Ausfluss der Dispositionsmaxime muss in der Konsequenz für die übrigen im BVerfGG geregelten Verfahrensarten, die überwiegend dem von der Dispositionsmaxime geprägten Zivil- oder Verwaltungsprozessrecht ähnlich sind, erst recht zur Verfügung stehen.[1156] Im Folgenden wird genauer nach Verfahren zu differenzieren sein.[1157]

Es sind die für diese Arbeit wichtigsten und insgesamt gängigsten Verfahrensarten heranzuziehen. Das sind der Organstreit, die Normenkontrollverfahren und besonders die Verfassungsbeschwerde, die auch bei dem als Beispiel herangezogenen Urteil zur Rechtschreibreform[1158] anhängig war.

1155 Allerdings ist hier zu bemerken, dass auch das Parteiverbotsverfahren nach Art. 21 Abs. 2 GG ein dem Strafprozess nahestehendes Verfahren ist, jedoch für dieses die Möglichkeit einer wirksamen Antragsrücknahme verneint wird, so am Beispiel des NPD-Verbotsverfahrens: *Ipsen*, NJW 2002, S. 866 [867]. Dieser begründet dies zum einen mit der im Strafprozess überwiegend geltenden Offizialmaxime und zum anderen mit dem § 156 StPO, den er für analog anwendbar hält und demzufolge die öffentliche Klage im Strafverfahren nach Eröffnung des Hauptverfahrens durch den Eröffnungsbeschluss gemäß § 199 StPO nicht zurückgenommen werden kann. Nun gibt es im Parteiverbotsverfahren ebenfalls eine Art Eröffnungsbeschluss, und zwar gemäß § 45 BVerfGG. Allerdings ist das Parteiverbotsverfahren eine dem Strafverfahren nahestehende Prozessart. Deswegen sind die hier zu diskutierenden Verfahren mit diesem nicht ohne weiteres vergleichbar.

1156 *Klein*, in: Benda/Klein, Lehrbuch, Rn. 284.

1157 *Klein*, in: Maunz/Schmidt-Bleibtreu/Klein u.a., BVerfGG (alte Fassung Stand 2000), Vor. § 17, Rn. 8.

1158 BVerfGE 98, 218.

3. Die einzelnen Verfahren

a. Das Organstreitverfahren

Das Bundesverfassungsgericht hat in einem Organstreit schon einmal trotz vorheriger Rücknahme des Antrags durch den Antragsteller entschieden.[1159] Es standen sich die Bayerische Staatspartei (BSP) als Antragstellerin und der Deutsche Bundestag sowie der Bundesrat als Antragsgegner gegenüber. Mit Schreiben vom 22. November hatte die Bayerische Staatspartei ihren Antrag nach Abschluss der mündlichen Verhandlung zurückgenommen.[1160] Diese Rücknahme des Antrags erklärte das Bundesverfassungsgericht am 26. November 1968 für unzulässig, da der Antrag im Organstreit „nach der mündlichen Verhandlung nur mit Zustimmung des Gerichts zurückgenommen werden"[1161] könne. Diese Zustimmung hatte das Bundesverfassungsgericht im konkreten Fall wegen entgegenstehender öffentlicher Interessen versagt.[1162]

Hierzu wird vertreten, dass für das kontradiktorische Organstreitverfahren die Zulässigkeit einer Antragsrücknahme ohne Einschränkung zu bejahen sei.[1163] Das Organstreitverfahren habe gewissermaßen einen subjektiven Charakter. Dies ergebe sich daraus, dass Rechte und Pflichten von Verfassungsorganen geltend gemacht werden.[1164]

Demgegenüber wird das Organstreitverfahren auch als überwiegend objektives Verfahren anerkannt.[1165] Es stehen nicht etwa subjektive Rechte der beteiligten Personen zur Klärung, sondern vielmehr deren Kompetenzen als Organe. Die Wahrnehmung dieser Kompetenzen liegt nicht in deren Belieben.[1166] Daraus wird gefolgert, dass eine Antragsrücknahme nicht ohne Einschränkung zulässig sein kann. Nach der Durchführung einer mündlichen Verhandlung könne ein Antrag beispielsweise nur zurückgenommen werden, wenn öffentliche Interessen der

---

1159 BVerfGE 24, 299 [300]: Man stritt über „die Frage, ob der Deutsche Bundestag und der Bundesrat durch den Erlaß der §§ 20, 21 Abs. 1 und 22 des Gesetzes über die politischen Parteien (Parteiengesetz) vom 24. Juli 1967 [BGBl. I S. 773] gegen Art. 21 Abs. 1 des Grundgesetzes verstoßen haben" (BVerfGE 24, 299 [299]).

1160 BVerfGE 24, 299 [299f.].

1161 BVerfGE 24, 299 [300].

1162 BVerfGE 24, 299 [300].

1163 *Schlaich/Korioth*, Das BVerfG, Rn. 58. Mit Einschränkung: *Klein*, in: Benda/Klein, Lehrbuch, Rn. 288; AK-GG-*Rinken*, 3. Auflage, § 94, Rn. 38.

1164 *Lang*, DÖV 1999, S. 624 [633].

1165 *Wagner*, NJW 1998, S. 2638 [2638].

1166 *Lang*, DÖV 1999, S. 624 [633].

Rücknahme des Antrags nicht entgegenstehen.[1167] Diese Einschränkung wegen der allgemeinen Bedeutung des Verfahrens ist im Hinblick auf den „primär objektiven Verfahrenszweck"[1168] des Organstreitverfahrens geeignet, zu gewährleisten, dass die streitigen Kompetenzgrenzen klar festgelegt werden.[1169]

Auf den Zeitpunkt nach der mündlichen Verhandlung kann es hier andererseits – anders als das Bundesverfassungsgericht dies annimmt[1170] – nicht ankommen. Ist eine solche beendet oder wird die Antragsrücknahme während ihrer Durchführung begehrt, treten allerdings verfahrensökonomische Gründe hinzu, die dafür sprechen, das Verfahren mit einer Sachentscheidung zu beenden. Nach durchgeführter mündlicher Verhandlung muss sich zum Schutz des Antragsgegners außerdem zwingend ergeben, dass der Antrag nur mit dessen Einverständnis zurückgenommen werden kann. Dessen Dispositionsmöglichkeiten sind sonst beschnitten. Das Erfordernis der Zustimmung des Antragsgegners bei Antragsrücknahme während oder nach der mündlichen Verhandlung kann als allgemeiner Grundsatz auch den §§ 52, 58 BVerfGG entnommen werden.

Für das Verfahren des Organstreites ist also – wie es das Bundesverfassungsgericht 1968 getan hat[1171] – festzustellen, dass eine Antragsrücknahme zulässig sein muss, diese aber unwirksam ist, wenn öffentliche Interessen entgegenstehen.[1172] Im Falle einer bereits durchgeführten mündlichen Verhandlung kann sich die Unzulässigkeit darüber hinaus aus der fehlenden Zustimmung des Antragsgegners ergeben.

b. Die Normenkontrollverfahren

Für die Normenkontrollverfahren könnte dies anders zu beurteilen sein. Schon 1952 stellte das Bundesverfassungsgericht in einer im ersten Band der amtlichen Sammlung veröffentlichten Entscheidung fest, dass dieses Verfahren[1173] nach sei-

---

1167 *Lang*, DÖV 1999, S. 624 [633]. Gänzlich gegen die Antragsrücknahme in diesem Verfahren: *Wagner*, NJW 1998, S. 2638 [2638].

1168 *Klein*, in: Benda/Klein, Lehrbuch, Rn. 288.

1169 Anders: *Wagner*, NJW 1998, S. 2638 [2638]. Dieser sieht das Bundesverfassungsgericht nach Antragstellung als alleinigen „Herrn des Verfahrens". Dies hat vermutlich die Konsequenz, dass die Möglichkeit der Antragsrücknahme bei einem begonnenen Verfahren gänzlich ausgeschlossen ist.

1170 BVerfGE 24, 299 [300].

1171 BVerfGE 24, 299 [300].

1172 So auch: *Klein*, in: Maunz/Schmidt-Bleibtreu/Klein u.a., BVerfGG (alte Fassung Stand 2000), Vor. § 17, Rn. 8.

1173 In diesem konkreten Fall handelte es sich um eine abstrakte Normenkontrolle (BVerfGE 1, 396 [398]).

ner Ingangsetzung der Disposition des Antragstellers entzogen sei.[1174] Dennoch hielt es eine Antragsrücknahme nur in bestimmten Fällen für unwirksam, nämlich wenn zwingende Gründe einer derartigen Beendigung des Verfahrens entgegen stünden. Als solcher könne das öffentliche Interesse an der Beendigung des Verfahrens durch Entscheidung des Bundesverfassungsgerichts in Betracht kommen.[1175] Diese Rechtsprechung bestätigte das Gericht in darauf folgenden Entscheidungen.[1176]

aa. Die abstrakte Normenkontrolle

Bzgl. des Verfahrens der abstrakten Normenkontrolle wird in der Literatur festgestellt, dieses habe einen ganz eindeutig objektiven Zweck, nämlich die Entscheidung über die Verfassungsmäßigkeit eines Gesetzes unabhängig von einem aktuellen Fall.[1177] Dies spricht gegen die Existenz der Möglichkeit einer Antragsrücknahme ohne ausdrückliche Regelung im BVerfGG. Denn die Dispositionsmaxime gilt vor allem in Verfahren mit überwiegend subjektivem Zweck.

Dennoch geht man grundsätzlich von der Möglichkeit einer wirksamen Antragsrücknahme aus. Einschränkend wird aber auch hier angenommen, dass eine Antragsrücknahme jedenfalls dann nicht wirksam sein kann, wenn das Gericht öffentliche Interessen an der Fortsetzung des Verfahrens bejaht.[1178] Dies ergibt sich schon aus der nur sehr beschränkten Geltung der Dispositionsmaxime im genannten Verfahren, da in diesem nicht unmittelbar über individuelle Rechte eines konkreten Einzelnen entschieden wird, ein subjektiver Charakter also fehlt. Es handelt sich auch nicht um ein kontradiktorisches Verfahren. Auf das Einverständnis eines etwaigen Antragsgegners kann es also nicht ankommen.[1179] Insofern können die öffentlichen Interessen auch weiter gefasst werden und Beachtung finden als wenn etwa die Dispositionsfreiheit des Antragstellers zu beachten wäre.

1174 BVerfGE 1, 396 [414].
1175 BVerfGE 1, 396 [414f.].
1176 BVerfGE 8, 183 [184]; BVerfGE 25, 308 [309].
1177 *Klein*, in: Benda/Klein, Lehrbuch, Rn. 289f; *Wagner*, NJW 1998, S. 2638 [2638]; *Lang*, DÖV 1999, S. 624 [632].
1178 *Lang*, DÖV 1999, S. 624 [632]; *Wagner*, NJW 1998, S. 2638 [2638]. Auch BVerfGE 1, 396 [414f.]: Eine Weiterführung des Verfahrens wird hier trotz Antragsrücknahme bei Vorliegen des öffentlichen Interesses bejaht, weil das Verfahren „in seinem weiteren Verlauf der Verfügung des Antragstellers entzogen" ist, „so daß für die Gestaltung und Durchführung des Verfahrens nicht die Anträge und Anregungen des Antragstellers, sondern ausschließlich Gesichtspunkte des öffentlichen Interesses maßgeblich sind.". Diese Rspr. wurde auch nachträglich immer wieder bestätigt: BVerfGE 8, 183 [184]; BVerfGE 25, 308 [309].
1179 *Leibholz/Rupprecht*, BVerfGG, Komm., Vor § 17, Rn. 3c.

An die Unwirksamkeit der Antragsrücknahme werden dennoch hohe Anforderungen gestellt. Der schlichte Hinweis auf die objektive Verfahrensfunktion und das Heranziehen öffentlicher Interessen solle nicht ohne Weiteres ausreichen, um die Unzulässigkeit der Antragsrücknahme für jeden Fall zu begründen. Der Antragstellerkreis ist auf Personen bzw. Organe eingeschränkt, die kraft Amtes besondere Kenntnisse und Kompetenzen besitzen, durch die sie ihrerseits zur Einhaltung der Verfassung und zur Wahrung öffentlicher Interessen beitragen. Will das Bundesverfassungsgericht die Unwirksamkeit einer Antragsrücknahme durch einen solchen Antragsteller nun auf die Notwendigkeit der Wahrung bestimmter öffentlicher Interessen stützen, die einer Antragsrücknahme entgegenstehen sollen, muss es diese besonders ausführlich benennen und begründen.[1180]

Andererseits kann man dem Bundesverfassungsgericht wegen seiner Kontrollfunktion[1181] auch gegenüber den anderen Verfassungsorganen die Kompetenz nicht ganz absprechen, zu beurteilen, ob deren Antragsrücknahme zulässig ist oder entgegenstehende öffentliche Interessen zur Unwirksamkeit dieser Prozesshandlung führen. Im Ergebnis ist die Antragsrücknahme im Verfahren der abstrakten Normenkontrolle also dann zulässig, wenn öffentliche Interessen durch sie nicht beeinträchtigt werden.[1182]

bb. Die konkrete Normenkontrolle

Auch bei der konkreten Normenkontrolle handelt es sich um kein kontradiktorisches Verfahren, so dass es für die Zulässigkeit der Antragsrücknahme auf eine etwaige Zustimmung eines Antragsgegners ebenfalls nicht ankommen kann.

Der Unterschied dieses Verfahrens zur abstrakten Normenkontrolle liegt darin, dass als Antragsteller nur ein Gericht in Betracht kommt, für dessen Entscheidung es auf die Verfassungsmäßigkeit eines bestimmten Gesetzes ankommt. Das Gericht darf den Antrag nur stellen, wenn es die vorgelegte Norm für verfassungswidrig hält, Art. 100 Abs. 1 GG.

Die Beteiligten des Ausgangsverfahrens haben auf das Normenkontrollverfahren keine unmittelbare Einwirkungsmöglichkeit. Vielmehr haben sie nach § 82 Abs. 3 BVerfGG nur ein Äußerungsrecht. Mittelbar können sie aber auf das Verfahren

---

1180 *Klein*, in: Benda/Klein, Lehrbuch, Rn. 289; *Lang*, DÖV 1999, S. 624 [627].

1181 *Schlaich/Korioth*, Das BVerfGG, Rn. 4ff.

1182 So auch: *Klein*, in: Maunz/Schmidt-Bleibtreu/Klein u.a., BVerfGG (alte Fassung Stand 2000), Vor. § 17, Rn. 8; a.A.: *Wagner*, NJW 1998, S. 2638 [2638].

vor dem Bundesverfassungsgericht einwirken, indem sie das Ausgangsverfahren, während die Normenkontrolle anhängig ist, für erledigt erklären.[1183]

Verliert der antragstellende Richter seine Überzeugung von der Verfassungswidrigkeit der vorgelegten Norm, so wird vertreten, dass sein Antrag dann unzulässig wird, und es reiner Formalismus wäre, darauf zu warten, bis dieser vom Gericht abgewiesen wird.[1184] Auch wenn sich das Ausgangsverfahren erledigte oder sonst eine Sachentscheidungsvoraussetzung entfiele, könnte das vorlegende Gericht nach dieser Ansicht seinen Antrag zurücknehmen, ohne darauf zu warten, dass das Bundesverfassungsgericht ihn für unzulässig erklärt.[1185] In der Konsequenz ist der vorlegende Richter durch eine Erledigterklärung der Beteiligten im Ausgangsverfahren dann zu einer wirksamen Antragsrücknahme berechtigt. Ein öffentliches Interesse soll diese Befugnis zur Antragsrücknahme nicht einschränken können.[1186]

Eine andere Ansicht stellt auf den objektiv-rechtlichen Charakter ab, der auch diesem Verfahren innewohnt.[1187] Er kommt beispielsweise darin zum Ausdruck, dass auch die Entscheidung im konkreten Normenkontrollverfahren gemäß § 31 Abs. 2 Satz 1 BVerfGG in Gesetzeskraft erwächst. Die Entscheidung wirkt also nicht nur für den Beteiligtenkreis im Ausgangsverfahren, sondern entfaltet ihre Bindungswirkung über diesen hinaus.[1188] Dieser objektive Zweck könnte es erfordern, dass das konkrete Normenkontrollverfahren durch eine Sachentscheidung beendet wird, auch wenn das Ausgangsverfahren für erledigt erklärt worden ist oder der Richter seine Überzeugung von der Verfassungswidrigkeit der vorgelegten Vorschrift aufgegeben hat. Auch prozessökonomische[1189] Gründe sprechen für die Durchführung des Verfahrens, wenn es bereits eingeleitet ist und ein Interesse der Allgemeinheit an der Entscheidung des Gerichts besteht. Zumindest für den Fall, dass lediglich die Entscheidungserheblichkeit im Ausgangsverfahren entfällt, wird die Unwirksamkeit einer darauf folgenden Antragsrücknahme von den Vertretern dieser Ansicht bejaht.[1190]

1183 *Lang*, DÖV 1999, S. 624 [632].

1184 *Klein*, in: Benda/Klein, Lehrbuch, Rn. 289.

1185 *Klein*, in: Maunz/Schmidt-Bleibtreu/Klein u.a., BVerfGG (alte Fassung Stand 2000), Vor § 17, Rn. 8; *Klein*, in: Benda/Klein, Lehrbuch, Rn. 290.

1186 *Klein*, in: Maunz/Schmidt-Bleibtreu/Klein u.a., BVerfGG (alte Fassung Stand 2000), Vor § 17, Rn. 8; *Klein*, in: Benda/Klein, Lehrbuch, Rn. 290.

1187 *Lang*, DÖV 1999, S. 624 [632f.].

1188 *Lang*, DÖV 1999, S. 624 [632f.].

1189 Ähnlich argumentiert bzgl. der Verfassungsbeschwerde auch: *Cornils*, NJW 1998, S. 3624 [3626].

1190 *Lang*, DÖV 1999, S. 624 [633].

Im Ergebnis ist letzterer Ansicht zuzustimmen, da die konkrete Normenkontrolle zwar auch dem individuellen Rechtsschutz dient, jedoch in erster Linie als objektiv-rechtliches Normenkontrollverfahren einzuordnen ist. Sie unterscheidet sich von der abstrakten Normenkontrolle vor allem dahingehend, dass ihr Anlass die Überzeugung eines Richters von der Verfassungswidrigkeit eines Gesetzes ist, die anlässlich eines konkreten Gerichtsverfahrens entstanden ist, für das dieser Norm Entscheidungserheblichkeit zukommt. Eine abstrakte Normenkontrolle wird dagegen angestrebt, ohne dass es einen derart konkreten Anlass für verfassungsrechtliche Bedenken gäbe. Es existiert kein echter „Anlassfall“.

Dieser Unterschied wiegt deshalb nicht schwer, weil die Beteiligten des anlassgebenden Ausgangsverfahrens keine unmittelbaren Einwirkungsmöglichkeiten auf das verfassungsgerichtliche Verfahren haben. Für das verfassungsgerichtliche Verfahren spielt der konkrete Ausgangsfall in sachlicher Hinsicht keine Rolle. Vielmehr entscheidet das Bundesverfassungsgericht losgelöst vom „Initiativverfahren“ über die Verfassungswidrigkeit der vorgelegten Norm.[1191]

Im Ergebnis ist also festzustellen, dass eine Antragsrücknahme auch in den Fällen der konkreten Normenkontrolle nicht ausgeschlossen ist. Eine solche muss aber unwirksam sein, wenn die zu entscheidende Frage über den konkreten Anlassfall hinaus auch allgemeine Bedeutung hat und deshalb aus prozessökonomischen Gründen das Verfahren zu Ende geführt werden sollte. Dann kann auch eine Erledigterklärung bezüglich des Ausgangsverfahrens nicht ohne Weiteres die Erledigung des Verfassungsgerichtsverfahrens nach sich ziehen.

c. Die Verfassungsbeschwerde

Zuletzt bleibt noch die Zulässigkeit einer Antragsrücknahme im Verfassungsbeschwerdeverfahren zu erörtern. Eine ausdrückliche gesetzliche Regelung existiert auch für diesen Fall nicht.[1192] Bezüglich des Verfassungsbeschwerdeverfahrens ist man sich besonders uneinig, ob eine Antragsrücknahme zulässig ist.[1193]

aa. Die gerichtliche Praxis

1991 ging das Bundesverfassungsgericht noch davon aus, dass der verfahrenseinleitende Antrag im Verfassungsbeschwerdeverfahren ohne Einschränkung zurückgenommen werden kann.[1194] Erst 1998 stellte es im Urteil zur Rechtschreibreform

---

1191 *Schlaich/Korioth*, Das BVerfG, Rn. 164.
1192 *Wißmann*, DÖV 1999, S. 152 [153]; *Hund*, FS für Faller, S. 63 [63].
1193 *Lang*, DÖV 1999, S. 624 [627]; *Wagner*, NJW 1998, S. 2638 [2638f.].
1194 BVerfGE 85, 109 [113]; *Schlaich/Korioth*, Das BVerfG, Rn. 58; *Cornils*, NJW 1998, S. 3624 [3625].

ausdrücklich fest, dass eine Antragsrücknahme zwar grundsätzlich weiterhin zulässig sein muss, dies aber nicht gelten kann, wenn das Bundesverfassungsgericht die Verfassungsbeschwerde vor Abschluss des Hauptsacheverfahrens nach § 93 a BVerfGG im Hinblick darauf zur Entscheidung angenommen hat, dass die Beschwerde im Sinne des § 90 Absatz 2 Satz 2 BVerfGG von allgemeiner Bedeutung ist.[1195] Als weitere Voraussetzung für die Unzulässigkeit der Antragsrücknahme wird gefordert, dass bereits mündlich verhandelt sein muss, was sich aus § 25 Abs. 1 BVerfGG – dem Grundsatz der mündlichen Verhandlung – erklären dürfte. Darüber hinaus muss die allgemeine Bedeutung des Verfahrens gemäß § 90 Abs. 2 Satz 2 BVerfGG auch im Zeitpunkt der Entscheidung nach wie vor noch bestehen.[1196] Liegen diese Voraussetzungen vor, setzt das Gericht die objektive Funktion der Verfassungsbeschwerde höher an als ihren eigentlichen Zweck des Individualrechtsschutzes.[1197] Deshalb liege die Entscheidung über den Fortgang des Verfahrens dann nicht mehr in der alleinigen Dispositionsbefugnis des Beschwerdeführers.[1198]

bb. Die Literaturmeinungen

Diese Rechtsprechung wird in der Literatur kritisiert.[1199] Es komme entscheidend darauf an, inwieweit der Dispositionsgrundsatz, gemessen am Verfahrenszweck des Verfassungsbeschwerdeverfahrens, gelten kann.[1200] Hierzu ist auf die sog. Doppelfunktion der Verfassungsbeschwerde abzustellen. Zwar wird teilweise noch angenommen, die Verfassungsbeschwerde sei ein reines Individualrechtsschutzverfahren.[1201] Die überwiegende Meinung hat aber inzwischen die Doppelfunktionalität der Verfassungsbeschwerde anerkannt.[1202] Das bedeutet, dass der Verfassungsbeschwerde neben dem subjektiven Verfahrenszweck auch ein objektiver

---

1195 BVerfGE 98, 218 [242f.]; *Schlaich/Korioth*, Das BVerfG, Rn. 58; *Cornils*, NJW 1998, S. 3624 [3625]; *Klein*, in: Benda/Klein, Lehrbuch, Rn. 286; *Cornils*, NJW 1998, S. 3624 [3625].

1196 BVerfGE 98, 218 [243]; *Schlaich/Korioth*, Das BVerfG, Rn. 58; *Klein*, in: Benda/Klein, Lehrbuch, Rn. 286; *Wagner*, NJW 1998, S. 2638 [2639].

1197 *Schlaich/Korioth*, Das BVerfG, Rn. 58; *Klein*, in: Benda/Klein, Lehrbuch, Rn. 286.

1198 BVerfGE 98, 218 [243].

1199 *Lang*, DÖV 1999, S. 624 [627] im Ergebnis aber grundsätzlich zustimmend; *Klein*, in: Benda/Klein, Lehrbuch, Rn. 286; *Wißmann*, DÖV 1999, S. 152 [156]; *Schlaich/Korioth*, Das BVerfG, Rn. 58.

1200 *Lang*, DÖV 1999, S. 624 [627]; *Hund*, FS für Faller, S. 63 [66].

1201 Stellvertretend für alle: *Schmidt-Bleibtreu* in: Maunz/Schmidt-Bleibtreu/Klein u.a., BVerfGG, § 90, Rn. 15.

1202 *Klein*, in: Benda/Klein, Lehrbuch, Rn 286; *Lang*, DÖV 1999, S. 624 [628]; *Wißmann*, DÖV 1999, S. 152 [153]; *Cornils*, NJW 1998, S. 3624 [3625]; *Schlaich/Korioth*, Das BVerfG, Rn. 58, 205; BVerfGE 85, 109 [113]; *Dörr*, Die Verfassungsbeschwerde, Rn. 3f; *Hund*, FS für Faller, S. 53 [66]; *Menzel*, JuS 1999, S. 339 [341].

zukommt.[1203] Diese Doppelfunktionalität komme beispielsweise in Vorschriften wie dem § 93a Abs. 2 lit. a BVerfGG zum Ausdruck. Dieser regelt als einen Annahmegrund für eine Verfassungsbeschwerde deren grundsätzliche Bedeutung.[1204]

Des Weiteren betont auch § 31 BVerfGG den objektiven Zweck des Verfassungsbeschwerdeverfahrens, der die Bindungswirkung und sogar das Erwachsen in Gesetzeskraft der Entscheidung im Verfassungsbeschwerdeverfahren regelt. Diese Bindungswirkung wirkt über das konkrete Verfahren und die Verfahrensbeteiligten hinaus.[1205]

Aus der Doppelfunktionalität des Verfahrens allein ergibt sich für die Zulässigkeit einer Antragsrücknahme aber kein eindeutiges Ergebnis.[1206] Es bleibt zu klären, welcher Verfahrenszweck in diesem Fall überwiegt.[1207]

aaa. Der überwiegend subjektive Verfahrenszweck

Für einen überwiegend subjektiven Verfahrenszweck spricht, dass die Verfassungsbeschwerde dem Individualrechtsschutz zuzurechnen ist.[1208] Dies führt dann entsprechend der Ansicht in der Literatur[1209], die einen objektiven Verfahrenszweck nach wie vor verneint und somit auch die Doppelfunktionalität ablehnt, zu dem Ergebnis, dass eine Antragsrücknahme grundsätzlich zulässig sein muss. Das Verfahren wäre überwiegend vom Dispositionsgrundsatz geprägt.[1210]

Das Antragsprinzip könne dann nicht nur für den Beginn des Verfassungsbeschwerdeverfahrens angewendet werden, sondern müsse auch für seinen weiteren Verlauf gelten. Dies sei dem Art. 93 Abs. 1 Nr. 4a GG zu entnehmen, aus dem sich die Behauptung einer Grundrechtsverletzung als notwendige Verfahrensvoraussetzung ergibt.[1211] Folglich müsse es dem Beschwerdeführer zu jedem Zeitpunkt des von ihm eingeleiteten Verfahrens möglich sein, seinen Antrag wirksam

---

1203 *Menzel*, JuS 1999, S. 339 [341].

1204 *Klein*, DÖV 1982, S. 797 [801]; *Lang*, DÖV 1999, S. 624 [629f.].

1205 *Lang*, DÖV 1999, S. 624 [630].

1206 *Lang*, DÖV 1999, S. 624 [629].

1207 Ebenfalls für die Notwendigkeit einer Gewichtung der beiden Verfahrenszwecke: *Hund*, FS für Faller, S. 63 [67].

1208 *Schlaich/Korioth*, Das BVerfG, Rn. 58; *Wagner*, NJW 1998, S. 2638 [2639]; *Klein*, in: Benda/Klein, Lehrbuch, Rn. 286; *Wißmann*, DÖV 1999, S. 152 [156]; *Hund*, FS für Faller, S. 63 [69]; *Bauer/Möllers*, JZ 1999, S. 697 [698]; *Leibholz/Rupprecht*, BVerfGG, Komm., Vor § 17, Rn. 3c.

1209 *Schmidt-Bleibtreu* in: Maunz/Schmidt-Bleibtreu/Klein u.a., BVerfGG, § 90, Rn. 15.

1210 *Wißmann*, DÖV 1999, S. 152 [155]; *Bauer/Möllers*, JZ 1999, S. 697 [698]; *Hund*, in: Umbach/Clemens, BVerfGG, Komm., Vor § 17, Rn. 19.

1211 *Wagner*, NJW 1998, S. 2638 [2639].

zurückzunehmen und das Verfahren ohne Entscheidung zu beenden.[1212] Das Gericht habe diese Prozesshandlung von Amts wegen zu berücksichtigen und könne anschließend nicht mehr durch Urteil entscheiden.[1213]

Dies hat zunächst auch das Bundesverfassungsgericht vertreten. Im Jahr 1991 [1214] führte es in einem Urteil aus, in seiner Rechtsprechung sei anerkannt, „dass der Beschwerdeführer die Verfassungsbeschwerde nachträglich (...) zurücknehmen (...) kann. Beide Erklärungen haben zur Folge, dass das Beschwerdebegehren nicht mehr zur Entscheidung steht.“[1215] Zwar ist im Weiteren noch zu lesen, dass die Verfassungsbeschwerde nicht nur dem Individualrechtsschutz diene, sondern darüber hinaus auch eine objektive Funktion habe; jedoch wird dann auf die Antragsgebundenheit des Gerichts abgestellt und daraus gefolgert, dass „– anders als im Verfahren der abstrakten Normenkontrolle (...) – der Wegfall des Begehrens auch die Grundlage für eine Entscheidung entfallen“ lasse.[1216] Erst mit dem Urteil zur Rechtschreibreform hat der erste Senat seine Rechtsprechung hierzu geändert.[1217]

Eine Einschränkung der Rücknahmemöglichkeit eines einmal gestellten Antrags auf Verfassungsbeschwerde resultiere nach Ansicht *Wagners*[1218] jedenfalls nicht aus der vorhergehenden Bejahung der allgemeinen Bedeutung i.S.d. § 93 a BVerfGG. Diese stelle nur einen Filter für den Zugang zum Verfassungsbeschwerdeverfahren dar und solle das Gericht vor dem Missbrauch dieses sehr weit gefassten Rechtsbehelfs schützen. Die Bejahung der allgemeinen Bedeutung könne aber nicht die Aufrechterhaltung des Antrages als Voraussetzung für die Zulässigkeit einer Verfassungsbeschwerde ersetzen.[1219]

Auch die Rechtsweggarantie gemäß Art. 19 Abs. 4 GG kann der Rücknahmebefugnis des Antragstellers nicht entgegenstehen.[1220] Aus dieser i.V.m. den einzel-

---

1212 *Hund*, FS für Faller, S. 63 [68]; *Lechner/Zuck*, BVerfGG, Vor § 17, Rn. 14; *Schlaich/Korioth*, Das BVerfG, Rn. 58. Im Ergebnis so auch: *Klein*, in: Benda/Klein, Lehrbuch, Rn. 286, allerdings mit den Ausnahmen erstens der missbräuchlichen Verwendung der Antragsrücknahme, um schon geleistete Arbeit des Bundesverfassungsgerichts zu zerstören, und zweitens der ungebührlichen Beeinflussung des Antragstellers zur Antragsrücknahme von außen.

1213 *Hund*, FS für Faller, S. 63 [72].

1214 BVerfGE 85, 109.

1215 BVerfGE 85, 109 [113].

1216 BVerfGE 85, 109 [113].

1217 *Bauer/Möllers*, JZ 1999, S. 697 [698].

1218 Einzelfallentscheidung oder Paradigmenwechsel? Zum Verhältnis zwischen objektiver und subjektiver Funktion der Verfassungsbeschwerde nach dem Urteil des BVerfG zur Rechtschreibreform vom 14.7.1998, NJW 1998, S. 2638 – 2640.

1219 *Wagner*, NJW 1998, S. 2638 [2639].

1220 *Hund*, FS für Faller, S. 63 [70].

nen Grundrechten lasse sich zwar ein Anspruch auf effektiven und angemessenen Rechtsschutz ableiten, eine *Pflicht* für den Antragsteller, den von Verfassung wegen garantierten Rechtsschutz in vollem Umfang wahrzunehmen, bestehe aber nicht.[1221] Somit müsse es dem Antragsteller auch nach Einleitung des Verfahrens noch möglich sein, auf die weitere Wahrnehmung des ihm garantierten Rechtsschutzes zu verzichten.[1222]

bbb. Der überwiegend objektive Verfahrenszweck

Eine andere Ansicht sieht den objektiven Zweck des Verfassungsbeschwerdeverfahrens im Vordergrund.[1223] So sieht dies unter bestimmten Umständen nun auch das Bundesverfassungsgericht[1224]. Bei Bestehen eines öffentlichen Interesses an der Entscheidung des Verfahrens könne eine wirksame Antragsrücknahme nicht in Betracht kommen. Dem Bundesverfassungsgericht müsse die Entscheidungskompetenz im Hauptsacheverfahren erhalten bleiben.[1225]

Zur Begründung wird angeführt, die subjektive Funktion werde vom objektiven Zweck des Verfahrens überlagert.[1226] Zwar bestehen Bedenken hinsichtlich eines Eingriffes in die Rechtsposition des Antragstellers, allerdings wird ein Eingriff in dessen materielle Rechtsposition verneint. Ein Eingriff in die prozessuale Rechtsposition des Antragstellers sei durch das der Einstellung des Verfahrens entgegenstehende öffentliche Interesse gerechtfertigt. Dies ergebe sich aus der Doppelfunktionalität der Verfassungsbeschwerde.[1227] Die Doppelfunktionalität legt allerdings nur fest, dass die Verfassungsbeschwerde sowohl eine subjektive, als auch eine objektive Funktion hat, nicht aber, welche der beiden Funktionen überwiegt.

Für die Einschränkung der Rücknahmebefugnis des Antragstellers wird außerdem angeführt, dass auch in anderen Verfahrensordnungen, die ausdrückliche Regelungen hierzu enthalten, eine Antragsrücknahme ab einem bestimmten Zeitpunkt nicht mehr uneingeschränkt zulässig ist.[1228] Dieser Zeitpunkt ist meist mit Beginn

---

1221 *Hund*, FS für Faller, S. 63 [70].

1222 *Hund*, FS für Faller, S. 63 [70f.].

1223 *Lang*, DÖV 1999, S. 624 [626]; *Menzel*, JuS 1999, S. 339 [341]; *Zuck*, Das Recht der Verfassungsbeschwerde, Rn. 871; *Wegener*, JURA 1999, S. 633 [635]; *Kleine-Cosack*, Verfassungs- und Menschenrechtsbeschwerden, Rn 33.

1224 BVerfGE 98, 218 [243].

1225 *Zuck*, Das Recht der Verfassungsbeschwerde, Rn. 871; *Lang*, DÖV 1999, S. 624 [628]; *Wegener*, JURA 1999, S. 633 [635].

1226 *Zuck*, Das Recht der Verfassungsbeschwerde, Rn. 871; *Lang*, DÖV 1999, S. 624 [629, 631].

1227 *Lang*, DÖV 1999, S. 624 [632].

1228 *Menzel*, JuS 1999, S. 339 [341].

der mündlichen Verhandlung erreicht.[1229] Danach ist beispielsweise die Zustimmung des Klagegegners erforderlich.[1230] Dem wird entnommen, dass, wenn dies schon für die ausdrücklich geregelte Möglichkeit der Klagerücknahme in anderen Verfahrensordnungen gelte, eine Antragsrücknahme erst recht im Verfassungsprozess – also auch bei der Verfassungsbeschwerde – nicht schrankenlos zulässig sein könne.[1231] Wer klagt, riskiere zu verlieren und müsse mit einer Entscheidung des Gerichts rechnen.[1232]

Die nur eingeschränkte Zulässigkeit einer Antragsrücknahme wird darüber hinaus mit dem Argument der Prozessökonomie gestützt[1233], da bei Bestehen eines öffentlichen Interesses an einer Entscheidung meist ein Grundsatzurteil erginge, das die Rechtsansicht des Bundesverfassungsgerichts deutlich und so nachfolgende Verfahren überflüssig werden ließe. Wird in einem späten Verfahrensstadium, in dem beispielsweise schon verhandelt worden ist, der Antrag zurückgenommen, könnte das Bundesverfassungsgericht nach dieser Theorie das Verfahren dann zu Ende führen, wenn das Interesse an einem Urteil über das an der bloßen Entscheidung des betroffenen Einzelfalles hinausginge und die Rücknahme des Antrags deshalb unwirksam wäre.

Hält man eine Antragsrücknahme in einem späten Verfahrensstadium dagegen für zulässig und wirksam, wäre dem Bundesverfassungsgericht eine Sachentscheidung verwehrt und sein bisheriger Aufwand für das beendete Verfahren umsonst gewesen. Die entgegenstehende Rechtskraft eines Urteils könnte die Unzulässigkeit einer weiteren Verfassungsbeschwerde derselben Antragsteller zu demselben Antragsgegenstand in der Folgezeit nicht begründen, wenn ein solches Urteil nicht existiert. Da in der Sache nicht entschieden ist, dürfte das Wiederholen des Verfahrens auch für andere Betroffene in Betracht kommen. Das Bundesverfassungsgericht könnte also in die Lage kommen, ein eingestelltes Verfahren zur gleichen Rechtsfrage – wenn auch mit anderen Antragstellern – in vollem Umfang erneut führen zu müssen. Besonders wahrscheinlich ist dies gerade bei grundlegenden oder aktuellen Fragen von allgemeiner Bedeutung. Ein solches, besonderes Gewicht und eine gewisse Brisanz hatte auch das Verfahren zur Rechtschreibreform, in dem das Bundesverfassungsgericht die Zulässigkeit der Antragsrücknahme im Verfassungsbeschwerdeverfahren zum ersten Mal einschränkte. Dessen möglicher

---

1229 Als Beispiel hierzu: § 269 Abs. 1 ZPO.

1230 Als Beispiel hierzu: § 269 Abs. 1 ZPO.

1231 *Menzel*, JuS 1999, S. 339 [341].

1232 *Menzel*, JuS 1999, S. 339 [341]; *Kleine-Cosack*, Verfassungs- und Menschenrechtsbeschwerden, Rn 33.

1233 Ähnlich: *Cornils*, NJW 1998, S. 3624 [3626]. Zugestanden auch von *Bauer/Möllers*, JZ 1999, S. 697 [698], die es aber für prozessrechtlich irrelevant halten.

Ausgang stieß auf sehr breites Interesse in Bevölkerung und Politik und wurde gespannt erwartet.[1234]

(1) Kritik an dem Erfordernis einer durchgeführten mündlichen Verhandlung

Bei aller Zustimmung im Grundsatz werden die vom Bundesverfassungsgericht aufgestellten Voraussetzungen[1235], die zur Unwirksamkeit der Antragsrücknahme führen sollen, von der Literatur auch kritisiert. So wird es als überflüssig angesehen, die Unwirksamkeit davon abhängig zu machen, ob bereits eine mündliche Verhandlung stattgefunden hat.[1236] Wird an dieses Kriterium in anderen Prozessordnungen angeknüpft, resultiert daraus für die Zulässigkeit der Antragsrücknahme lediglich die Notwendigkeit der Zustimmung des Antragsgegners. Da es einen solchen Gegner im Verfassungsbeschwerdeverfahren aber nicht gibt, komme es für die Zulässigkeit einer Antragsrücknahme nicht darauf an, ob bereits mündlich verhandelt worden ist.[1237]

Hiergegen wird mit dem Grundsatz der Mündlichkeit gemäß § 25 BVerfGG argumentiert.[1238] Aus Abs. 2 ergibt sich, dass die Entscheidung im verfassungsgerichtlichen Verfahren aufgrund einer mündlichen Verhandlung ergeht. Dem Wortlaut nach kann eine Entscheidung in der Hauptsache trotz Unwirksamkeit der Antragsrücknahme ohne eine vorherige mündliche Verhandlung also nicht ergehen. Allerdings ergeben sich aus § 25 Abs. 1 BVerfGG auch Ausnahmen zu diesem Grundsatz. In der Praxis des Bundesverfassungsgerichts stellt eine Entscheidung aufgrund vorheriger mündlicher Verhandlung entgegen dem Gesetzeswortlaut darüber hinaus die Ausnahme dar.[1239] § 25 Abs. 1 BVerfGG regelt abschließend, wann eine mündliche Verhandlung entbehrlich ist.[1240] Für die Verfassungsbeschwerde kommt ein Verzicht durch die Beteiligten in Betracht.

Die Erklärung der Antragsrücknahme könnte man auslegen und sie gleichzeitig als Verzicht auf die mündliche Verhandlung werten. Verzichtet der Antragsteller nämlich auf die Weiterführung des Verfahrens, legt er ganz offensichtlich auch keinen Wert mehr auf die Durchführung eines Erörterungstermin. Legt man dies nach

---

1234 *Wagner*, NJW 1998, S. 2638 [2639]; *Bauer/Möllers*, JZ 1999, S. 697 [697]; *Gelinsky*, DRiZ 1999, S. 46 [46].

1235 Das Bundesverfassungsgericht hält die Antragsrücknahme im Verfassungsbeschwerdeverfahren dann für unzulässig und folglich unwirksam, wenn bereits mündlich verhandelt und die allgemeine Bedeutung des Verfahrens bejaht worden ist.

1236 *Wißmann*, DÖV 1999, S. 152 [154]; *Lang*, DÖV 1999, S. 624 [632].

1237 *Wißmann*, DÖV 1999, S. 152 [154].

1238 *Lechner/Zuck*, BVerfGG, § 25, Rn. 1.

1239 *Lechner/Zuck*, BVerfGG, § 25, Rn. 1.

1240 *Lechner/Zuck*, BVerfGG, § 25, Rn. 1.

dem *argumentum a maiore ad minus*[1241] aus, ist der Verzicht auf die mündliche Verhandlung von einer Antragsrücknahme also konkludent mit umfasst.

Ein solcher Verzicht muss entweder schriftlich oder in der mündlichen Verhandlung erklärt werden.[1242] Gleiches muss aber auch für eine Antragsrücknahme gelten, was sich im Grundsatz aus § 52 BVerfGG entnehmen lässt.[1243] Im Ergebnis kann die Durchführung einer mündlichen Verhandlung für die Frage der wirksamen Antragsrücknahme nach dieser Ansicht also keine Rolle spielen.

(2) Kritik an dem Erfordernis der Feststellung der allgemeinen Bedeutung des Verfahrens

Darüber hinaus wird kritisiert, dass das Gericht für die Unzulässigkeit einer Antragsrücknahme fordert[1244], dass die Verfassungsbeschwerde gemäß § 93 a BVerfGG wegen ihrer allgemeinen Bedeutung i.S.d. § 90 Abs. 2 Satz 2 BVerfGG angenommen worden ist.[1245] Dies sei zu eng und es solle vielmehr ausreichen, wenn das Vorliegen der allgemeinen Bedeutung der Verfassungsbeschwerde im Zeitpunkt der Antragsrücknahme bejaht werden kann. Das Verfahren muss nicht gemäß § 93 a BVerfGG i.V.m. § 90 Abs. 2 Satz 2 BVerfGG gerade deswegen zugelassen worden sein.[1246] Damit kann eine Antragsrücknahme zutreffend auch in einem Verfassungsbeschwerdeverfahren, vor dessen Einleitung der Rechtsweg erschöpft und das wegen des Grundes nach § 93 a Abs. 2 lit. b BVerfGG[1247] zur Entscheidung angenommen worden ist[1248], unwirksam sein, wenn dessen allge-

---

1241 Weiterführend hierzu: *Larenz*, Methodenlehre der Rechtswissenschaft, S. 389ff; *Zippelius*, Methodenlehre, S. 69f; *Kramer*, Juristische Methodenlehre, S. 151f; *Kramer*, Juristische Methodenlehre, S. 151f.

1242 *Lechner/Zuck*, BVerfGG, § 25, Rn. 3.

1243 Grundsätzlich dafür, dass dem § 52 BVerfGG allgemeine Grundsätze zu entnehmen sind: *Klein*, in Maunz/Schmidt-Bleibtreu/Klein u.a., BVerfGG (alte Fassung Stand 2000), Vor § 17, Rn. 8.

1244 So äußert sich das Gericht in seiner Entscheidung BVerfGE 98, 218 [243].

1245 *Cornils*, NJW 1998, S. 3624 [3625].

1246 *Cornils*, NJW 1998, S. 3624 [3625].

1247 Die Verfassungsbeschwerde ist gem. § 93 a Abs. 2b BVerfGG auch zur Entscheidung anzunehmen, „wenn es zur Durchsetzung der in § 90 Abs. 1 genannten Rechte angezeigt ist; dies kann auch der Fall sein, wenn dem Beschwerdeführer durch die Versagung der Entscheidung zur Sache ein besonders schwerer Nachteil entsteht."

1248 In diesem Fall ist über die „allgemeine Bedeutung" i.S.d. § 90 Abs. 2 Satz 2 BVerfGG bzw. die „grundsätzliche verfassungsrechtliche Bedeutung" nach § 93 a Abs. 2a BVerfGG zu Beginn des Verfahrens nicht entschieden worden. Dennoch ist nicht ersichtlich, wieso diese Fälle – wenn die allgemeine Bedeutung im Zeitpunkt der Antragsrücknahme vorliegt – anders behandelt werden sollen als die Fälle, in denen die allgemeine Bedeutung zu Beginn des Verfahrens bereits festgestellt worden ist.

meine Bedeutung im Zeitpunkt der Erklärung der Antragsrücknahme zu bejahen ist. Insgesamt muss es also ausreichen, wenn die allgemeine Bedeutung der Verfassungsbeschwerde zum Entscheidungszeitpunkt vorliegt. Auf eine förmliche Bejahung schon zu Anfang des Verfahrens gemäß § 90 Abs. 2 Satz 2 BVerfGG bzw. § 93 a BVerfGG kann es nicht ankommen.

cc. Stellungnahme

Im Ergebnis darf das Bundesverfassungsgericht aus Gründen seiner Antragsgebundenheit und der Wahrung der Dispositionsbefugnis des Antragstellers nach *wirksamer* Rücknahme des verfahrenseinleitenden Antrags nicht mehr entscheiden. Die Voraussetzungen für die Unwirksamkeit einer solchen Antragsrücknahme und die daran geknüpften Folgen, dass das eigentliche Verfassungsbeschwerdeverfahren gerade nicht beendet ist, fasst das Gericht in seiner Entscheidung zur Zulässigkeit der Rechtschreibreform aber zu weit.

(1) Die Verfassungsbeschwerde als Individualrechtsschutzverfahren

Es steht fest, dass der subjektive Zweck der Verfassungsbeschwerde überwiegt und von ihrem auch objektiven Charakter nur unbedeutend eingeschränkt werden kann. Sie ist in erster Linie und vor allem ein Individualrechtsschutzverfahren. Teilweise wird befürchtet, dass eine „Überbetonung des objektiven Verfahrenszwecks“[1249] dazu führen könnte, dass die Verfassungsbeschwerde dem „subjektiv-individuellen Charakter der Grundrechte“ entfremdet werde.[1250] Das liefe ihrem Charakter als Individualrechtschutzverfahren zuwider. Deshalb muss die Dispositionsbefugnis des Antragstellers im Vordergrund stehen und eine Rücknahme der Verfassungsbeschwerde grundsätzlich zulässig sein.

(2) Der auch objektive Verfahrenszweck

Gewisse Einschränkungen ergeben sich dennoch aus dem objektiven Charakter der Verfassungsbeschwerde. Wenn öffentliche Interessen der Rücknahme entgegenstehen und eine Entscheidung erfordern, muss dies bei der Frage nach der Dispositionsbefugnis bzgl. der Beendigung eines Verfahrens Berücksichtigung finden. Es müssen konkrete Kriterien gefunden werden, die festlegen, wann eine Antragsrücknahme unwirksam ist. Das sehr allgemeine Erfordernis, an einer Verfahrensbeendigung durch Gerichtsentscheidung müsse ein öffentliches Interesse bestehen, kann nicht ausreichen. Ein solches könnte man faktisch für nahezu alle beim Bundesverfassungsgericht anhängigen Verfahren bejahen. Es käme zu einer

1249 *Hund*, FS für Faller, S. 63 [71].
1250 *Klein*, DÖV 1982, S. 797 [805]; *Hund*, FS für Faller, S. 63 [71].

zu weitgehenden Ausdehnung der Entscheidungskompetenz des Gerichts und gleichzeitig bestünde die Gefahr der zu starken Einschränkung der Dispositionsmaxime. Schließlich entscheidet gerade das Gericht selbst darüber, ob ausreichende öffentliche Interessen an dem Ergehen eines verfahrensabschließenden Urteils bestehen.[1251] Eine Kontrollinstanz über dem Bundesverfassungsgericht existiert nicht. Es läge in der Macht des Gerichts, sich selbst die Entscheidungskompetenz zu erhalten, indem es das öffentliche Interesse an einer Verfahrensbeendigung durch Urteil bejaht.

(3) Der Zeitpunkt der mündlichen Verhandlung als untauglicher Anknüpfungspunkt

Ingesamt ist es notwendig, der Dispositionsbefugnis des Antragstellers so weit wie möglich Rechnung zu tragen, ohne jedoch ein etwaiges öffentliches Interesse an dem Ergehen einer verfahrensbeendenden Entscheidung in der Sache völlig zu vernachlässigen. Die vom Bundesverfassungsgericht selbst aufgestellten Merkmale, dass einerseits das Verfahrensstadium, andererseits die ausdrückliche Bejahung der allgemeinen Bedeutung bei der Prüfung der Zulässigkeit der Antragsrücknahme ausschlaggebend sein sollen, sind für die Entscheidung dieser Frage nicht verwertbar. Es ist nicht nachvollziehbar, wieso eine solche Rücknahme des Antrags bei Bestehen des öffentlichen Interesses nicht schon vor der mündlichen Verhandlung unwirksam sein kann. Andere Verfahrensordnungen knüpfen mit der Einschränkung der Rücknahmemöglichkeit zwar auch an diesen Zeitpunkt an, jedoch aus anderen Gründen. Ab dem genannten Zeitpunkt wird in Parteiprozessen die Zustimmung des Klagegegners notwendig, was einleuchtet, weil bei derartigen Verfahren auch dessen Dispositionsbefugnis zu schützen ist. Im Verfassungsbeschwerdeverfahren ist ein Klagegegner aber nicht beteiligt. Die mündliche Verhandlung bietet also keinen brauchbaren zeitlichen Anknüpfungspunkt.

(4) Das Kriterium der allgemeinen Bedeutung des jeweiligen Verfahrens

Auch die Untauglichkeit der Voraussetzung, dass die allgemeine Bedeutung gemäß § 90 Abs. 2 Satz 2 BVerfGG i.V.m. § 93 a BVerfGG zu Beginn des Verfahrens ausdrücklich bejaht sein und immer noch bestehen müsse, wurde schon dargestellt. *Cornils*[1252] ist insoweit zuzustimmen, dass es keine Rolle spielen kann, inwiefern es zu Anfang des Verfahrens zur *Feststellung* der allgemeinen Bedeutung gekommen bzw. die Verfassungsbeschwerde gerade deshalb zur Entscheidung angenommen worden ist. Dies geschieht nämlich nur, wenn der Rechtsweg nicht erschöpft ist bzw. der Annahmegrund nach § 93 a Abs. 2 lit. b BVerfGG vorliegt. Für diese

1251 *Hund*, FS für Faller, S. 63 [76].
1252 *Cornils*, NJW 1998, 3624 [3625].

Differenzierung ist ein Grund allerdings nicht ersichtlich. Man würde einem Antragsteller, der die Verfassungsbeschwerde erst nach Erschöpfung des Rechtswegs eingereicht hat, wenn diese wegen der Notwendigkeit der Durchsetzung seiner Rechte nach § 90 Abs. 1 BVerfGG zur Entscheidung angenommen worden ist, ein größeres Maß an Dispositionsbefugnis einräumen, obwohl auch solchen Verfahren allgemeine Bedeutung zukommen kann. Dieses Ergebnis ist nicht nachvollziehbar.

(5) Rechtspolitische Empfehlungen

Stattdessen muss es vollkommen ausreichen, wenn die allgemeine Bedeutung des Verfahrens im Zeitpunkt der Antragsrücknahme vorliegt und ausdrücklich bejaht werden kann. Dieses Kriterium wäre dann aber zu präzisieren. Es ist erforderlich, dass der Gesetzgeber eine genaue Definition der „allgemeinen Bedeutung" im Bundesverfassungsgerichtsgesetz festlegt. Man sollte die Antragsrücknahme als grundsätzlich zulässige Möglichkeit der Beendigung des Verfassungsbeschwerdeverfahrens regeln. Über deren konkrete Folgen wäre dann durch ausdrücklichen Beschluss des Gerichts zu befinden. Besteht nach der Definition des BVerfGG dann die allgemeine Bedeutung des Verfahrens und damit ein öffentliches Interesse an der Entscheidung , wäre die Rücknahme zwar zulässig, deren Folgen aber zu modifizieren. Das Vorliegen der allgemeinen Bedeutung zöge dann nicht etwa die Unwirksamkeit der Prozesshandlung nach sich. Das eigentliche Verfahren wäre demnach beendet.

Dem Gericht sollte aber die Möglichkeit eingeräumt werden, losgelöst von der konkreten Verfassungsbeschwerde seine Meinung in sachlicher Hinsicht im Zusammenhang mit dem Beschluss über die Wirksamkeit der Antragsrücknahme zu äußern, und zwar ähnlich wie die überstimmten Richter ihre *„dissenting opinion"* neben dem eigentlichen Urteil bekannt geben. Dieser Äußerung käme dann keine Gesetzeskraft zu und dem Einlegen einer erneuten Verfassungsbeschwerde durch den Antragsteller stünde auch kein rechtskräftiges Urteil entgegen. Die Dispositionsbefugnis des Antragstellers wäre in einem erträglichen Maße eingeschränkt, der allgemeinen Bedeutung der zu entscheidenden Frage wäre aber ebenfalls Rechnung getragen. Und zusätzlich würde diese Lösung der Prozessökonomie dienen. Das Gericht kann seine bisher im Verfahren gewonnen Erkenntnisse verwerten und macht seine Rechtsansicht zu einem bedeutenden Thema publik. Zwar hat dies rechtlich keine Bindungswirkung. Doch kommt einer solchen Äußerung Indizwirkung zu, wie in einem gleich gelagerten Verfahren entschieden würde. Es entstünde eine faktische Bindungswirkung. In Folgeverfahren könnte das Gericht die angestellten Erwägungen mit einbeziehen und die Entscheidungen daran anlehnen.

ddd. Ergebnis

Mit der Entscheidung über die Zulässigkeit der Rechtschreibreform trotz Antragsrücknahme hat das Bundesverfassungsgericht jedenfalls *de lege lata* seine Kompetenzen in prozessrechtlicher Hinsicht überschritten. Dies ergibt sich zusammengefasst daraus, dass es nach wirksamer Rücknahme eines Verfassungsbeschwerdeantrags nach eigener Ansicht nicht mehr entscheiden darf. Die Rücknahme der Anträge im Verfahren zur Rechtschreibreform sind entgegen der Anschauung des Bundesverfassungsgerichts wirksam erfolgt. Es war dementsprechend nicht befugt, eine Entscheidung in der Sache mit allen rechtlichen Konsequenzen zu erlassen, auch wenn diese zur Klärung der Rechtsfrage politisch wünschenswert war.

Insgesamt ist die Einschränkung der Möglichkeit der Antragsrücknahme in den Verfahren der abstrakten und konkreten Normenkontrolle, wie auch des Organstreites, zulässig. Die Rücknahmemöglichkeit hängt vom Bestehen eines öffentlichen Interesses an einer Sachentscheidung ab. Im Verfassungsbeschwerdeverfahren ist die Rücknahme des verfahrenseinleitenden Antrags mangels sachgerechter Kriterien, die deren Wirksamkeit einschränken könnten, bislang uneingeschränkt wirksam.[1253]

II. Die Anregung des Gerichtes zum Vergleich der Parteien

Eine weitere aktuelle Tendenz in der Entscheidungspraxis des Bundesverfassungsgerichts ist das Hinwirken auf eine „friedliche Streitbeilegung“ im verfassungsgerichtlichen Verfahren. So hat der Erste Senat im Verfahren über das Schulfach LER („Lebensgestaltung, Ethik, Religionskunde“) eine „einvernehmliche Verständigung“[1254] angeregt.[1255] Bis zu diesem Verfahren war dies erst einmal vorgekommen, und zwar 1992 in dem Rechtsstreit über die Stromversorgung in den neuen Bundesländern.[1256]

1253 Dass eine Rücknahme an bestimmte Formalia gebunden sein kann, soll hier keine Rolle spielen.

1254 Pressemitteilung 78/2001 der Pressestelle des Bundesverfassungsgerichts vom 20. Juli 2001.

1255 „Verfassungsgericht regt Einigung im LER-Verfahren an“, FAZ Nr. 167 (21. Juli 2001), S. 4; „Karlsruhe regt Aufwertung des Religionsunterrichts an“, FAZ Nr. 289 (12. Dezember 2001), S. 1.

1256 „Verfassungsgericht regt Einigung im LER-Verfahren an“, FAZ Nr. 167 (21. Juli 2001), S. 4; „Karlsruhe regt Aufwertung des Religionsunterrichts an“, FAZ Nr. 289 (12. Dezember 2001), S. 2.

A. Das „LER-Verfahren“

Gegenstand des bis zum 31.Oktober 2002 anhängigen[1257] so genannten „LER-Verfahrens“ war die Einführung des Faches LER ohne die gleichzeitige Einführung des Religionsunterrichts als ordentliches Lehrfach an brandenburgischen Schulen[1258].[1259] In einer Normenkontrolle und mehreren Verfassungsbeschwerden wurden von den Beschwerdeführern[1260] und Antragstellern[1261] die §§ 9 Abs. 2 und 3 [1262], 11 Abs. 2 bis 4 [1263] und 141[1264] des Brandenburgischen

1257 BVerfG 1 BvF 1/96.

1258 „Verfassungsgericht regt Einigung im LER-Verfahren an“, FAZ Nr. 167 (21. Juli 2001), S. 4.

1259 Art. 7 Abs. 3 Satz 1 GG schreibt vor, dass Religionsunterricht als ordentliches Lehrfach außer an bekenntnisfreien an allen Schulen Deutschlands unterrichtet werden muss. Nach Art. 141 GG findet der Art. 7 Abs. 3 Satz 1 GG allerdings keine Anwendung in einem Bundesland, in dem 1949 eine andere landesrechtliche Regelung bestanden hat (Pressemitteilung 62/2001 der Pressestelle des Bundesverfassungsgerichts vom 11. Juni 2001; „Karlsruhe regt Aufwertung des Religionsunterrichts an“, FAZ Nr. 289 (12. Dezember 2001), S. 2). Diese so genannte „Bremer Klausel“ wird jedenfalls zugunsten des Landes Bremen anerkannt und angewandt, da dort zum genannten Zeitpunkt eine solche andere Regelung existierte („Karlsruhe regt Aufwertung des Religionsunterrichts an“, FAZ Nr. 289 (12. Dezember 2001), S. 2).

1260 Beschwerdeführer der Verfassungsbeschwerden sind laut Pressemitteilung 62/2001 des BVerfG zahlreiche katholische und evangelische Eltern und Schüler, drei Bistümer und die Evangelische Kirche Berlin-Brandenburg.

1261 Antragsteller für die Normenkontrolle ist laut Pressemitteilung des 62/2001 des BVerfG die CDU/CSU-Fraktion des Deutschen Bundestages.

1262 „§ 9 Zusammenarbeit mit anderen Stellen, öffentlichen Einrichtungen und den Kirchen
(1) ...
(2) Die Kirchen und Religionsgemeinschaften haben das Recht, Schülerinnen und Schüler in den Räumen der Schule nach ihrem Bekenntnis zu unterrichten (Religionsunterricht). Sie übernehmen die Verantwortung dafür, daß der Religionsunterricht entsprechend den für den Schulunterricht geltenden Bestimmungen durchgeführt wird. Der Religionsunterricht wird durch Personen erteilt, die von den Kirchen und Religionsgemeinschaften beauftragt werden. Am Religionsunterricht nehmen Schülerinnen und Schüler teil, deren Eltern eine dahingehende schriftliche Erklärung abgeben. Bei Schülerinnen und Schülern, die das 14. Lebensjahr vollendet haben, tritt die eigene Erklärung an die Stelle der Erklärung der Eltern. Der Schulträger stellt die Räume unentgeltlich zur Verfügung.
(3) Das für Schule zuständige Mitglied der Landesregierung soll mit den Kirchen und Religionsgemeinschaften Vereinbarungen über die Durchführung des Religionsunterrichts treffen, insbesondere über die
1. Bedingungen einer Eingliederung des Religionsunterrichts in die Unterrichtszeit,
2. Anrechnung der Erteilung von Religionsunterricht durch staatliche Lehrkräfte auf die Pflichtstunden,
3.erforderliche Gruppengröße für die Einrichtung von Religionsunterricht an einer Schule,

Schulgesetzes angegriffen, weil sie Art. 7 Abs. 3 Satz 1 GG nicht genügen sollten.[1265]

---

4. dem Religionsunterricht gleichgestellten Angebote der Kirchen und Religionsgemeinschaften und

5. staatlichen Zuschüsse."

1263 „§ 11 Unterrichtsfächer

(1)...

(2) Das Fach Lebensgestaltung-Ethik-Religionskunde soll Schülerinnen und Schüler in besonderem Maße darin unterstützen, ihr Leben selbstbestimmt und verantwortlich zu gestalten und ihnen helfen, sich in einer demokratischen und pluralistischen Gesellschaft mit ihren vielfältigen Wertvorstellungen und Sinnangeboten zunehmend eigenständig und urteilsfähig zu orientieren. Das Fach dient der Vermittlung von Grundlagen für eine wertorientierte Lebensgestaltung, von Wissen über Traditionen philosophischer Ethik und Grundsätzen ethischer Urteilsbildung sowie über Religionen und Weltanschauungen.

(3) Das Fach Lebensgestaltung-Ethik-Religionskunde wird bekenntnisfrei, religiös und weltanschaulich neutral unterrichtet. Die Eltern werden über Ziele, Inhalte und Formen des Unterrichts in Lebensgestaltung-Ethik-Religionskunde rechtzeitig und umfassend informiert. Gegenüber der religiösen oder weltanschaulichen Gebundenheit von Schülerinnen und Schülern ist Offenheit und Toleranz zu wahren.

(4) Das für Schule zuständige Mitglied der Landesregierung wird ermächtigt, die Ausgestaltung des Faches Lebensgestaltung-Ethik-Religionskunde durch Rechtsverordnung zu regeln. Bezüglich des Stundenvolumens und der Einführung des Faches in den einzelnen Jahrgangsstufen ist rechtzeitig und nach umfassender Information das Benehmen mit dem für Schule zuständigen Ausschuß des Landtages herzustellen."

1264 „§ 141 Einführung des Faches Lebensgestaltung-Ethik-Religionskunde

Das Fach Lebensgestaltung-Ethik-Religionskunde gemäß § 11 Abs. 2 wird ab Schuljahr 1996/97 entsprechend den personellen, sächlichen und schulorganisatorischen Möglichkeiten schrittweise und nach erfolgreicher Erprobung eingeführt. Die staatlichen Schulämter können eine Schülerin oder einen Schüler auf Antrag der Eltern vom Unterricht im Fach Lebensgestaltung-Ethik-Religionskunde befreien, wenn ein wichtiger Grund dies rechtfertigt. Bei Schülerinnen und Schülern, die das 14. Lebensjahr vollendet haben, tritt der eigene Antrag an die Stelle des Antrages der Eltern. Für die befreiten Schülerinnen und Schüler soll hinreichender Unterricht oder eine angemessene Förderung gewährleistet sein. Das Nähere legt das für Schule zuständige Ministerium durch Verwaltungsvorschriften fest. Dazu ist rechtzeitig und nach umfassender Information das Benehmen mit dem für Schule zuständigen Ausschuß des Landtages herzustellen. Nach Ablauf von fünf Jahren seit Inkrafttreten des Gesetzes werden diese Bestimmungen überprüft."

1265 Die Beschwerdeführer und Antragsteller rügten, das Fach „LER" entspreche nicht dem Religionsunterricht, der nach Art. 7 Abs. 3 Satz 1 GG an Schulen eingeführt und gelehrt werden müsste. Das Land Brandenburg berief sich zur Rechtfertigung der gerügten landesrechtlichen Regelung auf die Ausnahmeklausel des Art. 141 GG, da die in der sowjetischen Besatzungszone in der Mark Brandenburg geltende Verfassung vom 6. Februar 1947 in ihrem Art. 66 regelte, dass „das Recht der Religionsgemeinschaften auf Erteilung von Religionsunterricht in den Räumen der Schule" gewährleistet sei. Danach sei in der

Nach der mündlichen Verhandlung vor dem Bundesverfassungsgericht am 26. Juni 2001 hat dieses im Juli 2001 angeregt, den Streit einvernehmlich beizulegen.[1266] Hierzu hat es im Dezember 2001 einen Vergleichsvorschlag[1267] gemacht.[1268] Die-

---

Verfassung der DDR von 1949 festgelegt gewesen, dass der Religionsunterricht in den Aufgabenbereich der Religionsgemeinschaften fiele. Bis 1967 habe er noch in den Räumen der Schule stattgefunden; danach sei er als Schulfach in der Verfassung der DDR nicht mehr erwähnt worden. Er sei von den Religionsgemeinschaften sodann außerhalb der Schulräume und -zeit abgehalten worden. Nach Ansicht der Landesregierung soll die 1949 herrschende Rechtslage i.V.m. der sog. „Bremer Klausel" das Land Brandenburg bis heute von der Pflicht zur Erteilung des Religionsunterrichts in Form eines ordentlichen Schulfaches befreien.
Gegen die Geltung des Art. 141 GG zugunsten des Landes Brandenburg wurde von den Beschwerdeführern und Antragstellern eingewandt, für dessen Anwendung komme es nicht auf eine räumliche Identität des Landes mit der Mark Brandenburg, welche zwar nicht völlig, aber zu sehr weiten Teilen gegeben sei, an, sondern auf eine „ungebrochene Identität als Rechtssubjekt". An dieser fehle es.
Neben dem völligen Fehlen des Religionsunterrichts als ordentliches Schulfach rügten die Antragsteller auch die mangelhaften Befreiungsmöglichkeiten vom Schulfach „LER". Eine verpflichtende Teilnahme käme allenfalls für Schüler in Betracht, die ihrerseits nicht am Religionsunterricht teilnehmen wollen. Schüler, die an einem nicht angebotenen Religionsunterricht teilnehmen würden, müssten eigentlich befreit werden. (Pressemitteilung 62/2001 der Pressestelle des Bundesverfassungsgerichts vom 11. Juni 2001).

1266 Pressemitteilung 78/2001 der Pressestelle des Bundesverfassungsgerichts vom 20. Juli 2001; „Verfassungsgericht regt Einigung im LER-Verfahren an", FAZ Nr. 167 (21. Juli 2001), S. 4.

1267 BVerfGE 104, 305 [306ff.]: Dieser Vergleichsvorschlag beinhaltet die Verpflichtung für die Landesregierung Brandenburgs, einen Gesetzentwurf zur Änderung des Brandenburgischen Schulgesetzes in den Landtag so rechtzeitig einzubringen, dass das Änderungsgesetz bereits zum Beginn des Schuljahres 2002/2003 in Kraft treten kann. Bis dahin soll die derzeitige Fassung des Brandenburgischen Schulgesetzes unberührt bleiben.
In der Vereinbarung wurden auch Inhalte für das Änderungsgesetz festgelegt. Die wichtigsten sind, dass Religionsunterricht als ordentliches Schulfach ab einer Teilnehmerzahl von mindestens 12 Schülern und Schülerinnen stattzufinden habe. Es soll den Schülern im Übrigen zeitlich möglich sein, sowohl das Fach LER, als auch den Religionsunterricht zu besuchen. Auf Wunsch der teilnehmenden Schüler bzw. deren Eltern sollen die Leistungen im Fach Religion in die Leistungsbewertung aufgenommen werden. Die Abmeldung vom Fach LER soll bei Teilnahme am Religionsunterricht durch einfache Erklärung erfolgen können. Außerdem soll eine Schiedsstelle zur Schlichtung etwaiger Meinungsverschiedenheiten über den Vollzug der Vorschriften eingerichtet werden und die Antragsteller bzw. Beschwerdeführer verpflichtet werden, binnen eines Monats nach In-Kraft-Treten des entsprechenden Änderungsgesetzes den Normenkontrollantrag und die Verfassungsbeschwerden gegenüber dem Bundesverfassungsgericht zurückzunehmen. Ob diese Vereinbarung Grundlage einer einvernehmlichen Einigung werden kann, sollten die Beteiligten bis zum 31. Januar 2002 erklären. Die meisten stimmten dem Vorschlag zu.

1268 „Karlsruhe regt Aufwertung des Religionsunterrichts an", FAZ Nr. 289 (12. Dezember 2001), S. 2.

ser wurde von einigen Beschwerdeführern, der Landesregierung und den Kirchen angenommen, woraufhin am 1. August 2002 ein neues Brandenburgisches Schulgesetz in Kraft getreten ist.[1269] Daraufhin nahmen die Beschwerdeführer ihre Anträge größtenteils zurück und auch die Normenkontrolle wurde für erledigt erklärt.[1270]

Durch Urteil vom 31. Oktober 2002 wurde nun abschließend entschieden. Die zurückgenommenen bzw. für erledigt erklärten Verfahren wurden eingestellt, die unverändert anhängigen Verfahren, deren Antragsteller den einleitenden Antrag nicht zurückgenommen hatten, wurden verworfen. Sie waren unzulässig geworden, weil dem Gesetz, gegen das sie sich richteten, inzwischen keine Geltung mehr zukam.[1271] Ein Antrag auf Erlass einer einstweiligen Anordnung, mit der verhindert werden sollte, dass der Landtag von Brandenburg eine Änderung des Brandenburgischen Schulgesetzes berät und verabschiedet, wurde abgewiesen[1272], eine gegen das Schulgesetz in der neuen Fassung angestrengte Verfassungsbeschwerde[1273] wurde nicht zur Entscheidung angenommen.[1274]

B. Das Verfahren gegen Vorschriften, die den so genannten Stromvertrag flankieren

Eine solche Empfehlung zur einvernehmlichen Streitbeilegung ist – soweit ersichtlich – vorher erst einmal vorgekommen. In dem angesprochenen Verfahren erhoben 164 Städte und Gemeinden Verfassungsbeschwerde gegen Vorschriften, die den sog. „Stromvertrag“[1275] flankierten.[1276] Am 27. Oktober 1992 kam es in Stendal zu einer mündlichen Verhandlung. Dieser Verhandlungsort wurde gewählt,

---

1269 „Karlsruhe verwirft LER-Beschwerden“, SZ Nr. 263 (14. November 2002), S.9.

1270 BVerfGE 106, 210 [212].

1271 BVerfGE 106, 210 [213ff.].

1272 BVerfGE 105, 235 [236].

1273 „Karlsruhe verwirft LER-Beschwerden“, SZ Nr. 263 (14. November 2002), S.9.

1274 BVerfG 1 BvR 1406/02, Beschluss vom 8.01.2004, EuGRZ 2004, S. 112 (112).

1275 Die Energieversorgungsunternehmen RWE, PreussenElektra und Bayernwerk wollten das Stromgeschäft im Osten unter sich aufteilen und hatten 1990 mit der Regierung de Maizière einen Vertrag geschlossen, der ihnen das Leitungsnetz der DDR und die Energiekombinate versprach. Gleichzeitig wurde von dieser Regierung aber ein Gesetz verabschiedet, das die Energieversorgung als „kommunale Selbstverwaltungsaufgabe“ einordnete. Auf diesem Gesetz bestanden die klagenden Städte und Gemeinden. („Nützliches Erbe“, in: Der Spiegel, Ausgabe 44/1994, S. 158ff.)

1276 Pressemitteilung 41/1992 der Pressestelle des Bundesverfassungsgerichts vom 30. September 1992; „Karlsruhe regt Aufwertung des Religionsunterrichts an“, FAZ Nr. 289 (12. Dezember 2001), S. 2.

weil Beschwerdeführer aus den neuen Bundesländern betroffen waren.[1277] Im Vorfeld zeichnete sich schon ab, dass das Bundesverfassungsgericht nicht am Stromvertrag festhalten würde, da dies die Ost- im Vergleich zu den Westkommunen, die ihre Stromversorgung und den damit verbundenen Profit oft über die Stadtwerke sicherstellten, in Zwei-Klassen-Kommunen aufgeteilt hätte: Die reichen West- und die armen Ostgemeinden und -städte.[1278] Deswegen hofften die westdeutschen Stromkonzerne auf eine „juristische Mittellösung" und zeigten sich kompromissbereit.[1279] Nach Durchführung der mündlichen Verhandlung nahmen die Beschwerdeführer im Jahr 1993 nach erfolgreicher Einigung ihre Anträge zurück und das Verfahren endete ohne Sachentscheidung.[1280] Dem war ein Vergleichsvorschlag des Zweiten Senates des Bundesverfassungsgerichts vorangegangen, dessen Inhalt aber nicht öffentlich bekannt geworden ist.[1281] Diesem Vergleichsvorschlag haben die Beteiligten vor ihrer Antragsrücknahme zugestimmt.[1282]

Unklar blieb bei diesem Verfahren allerdings, wer genau bei einem derartigen Vorgehen als Beteiligter einzustufen ist. Geklagt hatten die betroffenen Städte und Gemeinden. Fraglich aber ist, wer deren Vergleichspartner gewesen sein sollen. Verfassungsbeschwerdeverfahren wie auch die Normenkontrollen sind keine kontradiktorischen Verfahren. Das bedeutet, dass es keinen Klage- bzw. Antragsgegner gibt. Dieser Aspekt wird näher zu untersuchen sein.

C. Die Möglichkeit der „friedlichen Streitbeilegung" im verfassungsrechtlichen Verfahren

Auch hier stellt sich die Frage nach der Kompetenz des Bundesverfassungsgerichts für ein derartiges Handeln. Diese Art des Tätigwerdens ist im BVerfGG im Gegensatz zu anderen Gerichtsordnungen[1283] nicht ausdrücklich geregelt.

Im Unterschied zu der im Hauptteil behandelten Problematik der ungeschriebenen Tenorierungsvarianten wäre eine solche Kompetenz aber weniger bei den Vor-

---

1277 Pressemitteilung 41/1992 der Pressestelle des Bundesverfassungsgerichts vom 30. September 1992; „Nützliches Erbe" in: Der Spiegel Ausgabe 44/1992, S. 158 [158].

1278 „Nützliches Erbe" in: Der Spiegel, Ausgabe 44/1992, S. 158 [159].

1279 „Nützliches Erbe" in: Der Spiegel, Ausgabe 44/1992, S. 158 [159].

1280 Auskunft der Pressestelle des Bundesverfassungsgerichts vom 9.August 2001.

1281 Auskunft der Pressestelle des Bundesverfassungsgerichts vom 9.August 2001.

1282 „Verfassungsgericht regt Einigung im LER-Verfahren an", FAZ Nr. 167 (21. Juli 2001), S. 4; „Karlsruhe regt Aufwertung des Religionsunterrichts an", FAZ Nr. 289 (12. Dezember 2001), S. 2.

1283 So zum Beispiel für die ordentliche Gerichtsbarkeit in §§ 118 Abs. 1 Satz 3, 279, 492 Abs. 3 ZPO.

schriften über die Entscheidung des Gerichts als vielmehr bei den Vorschriften über das eigentliche verfassungsgerichtliche Verfahren zu suchen. Denn in der beschriebenen Situation steht eine Entscheidung in Form eines verfahrensbeendenden Urteils zwar relativ kurz bevor, jedoch ergeht dieses gerade nicht. Vielmehr kommt es zu einem Beschluss, der einen Vergleichsvorschlag zum Inhalt hat. Dieser soll bewirken, dass die verfahrenseinleitenden Anträge nach einer Einigung auf Basis dieses Vorschlages zurückgenommen werden und insofern auf ein entsprechendes Urteil verzichtet werden kann.[1284]

Vergleicht man diese neue Tendenz in der Praxis des Bundesverfassungsgerichts mit der gerade behandelten Problematik der Entscheidung trotz Antragsrücknahme, stellt man fest, dass ein genau gegenläufiges Ergebnis angestrebt wird. In den vorher dargestellten Fällen wurde entschieden, obwohl die Anträge zurückgenommen worden waren. Hier soll Ziel der Neuerung nun der Verzicht auf eine Sachentscheidung sein, obwohl das Gericht möglicherweise zur Beendigung des Verfahrens durch eine Entscheidung gezwungen sein könnte.

1. Die Existenz eines Entscheidungszwanges für das Bundesverfassungsgericht

Bestünde für das Bundesverfassungsgericht ein Entscheidungszwang in anhängig gemachten Verfahren, wären Bemühungen um eine friedliche Streitbeilegung verfahrensrechtlich unzulässig.

a. Das Bestehens eines Entscheidungszwanges aus § 78 BVerfGG

§ 78 BVerfGG gibt Anhaltspunkte über den notwendigen Inhalt einer Entscheidung des Bundesverfassungsgerichts im abstrakten Normenkontrollverfahren.[1285] Für das konkrete Normenkontrollverfahren ergibt sich der essentielle Inhalt des Tenors aus § 82 Abs. 1 i.V.m. § 78 BVerfGG; für die Verfassungsbeschwerde regelt diese Frage § 95 Abs. 2, 3 BVerfGG.

Insgesamt ist dem Wortlaut dieser Vorschriften zu entnehmen, dass das Bundesverfassungsgericht ein Urteil zum Abschluss eines Verfahrens dann zu treffen hat, wenn Entscheidungsreife eingetreten ist. Dem Wortlaut der Anregung zur gütlichen Einigung im LER-Verfahren lässt sich nicht entnehmen, inwiefern das Bun-

---

1284 So gerade geschehen im LER-Verfahren, woraufhin das Gericht diese Verfahren durch Beschluss vom 31.10.2002 (BVerfGE 106, 210) eingestellt hat.

1285 Kommt das Bundesverfassungsgericht zu der Überzeugung, dass ein Gesetz nicht mit der Verfassung übereinstimmt, so erklärt es dieses für nichtig; kommt es nach Überprüfung der gerügten Norm zu dem Ergebnis, dass diese mit dem Grundgesetz in Einklang steht, so stellt es die Verfassungsmäßigkeit der Norm fest.

desverfassungsgericht nach der ersten mündlichen Verhandlung am 26. Juni 2001 oder in einer nachfolgenden Beratung schon zu einem Ergebnis hinsichtlich der Verfassungsmäßigkeit der Norm gekommen war. Die Presseerklärung zu dem Einigungsvorschlag erweckt den Eindruck, der Erste Senat sei zu diesem Zeitpunkt noch weitgehend unschlüssig gewesen, wie diese Rechtsfrage im Ergebnis zu entscheiden sei.[1286] Problematisch war es wohl, zu beurteilen, ob das Land Brandenburg die Ausnahmeklausel des Art. 141 GG für sich in Anspruch nehmen konnte. Darüber hinaus war zu bewerten, ob LER den Religionsunterricht i.S.d. Art. 7 Abs. 3 Satz 1 GG abdecken kann, bedeutet diese Abkürzung doch „Lebensgestaltung – Ethik – *Religionskunde*“. Insofern darf man an der Entscheidungsreife im Zeitpunkt der Anregung einer einvernehmlichen Streitbeilegung zweifeln.

Geht man im Ergebnis davon aus, dass das Bundesverfassungsgericht die Anregung zur einvernehmlichen Verständigung gegeben hat, als das Verfahren noch nicht entscheidungsreif war, kann zumindest aus § 78 BVerfGG kein Entscheidungszwang hergeleitet werden.

Allgemein kann an dieser Stelle aber festgehalten werden, dass ein Vergleichsvorschlag jedenfalls immer dann wegen § 78 BVerfGG unzulässig ist, wenn das Gericht von der Verfassungswidrigkeit des streitigen Gesetzes überzeugt ist und somit Entscheidungsreife eingetreten ist. Seiner Funktion als „Hüter der Verfassung“ kann es dann nur durch eine entsprechende Sachentscheidung gerecht werden.

b. Die Herleitung eines Entscheidungszwanges aus § 25 BVerfGG

§ 25 BVerfGG regelt den Grundsatz der Mündlichkeit[1287]. Das Bundesverfassungsgericht entscheidet, soweit nichts anderes bestimmt ist und die Beteiligten nicht darauf verzichten, aufgrund mündlicher Verhandlung.[1288] Dieser Vorschrift ist darüber hinaus aber keine Pflicht zu entnehmen, das Verfahren mit einem Urteil zu beenden. § 25 BVerfGG ist durch das Anregen einer „gütlichen Einigung“ nicht tangiert.

c. Das Bestehen eines Entscheidungszwanges wegen des Justizgewährungsanspruches

Ein Entscheidungszwang für das Bundesverfassungsgericht ergibt sich grundsätzlich allerdings aus dem Justizgewährungsanspruch.[1289] Dieser wird aus dem

---

1286 Pressemitteilung 78/2001 der Pressestelle des Bundesverfassungsgerichts vom 20. Juli 2001.

1287 *Lechner/Zuck*, BVerfGG, § 25, Rn. 1.

1288 *Lechner/Zuck*, BVerfGG, § 25, Rn. 1.

1289 *Kirchhof*, FS für die Universität Heidelberg, S. 11 [30].

Selbsthilfeverbot und dem staatlichen Gewaltausübungsmonopol hergeleitet.[1290] Seine gesetzliche Regelung findet er, soweit das Begehren vor Gericht gegen hoheitliche Maßnahmen gerichtet ist, in Art. 19 Abs. 4 GG.[1291] Aus Art. 19 Abs. 4 GG ergibt sich, dass ein effektiver und umfassender Rechtsschutz gewährleistet sein muss.[1292] Dies ist nur der Fall, wenn der Rechtsschutz so ausgestaltet ist, „dass die (behauptete) Rechtsverletzung wirksam sanktioniert werden kann."[1293] Hierzu gehört aber auch ein Entscheidungszwang für den Richter[1294], denn ohne entsprechende Entscheidung käme es nicht zur Sanktionierung der Rechtsverletzung durch die öffentliche Gewalt.

Zu beachten ist hier, dass Art. 19 Abs. 4 GG eine Vorschrift ist, die den in seinen Rechten Verletzten schützten soll. Das ergibt sich schon aus ihrem Charakter als Justizgrundrecht.[1295] Das bedeutet aber gleichzeitig, dass der Einzelne nicht gezwungen werden kann, sein verletztes Recht durch die Gerichte ahnden zu lassen, also den ihm zustehenden Rechtsschutz auch wahrzunehmen.[1296] Es kann also auch keine Pflicht für den Einzelnen geben, ein einmal angestrengtes Verfahren immer zu Ende zu führen, wenn er dies nicht will. Verzichtet der Antragsteller also wirksam auf eine Sachentscheidung, ist dem Sinn und Zweck des Justizgewährungsanspruches angemessen Rechnung getragen. Für das Gericht besteht ein Zwang zur Entscheidung aus Art. 19 Abs. 4 GG dann nicht mehr.

Nehmen, wie im LER-Verfahren, nach der Neuregelung der Materie nicht alle Antragsteller ihre Anträge auf Verfassungsbeschwerde zurück, sondern halten einige an diesen fest, haben sich die Verfahren, in denen der Antrag zurück genommen worden ist, jedenfalls erledigt. Über die restlichen Anträge ist zu entscheiden. Im Falle des LER-Verfahrens wurden sie für unzulässig erklärt, weil der Verfahrensgegenstand inzwischen entfallen war.[1297]

1290 *Kirchhof*, FS für die Universität Heidelberg, S. 11 [30]; *Schlette*, Der Anspruch auf gerichtliche Entscheidung, S. 23.

1291 AK-GG-*Wassermann*, 3. Auflage, Art. 103, Rn. 12.

1292 *Schlette*, Der Anspruch auf gerichtliche Entscheidung, S. 24; *Heyde*, in: Benda/Maihofer/Vogel, Handbuch des Verfassungsrechts, § 33, Rn. 46.

1293 *Schlette*, Der Anspruch auf gerichtliche Entscheidung, S. 24.

1294 *Heyde*, in: Benda/Maihofer/Vogel, Handbuch des Verfassungsrechts, § 33, Rn. 49.

1295 *Heyde*, in: Benda/Maihofer/Vogel, Handbuch des Verfassungsrechts, § 33, Rn. 46.

1296 *Hund*, FS für Faller, S. 63 [70].

1297 BVerfGE 106, 210 [213ff.].

d. Die Existenz eines Entscheidungszwanges aus Art. 103 Abs. 1 GG

Art. 103 Abs. 1 GG regelt das grundrechtsgleiche[1298] Recht auf rechtliches Gehör. Er gewährleistet u.a. die Möglichkeit, sich vor Gericht zur eigenen Streitsache äußern zu können.[1299] Dies muss in effektiver Weise gewährleistet werden. Das bedeutet, dass das Gericht beispielsweise Informations- und Hinweispflichten hat, Äußerungsrechte nicht verkürzen darf und seine Entscheidung begründen muss.[1300] Damit sagt diese Vorschrift aber nicht aus, dass das Bundesverfassungsgericht ein Verfahren nur durch Urteil beenden dürfte.

e. Die Herleitung eines Entscheidungszwanges aus dem objektiven Zweck der verfassungsgerichtlichen Verfahren

Hat eine Verfahrensart einen überwiegend objektiven Zweck, könnte sich die Pflicht des Gerichts, am Ende eines Verfahrens durch Urteil zu entscheiden, aus diesem objektiven Verfahrenszweck i.V.m. einem evtl. bestehenden öffentlichen Interesse an einer Entscheidung ergeben. Hierauf wurde schon eingehender anlässlich der Erörterung der Kompetenz zur Entscheidung trotz Antragsrücknahme eingegangen.[1301]

Ein solch objektiver Zweck wird vor allem den Normenkontrollverfahren zugeschrieben. Sinn dieser beiden Verfahren ist die Kontrolle von Normen hinsichtlich ihrer Verfassungsmäßigkeit losgelöst von einer konkreten, subjektiven Rechtsverletzung. Bei der konkreten Normenkontrolle besteht hierfür zwar ein konkreter Anlass, nämlich die Vorlage eines Richters, an dessen Gericht ein Verfahren anhängig ist, für dessen Entscheidung es auf die Gültigkeit der für verfassungswidrig gehaltenen Norm ankommt. Bei Normenkontrollverfahren gibt es aber immer auch ein allgemeines Interesse an der Kontrolle der Norm. Normen gelten bekanntlich allgemein verbindlich und nicht nur für den Einzelfall, der Anlass für das Kontrollverfahren war. Deswegen ist es auch von allgemeinem Interesse, zu erfahren, ob eine Norm verfassungsgemäß ist, wenn ihre Grundgesetzkonformität in Frage steht. Da in solchen Fällen nur eine Entscheidung des Gerichts Klarheit schaffen kann, kann man aus dem allgemeinen Interesse i.V.m. dem objektiven Zweck des Verfahrens einen Entscheidungszwang für das Bundesverfassungsgericht herleiten. Wiche man auf einen „Vergleich" aus, käme die Einschätzung des Gerichts bezüglich der Verfassungsmäßigkeit der Norm nicht deutlich zum Aus-

---

1298 *Degenhart*, in: Sachs, Grundgesetz, Komm., Art. 103, Rn. 2.
1299 *Degenhart*, in: Sachs, Grundgesetz, Komm., Art. 103, Rn. 8.
1300 *Degenhart*, in: Sachs, Grundgesetz, Komm., Art. 103, Rn. 9f.
1301 Vgl. hierzu im Dritten Teil unter I B.

druck. Ist diese verfassungswidrig, wird dies nicht mit den entsprechenden Folgen[1302] allgemein verbindlich entschieden.

Im Verfassungsbeschwerdeverfahren wird der objektive Zweck vom subjektiven Charakter des Verfahrens dagegen eindeutig überlagert. Hierzu wurde oben[1303] festgestellt, dass, eine Entscheidung des Gerichts nicht mehr möglich ist, wenn der verfahrenseinleitende Antrag einmal wirksam zurückgenommen wurde. Für das Verfassungsbeschwerdeverfahren existiert also kein Entscheidungszwang.

Das Organstreitverfahren ist durch seinen objektiven Zweck geprägt. Das bedeutet, dass dieser objektive Zweck i.V.m. einem öffentlichen Interesse an dem Urteil durchaus einen Entscheidungszwang begründet.

Hinsichtlich der Verfahren, für die ein Entscheidungszwang denkbar ist, ist aber Folgendes anzumerken: Bei der Erörterung der Zulässigkeit der Rücknahme des verfahrenseinleitenden Antrages wurde schon dargestellt, dass das Gericht über das Vorliegen eines hinreichenden öffentlichen Interesses entscheidet.[1304] Ein solches ist notwendig, um die verfahrensbeendende Antragsrücknahme als unzulässig und damit unwirksam einstufen zu können. Hängt das Bestehen eines etwaigen Entscheidungszwanges von der Bejahung eines solchen öffentlichen Interesses ab, läuft dies faktisch ins Leere, da sich das Bundesverfassungsgericht durch Ablehnung dieses öffentlichen Interesses selbst von der Entscheidungspflicht befreien kann.

Im vorliegenden Verfahren über die Einführung des Unterrichtsfaches LER an den Schulen Brandenburgs konnte das Bundesverfassungsgericht von einer Entscheidung selbst dann absehen, wenn man von einem Entscheidungszwang ausgegangen wäre und objektiv ein öffentliches Interesse an der Entscheidung bestanden hätte. Eine Entscheidung hätte das Land Brandenburg betroffen. Die gütliche Streitbeilegung sollte das Problem aber ebenfalls für ganz Brandenburg lösen, wodurch dem bestehenden allgemeinen Interesse an der Klärung der Rechtslage ausreichend Rechnung getragen worden ist.

Zusammenfassend kann man also feststellen, dass sich aus dem Überwiegen des objektiven Zweckes eines Verfahrens bei Bestehen eines öffentlichen Interesses an der Entscheidung zwar durchaus eine Pflicht für das Gericht herleiten lässt, ein Verfahren mit einem Urteil zu beenden. Jedoch wird eine solche Verpflichtung

---

1302 Als eine solche Folge ist beispielsweise das Erwachsen des Tenors der Entscheidung in Gesetzeskraft zu erwähnen, was diesem eine allgemein verbindliche Wirkung verleiht.

1303 Vgl. hierzu im Dritten Teil unter I B.

1304 *Hund*, FS für Faller, S. 63 [76].

weitgehend ins Leere laufen, da das Bundesverfassungsgericht über die Frage des Bestehens eines öffentlichen Interesses selbst entscheidet und diese Entscheidung an der seiner Meinung nach bestehenden Notwendigkeit für die gütliche Streitbeilegung ausrichten wird. Darüber hinaus kann der Vorschlag für eine solche einvernehmliche Streitbeilegung so gestaltet werden, dass dem öffentlichen Interesse an der Klärung der Rechtslage auch auf diese Weise Rechnung getragen wird.

Es wäre wünschenswert, dass der Gesetzgeber tätig wird und regelt, in welchen Einzelfällen das Gericht ein Verfahren nur durch Urteil beenden kann und wann hierfür ein allgemeines Interesse besteht.

2. Die Kompetenz zu derartigen Anregungen

Im BVerfGG existiert keine Regelung, die es dem Bundesverfassungsgericht ausdrücklich gestattet, eine außergerichtliche Streitbeilegung anzuregen. Aus § 17 BVerfGG ergibt sich, dass für den Fall einer Regelungslücke im BVerfGG Normen des GVG anwendbar sind. Dies gilt allerdings nur im Hinblick auf die Öffentlichkeit der Verhandlung, die Sitzungspolizei, die Gerichtssprache, die Beratung und die Abstimmung des Gerichts.

Insoweit kommt mangels ausdrücklicher Regelung also nur die Herleitung einer Kompetenz aus allgemeinen Grundsätzen in Betracht. Als ein solch allgemeiner Grundsatz ist das Offizialprinzip heranzuziehen. Dieses kommt vor allem in Strafverfahren zum Tragen[1305] und ihm wird entnommen, dass das Gericht „Herr des Verfahrens" ist.[1306] Das bedeutet also auch, dass es das Verfahren in gewissem Maß im Sinne des Gesetzes lenken kann.

In den verfassungsgerichtlichen Verfahren gilt weder der Offizial- noch der Dispositionsgrundsatz ohne Einschränkung.[1307] Welches Prinzip den Ablauf der einzelnen Verfahren überwiegend beeinflusst, ist unterschiedlich zu bewerten.[1308]

Bedeutung für die Verfahren kommt der Offizial- sowie der Dispositionsmaxime in dreierlei Hinsicht zu: Für den Beginn und den Fortgang des Prozesses, sowie für die Festlegung des Verfahrensgegenstandes.[1309] Dass die Einleitung eines Verfahrens vor dem Bundesverfassungsgericht eines Antrags bedarf, ergibt sich aus

---

1305 *Klein*, in: Benda/Klein, Lehrbuch, Rn. 279f.

1306 Im Gegensatz hierzu gilt im Zivilverfahren die Dispositionsmaxime. Dort bleibt den Parteien die Disposition über ihre Anträge weitgehend erhalten. (*Klein*, in: Benda/Klein, Lehrbuch, Rn. 280).

1307 *Klein*, in: Benda/Klein, Lehrbuch, Rn. 280.

1308 *Klein*, in: Benda/Klein, Lehrbuch, Rn. 284ff.

1309 *Klein*, in: Benda/Klein, Lehrbuch, Rn. 281.

§ 23 Abs. 1 BVerfGG.[1310] Insofern gilt hinsichtlich der Anrufung des Bundesverfassungsgerichts weitestgehend die Dispositionsmaxime.[1311]

Anders stellt sich dies für die Bestimmung des Streitgegenstandes dar. Zwar ergibt sich der Umfang des Streitgegenstandes unabhängig vom Verfahrenstyp aus dem verfahrenseinleitenden Antrag[1312], jedoch geht das Bundesverfassungsgericht bei seiner Urteilsfindung bisweilen legitimerweise über diesen hinaus. Insoweit kommt das Offizialprinzip zum Tragen.[1313] Dennoch wird der Verfahrensgegenstand im Grundsatz und überwiegend vom Antragsteller bestimmt.[1314]

Bezüglich der Frage der Entscheidung über die Beendigung eines verfassungsgerichtlichen Verfahrens gilt das Offizialprinzip in den einzelnen Verfahren in unterschiedlichem Maße.[1315] Dies wurde bereits ausführlich erörtert[1316].

Bei der Erörterung der Zulässigkeit der Antragsrücknahme im verfassungsrechtlichen Verfahren wurde jedenfalls festgestellt, dass dem Offizialprinzip eine gewisse Bedeutung letztlich für alle relevanten Verfahren zukommt. Bezüglich der Normenkontrollen und des Organstreites gilt es weitestgehend uneingeschränkt, so dass für diese sowie für alle anderen Verfahren mit überwiegend objektivem Verfahrenszweck eine Kompetenz des Gerichts zur Verfahrenslenkung in Form der Anregung zu einer außergerichtlichen Streitbeilegung aus der überwiegenden Geltung des Offizialprinzips hergeleitet werden kann. Das Gericht besitzt in diesen Fällen die Verfahrensherrschaft[1317] und insofern die Möglichkeit, lenkend in das Verfahren einzugreifen.

Im Ergebnis muss dies meines Erachtens aber auch für die Verfassungsbeschwerde gelten. Auch wenn bei dieser der subjektive Verfahrenszweck im Vordergrund steht, kann das Gericht die einvernehmliche Lösung des streitgegenständlichen Rechtsproblems vorschlagen.[1318] Die Dispositionsmöglichkeiten des Antragstellers werden hiervon schließlich nicht berührt. Das Gericht regt die einvernehmli-

---

1310 *Klein*, in: Benda/Klein, Lehrbuch, Rn. 282.
1311 *Klein*, in: Benda/Klein, Lehrbuch, Rn. 282.
1312 *Klein*, in: Benda/Klein, Lehrbuch, Rn. 283.
1313 Ähnlich: *Klein*, in: Benda/Klein, Lehrbuch, Rn. 283.
1314 *Klein*, in: Benda/Klein, Lehrbuch, Rn. 283.
1315 *Klein*, in: Benda/Klein, Lehrbuch, Rn. 284.
1316 Vgl. hierzu im Dritten Teil unter I B.
1317 *Klein*, in: Benda/Klein, Lehrbuch, Rn. 279.
1318 Insofern wird die Herrschaft des Bundesverfahrensgerichts über den Verfahrensablauf nicht durch die Dispositionsbefugnis des Antragstellers eingeschränkt.

che Verfahrensbeendigung lediglich an.[1319] Die letztendliche Entscheidung, ob dieser Anregung gefolgt wird, bleibt den Verfahrensbeteiligten vorbehalten. Nicht anders sieht dies das Bundesverfassungsgericht selbst. Aus der in jedem verfassungsgerichtlichen Verfahren - wenn auch nur eingeschränkt - geltenden Offizialmaxime resultiert also die Kompetenz des Gerichtes zur Anregung einer gütlichen Streitbeilegung.

3. Die Benachteiligung des Antragstellers

Das Gericht wahrt bei den bisher von ihm beschlossenen Vergleichsvorschlägen auch stets die Interessen der Antragsteller. Vor allem bei der Verfassungsbeschwerde kommt diesen besonderes Gewicht zu, will man den effektiven Rechtsschutz nicht verkürzen und den Antragsteller nicht in seiner Dispositionsbefugnis einschränken.

Die Interessen der Beschwerdeführer könnte man als gefährdet ansehen, da die Vergleichsverhandlungen das Verfahren zwangsläufig verzögern und bei Scheitern der Verhandlungen ein abschließendes Urteil später ergehen wird als bei Verzicht auf einen Schlichtungsversuch. Dem Interesse der Beteiligten an einem zügigen Verfahrensablauf wird dann Rechnung getragen, wenn die gütliche Einigung nur angeregt wird, wenn sich der Beschwerdeführer und die jeweils andere Vergleichspartei vor dem Vergleichsbeschluss grundsätzlich bereit erkläret haben, „über den Verfahrensgegenstand eine einvernehmliche Verständigung herbeizuführen“[1320]. Zu einer derartigen Erklärung wurden die zukünftigen Vergleichsparteien im LER-Verfahren im Juli 2001 mit Fristsetzung bis zum 5. November 2001 aufgefordert.[1321] Die zukünftigen Vergleichsparteien haben gegenüber dem Bundesverfas-

---

1319 Obwohl der Inhalt des Vergleichsvorschlag nicht verbindlich bzw. dessen Abschluss nicht zwingend ist, bleibt das Bundesverfassungsgericht dennoch Herr des Verfahrens, da es nach Annahme oder Ablehnung des Vorschlags immer noch entscheiden muss. Bei Annahme des Vorschlags sind die nicht für erledigt erklärten Anträge zu verwerfen. Bei Nichtannahme des Vergleichsvorschlags in der vorgeschlagenen Form ist über die anhängigen Verfahren immer noch sachlich zu entscheiden. Wird der Vergleichsvorschlag nicht oder nicht in vollem Umfang angenommen, ist das Verfahren unter Umständen nicht erledigt, so dass eine Sachentscheidung des Gerichts ebenfalls ergehen kann. Insofern haben die Vergleichsparteien also nur einen engen Spielraum, von dem Vergleichsvorschlag abzuweichen, wenn das Verfahren vor dem Bundesverfassungsgericht einvernehmlich erledigt werden soll.

1320 Pressemitteilung 78/2001 der Pressestelle des Bundesverfassungsgerichts vom 20. Juli 2001.

1321 Pressemitteilung 78/2001 der Pressestelle des Bundesverfassungsgerichts vom 20. Juli 2001.

sungsgericht vor Bekanntgabe des Vergleichsvorschlags ihre grundsätzliche Bereitschaft zu einer Einigung erklärt.[1322]

Im Übrigen wurde den Vergleichsparteien zur Annahme oder Ablehnung des Vergleichsvorschlages des Bundesverfassungsgerichts eine Frist bis zum 31. Januar 2002 gesetzt.[1323] Auch dies wirkt einer Prozessverschleppung entgegen und dient der Wahrung der Interessen aller Antragsteller.

4. Das Vorliegen eines „Parteiverfahrens“ und das Problem des Verfahrenszweckes

Wesen eines Vergleiches ist es gemäß § 779 BGB, dass durch ihn ein Streit oder die Ungewissheit der Parteien über ein Rechtsverhältnis im Wege gegenseitigen Nachgebens beseitigt wird. Beendet man durch einen Vergleich einen Streit vor Gericht, liegt ein Prozessvergleich vor.[1324] Im Zivilprozess sind die Parteien eines solchen Vergleiches die Parteien des Rechtsstreits. Im Verfassungsprozess dagegen ist nicht ganz so eindeutig, wer diese Parteien sein sollen. Die im BVerfGG aufgeführten Verfahren sind überwiegend nicht kontradiktorischer Art.[1325] Deshalb ist die Frage nach den Vergleichsparteien an dieser Stelle näher zu untersuchen.

a. Die abstrakte Normenkontrolle

Das abstrakte Normenkontrollverfahren ist eines der Verfahren, das das Bundesverfassungsgericht durch „friedliche Streitbeilegung“, also Einigung der Parteien, beendet hat.[1326] Im LER-Verfahren hatte die CDU/CSU-Fraktion des Bundestages einen Antrag auf abstrakte Normenkontrolle gegen Teile des brandenburgischen Schulgesetzes gestellt.[1327] Dazu war sie nach Art. 93 Abs. 1 Nr. 2 GG i.V.m. §§ 13 Nr. 6, 76 Abs. 1 BVerfGG berechtigt, da die Bundestagsfraktion der CDU/CSU mehr als ein Drittel der Mitglieder des Bundestages ausmachte.[1328]

1322 BVerfGE 104, 305 [306].

1323 BVerfGE 104, 305 [310]; Pressemitteilung 114/2001 der Pressestelle des Bundesverfassungsgerichts vom 11. Dezember 2001.

1324 *Zöller-Greger*, ZPO, § 278, Rn. 2.

1325 Die Normenkontroll-, wie auch die Verfassungsbeschwerdeverfahren kennen keinen Antragsgegner. Kontradiktorisch ist beispielsweise der Organstreit.

1326 Pressemitteilung 62/2001 der Pressestelle des Bundesverfassungsgerichts vom 11. Juni 2001.

1327 Pressemitteilung 62/2001 der Pressestelle des Bundesverfassungsgerichts vom 11. Juni 2001.

1328 Der Deutsche Bundestag hatte in der 14. Legislaturperiode seit 1998 mit allen Überhangmandaten 669 Abgeordnete; davon entfielen 245 Abgeordnete auf die CDU/CSU-

aa. Keine Einordnung als kontradiktorisches Verfahren

Das Verfahren der abstrakten Normenkontrolle ist kein kontradiktorisches Verfahren. Es existiert ein Antragsteller i.S.d. § 76 BVerfGG, der mit seinem Antrag die Überprüfung einer Norm durch das Bundesverfassungsgericht einleitet. Der Antragsteller sucht nicht etwa Rechtsschutz, weil er sich in seinen individuellen Rechten verletzt fühlt.[1329] Es existiert kein „Antragsgegner",[1330] wie es ihn z.B. im Zivilprozess oder auch im Organstreit i.S.d. Art. 93 Abs. 1 Nr. 1 GG, §§ 13 Nr. 5, 63ff. BVerfGG vor dem Bundesverfassungsgericht gibt. Unklar ist also, wer die Parteien des Vergleiches sein sollen, zwischen denen ein Streit beseitigt werden könnte, um gleichzeitig das Gerichtsverfahren zu beenden.

Faktisch richtet sich der Antrag im abstrakten Normenkontrollverfahren im Allgemeinen zwar gegen den Gesetzgeber, der die entsprechende Regelung erlassen hat. Dies gilt jedenfalls, wenn eine Normenkontrolle direkt nach Inkrafttreten eines Gesetzes zu dessen Überprüfung angestrengt wird. Dogmatisch handelt es sich aber um ein objektives Rechtssatzkontrollverfahren.[1331] Hier wird nicht die Verletzung subjektiver Rechte geltend gemacht. Vielmehr ist lediglich die Vereinbarkeit der streitigen Norm mit höherrangigem Recht zu prüfen und zu klären.[1332]

bb. Systemwidrigkeit eines Vergleichsvorschlags

Diesem objektiven Zweck der Normenkontrolle könnte es widersprechen, wenn das Bundesverfassungsgericht die Entscheidung über den Verfahrensgegenstand aus der Hand gibt und in die Disposition der Antragsteller einerseits und der gesetzgebenden Körperschaft andererseits stellt. Ziel des Verfahrens ist es schließlich, das Handeln der Legislative zu kontrollieren und objektiv über die Verfassungsmäßigkeit des gerügten Gesetzes zu entscheiden. Ein Hinwirken auf eine einvernehmliche Streitbeilegung erscheint daher eher systemwidrig, da es gerade nicht um einen für alle Beteiligten interessensgerechten Ausgleich geht.

Das Bundesverfassungsgericht gibt den Inhalt des Vergleichs durch Beschluss vorschlagsweise vor[1333] und beeinflusst so das Ergebnis dieser Einigung. Zwar müssen die „Parteien" den Entwurf des Gerichts zu einer Einigung nicht übernehmen.

Fraktion. (Kürschners Volkshandbuch Deutscher Bundestag, 89. Auflage, Stand 15. Mai 2000).

1329 *Klein*, in: Benda/Klein, Lehrbuch, Rn. 705.

1330 BVerfGE 1, 208 [209f.]; *Klein*, in: Benda/Klein, Lehrbuch, Rn. 709.

1331 *Klein*, in: Benda/Klein, Lehrbuch, Rn. 705.

1332 *Klein*, in: Benda/Klein, Lehrbuch, Rn. 705, 707.

1333 Der Vergleichsvorschlag ist in jedem Fall so ausgestaltet, dass durch seine Umsetzung eine verfassungskonforme Rechtslage hergestellt wird.

Dennoch ist eine sehr weitgehende Kontrolle des Gerichts bezüglich des Inhaltes des Vergleichs garantiert. Im Übrigen wären die Antragsteller einer Normenkontrolle in schon genanntem[1334] Maße zu einer wirksamen Antragsrücknahme auch ohne Einigungsbemühungen von gerichtlicher Seite berechtigt, wenn die allgemeine Bedeutung des Verfahrens nicht dessen Beendigung durch ein Urteil erfordert. Andererseits ist es zulässig[1335], dass das Gericht trotz Antragsrücknahme nach einer Einigung ein Urteil erlässt, wenn es wegen der allgemeinen Bedeutung des Verfahrens nach wie vor erforderlich ist. Insofern gibt das Gericht die Entscheidung über den Verfahrensgegenstand nur in einem von ihm eng gesteckten Rahmen aus der Hand.

b. Die konkrete Normenkontrolle

Für das konkrete Normenkontrollverfahren kann nichts wesentlich anderes gelten. Zwar liegt der Einleitung des Verfahrens ein konkreter Anlassfall zugrunde. Eigentlicher Verfahrensgegenstand ist jedoch ebenfalls die Vereinbarkeit der gerügten Norm mit höherrangigem Recht. Der initiative Antrag durch ein Gericht, das beispielsweise einen Zivilprozess zu entscheiden hat, macht diese Verfahrensart noch nicht zu einem Parteienverfahren. Der zugrunde liegende Rechtsstreit wird bei der konkreten Normenkontrolle nicht etwa zum Verfahrensgegenstand. Die gerügte Norm ist hinsichtlich ihrer Verfassungsmäßigkeit losgelöst vom konkreten Fall zu prüfen. Somit erscheint auch hier die Anregung der gütlichen Einigung der „Parteien" systemwidrig. Für die konkrete Normenkontrolle ist noch weniger als für die abstrakte Normenkontrolle klar, zwischen wem eine Einigung stattfinden soll. Ein solcher Einigungsvorschlag wurde in einem konkreten Normenkontrollverfahren aber bisher auch noch nicht unterbreitet.

c. Die Verfassungsbeschwerde

Im Verfassungsbeschwerdeverfahren sind ebenfalls keine Parteien in der Weise wie beispielsweise im Zivilverfahren beteiligt. Die Verfassungsbeschwerde dient zwar dem Individualrechtsschutz, soll also die Rechte des Einzelnen schützen.[1336] Dieser macht sie geltend und benennt auch den Akt der öffentlichen Gewalt, der in diese Rechte eingreift. Dennoch findet kein „Parteienprozess" statt. Der Antragsteller der Verfassungsbeschwerde ist wie eine Partei am Verfahren beteiligt. Ein Antragsgegner existiert nicht. Beteiligte des zukünftigen Vergleichs ist die öffentliche Gewalt, also z.B. die Behörde, die die Maßnahme vollzogen oder das Ge-

---

1334 Vgl. hierzu im Dritten Teil unter I B.
1335 Vgl. hierzu im Dritten Teil unter I B.
1336 *Benda*, in: Benda/Klein, Lehrbuch, Rn. 358.

setz erlassen hat, durch die bzw. das sich der Antragsteller in seinen Rechten verletzt fühlt.

Dennoch ist ein Unterschied zu den bisher genannten Verfahren ersichtlich. Bei der Verfassungsbeschwerde sind widerstreitende Interessen viel offensichtlicher. Zwischen diesen kann ein Ausgleich notwendig werden. Vorrangiger Zweck ist in diesen Verfahren auch nicht in erster Linie die objektive Kontrolle von Rechtssätzen[1337], sondern vielmehr der Schutz individueller Rechte des Einzelnen. Es kann zwar kein Vergleich mit unmittelbar prozessrechtlicher Wirkung[1338] zustande kommen. Jedoch ist eine dem Prozessvergleich angenäherte Lösung denkbar.

Zusammenfassend ist also festzustellen, dass weder an den im Falle des LER-Verfahrens anhängigen Verfassungsbeschwerden und abstrakten Normenkontrollen noch am Verfahren der konkreten Normenkontrolle zwei oder mehr Parteien beteiligt sind, die sich im Prozess gegenüber stünden. Vielmehr werden diese Verfahren nur durch Antrag einer Seite eingeleitet, ohne dass es einen Klagegegner im engeren Sinne gäbe. Die Parteien des Vergleichs sind also zum Teil außerhalb des eigentlichen Verfahrens zu suchen. Dies ist auch möglich, da kein verfahrensrechtlicher, sondern nur ein materiell-rechtlicher Vergleich angestrebt wird. Die nicht am Verfahren, aber am Vergleich Beteiligten stehen in irgendeiner Form mit dem Verfahrensgegenstand in Verbindung, wie zum Beispiel der Gesetzgeber des angegriffenen Gesetzes.

d. Der Vergleichsvorschlag im „LER-Verfahren“ vom 11. Dezember 2001

Im Fall des LER-Verfahrens hat der erste Senat des Bundesverfassungsgerichts einen Vergleichsvorschlag unterbreitet, den die „Beteiligten“ zum Gegenstand ihrer Einigung machen konnten. Aus diesem wird ersichtlich, wen das Bundesverfassungsgericht als Adressaten des Vorschlags und Beteiligte des „Rechtsstreits“ ansieht. Dies sind einerseits die Antragsteller bzw. Beschwerdeführer der anhängigen Verfahren, andererseits die Landesregierung Brandenburgs.[1339] Als Partei an den Verfahren hatte letztere natürlich nicht teilgenommen, weil dies im BVerfGG nicht vorgesehen ist.

1337 Dennoch darf das Bundesverfassungsgericht natürlich auch im Verfassungsbeschwerdeverfahren seine Funktion als objektiver Hüter der Verfassung nicht völlig vernachlässigen.

1338 Die prozessrechtliche Wirkung führt bei einem Prozessvergleich im Zivilverfahren automatisch zur Beendigung des Hauptverfahrens. (*Zöller-Greger*, ZPO, § 278, Rn. 2).

1339 BVerfGE 104, 305 [307].

Regelungen zur Frage der Parteien des Vergleiches in anderen Prozessordnungen beziehen sich hinsichtlich der Vergleichsparteien auf die Klagegegner.[1340] Im verfassungsgerichtlichen Verfahren wird aber auch kein Prozessvergleich im eigentlichen Sinne vorgeschlagen. Dem Prozessvergleich in der Zivilprozessordnung kommen wesentlich weitreichendere Folgen zu als das im verfassungsgerichtlichen Verfahren der Fall sein soll. Die direkt verfahrensbeendigende Wirkung des Prozessvergleichs in der ZPO[1341] wird dem im LER-Verfahren angestrebten Vergleich nicht zugeschrieben. Das ist daraus zu ersehen, dass die Pflicht der Antragsteller bzw. Beschwerdeführer, ihre Anträge zurückzunehmen und erst dadurch das Verfahren zu beenden, Gegenstand des Vergleichsvorschlags ist, also erst durch die Annahme der Parteien überhaupt entsteht[1342] und erst ausdrücklich erklärt werden muss. Außerdem ist der zivilprozessrechtliche Vergleich bei vollstreckbarem Inhalt gemäß § 794 Abs. 1 Nr. 1 ZPO auch Vollstreckungstitel.[1343] Diese Funktion kann dem vom Bundesverfassungsgericht angestrebten Vergleich mangels ausdrücklicher gesetzlicher Regelung ebenfalls nicht zukommen. Verfassungsgerichtliche Urteile werden nicht vollstreckt. Im Gegensatz zur Doppelnatur des zivilprozessrechtlichen Vergleichs[1344] kann der „verfassungsprozessrechtliche" außerdem nur materielle Wirkung dahingehend haben, dass Rechte und Pflichten der Beteiligten festgelegt werden, die letztendlich allerdings nicht wie zivilrechtliche Rechte und Pflichten durchsetzbar sind. Während der zivilprozessrechtliche unmittelbar zur Beendigung des Verfahrens führt und so jegliches Urteil ersetzt[1345], wird nach dem Vergleich im Verfassungsprozessrecht das Verfahren erst durch explizite Antragsrücknahme der Antragsteller[1346] beendet, bevor es überhaupt entscheidungsreif ist. Der eigentliche Prozessvergleich ist mit dem Gerichtsverfahren also viel enger und unmittelbarer verknüpft.

Nimmt – wie im LER-Verfahren – nur ein Teil der Beschwerdeführer seine Anträge zurück und kommt es zu einer Neuregelung der Materie, entfällt der ursprüngliche Gegenstand der anhängigen Verfassungsbeschwerden auch für die Antragsteller, die ihren Antrag nicht zurück nehmen. Die Anträge sind vom Bundesverfassungsgericht zu verwerfen. Die Antragsteller können sich allenfalls in einer weite-

---

1340 So z.B. die ZPO, die den Prozessvergleich ausdrücklich zwar nur als Vollstreckungstitel regelt, jedoch wiederholt von gütlicher Einigung spricht (§§ 118 Abs. 1 Satz 3, 279, 492 Abs. 3 ZPO), so *Jauernig*, Zivilprozessrecht, S. 192ff.

1341 *Jauernig*, Zivilprozessrecht, S. 192.

1342 BVerfGE 104, 305 [310].

1343 *Jauernig*, Zivilprozessrecht, S. 192.

1344 *Jauernig*, Zivilprozessrecht, S. 192.

1345 Das insofern, als er vollstreckbar sein kann und das Verfahren automatisch beendet.

1346 Dies ist beispielsweise eine Pflicht, die im Vergleich für die Antragsteller der verfassungsgerichtlichen Verfahren festgelegt ist. Sie ist daran geknüpft, dass der ursprüngliche Streitgegenstand entsprechend dem Inhalt des Vergleichs erledigt wird.

ren Verfassungsbeschwerde gegen das Gesetz in seiner neuen Fassung wenden, da dieses einen neuen Verfahrensgegenstand darstellt.

Daraus folgt, dass die Vergleichsparteien also nicht im engeren Sinne am Verfahren beteiligt sein müssen, da der angestrebte Vergleich im verfassungsgerichtlichen Verfahren keine prozessrechtlichen Wirkungen entfaltet. Dass in diesem auch Folgen für einen etwaigen Prozess, wie zum Beispiel die Verpflichtung zur Antragsrücknahme, vereinbart werden, ändert daran nichts.

Zusammenfassend ist festzustellen, dass das Gericht bei Vergleichsverhandlungen unterstützend tätig werden darf. Es wirkt auf eine außergerichtliche Einigung hin, die eine Entscheidung vermeiden soll, die nur eine Seite der Beteiligten begünstigen würde. In einem Urteil hätte das Gericht allein nach Kriterien der Verfassungsmäßigkeit der zukünftigen Rechtslage zu entscheiden. Zweckmäßigkeitserwägungen dürfte es nicht anstellen. Im Vergleichsvorschlag kann es, soweit dies im Rahmen der Verfassung zulässig ist, dagegen vermittelnde Vorschläge machen, die möglichst allen Interessen entsprechen und trägt so seinerseits zum Rechtsfrieden bei, ohne die Verfassungsmäßigkeit der zukünftigen Rechtslage zu gefährden. Die Ausgestaltung des eigentlichen Vergleichs bzgl. des Antragsgegenstandes liegt in der Disposition der Beteiligten. Jedoch würde eine verfassungswidrige Ausgestaltung des Vergleichs in Abweichung vom Vorschlag des Gerichts im Rahmen des verfahrensbeendenden Urteils des Gerichts sanktioniert werden müssen.

5. Ergebnis

Letztendlich handelt das Gericht beim Hinwirken auf eine einvernehmliche Streitbeilegung zwar ohne ausdrücklich formulierte Kompetenz, jedoch ist sein Handeln unter dem Gesichtspunkt der Geltung sowohl des Offizialprinzips als auch der Dispositionsmaxime im verfassungsgerichtlichen Verfahren als unbedenklich anzusehen. Diese Lösung bietet gerade die Möglichkeit, beiden Maximen zu möglichst weitreichender Geltung zu verhelfen und fördert den Rechtsfrieden.

Im Ergebnis steht fest, dass der Vergleich selbst keine direkte verfahrensrechtliche Wirkung haben kann. Er kann sich erst durch die explizit erklärte Antragsrücknahme der Beschwerdeführer und Antragsteller sowie durch die Entscheidung des Gerichts über die Antragsrücknahmen und Erledigterklärungen mittelbar auswirken.[1347]

Insgesamt ist festzustellen, dass das Bundesverfassungsgericht, wenn es vom BVerfGG abweicht und nach allgemeinen Grundsätzen tätig wird, im Hinblick auf

1347 Eine solche Entscheidung traf es im LER-Verfahren 1 BvF 1/96 (BVerfGE 106 [210]).

die gebotene richterliche Zurückhaltung und seine primäre Aufgabe als objektiver Hüter der Verfassung eine gütliche Streitbeilegung wie bisher nur ausnahmsweise in Betracht ziehen sollte. Im Allgemeinen sind zulässige Verfahren mit einem im Vordergrund stehenden objektiven Verfahrenszweck durch eine Sachentscheidung zu beenden. Im Fall der Verfassungsbeschwerde scheidet eine Möglichkeit der Verfahrensbeendigung durch Vergleich gänzlich aus, wenn der Beschwerdeführer eine Einigung von vorneherein ablehnt.

Vierter Teil
Schlussbetrachtung

Zusammenfassend kann festgestellt werden, dass das BVerfGG seinem Wortlaut nach lediglich zwei Tenorierungsformen vorsieht. Für den Fall der Verfassungsmäßigkeit des überprüften Gesetzes muss dieses vom Bundesverfassungsgericht für mit dem Grundgesetz vereinbar erklärt werden, für den Fall der Verfassungswidrigkeit der Norm ist deren Nichtigkeit festzustellen.

Die Nichtigkeit der Norm wird nicht etwa erst durch das Urteil des Bundesverfassungsgerichts bewirkt, sie tritt vielmehr schon *ipso iure* durch die Kollision mit der Verfassung ein. Dies ergibt sich aus der Theorie der *ipso iure* Nichtigkeit verfassungswidriger Gesetze, die bis heute – wenn auch nicht uneingeschränkt – Geltung beansprucht.

Unter dem Eindruck der Geltung dieses Grundsatzes wurden die genannten gesetzlichen Tenorierungsvarianten vom Gesetzgeber geregelt und für die einzig möglichen gehalten. Jedoch wurde nicht bedacht, dass dieser Grundsatz auch Einschränkungen erfahren kann und flexiblere Tenorierungsformen notwendig werden.

I. Die Teilnichtigerklärung

Von den beiden eben genannten und ausdrücklich in den §§ 78, 95 Abs. 3 BVerfGG geregelten Varianten abweichend wurden im Laufe der Jahre verschiedene Tenorierungsformen etabliert, so zum Beispiel die Teilnichtigerklärung. Man unterscheidet zwei Formen von Teilnichtigerklärungen, die quantitative und die qualitative. Inwiefern diese auf der Grundlage der §§ 78, 95 Abs. 3 BVerfGG ausgesprochen werden können, richtet sich danach, wie „Gesetz" im Sinne dieser Vorschriften zu verstehen ist. Der Begriff des „Gesetzes" entspricht seinem Umfang nach dem Prüfungs- und Verwerfungsgegenstand. Dessen Umfang richtet sich nach dem des Streitgegenstandes, so dass eine Teilnichtigerklärung grundsätzlich vom Wortlaut der §§ 78, 95 Abs. 3 BVerfGG umfasst sein muss, da Gesetze auch nur in Teilen zur Prüfung gestellt werden können. Das ist insbesondere bei der Verfassungsbeschwerde der Normalfall.

Allerdings sind die notwendigen Voraussetzungen einer quantitativen Teilnichtigerklärung im Unterschied zu einer Gesamtnichtigerklärung in den Tenorierungsvorschriften nicht näher geregelt. Eine solche darf dem Umfang nach nur erfolgen, wenn sie sich mindestens auf den verfassungswidrigen Teil erstreckt. Dies ergibt sich aus dem Grundsatz der *ipso iure* Nichtigkeit verfassungswidriger Gesetze. Darüber hinaus muss nach einer quantitativen Teilnichtigerklärung ein „Restgesetz" bestehen bleiben, aus dem ein klarer Regelungsgegenstand hervorgeht. Dies ist dem Grundsatz der Rechtssicherheit zu entnehmen. Außerdem muss das „Restgesetz" nach dem Gewaltenteilungsgrundsatz noch dem objektivierten gesetzgeberischen Willen entsprechen.

Gleiche Voraussetzungen gelten für die qualitative Teilnichtigerklärung, die sich dadurch auszeichnet, dass im Gegensatz zur quantitativen lediglich der Anwendungsbereich der geprüften Norm beschränkt wird, nicht jedoch ihr Wortlaut. Hinzu kommt aber eine Besonderheit. Hinsichtlich des Grundsatzes der Rechtssicherheit bestehen Bedenken. Bei dieser Art der Tenorierung bleibt der Normtext nämlich unverändert, so dass die Reichweite der Norm nach dem Urteil aus dieser selbst nicht erkennbar ist. Deshalb muss das Bundesverfassungsgericht den Tenor, der die qualitative Teilnichtigerklärung enthält, so fassen, dass der neue Umfang der für teilnichtig erklärten Norm diesem unmissverständlich entnommen werden kann. Er erwächst gemäß § 31 Abs. 2 BVerfGG in Gesetzeskraft und wird im Gesetzblatt veröffentlicht. Ein bloßer Verweis im Tenor auf die Urteilsgründe, aus denen sich die neue Reichweite der Norm ergibt, reicht dagegen nicht aus. Die Folgen der Teilnichtigerklärung im Allgemeinen entsprechen denen der klassischen Nichtigerklärung.

II. Die Gesamtnichtigerklärung

Eine weitere Tenorierungsvariante, die ihrem Umfang nach von der in § 78 BVerfGG explizit vorgesehenen Nichtigerklärung abweicht, ist die Gesamtnichtigerklärung, besser „Erstreckung der Nichtigerklärung" genannt. Die Verfassungswidrigkeit wird bei dieser Entscheidungsvariante auf Teile des Gesetzes oder der Norm erstreckt, die nicht schon *ipso iure* nichtig sind. Im Gegensatz zu der in § 78 Satz 2 BVerfGG geregelten Variante, dass die Nichtigerklärung auf Teile erstreckt werden darf, die aus denselben Gründen mit dem Grundgesetz nicht vereinbar sind wie der primär angegriffene Gesetzesteil, wird bei dieser Abweichung von § 78 Satz 1 BVerfGG die Nichtigerklärung auf Teile erstreckt, die für sich gesehen nicht mit der Verfassung kollidieren. Auch wenn dies in manchen Fällen mit einer Erweiterung des Streitgegenstandes über den Antragsgegenstand hinaus einher geht, ist es bei entsprechender Sachdienlichkeit der Erstreckung nicht zu beanstanden, da das Normenkontroll- und das Verfassungsbeschwerdeverfahren auch einen objektiven Charakter haben und der Sinn und Zweck des Antragsprinzips im Kern trotzdem gewahrt bleibt, solange überhaupt ein verfahrenseinleitender Antrag vorliegt. Darüber hinaus ist festzustellen, dass diese Gesamtnichtigerklärung bei Bestehen einer Dependenz bzw. Interdependenz zwischen den einzelnen Gesetzesteilen zulässig sein muss. Hängen nämlich entweder die an sich verfassungskonformen Teile von der verfassungswidrigen Regelung ab oder sind die verfassungskonformen und die verfassungswidrigen Teile notwendig miteinander verschränkt, ergibt sich deren Verfassungswidrigwerden aus der Nichtigkeit des ursprünglich schon verfassungswidrigen Teiles. Die verfassungskonformen Teile verstießen bei ihrem Weiterbestehen ohne den nichtigen Gesetzesteil ebenfalls gegen die Verfassung, weil sie derart isoliert nicht weiterbestehen können. Die Erstreckung der Nichtigkeit auf diese Teile ist also von Verfassung wegen geboten. Das ergibt sich z.B. aus dem Grundsatz der Rechtsklarheit. Der Grundsatz des *favor legis* legt nur das Verhältnis zwischen Teil- und Gesamtnichtigerklärung fest, dass es nämlich grundsätzlich verfassungsrechtlich geboten ist, die Teilnichtigerklärung einer Gesamtnichtigerklärung vorzuziehen und das Gesetz soweit wie möglich bestehen zu lassen. Auch die Folgen der Gesamtnichtigerklärung entsprechen denen der in § 78 BVerfGG ausdrücklich geregelten Nichtigerklärung.

III. Die Unvereinbarerklärung

Als Unvereinbarerklärung bezeichnet man die Tenorierungsvariante, die einerseits sehr praxisrelevant ist, andererseits die meisten Probleme aufwirft. Eine Aufteilung in Fallgruppen ist notwendig, um auf spezielle, sich aus der Tenorierung ergebende Probleme näher eingehen zu können.

Die erste Fallgruppe besteht aus den Fällen, bei denen der Verfassungsverstoß nicht oder nicht nur durch Nichtigerklärung der grundgesetzwidrigen Norm beseitigt werden kann. Hauptunterfallgruppe sind hierbei die Fälle des gleichheitswidrigen Begünstigungsausschlusses. Hier ist die Unvereinbarerklärung entgegen etlicher Stimmen in der Literatur nicht schon wegen eines zu befürchtenden Eingriffs in das Gewaltenteilungsprinzip erforderlich. Der Gesetzgeber hat es nach einer Nichtigerklärung selbst in der Hand, die Gesetzeslage zu gestalten. Allerdings liegen in den Fällen des gleichheitswidrigen Begünstigungsausschlusses nicht etwa mehrere verfassungswidrige Normen vor. Vielmehr ergibt sich die Verfassungswidrigkeit aus der Relation zweier Normen. Diese kann durch eine Nichtigerklärung aber nicht technisch genau aus der Rechtsordnung eliminiert werden. Man könnte allenfalls beide Normen insgesamt für nichtig erklären. Das würde über den eigentlich nichtigen Gesetzesteil weit hinausgehen. Deshalb muss das Bundesverfassungsgericht in diesen Fällen von einer Nichtigerklärung absehen und es bei einer Verfassungswidrigerklärung belassen. Diese Tenorierungsform gewährleistet auch ein besseres Folgenmanagement.

Eine weitere Unterfallgruppe der ersten Fallgruppe bilden die defizitären, aber nachbesserungsfähigen Gesetze, bei denen deshalb von einer Nichtigerklärung abzusehen sein soll, weil dem Gesetzgeber die Möglichkeit zur Nachbesserung nicht genommen werden dürfe. Gerade dessen Gestaltungsfreiheit wird durch die Nichtigerklärung aber überhaupt nicht eingeschränkt, so dass eine Unvereinbarerklärung hier nicht erforderlich und somit wegen des Verstoßes gegen den *ipso iure* Nichtigkeitsgrundsatz auch nicht zulässig ist.

Die zweite große Fallgruppe, in der eine Unvereinbarerklärung erfolgen muss, sind die Fälle, in denen die Beseitigung der Verfassungswidrigkeit durch Kassation der Norm nicht zugleich den verfassungsgemäßen Zustand wieder herstellt. Das tritt dann ein, wenn ein Regelungsauftrag für die Materie aus der Verfassung besteht, auf die sich das verfassungswidrige Gesetz bezog. Erklärte man dieses Gesetz nun für nichtig, wäre die Materie gänzlich ungeregelt und es entstünde ein noch verfassungsfernerer Zustand als bei Bestehen lassen der Altregelung. Von der Nichtigerklärung ist in solchen Fällen abzusehen, weil auch das Verfassungsgericht bei seinen Urteilen an die Verfassung gebunden ist und einen Verfassungsverstoß nicht noch vertiefen darf. Eine Unvereinbarerklärung ist bei einer solchen Konstellation also zwingend. Diese lässt die Norm grundsätzlich bestehen und suspendiert sie nur in ihrer Anwendung.

Auch die so genannten „Chaosfälle" fallen unter diese große, zweite Fallgruppe. Die Verfassungsbindung der Judikative zwingt das Gericht auch an dieser Stelle, einen noch verfassungsferneren Zustand zu vermeiden, der durch eine Nichtigerklärung ausgelöst würde. Bei den „Chaosfällen" entstünde nach einer Nichtigerklärung ein solcher Zustand, da durch das Fehlen dieser Regelung in rechtlicher oder tatsächlicher Hinsicht ein Chaos entstünde, das der Verfassung noch mehr zuwider liefe als die Situation, die durch die verfassungswidrige Norm bestanden hat. Ausnahmsweise kann in diesen Fällen der Grundsatz des effektiven Rechtsschutzes allerdings eine Nichtigerklärung erfordern. Dann ist abzuwägen, welchem Verfassungsgrundsatz der Vorrang zu geben ist und durch welche Tenorierungsvariante der Verfassung im Einzelfall besser zur Geltung verholfen wird.

Teilweise wird als letzte große Fallgruppe der Unvereinbarerklärung die der gesetzestechnischen Unmöglichkeit einer Nichtigerklärung angesehen. Darunter wären dann auch die Fälle des gleichheitswidrigen Begünstigungsausschlusses zu subsumieren. Eine Nichtigerklärung ist hier aus tatsächlichen Gründen nicht möglich, weil es keine greifbare Materie gibt, die für nichtig erklärt werden könnte.

Insbesondere die Folgen der Unvereinbarerklärung sind in Literatur und Rechtsprechung besonders umstritten. Das Bundesverfassungsgericht nimmt an, dass sie mit denen der Nichtigerklärung übereinstimmen. Das kann nicht zutreffen, da man durch die Unvereinbarerklärung gerade die unpassenden Folgen der Nichtigerklärung zu vermeiden sucht. Die Unvereinbarerklärung wäre als Tenorierungsvariante sonst ihres Sinnes beraubt. Daraus, dass die Unvereinbarerklärung nur in § 79 Abs. 1 BVerfGG, nicht aber in Abs. 2 erwähnt ist, ergibt sich, dass ihr keine Rückwirkung zukommt. Da sie die Norm nur in ihrer Anwendbarkeit suspendiert, diese aber grundsätzlich in der Rechtsordnung bestehen bleibt, lebt das vorher geltende Altrecht nach dem verfassungsgerichtlichen Urteil nicht wieder auf.

Darüber hinaus besteht die Möglichkeit, die Weitergeltung einer verfassungswidrigen Regelung anzuordnen, nur auf der Basis einer vorhergehenden Unvereinbarerklärung. Nach Ergehen einer Unvereinbarerklärung ist die Rechtslage zunächst in einen Schwebezustand versetzt. Es bedarf des Tätigwerdens des Gesetzgebers, um diese endgültig zu klären. Für die Gerichte und Behörden ergibt sich wegen dieses nach der Unvereinbarerklärung herrschenden Schwebezustandes eine weitergehende Aussetzungspflicht. Von der Entscheidung der Parallelfälle ist bis zu einer Neuregelung ebenfalls abzusehen. Sollte der Gesetzgeber untätig bleiben, hat das Gericht grundsätzlich keine Möglichkeit, diesen zur Beseitigung des Schwebezustandes zu zwingen. Allerdings kann diese Situation bei zu langer Dauer auch selbst wiederum verfassungswidrig werden, was die Wiedervorlage des ursprünglichen Streitgegenstandes und eine anschließend neue Entscheidung des Bundesverfassungsgerichts ermöglicht.

IV. Die Übergangsregelungen

Eine ebenfalls viel kritisierte Art der Entscheidung des Bundesverfassungsgerichts sind die Übergangsregelungen, die es gelegentlich „erlässt". Dies tut es zum einen in Form von Weitergeltungsanordnungen. Es ordnet die Weitergeltung des vorher für verfassungswidrig befundenen Rechts an. Eine Ermächtigung für diese Anordnungen sind für jeden Einzelfall einem Verfassungsgrundsatz, der *in concreto* eine Weitergeltung der Norm notwendig macht, zu entnehmen. Die Weitergeltung kann beispielsweise notwendig werden, wenn sonst ein noch verfassungsfernerer Zustand entstünde. Eine solche Weitergeltungsanordnung verlängert lediglich den Geltungsgrund des Gesetzes, der diesem bereits durch den Gesetzgeber verliehen worden ist. Sie muss nach einer Unvereinbarerklärung ausdrücklich angeordnet werden. Sie ist nicht schon als automatische Folge an diese Tenorierungsvariante geknüpft. Eine solche Anordnung darf zeitlich und inhaltlich nur insoweit ergehen, als sie von Verfassung wegen geboten ist.

Darüber hinaus ergehen im Urteil des Bundesverfassungsgerichts auch Übergangsregelungen im engeren Sinne. Solche treten als modifizierende Weitergeltungsanordnungen oder als gänzlich neue Regelungen für die Übergangszeit bis zu einem Tätigwerden des Gesetzgebers auf. Da das Gericht grundsätzlich nur kassierend tätig werden darf, auf diese Weise aber in einem Bereich agiert, der grundsätzlich dem Gesetzgeber zusteht, ist eine Ermächtigung für derartige Entscheidungen unverzichtbar. Eine solche stützt sich auch für die Übergangsregelungen im engeren Sinn auf den § 35 BVerfGG in Verbindung mit einem zwingenden Verfassungsgrundsatz, der diese Art des Tätigwerdens des Bundesverfassungsgerichts im Einzelfall notwendig macht. Ein Tätigwerden des Gerichts in dieser Art und Weise ist darüber hinaus nur dann zulässig, wenn der Gesetzgeber nicht selbst zeitnah eine eigenständige Regelung erlassen kann. Für die Fälle der Abtreibungsurteile war beispielsweise abzusehen, dass dies wegen der kontroversen Diskussion zu diesem Thema in Gesellschaft und Politik nicht der Fall sein würde.

Außerdem erlässt das Gericht im Sinne von Übergangsregelungen auch Weisungen an den Gesetzgeber, wie dieser nach einer Unvereinbarerklärung tätig werden soll. Diese Weisungen haben aber für die Legislative keine Bindungswirkung und dienen ihr allenfalls als Hilfestellung.

V. Die Appellentscheidung

Als letzte der möglichen Tenorierungsvarianten ist die Appellentscheidung zu nennen. Dass das Gericht hier eine verfassungsrechtlich bedenkliche Regelung noch bestehen lässt und für vereinbar erklärt, ist deswegen zulässig, weil die Regelung im Zeitpunkt der Entscheidung gerade noch mit dem Grundgesetz vereinbar ist. Bedenken hinsichtlich der zukünftigen Entwicklung der Regelung, die deren Verfassungswidrigwerden erwarten lassen, berechtigen noch nicht zu einer Nichtig- oder Unvereinbarerklärung.

Hinsichtlich der Appelle bestehen ebenfalls keine Bedenken. Zum einen wirken diese genau dem eben genannten Problem entgegen und tragen den Überlegungen des Gerichts hinsichtlich der zukünftigen Unvereinbarkeit der Regelung Rechnung. Sie sind selbst aber auch nicht verbindlich für den Gesetzgeber. Sie bilden lediglich die Rechtslage ab, wie sie sich als solche aus der Verfassung ergibt. Eine darüber hinaus gehende Bindungswirkung für den Gesetzgeber kommt ihnen nicht zu. Sie dienen diesem als Hilfestellung. Er kann daraus die Möglichkeiten bezüglich einer Neuregelung ersehen. Allerdings kann er von diesen auch abweichen, solange er sich im Rahmen der Verfassung bewegt. Auch mit den Appellen verbundene Fristsetzungen haben keine rechtliche Bindungswirkung. Insofern benötigt das Bundesverfassungsgericht zu einem derartigen Tätigwerden auch keine explizite Kompetenz.

VI. Der Vergleich mit anderen Verfassungsgerichten

Nach Darstellung der ungeregelten Tenorierungsvarianten, die das Bundesverfassungsgericht in Deutschland entwickelt hat, stellte sich die Frage, wie die Tenorierungsformen in anderen (verfassungs-)gerichtlichen Systemen gehandhabt werden. Der Vergleich der Rechtsprechung des Bundesverfassungsgerichts mit den verfassungsgerichtlichen Systemen anderer Länder lässt vor allem erkennen, dass nicht überall von der Lehre der *ipso iure* Nichtigkeit verfassungswidriger Gesetze ausgegangen wird. Diese Theorie wird zwar auch in anderen Ländern noch vertreten, jedoch geht man beispielsweise in Österreich seit jeher von der bloßen Vernichtbarkeit verfassungswidriger Normen aus.

Darüber hinaus wird die Unvereinbarerklärung in anderen Ländern, wie zum Beispiel Brasilien, in denen von der *ipso iure* Nichtigkeitslehre grundsätzlich immer noch ausgegangen wird, dennoch für möglich gehalten. Insofern ist ein Widerspruch zwischen dieser Theorie und der Tenorierungsvariante der Unvereinbarerklärung also nicht zwingend. Dies stützt die hier vertretene These[1348], dass der Grundsatz der *ipso iure* Nichtigkeitslehre eingeschränkt werden kann, wodurch beispielsweise die Unvereinbarerklärung in bestimmten Fällen möglich wird.

Die praktische Notwendigkeit für andere als die gesetzlichen Tenorierungsvarianten, also zum Beispiel die Appellentscheidung oder die Teilnichtigerklärung, wird durch das Vorhandensein auch in anderen als dem deutschen verfassungsgerichtlichen System bestätigt. Andererseits zeigt dies aber auch die Tatsache, dass beispielsweise der Niedersächsische Staatsgerichtshof seine Entscheidungen an denen des Bundesverfassungsgerichts anlehnt.

VII. Die neueren Tendenzen in der Rechtsprechung des Bundesverfassungsgerichts

Im Exkurs werden die neueren Tendenzen in der Rechtsprechung des Bundesverfassungsgerichts behandelt, die Entscheidung trotz Antragsrücknahme und die Anregung einer einvernehmlichen Streitbeilegung durch das Gericht.

Eine Entscheidung trotz Antragsrücknahme, wie beispielsweise im Verfahren zur Rechtschreibreform, wurde damit begründet, dass an ihr ein öffentliches Interesse bestanden habe. Trotzdem hat das Bundesverfassungsgericht seine Kompetenzen in prozessrechtlicher Hinsicht hier überschritten. Dies ergibt sich daraus, dass nach Antragsrücknahme dann, wenn diese wirksam ist, nicht mehr entschieden werden darf. Die vom Gericht aufgestellten Kriterien für die Wirksamkeit einer Antragsrücknahme sind zu eng gefasst. Nach geltendem Recht lassen sich Einschränkungen der Rücknahmemöglichkeit nur für die Verfahren der Normenkontrolle und des Organstreits begründen. Im Verfassungsbeschwerdeverfahren ist die Rücknahme bislang dagegen uneingeschränkt wirksam. Zu einem anderen Ergebnis könnte lediglich eine Regelung der Rücknahmevoraussetzungen durch den Gesetzgeber führen.

Die Anregung einer einvernehmlichen Streitbeilegung wie im Verfahren über das Schulfach „Lebensgestaltung – Ethik – Religionskunde" ist trotz mangelnder Regelung im BVerfGG grundsätzlich zulässig. Das Handeln des Gerichts kann sowohl unter dem Gesichtspunkt der Dispositions- wie auch der Offizialmaxime gerechtfertigt werden. Allerdings sind an diese Art des Vergleichs keine direkten pro-

---

1348 Näheres hierzu im Ersten Teil unter IV D 2.

zessrechtlichen Folgen geknüpft. Ein Vergleich wäre ausgeschlossen, wenn der Beschwerdeführer im Falle eines Verfassungsbeschwerdeverfahrens die einvernehmliche Streitbeilegung von vorneherein ablehnte.

VIII. Ausblick

Insgesamt wäre es wünschenswert, dass der Gesetzgeber die Notwendigkeit erkennt, dem Bundesverfassungsgericht mehr als die derzeit explizit geregelten Tenorierungsvarianten zur Verfügung zu stellen. Es sollte zu einer Regelung kommen, die den der richterlichen Rechtsfortbildung entstammenden Tenorierungsmöglichkeiten einen gesetzlichen Rahmen gibt.[1349] Sowohl deren zwingende Voraussetzungen als auch deren Folgen müssen festgelegt werden. Die Zweifel an der verfassungs- und prozessrechtlichen Zulässigkeit einzelner Entscheidungsvarianten des Bundesverfassungsgerichts, wie es sie teilweise notwendigerweise erlässt, wären dann beseitigt, die Grenzen für sein Tätigwerden zwar einerseits ausgeweitet, aber andererseits auch genauer festgelegt. Der Rechtsfriede würde hierdurch gefördert. Dies ist letztendlich auch wünschenswert, da die Gefahr besteht, dass die Autorität des Obersten Hüters der Verfassung durch die vielfach geäußerte Kritik an seiner Entscheidungspraxis sonst dauerhaft Schaden leidet.

1349 Konkrete Vorschläge für die Neuregelung der Tenorierungsvorschriften des BVerfGG sowie für das zukünftige Vorgehen des Bundesverfassungsgerichts finden sich bei *Siedler*, Gesetzgeber und Bundesverfassungsgericht, S. 262ff. und bei *Blasberg*, Verfassungsgerichte als Ersatzgesetzgeber, S. 225ff.

Literaturverzeichnis

Kürschners Volkshandbuch Deutscher Bundestag, 89. Auflage, Stand 15. Mai 2000, Darmstadt, Rheinbreitbach (Zit.: Kürschners Volkshandbuch Deutscher Bundestag, 89. Auflage, Stand 15. Mai 2000)

Verfassungsgericht regt Einigung im LER-Verfahren an, Verfahrensbeteiligten „einvernehmliche Verständigung" vorgeschlagen, in: Frankfurter Allgemeine Zeitung, 21. Juli 2001, Nr. 167, S. 4 (Zit.: „Verfassungsgericht regt Einigung im LER-Verfahren an", FAZ Nr. 167 (12.Dezember 2001), S. 4)

Karlsruhe regt Aufwertung des Religionsunterrichts an, Vergleichsvorschlag des Bundesverfassungsgerichts / LER als Pflichtfach mit vereinfachtem Anmeldeverfahren, in: Frankfurter Allgemeine Zeitung, Nr. 289, 12. Dezember 2001, S. 1f. (Zit.: „Karlsruhe regt Aufwertung des Religionsunterrichts an", FAZ Nr. 289 (12. Dezember 2001), S.1)

„Nützliches Erbe – Die Ost-Kommunen streiten vor Gericht gegen die westdeutschen Stromkonzerne – mit guten Chancen" in: Der Spiegel, Jahrgang 1992, Ausgabe 44, S. 158 - 159 (Zit.: „Nützliches Erbe" in: Der Spiegel, Ausgabe 44/1992, S. 158)

Karlsruhe verwirft LER-Beschwerden, in: Süddeutsche Zeitung Nr. 263, 14. November 2002, S.9 (Zit.: „Karlsruhe verwirft LER-Beschwerden", SZ Nr. 263 (14. November 2002), S.9)

Adamovich, Ludwig K. und Funk, Bernd-Christian Österreichisches Verfassungsrecht, Verfassungsrechtslehre unter der Berücksichtigung von Staatslehre und Politikwissenschaft, 3. Auflage, Wien 1985 (Zit.: *Adamovich/Funk*, Österreichisches Verfassungsrecht)

Alexy, Robert	Theorie der Grundrechte, 3, Auflage, Frankfurt am Main 1996 (Zit.: *Alexy*, Theorie der Grundrechte)
Anschütz, Gerhard	Die Verfassung des Deutschen Reichs vom 11. August 1919, 14. Auflage, Bad Homburg vor der Höhe 1960 (Zit.: *Anschütz*, Die Verfassung des Deutschen Reichs vom 11. August 1919)
Arndt, Adolf	Die Nichtigkeit verfassungswidriger Gesetze, in: DÖV 1959, S. 81 -84 (Zit.: *Arndt*, DÖV 1959, S. 81)
ders.	Das Bundesverfassungsgericht, in: DVBl. 1952, S. 1 - 5 (Zit.: *Arndt*, DVBl. 1952, S.1)
ders.	Vollstreckbarkeit verfassungswidriger (Steuer-)Gesetze? in: BB 1959, S. 533 - 535 (Zit.: *Arndt*, BB 1959, S. 533)
Bang, Seung-Ju	Übergangsregelungen in Normenkontrollentscheidungen des Bundesverfassungsgerichts, Hannover, Univ., Diss., 1996 (Zit.: *Bang*, Übergangsregelungen)
Bauer, Hartmut und Möllers, Christoph	Die Rechtschreibreform vor dem Bundesverfassungsgericht, in: JZ 1999, S. 697 - 702 (Zit.: *Bauer/Möllers*, JZ 1999, S. 697)
Benda, Ernst und Klein, Eckart	Lehrbuch des Verfassungsprozessrechts, 2. Auflage, Heidelberg 2001 (Zit.: *Bearbeiter*, in: Benda/Klein, Lehrbuch)
Benda, Ernst, Maihofer, Werner und Vogel, Hans-Jochen	Handbuch des Verfassungsrechts der Bundesrepublik Deutschland, 2. Auflage, Berlin 1994 (Zit.: *Bearbeiter*, in: Benda/Maihofer/Vogel, Handbuch des Verfassungsrechts)
Bernd, Werner	Legislative Prognosen und Nachbesserungspflichten, Mainz, Univ., Diss., 1989 (Zit.: *Bernd*, Legislative Prognosen)

Blasberg, Georg Verfassungsgerichte als Ersatzgesetzgeber, Entscheidungsaussprüche bei Normenkontrollen von Bundesverfassungsgericht und Corte Constituzionale, Frankfurt am Main 2003, zugl. Freiburg (Breisgau), Univ., Diss., 2002
(Zit.: *Blasberg*, Verfassungsgerichte als Ersatzgesetzgeber)

Blüggel, Jens Normenkontrollentscheidungen des Bundesverfassungsgerichts und bestandskräftige Verwaltungsakte im Sozialrecht – Zum Verhältnis von § 79 Abs. 2 Satz 1 BVerfGG zu §§ 44 ff SGB X – in: SGb 2003, S. 507 – 514
(Zit.: *Blüggel*, SGb 2003, S. 507)

ders. Unvereinbarerklärung statt Normkassation durch das Bundesverfassungsgericht, Berlin 1998, zugl. Berlin, Univ., Diss., 1997
(Zit.: *Blüggel*, Unvereinbarerklärung)

Böckenförde, Christian Die sogenannte Nichtigkeit verfassungswidriger Gesetze; Eine Untersuchung über Inhalt und Folgen der Rechtssatzkontrollentscheidungen des Bundesverfassungsgerichts, Berlin 1966, zugl.: Münster, Univ., Diss., 1966
(Zit.: *Böckenförde*, Die sogenannte Nichtigkeit)

Breuer, Marten Verfassungsrechtliche Anforderungen an das Wahlrecht von Auslandsdeutschen, Berlin 2001, zugl.: Würzburg, Univ., Diss., 2001
(Zit.: *Breuer*, Wahlrecht von Auslandsdeutschen)

Brinckmann, Hans Die fingierte Geltung, Anmerkungen zur Gesetzgebungstaktik bei der Änderung von § 79 BVerfGG, in: DÖV 1970, S. 406 - 411
(Zit.: *Brinckmann*, DÖV 1970, S. 406)

ders. Das entscheidungserhebliche Gesetz - Eine Untersuchung zur Normenkontrolle gemäß Art. 100 I GG, Berlin 1970
(Zit.: *Brinckmann*, Gesetz)

Brugger, Winfried — Einführung in das öffentliche Recht der USA, 2. Auflage, München 2001
(Zit.: *Brugger*, Einführung in das öffentliche recht der USA)

Bryde, Brun-Otto — Verfassungsentwicklung, Stabilität und Dynamik im Verfassungsrecht des Bundesrepublik Deutschland, Baden-Baden 1982, zugl.: Hamburg, Univ., Habil.-Schr., 1980/81
(Zit.: *Bryde*, Verfassungsentwicklung)

Burghart, Axel — Das verfassungswidrige, aber nicht nichtige Gesetz - ungültig, aber wirksam? in: NVwZ 1998, S. 1262 - 1265
(Zit.: *Burghart*, NVwZ 1998; S. 1262)

Calliess, Christian und Ruffert, Matthias (Hrsg.) — Kommentar des Vertrages über die Europäische Union und des Vertrages zur Gründung der Europäischen Gemeinschaft – EUV/EGV –, 2. Auflage, Neuwied 2002
(Zit.: *Bearbeiter*, in: Calliess/Ruffert, EUV/EGV)

Cornils, Matthias — Zur Rücknahme der Verfassungsbeschwerde, Verfassungsprozessuale Anmerkungen zum Rechtschreibreform-Urteil, in: NJW 1998, S. 3624 - 3626
(Zit.: *Cornils*, NJW 1998, S. 3624)

Creifelds, Carl, Kauffmann, Hans und Weber, Klaus (Hrsg.) — Rechtswörterbuch, 18. Auflage, München 2004
(Zit.: *Creifelds*, Rechtswörterbuch)

Degenhart, Christoph — Staatsrecht I, Staatsorganisationsrecht, 17. Auflage, Heidelberg 2000
(Zit.: *Degenhart*, Staatsrecht I)

Degenhart, Christoph — Staatsrecht I, Staatsorganisationsrecht, 20. Auflage, Heidelberg 2004
(Zit.: *Degenhart*, Staatsrecht I)

Denninger, Erhard, Hoffmann-Riem, Wolfgang, Schneider, Hans-Peter und Stein, Ekkehart (Hrsg.) Kommentar zum Grundgesetz für die Bundesrepublik Deutschland, Reihe Alternativkommentare, 3. Auflage, Neuwied, Kriftel Loseblatt, Grundwerk 2001, Stand August 2002
Band 2, Art. 20 - 80
Band 3, Art. 81 - 143b
(Zit.: *AK-GG-Bearbeiter*, 3. Auflage)

Diekmann, Albrecht Bemerkungen zum Beschluss des Bundesverfassungsgerichts vom 29.1.1969, 1 BvR 26/66, FamRZ 1969, 196, betreffend die Neuordnung des Unehelichenrechts, in: FamRZ 1969, S. 297 - 304
(Zit.: *Diekmann*, FamRZ 1969, S. 297)

Dietrich, Michael Der italienische Verfassungsgerichtshof, Status und Funktionen, Berlin 1995, zugl.: Bayreuth, Univ., Diss., 1992/93
(Zit.: *Dietrich*, Italienischer Verfassungsgerichtshof)

Dolzer, Rudolf (Gesamthrsg.) Bonner Kommentar zum Grundgesetz, Heidelberg, Loseblattsammlung, Grundwerk 1950, Stand Dezember 2004, Band 9
(Art. 89 - 104)
(Zit.: *Bearbeiter*, in: Bonner Kommentar, Art. 93 (Zweitbearbeitung 1982))

Dörr, Dieter Die Verfassungsbeschwerde in der Prozeßpraxis, Köln 1990
(Zit.: *Dörr*, Die Verfassungsbeschwerde)

Dreier, Horst Ein Staatsrechtslehrer in Zeiten des Umbruchs: Gerhard Anschütz (1867-1948), in: ZNR 1998, S. 28 - 48
(Zit.: *Dreier*, ZNR 1998, S. 28)

ders. (Hrsg.) Grundgesetz, Kommentar,
Band I, Artikel 1 - 19, Tübingen 2004
Band II, Artikel 20 - 82, Tübingen 1998
Band III, Artikel 83 - 146, Tübingen 2000
(Zit.: *Bearbeiter*, in: Dreier, Komm. zum GG)

Frenz, Walter — Die Rechtsfolgenregelung durch das Bundesverfassungsgericht bei verfassungswidrigen Gesetzen, in: DÖV 1993, S. 847 - 855
(Zit.: *Frenz*, DÖV 1993, S. 847)

Geiger, Jutta, von Lampe, Claudia — Das zweite Urteil des Bundesverfassungsgerichts zum Schwangerschaftsabbruch: – BVerfG, Urteil vom 28. Mai 1993 – 2 BvF 2/90, 4/92, 5/92 – Ein Schritt vorwärts, zwei Schritte zurück, in: JURA 1994, S. 20 - 30
(Zit.: *Geiger/Lampe*, Jura 1994, S. 20)

Geiger, Rudolf — EUV/EGV, Vertrag über die Europäische Union und Vertrag zur Gründung der Europäischen Gemeinschaft, Kommentar, 4. Auflage, München 2004
(Zit.: *Geiger*, EUV/EGV, Komm.)

Geiger, Willi — Gesetz über das Bundesverfassungsgericht vom 12. März 1951, Kommentar, Berlin, Frankfurt am Main 1952
(Zit.: *Geiger*, BVerfGG, Komm.)

Gelinsky, Katharina — Das Bundesverfassungsgericht auf Abwegen? in: DRiZ 1999, S. 46- 47
(Zit.: *Gelinsky*, DRiZ 1999, S. 46)

Gern, Alfons — Teilnichtigkeit von Gesetzen und Satzungen, in: NVwZ 1987, S. 851 - 854
(Zit.: *Gern*, NVwZ 1987, S. 851)

Gerontas, Apostolos — Die Appellentscheidung, Sondervotumsappelle und die bloße Unvereinbarkeitsfeststellung als Ausdruck der funktionellen Grenzen der Verfassungsgerichtsbarkeit, in: DVBl. 1982, S. 486 - 491
(Zit.: *Gerontas*, DVBl. 1982, S. 486)

ders. — Die Prüfung der Verfassungsmäßigkeit von Gesetzen, zugleich ein Beitrag zum Grundsatz des „Judicial Self-Restraint“, Regensburg, Univ., Diss., 1981
(Zit.: *Gerontas*, Prüfung der Verfassungsmäßigkeit)

Grabitz, Eberhard und Hilf, Meinhard (Hrsg.) Das Recht der Europäischen Union, Band II, EGV / EUV, München, Loseblatt, Stand Januar 2004
(Zit.: *Bearbeiter*, in: Grabitz/Hilf, Das Recht der EU, Band II, EGV)

Grupp, Thomas „Rechtschreibreform", Urteilsbesprechung des Urteils BVerfG NJW 1998, 2515, in: JA 1999, S. 633- 635
(Zit.: *Grupp*, JA 1999, S. 633)

Gusy, Christoph Parlamentarischer Gesetzgeber und Bundesverfassungsgericht, Berlin 1985, zugl.: Hagen, Univ., Habil.-Schr., 1983
(Zit.: *Gusy*, Parlamentarischer Gesetzgeber und BVerfG)

Hartmann, Christian Verfassungswidrige und doch rechtswirksame Rechtsnormen? in: DVBl. 1997, S. 1264 - 1269
(Zit.: *Hartmann*, DVBl. 1997, S. 1264)

Heck, Luis Alfonso Die Normenkontrolle im brasilianischen Verfassungsrecht, in: Geis/Lorenz (Hrsg.), Festschrift für Hartmut Maurer zum 70. Geburtstag, „Staat, Kirche, Verwaltung", München 2001, S. 111 - 126
(Zit.: *Heck*, Die Normenkontrolle im brasilianischen Verfassungsrecht, S. 111)

Hein, Peter E. Die Unvereinbarerklärung verfassungswidriger Gesetze durch das Bundesverfassungsgericht; Grundlagen, Anwendungsbereich, Rechtsfolgen, Baden Baden, 1988, zugl.: Bonn, Univ., Diss., 1987
(Zit.: *Hein*, Unvereinbarerklärung durch das BVerfG)

Hensgen, Ulrich Organisation, Zuständigkeiten und Verfahren des Verfassungsgerichtshofs von Rheinland-Pfalz, Mainz, Univ., Diss., 1986
(Zit.: *Hensgen*, Verfassungsgerichtshof von Rheinland-Pfalz)

Herter, Wilfried — Die Unvereinbarkeitserklärung verfassungswidriger Steuergesetze – Eine Untersuchung zu den verfassungsrechtlichen Grundlagen und den Folgen für das Steuerverfahren, Frankfurt am Main 1995, zugl.: Köln, Univ., Diss., 1994
(Zit.: *Herter*, Unvereinbarkeitserklärung verfassungswidriger Steuergesetze)

Herzog, Roman — Die Vollstreckung von Entscheidungen des Bundesverfassungsgerichts, in: Der Staat, Band 4, 1965, S. 37 - 49
(Zit.: *Herzog*, Der Staat 4 (1965), S. 37)

Hesse, Konrad — Grundzüge des Verfassungsrechts der Bundesrepublik Deutschland, 20. Auflage, Heidelberg 1999
(Zit.: *Hesse*, Grundzüge des Verfassungsrechts)

Heun, Werner — Funktionell-rechtliche Schranken der Verfassungsgerichtsbarkeit – Reichweite und Grenzen einer dogmatischen Argumentationsfigur – Baden-Baden 1992
(Zit.: *Heun*, Funktionell-rechtliche Schranken der Verfassungsgerichtsbarkeit)

ders. — Normenkontrolle, in: Festschrift 50 Jahre Bundesverfassungsgericht, 1. Band, Verfassungsgerichtsbarkeit, Verfassungsprozeß, Hrsg.: Peter Badura und Horst Dreier, Tübingen 2001, S. 615 - 640
(Zit.: *Heun*, FS 50 Jahre BVerfG, S. 615)

Heußner, Hermann — Folgen der Verfassungswidrigkeit eines Gesetzes ohne Nichtigerklärung, in: NJW 1982, S. 257 - 263
(Zit.: *Heußner*, NJW 1982, S. 257)

von der Heydte, Friedrich August Freiherr — Judicial self-restraint eines Verfassungsgerichts im freiheitlichen Rechtsstaat?, in: Leibholz, Gerhard, Faller, Hans Joachim, Mikat, Paul, Reis, Hans (Hrsg.), Menschenwürde und freiheitliche Rechtsordnung, Festschrift für Willi Geiger zum 65, Geburtstag, Tübingen 1974, S. 909 - 924
(Zit.: *von der Heydte*, FS für Geiger, S. 909)

Heyde, Wolfgang und Gielen, Peter — Die Hüter der Verfassung, Verfassungsgerichte im Bund und in den Ländern, Karlsruhe 1973
(Zit.: *Heyde/Gielen*, Die Hüter der Verfassung)

Horn, Hans-Rudolf — Die Nichtigkeit verfassungswidriger Gesetzes als verfassungsrechtliches Problem, in: DÖV 1980, S. 84 - 91
(Zit.: *Horn*, DÖV 1980, S. 84)

Huh, Young — Probleme der konkreten Normenkontrolle, insbesondere die Zuständigkeit zur Verwerfung verfassungswidriger Gesetze nach dem Grundgesetz der Bundesrepublik Deutschland und nach der Verfassung der Republik Korea, Berlin 1971, zugl.: München, Univ., Diss., 1971
(Zit.: *Huh*, Probleme der Normenkontrolle)

Hund, Michael — Zur Rücknahme von Verfassungsbeschwerden, in: Festschrift Hans Joachim Faller, Hrsg.: Wolfgang Zeidler, Theodor Maunz, Gerd Roellecke, München 1984, S. 63 - 79
(Zit.: *Hund*, FS für Faller, S. 63)

Ipsen, Jörn — Rechtsfolgen der Verfassungswidrigkeit von Norm und Einzelakt, Baden Baden, 1980, zugl.: Göttingen, Univ., Habil.-Schr., 1979/80
(Zit.: *Ipsen*, Rechtsfolgen)

ders. — Nichtigerklärung oder „Verfassungswidrigerklärung" - Zum Dilemma der verfassungsgerichtlichen Normenkontrollpraxis, in: JZ 1983, S. 41 - 45
(Zit.: *Ipsen*, JZ 1983, S. 41)

ders. — Rechtsfragen des NPD-Verbots, in: NJW 2002, S. 866 - 868
(Zit.: *Ipsen*, NJW 2002, S. 866)

ders. — Verfassungsrecht des Landes Niedersachsen, in: Brandt/ Schinkel (Hrsg.), Staats- und Verwaltungsrecht für Niedersachsen, Baden-Baden 2001, S. 65 - 122
(Zit.: *Ipsen*, Verfassungsrecht Niedersachsen, S. 65)

Isensee, Josef und Kirchhof, Paul (Hrsg.) Handbuch des Staatsrechts der Bundesrepublik Deutschland
Band II (Demokratische Willensbildung - Die Staatsorgane der Bundes), 2. Auflage, Heidelberg 1998
Band VII (Normativität und Schutz der Verfassung - Internationale Beziehungen), Heidelberg 1992
(Zit.: *Bearbeiter*, in: Isensee/Kirchhof, Handbuch des Staatsrechts)

Jarass, Hans und Pieroth, Bodo Grundgesetz für die Bundesrepublik Deutschland, Kommentar, 7. Auflage, München 2004
(Zit.: *Bearbeiter*, in: Jarass/Pieroth, GG, Komm.)

Jauernig, Othmar Zivilprozessrecht, Ein Studienbuch, 27. Auflage, München 2002
(Zit.: *Jauernig*, Zivilprozessrecht)

Juhle, Dietrich Die Gegenstände der Landesverfassungsgerichtsbarkeit, Göttingen, Univ., Diss., 1963
(Zit.: *Juhle*, Landesverfassungsgerichtsbarkeit)

Jülicher, Friedrich Die Verfassungsbeschwerde gegen Urteile bei gesetzgeberischem Unterlassen; Zum Rechtsschutz bei gesetzgeberischem Unterlassen und willkürlichem Begünstigungsausschluß, Berlin 1972, zugl. Münster, Univ., Diss., 1972
(Zit.: *Jülicher*, Verfassungsbeschwerde)

Kelsen, Hans Reine Rechtslehre, 2. Auflage, Wien 1960
(Zit.: *Kelsen*, Reine Rechtslehre)

Kirchhof, Paul Der Auftrag des Grundgesetzes an die rechtsprechende Gewalt, in: Richterliche Rechtsfortbildung, Erscheinungsformen, Auftrag und Grenzen, Festschrift der Juristischen Fakultät zur 600-Jahr-Feier der Rupprecht-Karls-Universität Heidelberg, (Hrsg.: die Hochschullehrer der Juristischen Fakultät der Universität Heidelberg), Heidelberg 1986, S. 11 - 37
(Zit.: *Kirchhof*, FS für die Universität Heidelberg, S. 11)

Klein, Eckart Zur objektiven Funktion der Verfassungsbeschwerde, in: DÖV 1982, S. 797 - 805
(Zit.: *Klein*, DÖV 1982, S. 797)

ders. Verfassungsgestaltung durch Gesetz und Richterspruch: Das „Prozeßrecht" des Bundesverfassungsgerichts, in: Festschrift 50 Jahre Bundesverfassungsgericht, 1. Band: Verfassungsgerichtsbarkeit, Verfassungsprozeß, Tübingen 2001, Hrsg.: Peter Badura und Horst Dreier, S. 507 - 528
(Zit.: *Klein*, FS 50 Jahre BVerfG, S. 507)

ders. Verfassungsprozeßrecht - Versuch einer Systematik an Hand der Rechtsprechung des Bundesverfassungsgerichts - in: AöR 108 (1983), S. 410 - 444
(Zit.: *Klein*, AöR 108 (1983), S. 410)

Klein, Franz Die einstweilige Anordnung im verfassungsgerichtlichen Verfahren, in: JZ 1966, S. 461 - 467
(Zit.: *Klein*, JZ 1966, S. 461)

Klein, Hans Hugo Bundesverfassungsgericht und Staatsraison, Frankfurt am Main, Berlin 1968
(Zit.: *H. H. Klein*, BVerfG und Staatsraison)

Kleine-Cosack, Michael Verfassungsbeschwerden und Menschenrechtsbeschwerde, Bonn 2001
(Zit.: *Kleine-Cosack*, Verfassungs- und Menschenrechtsbeschwerden)

Kleuker, Mathias Gesetzgebungsaufträge des Bundesverfassungsgerichts, Berlin 1993, zugl.: Münster, Univ., Diss., 1992
(Zit.: *Kleuker*, Gesetzgebungsaufträge)

Korinek, Karl Die Verfassungsgerichtsbarkeit in Österreich, in: Starck/Weber (Hrsg.), Verfassungsgerichtsbarkeit in Westeuropa, Teilband I: Berichte, Baden-Baden 1986, S. 149 - 177
(Zit.: *Korinek*, Verfassungsgerichtsbarkeit in Österreich, in: Starck/Weber, Band I, S. 149)

Koriath, Stefan — Die Bindungswirkung normverwerfender Entscheidungen des Bundesverfassungsgerichts für den Gesetzgeber, in: Der Staat 30 (1991), S. 549 - 571
(Zit.: *Koriath*, in: Der Staat 30, S. 549)

Kramer, Ernst A. — Juristische Methodenlehre, Bern 1998
(Zit.: *Kramer*, Juristische Methodenlehre)

Krey, Volker — Keine Strafe ohne Gesetz: Einführung in die Dogmengeschichte des Satzes „nullum crimen, nulla poena sine lege", Berlin 1983
(Zit.: *Krey*, Keine Strafe ohne Gesetz)

Kriele, Martin — Recht und Politik in der Verfassungsrechtsprechung, Zum Problem des judicial self-restraint, in: NJW 1976, S. 777 - 783
(Zit.: *Kriele*, NJW 1976, S. 777)

Lang, Heinrich — Wo kein Kläger, da acht Richter – Zur Entscheidungsbefugnis des Bundesverfassungsgerichts nach Antragsrücknahme, in: DÖV 1999, S. 624 - 634
(Zit.: *Lang*, DÖV 1999, S. 624)

Larenz, Karl — Methodenlehre der Rechtswissenschaft, 6. Auflage, Berlin 1991
(Zit.: *Larenz*, Methodenlehre der Rechtswissenschaft)

Laumen, Simone — Die Vollstreckungskompetenz nach § 35 BVerfGG – eine systematische Darstellung, Frankfurt am Main 1997, zugl.: Bonn, Univ., Diss., 1997
(Zit.: *Laumen*, Vollstreckungskompetenz nach § 35 BVerfGG)

Lechner, Hans und Zuck, Rüdiger — Bundesverfassungsgerichtsgesetz, Kommentar, 4. Auflage, München 1996
(Zit.: *Lechner/Zuck*, BVerfGG)

Lee, Ki-Cheol — Schonung des Gesetzgebers bei Normenkontrollentscheidungen durch das Bundesverfassungsgericht – eine verfassungstheoretische Betrachtung von Kompetenzstreitigkeiten, Göttingen, Univ., Diss., 1993
(Zit.: *Lee*, Schonung des Gesetzgebers)

Leibholz, Gerhard und Rupprecht, Reinhard Bundesverfassungsgericht, Rechtsprechungskommentar, Köln-Marienburg 1968
(Zit.: *Leibholz/Rupprecht*, BVerfGG, Komm.)

Leibholz, Gerhard und Rupprecht, Reinhard Bundesverfassungsgerichtsgesetz, Rechtsprechungkommentar, 2. Nachtrag, Köln-Marienburg, 1971
(Zit.: *Leibholz/Rupprecht*, BVerfGG, Komm., Nachtrag 1971)

Lenz, Carl Otto (Hrsg.) EG-Vertrag, Kommentar zu dem Vertrag zur Gründung der Europäischen Union in der durch den Amsterdamer Vertrag geänderten Fassung, 2. Auflage, Köln 1999
(Zit.: *Bearbeiter*, in: Lenz, EGV, Komm.)

Lerche, Peter Das Bundesverfassungsgericht und die Vorstellung der „Annäherung" an den verfassungsgewollten Zustand, in: DÖV 1981, S. 721 - 725
(Zit.: *Lerche*, DÖV 1971, S. 721)

ders. Das Bundesverfassungsgericht als Notgesetzgeber, insbesondere im Blick auf das Recht des Schwangerschaftsabbruchs, in: Festschrift für Wolfgang Gitter, Hrsg.: Heinze, Meinhard und Schmitt, Joachim, Wiesbaden 1995, S. 509 - 517
(Zit.: *Lerche*, FS für Gitter, S. 509)

Lerche, Peter Das Bundesverfassungsgericht und die Verfassungsdirektiven, Zu den „nicht erfüllten Gesetzgebungsaufträgen" in: AöR 90 (1965), S. 341 - 372
(Zit.: *Lerche*, AöR 90 (1965), S. 341)

Lübbe-Wolff, Gertrude Die Grundrechte als Eingriffsabwehrrechte, Struktur und Reichweite der Eingriffsdogmatik im Bereich staatlicher Leistungen, 1. Auflage, Baden-Baden 1988, zugl.: Bielefeld, Univ., Habil.-Schr., 1987
(Zit.: *Lübbe-Wolff*, Grundrechte)

Maunz, Theodor Das verfassungswidrige Gesetz, in: BayVBl. 1980, S. 513 - 518
(Zit.: *Maunz*, BayVBl. 1980, S. 513)

ders. und Dürig, Günter u.a. (Hrsg.) Grundgesetz, Kommentar, 8. Auflage, München, Loseblatt, Grundwerk 1999, Stand Februar 2004
(Zit.: *Bearbeiter*, in Maunz/Dürig u.a., GG, Komm.)

Maunz, Theodor; Schmidt-Bleibtreu, Bruno; Klein, Franz; Ulsamer, Gerhard; Bethge, Herbert und Winter, Klauss (Hrsg.) Das Bundesverfassungsgerichtsgesetz, Kommentar, München, Loseblatt in 2 Bänden, Stand Februar 1999
(Zit.: *Bearbeiter*, in: Maunz/Schmidt-Bleibtreu/Klein u.a., BVerfGG, Komm.)

Maurer, Hartmut Das richterliche Prüfungsrecht zur Zeit der Weimarer Verfassung, Ein Beitrag zum historischen Vorverständnis des Art. 100 GG, in: DÖV 1963, S. 683 - 688
(Zit.: *Maurer*, DÖV 1963, S. 683)

ders. Zur Verfassungswidrigerklärung von Gesetzen, in: „Im Dienst an Recht und Staat“, Festschrift für Werner Weber zum 70. Geburtstag, Hrsg.: Schneider, Hans und Götz, Volkmar, Berlin 1974, S. 354 - 368
(Zit.: *Maurer*, FS für Weber, S. 354)

ders. Staatsrecht I, Grundlagen, Verfassungsorgane, Staatsfunktionen, 3. Auflage, München 2003
(Zit.: *Maurer*, Staatsrecht I)

Mayer, Heinz, Das österreichische Bundes-Verfassungsrecht, B-VG – F-VG – Grundrechte – Verfassungsgerichtsbarkeit – Verwaltungsgerichtsbarkeit, Kurzkommentar, 2. Auflage, Wien 1997
(Zit.: *Mayer*, B-VG)

Mendes, Gilmar Ferreira Die abstrakte Normenkontrolle vor dem Bundesverfassungsgericht und dem brasilianischen Supremo Tribunal Federal, Berlin 1991, zugl.: Münster (Westfalen), Univ., Diss., 1990
(Zit.: *Mendes*, Die abstrakte Normenkontrolle vor dem BVerfG und dem Supremo Tribunal Federal)

Menzel, Jörg Rücknahme von Verfassungsbeschwerden „Last Minute“? BVerfG, NJW 1998, 2515, in: JuS 1999, S. 339 - 342
(Zit.: *Menzel*, JuS 1999, S. 339)

Modugno, Franco Esistenza della legge incostitutionale e autonomia del potere esecutivo, Giurisprudenza Costitutionale 1963, S. 1728 - 1764
(Zit.: *Modugno*, Giurisprudenza Costitutionale 1963, S. 1728)

Moench, Christoph Verfassungswidriges Gesetz und Normenkontrolle: die Problematik der verfassungsgerichtlichen Sanktion, dargestellt anhand der Rechtsprechung des Bundesverfassungsgerichts, Baden Baden 1977
(Zit.: *Moench*, Gesetz und Normenkontrolle)

Müller, Hannswerner Unter welchen Voraussetzungen macht Nichtigkeit eines Gesetzesteiles das ganze Gesetz nichtig? in: DVBl. 1964, S. 104 - 106
(Zit.: *Müller*, DVBl. 1964, S. 104)

Müller, Wolfgang (Hrsg.) Sinn- und sachverwandte Wörter, Wörterbuch der treffenden Ausdrücke, DUDEN, Band 8, 2. Auflage, Mannheim, Wien, Zürich 1986
(Zit.: Sinn- und sachverwandte Wörter, DUDEN, Band 8)

Neumann, Heinzgeorg Die vorläufige Niedersächsische Verfassung, Handkommentar, 2. Auflage, Stuttgart 1987
(Zit.: *Neumann*, Niedersächsische Verfassung, Komm.)

Palandt Bürgerliches Gesetzbuch, Kommentar, 63. Auflage, München 2004
(Zit.: *Palandt-Bearbeiter*, BGB, Komm.)

Pestalozza, Christian „Noch verfassungsmäßige“ und „bloß verfassungswidrige“ Rechtslagen; Zur Feststellung und kooperativen Beseitigung verfassungsimperfekter Zustände, in: Bundesverfassungsgericht und Grundgesetz, Festgabe zum 25-jährigen Bestehen des Bundesverfassungsgerichts, Hrsg.: Christian Starck u.a., Band I: Verfassungsgerichtsbarkeit, Tübingen 1976, S. 519 - 567
(Zit.: *Pestalozza*, FS für das BVerfG, S. 519)

ders. Verfassungsprozeßrecht: die Verfassungsgerichtsbarkeit des Bundes und der Länder mit einem Anhang zum internationalen Rechtsschutz, 3. Auflage, München 1991
(Zit.: *Pestalozza*, Verfassungsprozeßrecht)

Pohle, Albrecht Peter Die Verfassungswidrigerklärung von Gesetzen, Frankfurt/Main 1979, zugl.: Bielefeld, Univ., Diss., 1978
(Zit.: *Pohle*, Verfassungswidrigerklärung)

Rau, Christian Selbst entwickelte Grenzen in der Rechtsprechung des United States Supreme Court und des Bundesverfassungsgerichts, Berlin 1996, zugl.: Mannheim, Univ., Diss., 1995
(Zit.: *Rau*, Grenzen in der Rechtsprechung)

Ritter, Ernst-Hasso Verfassungsrechtliche Gesetzgebungspflichten, Bonn, Univ., Diss., 1967
(Zit.: *Ritter*, Verfassungsrechtliche Gesetzgebungspflichten)

Ritterspach, Theo Die Verfassungsgerichtsbarkeit in Italien, in: Starck / Weber (Hrsg.), Verfassungsgerichtsbarkeit in Westeuropa, Teilband I: Berichte, Baden-Baden 1986, S. 219 - 241
(Zit.: *Ritterspach,* Verfassungsgerichtsbarkeit in Italien, in: Starck/Weber, Band I, S. 219)

Roth, Wolfgang Grundlage und Grenzen von Übergangsanordnungen des Bundesverfassungsgerichts zur Bewältigung möglicher Folgeprobleme seiner Entscheidungen, in: AöR 124 (1999), S. 470 - 502
(Zit.: *Roth*, AöR 124 (1999), S. 470)

Rupp - von Brünneck, Wiltraut Darf das Bundesverfassungsgericht an den Gesetzgeber appellieren? in: Festschrift für Gebhard Müller, Zum 70. Geburtstag des Präsidenten des Bundesverfassungsgerichts, Hrsg.: Ritterspach, Theo und Geiger, Willi, Tübingen 1970, S. 355 - 378
(Zit.: *Rupp - von Brünneck*, FS für Gebhard Müller, S. 355)

Sachs, Michael Teilnichtigerklärung: Von der Kassation zur Gesetzesneugestaltung durch das Bundesverfassungsgericht, in: DVBl. 1979, S. 389-393
(Zit.: *Sachs*, DVBl. 1979, S. 389)

ders. Grundgesetz, Kommentar, 3. Auflage, München 2003
(Zit.: *Bearbeiter*, in: Sachs, Grundgesetz, Komm.)

ders. Bloße Unvereinbarerklärung bei Gleichheitsverstößen, in: NVwZ 1982, S. 657 - 662
(Zit.: *Sachs*, NVwZ 1982, S. 657)

ders. Tenorierung bei Normenkontrollentscheidungen des Bundesverfassungsgerichts, in: DÖV 1982, S. 23 - 30
(Zit.: *Sachs*, DÖV 1982, S. 23)

ders. Zur dogmatischen Struktur der Gleichheitsrechte als Abwehrrechte, in: DÖV 1984, S. 411- 419
(Zit.: *Sachs*, DÖV 1984, S. 411)

ders. Die Folgen der Unvereinbarkeit des Hausarbeitstagsanspruchs für Frauen mit dem Grundgesetz, in: FamRZ 1982, S. 981 - 985
(Zit.: *Sachs*, FamRZ 1982, S. 981)

Schild, Wolfgang Das Problem eines Hüters der Verfassung, Philosophische Anmerkungen zu einem juristischen Topos, in: Guggenberger, Bernd und Würtenberger, Thomas, Hüter der Verfassung oder Lenker der Politik? – Das Bundesverfassungsgericht im Widerstreit, Interdisziplinäres Forum Bürger und Recht 2000, 1. Auflage, Baden-Baden 1998
(Zit.: *Schild*, Das Problem eines Hüters der Verfassung, in: Guggenberger/Würtenberger, Hüter der Verfassung?, S. 13)

Schlaich, Klaus und Korioth, Stefan Das Bundesverfassungsgericht - Stellung, Verfahren, Entscheidung, 6. Auflage, München 2004
(Zit.: *Schlaich/Korioth*, Das BVerfG)

Schlette, Volker Der Anspruch auf gerichtliche Entscheidung in angemessener Frist, Verfassungsrechtliche Grundlagen und praktische Durchsetzung, Berlin 1999
(Zit.: *Schlette*, Der Anspruch auf gerichtliche Entscheidung)

Schmid, Karl Ernst Lehrbuch des gemeinen deutschen Staatsrechts, Jena 1821
(Zit.: *Schmid*, Staatsrecht)

Schneider, Bernd Jürgen Die Funktion der Normenkontrolle und des richterlichen Prüfungsrechts im Rahmen der Rechtsfolgenbestimmung verfassungswidriger Gesetze, Eine verfassungsgeschichtliche und -theoretische Untersuchung, Frankfurt am Main 1988, zugl.: Heidelberg, Univ., Diss., 1987
(Zit.: *Schneider*, Funktion der Normenkontrolle)

Schneider, Hans-Peter Die Vollstreckungskompetenz nach § 35 BVerfGG - ein Notverordnungsrecht des Bundesverfassungsgerichts? in: NJW 1994, S. 2590 - 2594
(Zit.: *Schneider*, NJW 1994, S. 2590)

Schulze-Fielitz, Helmuth Das Bundesverfassungsgericht in der Krise des Zeitgeists, in: AöR 122 (1997), S. 1 - 31
(Zit.: *Schulze-Fielitz*, AöR 122 (1997), S. 1)

Schuppert, Gunnar Folke Self-restraints der Rechtsprechung – Überlegungen zur Kontrolldichte in der Verfassungs- und Verwaltungsgerichtsbarkeit, in: DVBl. 1988, S. 1191 - 1200
(Zit.: *Schuppert*, DVBl. 1988, S. 1191)

Seer, Roman Die Unvereinbarkeitserklärung des BVerfG am Beispiel seiner Rechtsprechung zum Abgabenrecht, in: NJW 1996, S. 285 - 291
(Zit.: *Seer*, NJW 1996, S. 285)

Siedler, Nina-Luisa Gesetzgeber und Bundesverfassungsgericht - eine funktionell-rechtliche Kompetenzabgrenzung - Hamburg 1999, zugl.: Bielefeld, Univ., Diss., 1999
(Zit.: *Siedler*, Gesetzgeber und Bundesverfassungsgericht)

Skouris, Wassilios Teilnichtigkeit von Gesetzen, Berlin, 1973, zugl.: Hamburg, Univ., Diss., 1972
(Zit.: *Skouris*, Teilnichtigkeit)

ders. Zur Teilnichtigkeit kommunaler Bekanntmachungssatzungen, in: DÖV 1974, S. 592 - 596
(Zit.: *Skouris*, DÖV 1974, S. 592)

Söhn, Hartmut Anwendungspflicht oder Aussetzungspflicht bei festgestellter Verfassungswidrigkeit von Gesetzen?, Frankfurt am Main 1974
(Zit.: *Söhn*, Anwendungspflicht)

ders. Die abstrakte Normenkontrolle, in: Bundesverfassungsgericht und Grundgesetz, Festgabe zum 25-Jährigen Bestehen des Bundesverfassungsgerichts, Hrsg.: Christian Starck u.a., Band I, Verfassungsgerichtsbarkeit, Tübingen 1976, S. 292 - 322
(Zit.: *Söhn*, Die abstrakte Normenkontrolle, in: BVerfG und GG, Band I, S. 292)

Söllner, Alfred Die Wahrung der Grundrechte als gemeinsame Aufgabe von Bundessozialgericht und Bundesverfassungsgericht, in: von Wulffen, Matthias und Axer, Peter (Hrsg.), Festschrift 50 Jahre Bundessozialgericht, Köln, München 2004, S. 43 – 60
(Zit.: *Söllner*, FS 50 Jahre Bundessozialgericht, S. 43)

Spanner, Hans Das Bundesverfassungsgericht, München 1972
(Zit.: *Spanner*, BVerfG)

Staupe, Jürgen Parlamentsvorbehalt und Delegationsbefugnis, Zur „Wesentlichkeitstheorie" und zur Reichweite legislativer Regelungskompetenz, insbesondere im Schulrecht, Berlin 1985, zugl.: Hamburg, Univ., Diss., 1985
(Zit.: *Staupe*, Parlamentsvorbehalt und Delegationsbefugnis)

Steinberg, Rudolf Verfassungsgerichtliche Kontrolle der „Nachbesserungspflicht" des Gesetzgebers, in: Der Staat 26 (1987), S. 161 - 186
(Zit.: *Steinberg*, Der Staat 26 (1987), S. 161)

Steiner, Udo — Wirkung der Entscheidungen des Bundesverfassungsgerichts auf rechtskräftige und unanfechtbare Entscheidungen (§ 79 BVerfGG), in: Bundesverfassungsgericht und Grundgesetz, Festgabe zum 25-jährigen Bestehen des Bundesverfassungsgerichts, Hrsg.: Christian Starck u.a., Band I, Verfassungsgerichtsbarkeit, Tübingen 1976, S. 628 - 662
(Zit.: *Steiner*, FS für das BVerfG, Band I, S. 628)

ders. — Der Richter als Ersatzgesetzgeber, in: NJW 2001, S. 2919 - 2924
(Zit.: *Steiner*, NJW 2001, S. 2919)

Stern, Klaus — Das Staatsrecht der Bundesrepublik Deutschland, Band II, München 1980
(Zit.: *Stern*, Staatsrecht, Band II)

ders. — Verfahrensrechtliche Probleme der Grundrechtswirkung und des Parteiverbots, in: Bundesverfassungsgericht und Grundgesetz, Festgabe zum 25-jährigen Bestehen des Bundesverfassungsgerichts, Hrsg.: Christian Starck u.a., Band I, Verfassungsgerichtsbarkeit, Tübingen 1976, S. 194 - 224
(Zit.: *Stern*, Grundrechtswirkung und Parteiverbot, in: BVerfG und GG, Band I, S. 194)

ders. — Verfassungsgerichtsbarkeit und Gesetzgebung, in: Staatsphilosophie und Rechtspolitik, Festschrift für Martin Kriele zum 65. Geburtstag, Hrsg.: Ziemske, Burkhardt; Langheid, Theo; Wilms, Heinrich; Haverkate, Görg, München, 997, S. 411 - 429
(Zit.: *Stern*, FS für Kriele, S. 411)

Stober, Rolf — Zur Teilnichtigkeit im Öffentlichen Recht, in: JA 1979, S. 416 - 422
(Zit.: *Stober*, JA 1979, S. 416)

Strehle, Barbara Eva Rechtswirkungen verfassungsgerichtlicher Normenkontrollentscheidungen; eine vergleichende Darstellung der Entscheidungswirkungen des schweizerischen Bundesgerichts, des deutschen Bundesverfassungsgerichts und des österreichischen Verfassungsgerichtshofs, Zürich 1980, zugl.: Zürich, Univ., Diss., 1980
(Zit.: *Strehle*, Rechtswirkungen)

Stricker, Gregor Subjektive und objektive Grenzen der Bindungswirkung verfassungsgerichtlicher Entscheidungen gemäß § 31 Abs. 1 BVerfGG, in: DÖV 1995, S. 978 - 985
(Zit.: *Stricker*, DÖV 1995, S. 978)

Tröndle, Herbert und Fischer, Thomas (Hrsg.) Strafgesetzbuch und Nebengesetze, 52. Auflage, München 2004
(Zit.: *Tröndle/Fischer*, StGB, Komm.)

Umbach, Dieter C. und Clemens, Thomas (Hrsg.) Bundesverfassungsgerichtsgesetz, Mitarbeiterkommentar und Handbuch, Heidelberg 1992
(Zit.: *Bearbeiter*, in: Umbach/Clemens, BVerfGG, Komm.)

Umbach, Dieter C., Clemens, Thomas und Dollinger, Franz (Hrsg.) Bundesverfassungsgerichtsgesetz, Mitarbeiterkommentar und Handbuch, 2. Auflage, Heidelberg 2005
(Zit.: *Bearbeiter*, in: Umbach/Clemens/Dollinger, BVerfGG, Komm.)

Vogel, Joachim Juristische Methodik, Berlin, New York 1998
(Zit.: *Vogel*, Juristische Methodik)

Vogel, Kurt Das Bundesverfassungsgericht und die übrigen Verfassungsorgane, Bundesverfassungsgerichtliche Argumentationsfiguren zu den Grenzen der Verfassungsgerichtsbarkeit, Frankfurt am Main 1988, zugl.: Köln, Univ., Diss., 1988
(Zit.: *Vogel*, Das BVerfG und die übrigen Verfassungsorgane)

Voßkuhle, Andreas Der Grundsatz der Verfassungsorgantreue und die Kritik am BVerfG, in: NJW 1997, S. 2216 – 2219
(Zit.: *Voßkuhle*, Der Grundsatz der Verfassungsorgantreue, S. 2216)

Wagner, Volkmar Einzelfallentscheidung oder Paradigmenwechsel? Zum Verhältnis zwischen objektiver und subjektiver Funktion der Verfassungsbeschwerde nach dem Urteil des BVerfG zur Rechtschreibreform vom 14.7.1998, in: NJW 1998, S. 2638 - 2640
(Zit.: *Wagner*, NJW 1998, S. 2638)

Walter, Robert und Mayer, Heinz Grundriß des österreichischen Bundesverfassungsrechts, 8. Auflage, Wien 1996
(Zit.: *Walter/Mayer*, Grundriß des österreichischen Bundesverfassungsrechts)

Wegener, Bernhard W. Rechtschreibreform und Verfassungsrecht, in: JURA 1999, S. 185 - 190
(Zit.: *Wegener*, JURA 1999, S. 185)

Wernsmann, Rainer Das gleichheitswidrige Steuergesetz – Rechtsfolgen und Rechtsschutz, Berlin 2000, zugl.: Münster, Univ., Diss., 1999
(Zit.: *Wernsmann*, Das gleichheitswidrige Steuergesetz)

Wessels, Johannes und Beulke, Werner Strafrecht, Allgemeiner Teil, 34. Auflage, Heidelberg 2004
(Zit.: *Wessels/Beulke*, Strafrecht-AT)

Wißmann, Hinnerk Wo kein Kläger, da kein Richter – Verfassungsprozessuale Anmerkung zum Urteil des BVerfG vom 14.7.1998 – in: DÖV 1999, S. 152 - 156
(Zit.: *Wißmann*, DÖV 1999, S. 152)

Wobst, Helmut Verfassungswidrige Gesetze und Normenkontrolle, Würzburg, Univ., Diss., 1967
(Zit.: *Wobst*, Verfassungswidrige Gesetze)

Wolf, Ernst Verfassungsgerichtsbarkeit und Verfassungstreue in den Vereinigten Staaten, Eine Untersuchung über die Entwicklung des amerikanischen Verfassungsrechts auf Grund der gerichtlichen Überprüfung der Verfassungsmäßigkeit der Bundesgesetze, Basel 1961
(Zit.: *Wolf*, Verfassungsgerichtsbarkeit in den USA)

Yang, Tzu-hui Die Appellentscheidungen des Bundesverfassungsgerichts, Baden-Baden 2003, zugl.: Göttingen, Univ., Diss., 2002
(Zit.: *Yang*, Die Appellentscheidungen des BVerfGs)

Zippelius, Reinhold Verfassungskonforme Auslegung von Gesetzen, in: Bundesverfassungsgericht und Grundgesetz, Festgabe zum 25-Jährigen Bestehen des Bundesverfassungsgerichts, Hrsg.: Christian Starck u.a., Band II: Verfassungsauslegung, Tübingen 1976, S. 108 - 124
(Zit.: *Zippelius*, Verfassungskonforme Auslegung, in: BVerfG und GG, Band II, S. 124)

Zippelius, Reinhold Juristische Methodenlehre, 9. Auflage, München 2005
(Zit.: *Zippelius*, Methodenlehre)

Zöller, Richard (Begründer) Zivilprozessordnung mit Gerichtsverfassungsgesetz und den Einführungsgesetzen, mit Internationalem Zivilprozessrecht, EG-Verordnungen, Kostenanmerkungen, Kommentar, 25. Auflage, Köln, 2005
(Zit.: *Zöller-Bearbeiter*, ZPO)

Zuck, Rüdiger Das Recht der Verfassungsbeschwerde, 2. Auflage, München 1988
(Zit.: *Zuck*, Das Recht der Verfassungsbeschwerde)

AUGSBURGER SCHRIFTEN ZUM STAATS- UND VÖLKERRECHT

Begründet von Professor Dr. Dieter Blumenwitz

Band 1 Fritz-Harald Wenig: Rechtsprobleme des innerdeutschen Handels.

Band 2 Wilfried Niedermeier: Der Beitritt der Bundesrepublik Deutschland zum Statut des Internationalen Gerichtshofes unter besonderer Berücksichtigung der obligatorischen Gerichtsbarkeit.

Band 3 Johann G. Gleich: Die Anerkennung der DDR durch die Bundesrepublik.

Band 4 Matthias Weigand: Der Vertrag über die gegenseitigen Beziehungen zwischen der Bundesrepublik Deutschland und der Tschechoslowakischen Sozialistischen Republik vom 11. Dezember 1973 - Eine völkerrechtliche Analyse.

Band 5 Werner Trützschler von Falkenstein: Die sich ändernde Bedeutung der Feindstaatenartikel (Artikel 53 und 107 der Satzung der Vereinten Nationen) für Deutschland.

Band 6 Reiner Schenk: Die Viermächteverantwortung für Deutschland als Ganzes, insbesondere deren Entwicklung seit 1969.

Band 7 Wolfgang Wagner: Die Verwirklichung der Menschenrechte im Pakt der Vereinten Nationen über bürgerliche und politische Rechte vom 16. Dezember 1966, im Grundvertrag und den ihn begleitenden Nebeninstrumenten.

Band 8 Ulrich Wacker: Der Konflikt verschiedener Rechtssysteme vor, während und nach der Kolonialzeit in Kenia.

Band 9 Wolfgang Enders: Der mexikanische Bundesstaat. Die politische und sozioökonomische Problematik eines föderalen Verfassungssystems in einem Land der "Dritten Welt".

Band 10 Heiner Hasford: Die Jurisdiktion der Europäischen Gemeinschaften. Zur extraterritorialen Wirkung des Gemeinschaftsrechts.

SCHRIFTEN ZUM STAATS- UND VÖLKERRECHT

Begründet von Professor Dr. Dr. h.c. mult. Dieter Blumenwitz
Herausgegeben von Gilbert Gornig, Burkhard Schöbener
und Winfried Bausback

Band 11 Wolf Dieter Remmele: Die Selbstdarstellung der Bundesrepublik Deutschland im Ausland durch den Rundfunk als Problem des Staats- und Völkerrechts.

Band 12 Elisabeth Lichtenstern: Die Gesetzgebung im Spannungsverhältnis zwischen Bund und Ländern.

Band 13 Peter Gassner: Kollektivmacht und Individualschutz im amerikanischen Arbeitsrecht.

Band 14 Helga Walter: Das Selbstverständnis des modernen Algeriens. Die historisch-nationalen und islamischen Elemente.

Band 15 Dieter Schütz: Der internationale ordre public. Der Ausschluß völkerrechtswidrigen fremden Rechts im Internationalen Privatrecht der Bundesrepublik Deutschland.

Band 16 Klaus-Peter Kißler: Die Zulässigkeit von Wirtschaftssanktionen der Europäischen Gemeinschaft gegenüber Drittstaaten.

Band 17 Rainhardt Freiherr von Leoprechting: Die neue Rohrwaffen-Artillerie-Munition im Lichte des I. Genfer Zusatzprotokolles vom 12. Dezember 1977. Zur Frage der Völkerrechtskonformität der Verteidigung der Bundesrepublik Deutschland mit modernen konventionellen Artilleriesystemen.

Band 38 Tilo Klinner: Satellitenfernerkundung im Völkerrecht. Inwieweit existiert ein völkerrechtlicher Datenschutz? 1989.

Band 39 Barbara Schmidt: Die Erweiterung der seewärtigen Hoheitsrechte der Bundesrepublik Deutschland und der DDR unter besonderer Berücksichtigung deutschlandrechtlicher Probleme. 1989.

Band 40 Hans-Joachim Brauns: Wiedervereinigung und europäische Integration. 1990.

Band 41 Gilbert-Hanno Gornig: Der Hitler-Stalin-Pakt. Eine völkerrechtliche Studie. 1990.

Band 42 Gudrun Lehnberger: Kommunale Entwicklungshilfe. Eine Aufgabe der Gemeinden? - Bestandsaufnahme und rechtliche Würdigung unter besonderer Berücksichtigung der bayerischen Verwaltungspraxis. 1990.

Band 43 Heike Kaup: Der Schwangerschaftsabbruch aus verfassungsrechtlicher Sicht. Eine rechtsvergleichende Untersuchung anhand des deutschen und des amerikanischen Rechts. 1991.

Band 44 Bernadette Steinmeyer: Verfassungsrechtliche Ansätze zur Neuordnung der multirassischen Gesellschaft Südafrikas unter Berücksichtigung des Vorschlages des Verhandlungsforums der "KwaZulu/Natal Indaba". 1991.

Band 45 Burkhard Schöbener: Die amerikanische Besatzungspolitik und das Völkerrecht. 1991.

Band 46 Christian Raap: Die Souveränität der Bundesrepublik Deutschland unter besonderer Berücksichtigung des militärischen Bereichs und der deutschen Einheit. 1992.

Band 47 Andrea Wagner: Der argentinisch-chilenische Konflikt um den Beagle-Kanal. Ein Beitrag zu den Methoden friedlicher Streiterledigung. 1992.

Band 48 Ralf Wittkowski: Die Staatensukzession in völkerrechtliche Verträge unter besonderer Berücksichtigung der Herstellung der staatlichen Einheit Deutschlands. 1992.

Band 49 Michael Piazolo: Das Recht auf Abtreibung als Teilaspekt des Right of Privacy. 1992.

Band 50 Silke Wenk: Das konfiszierte deutsche Privatvermögen in Polen und der Tschechoslowakei. Die Rechtslage nach Abschluß des deutsch-polnischen und deutsch-tschechoslowakischen Nachbarschaftsvertrages. 1993.

Band 51 Antje Kießwetter: Die Verfassungsentwicklung in Namibia. 1993.

Band 52 Angelika Kleffner-Riedel: Regionalausschuß und Subsidiaritätsprinzip. Die Stellung der deutschen Bundesländer nach dem Vertrag über die Europäische Union. 1993.

Band 53 Jerzy Kranz: Entre l'influence et l'intervention. Certains aspects juridiques de l'assistance financière multilatérale. 1994.

Band 54 Knut Kettwig: Rechtsgrundlagen dezentraler grenzüberschreitender Zusammenarbeit im deutsch-polnischen und deutsch-tschechischen Grenzraum. 1994.

Band 55 Ulrich Seidenberger: Die diplomatischen und konsularischen Immunitäten und Privilegien. Ein Beitrag zur Diskussion über die Reformbedürftigkeit des Diplomaten- und Konsularrechts aus staats- und völkerrechtlicher Sicht. 1994.

Band 56 Christian Schede: Bundesrat und Europäische Union. Die Beteiligung des Bundesrates nach dem neuen Artikel 23 des Grundgesetzes. 1994.

Band 57 Florian Prugger: Die Nachfolge in das Vermögen der ehemaligen DDR. Ein Beitrag zu Art. 21 ff Einigungsvertrag unter besonderer Berücksichtigung der Firma F.C. Gerlach des Bereichs Kommerzielle Koordinierung. 1994.

Band 58 Mark Zimmer: Einsätze der Bundeswehr im Rahmen kollektiver Sicherheit. Staats- und völkerrechtliche Grundlagen unter Berücksichtigung des BVerfG-Urteils vom 12.07.1994. 1995.

Band 59 Gerd von Laffert: Die völkerrechtliche Lage des geteilten Zypern und Fragen seiner staatlichen Reorganisation. 1995.

Band 60 Wolfram Schneeweiß: Die rechtliche Stellung der Indianerstämme innerhalb der Vereinigten Staaten von Amerika. Ein Modell für den Schutz der *indigenous peoples*. 1995.

Band 61 Marianne Janik: Möglichkeiten und Grenzen einer gemeinsamen Exportkontrolle für sensitive Waren und Dienstleistungen im Lichte des europäischen Gemeinschaftsrechts. 1995.

Band 62 Michael Brems: Die politische Integration ethnischer Minderheiten aus staats- und völkerrechtlicher Sicht. 1995.

Band 63 Martin Vocke: Verfassungsinterpretation und Normbegründung - Grundlegung zu einer prozeduralen Theorie der Verfassungsgerichtsbarkeit. 1995.

Band 64 Stefan von der Beck: Die Konfiskationen in der Sowjetischen Besatzungszone von 1945 bis 1949. Ein Beitrag zu Geschichte und Rechtsproblemen der Enteignung auf besatzungsrechtlicher und besatzungshoheitlicher Grundlage. 1996.

Band 65 Stephanie Baer: Der Zerfall Jugoslawiens im Lichte des Völkerrechts. 1995.

Band 66 Christine Sauerwald: Die Unionsbürgerschaft und das Staatsangehörigkeitsrecht in den Mitgliedstaaten der Europäischen Union. 1996.

Band 67 Silke Buchner: Die Rechtswidrigkeit der Taten von "Mauerschützen" im Lichte von Art. 103 II GG unter besonderer Berücksichtigung des Völkerrechts. Ein Beitrag zum Problem der Verfolgung von staatlich legitimiertem Unrecht nach Beseitigung des Unrechtssystems. 1996.

Band 68 Bernd Weiß: Einführung und Umsetzung der Europäischen Charta der kommunalen Selbstverwaltung in Deutschland, insbesondere in Bayern und Nordrhein-Westfalen. 1996.

Band 69 Gesine Katharina Neumann: Boliviens Recht auf freien Zugang zum Pazifik. Zur völkerrechtlichen Problematik des Zugangs der Binnenstaaten zum Meer. 1997.

Band 70 Elvira Pfrang: Das Verhältnis zwischen Europäischem Gemeinschaftsrecht und deutschem Recht nach der Maastricht-Entscheidung des Bundesverfassungsgerichts. Eine Studie zu den Konflikten beider Rechtsordnungen auf dem Gebiet des Grundrechtsschutzes und der Kompetenzen. 1997.

Band 71 Dieter Blumenwitz / Burkhard Schöbener: Stabilitätspakt für Europa. Die Sicherstellung mitgliedstaatlicher Haushaltsdisziplin im Europa- und Völkerrecht. 1997.

Band 72 Matthias Weinberg: Schutz der deutschen Minderheit in Polen nach den Weltkriegen. Ein Vergleich unter Berücksichtigung der aktuellen Rechtslage. 1997.

Band 73 Reinhard Müller: Der "2+4-Vertrag und das Selbstbestimmungsrecht der Völker. 1997.

Band 74 Stefan Strobl: Das Nichtverbreitungsregime für Kernwaffen nach 1995 und der freie Zugang zu nuklearen Technologien und Materialien. 1997.

Band 75 Christine Weber: Das Gegenzeichnungsrecht unter besonderer Berücksichtigung der Verfassung des Fürstentums Liechtenstein. 1997.

Band 76 Stephan Semrau: Die Gemeinsame Außen- und Sicherheitspolitik der Europäischen Union. 1998.

Band 77 Marcus Schultz: Die Auslandsentsendung von Bundeswehr und Bundesgrenzschutz zum Zwecke der Friedenswahrung und Verteidigung. Völker- und verfassungsrechtliche Analyse unter besonderer Berücksichtigung der Entscheidung des Bundesverfassungsgerichtes zum Einsatz deutscher Streitkräfte vom 12. Juli 1994. 1998.

Band 78 Benedikt P. Kuttenkeuler: Die Verankerung des Subsidiaritätsprinzips im Grundgesetz. Ein Beitrag zur Bedeutung des Subsidiaritätsprinzips für die Kompetenzabgrenzung im Bundesstaat. 1998.

Band 79 Winfried Bausback: Verfassungsrechtliche Grenzen des Wahlrechts zum Deutschen Bundestag. 1998.

Band 80 Elvira Pfrang: Towards Liberalisation of the European Electricity Markets. The Directive concerning Common Rules for an Internal Market in Electricity in the Frame of the Competition and Internal Market Rules of the EC-Treaty. 1999.

Band 81 Alexander Wolf: Prozessuale Probleme des »Maastricht"-Urteils des Bundesverfassungsgerichts. 1999.

Band 82 Jürgen Bartl: Die humanitäre Intervention durch den Sicherheitsrat der Vereinten Nationen im "Failed State". Das Beispiel Somalia. 1999.

Band 83 Thomas Gnielinski: Die Reform des deutschen Staatsangehörigkeitsrechts. Eine Analyse und Bewertung der vorliegenden Gesetzesvorhaben. 1999.

Band 84 Margarita González: Der völkerrechtliche Status des Panamakanals nach Ablauf der Übergangszeit im Jahr 1999. 2000.

Band 85 Petra Johnen: Die Verfassungsentwicklung Südafrikas unter besonderer Berücksichtigung der verfassunggebenden Gewalt des Volkes. 2001.

Band 86 Markus Allstadt: Die offene Völkerrechtslage im deutsch-tschechischen Verhältnis und ihre Bedeutung für die Osterweiterung der Europäischen Union. Zugleich Überlegungen zu den Auswirkungen zwingenden Völkerrechts in der Vertriebenenfrage. 2000.

Band 87 Gerrit Aschmann: Europol aus Sicht der deutschen Länder. 2000.

Band 88 Mark Weber: Der Berlin-Status im intertemporalrechtlichen Konflikt. Dargestellt am Beispiel von Grundstücksenteignungen im Ostteil Groß-Berlins. 2001.

Band 89 Heidi Hellwig: Die Staatsangehörigkeit als Anknüpfung im deutschen IPR. Unter besonderer Berücksichtigung des Gesetzes zur Reform des Staatsangehörigkeitsrechts. 2001.

Band 90 Aline Bruer-Schäfer: Der Internationale Strafgerichtshof. Die Internationale Strafgerichtsbarkeit im Spannungsfeld von Recht und Politik. 2001.

Band 91 Andreas Rosenfeld: Die Verfassungsentwicklung von Mosambik. Ein Beitrag zur rechtsstaatlichen Transformation im südlichen Afrika. 2001.

Band 92 Markus Pallek: Der Minderheitenschutz im deutschen Verfassungsrecht. Eine analytische Untersuchung des Begriffs sowie der bundes- und landesverfassungsrechtlichen Stellung der ethnischen, nationalen, sprachlichen, kulturellen und religiösen Minderheiten in der Bundesrepublik Deutschland vor dem Hintergrund der völker- und europarechtlichen Rahmenbedingungen. 2001.

Band 93 Ansgar Firsching: Die Samen, ihre Rechtsstellung in Schweden und ihre Rechtsstellung im Lichte der Indigenous Peoples weltweit. 2002.

Band 94 Jörg Dunker: Regionale Integration im System des liberalisierten Welthandels. EG und NAFTA im Vergleich. 2002.

Band 95 Katharina Wodarz: Gewaltverbot, Menschenrechtsschutz und Selbstbestimmungsrecht im Kosovo-Konflikt. 2002.

Band 96 Grit Hokema: Immunität von Staatsoberhäuptern. 2002.

Band 97 Tido Oliver Hokema: Mehrfache Staatsangehörigkeit. Eine Betrachtung aus völkerrechtlicher und verfassungsrechtlicher Sicht. Unter Berücksichtigung des Staatsangehörigkeitsreformgesetzes vom 15. Juli 1999. 2002.

Band 98 Janet Kerstin Butler: Die Beteiligung von Privatpersonen am WTO-Streitbeilegungsverfahren. Bestandsaufnahme und Entwicklungsperspektiven. 2002

Band 99 Tobias H. Irmscher: Die Behandlung privater Beschwerden über systematische und grobe Menschenrechtsverletzungen in der UN-Menschenrechtskommission. Das 1503-Verfahren nach seiner Reform. 2002.

Band 100 Markus Voltz: Menschenrechte und ordre public im Internationalen Privatrecht. 2002.

Band 101 Sabine Schorer: Das Konsensprinzip in der internationalen Gerichtsbarkeit. 2003.

Band 102 Anja Weisgerber: Das Beweiserhebungsverfahren parlamentarischer Untersuchungsausschüsse des Deutschen Bundestages. 2003.

Band 103 Stephan Anstötz: Perspektiven zur staatlichen Neuordnung Zyperns. 2003.

Band 104 Eva Stumpf: Kulturgüterschutz im internationalen Recht unter besonderer Berücksichtigung der deutsch-russischen Beziehungen. 2003.

Band 105 Christian Malzahn: GATT-widrige *Treble Damages*-Klagen auf der Grundlage des US Antidumping Act 1916. Eine Untersuchung der Rechtsstellung beklagter deutscher Unternehmen im US-amerikanischen und deutschen Recht. 2003.

Band 106 Susanne Giannios: Ein Wasserregime im Nahen Osten. Rechtliche und politische Grundlagen und Perspektiven der internationalen Wasserverteilung im Jordanbecken. 2004.

Band 107 Jan Hübner: Das Verbrechen des Völkermordes im internationalen und nationalen Recht. 2004.

Band 108 Benjamin Krenberger: Deutschland im Spannungsfeld zwischen Europäischer Menschenrechtskonvention und nachzubefolgendem Besatzungsrecht. Reichweite der Verpflichtungen des souveränen Deutschlands nach der Liechtenstein-Entscheidung des Europäischen Gerichtshofes für Menschenrechte. 2004.

Band 109 Matthias Werner Schneider: Kommunaler Einfluß in Europa. Die Einflußnahme der Kommunen beim Europarat als Modell für die Europäische Union. KGRE, AdR und EKC als Säulen eines europäischen Kommunalschutzes. 2004.

Band 110 Bettina Gerber: Die Asylrechtsharmonisierung in der Europäischen Union. Unter besonderer Berücksichtigung der Richtlinie zur Festlegung von Mindestnormen für die Aufnahme von Asylbewerbern in den Mitgliedstaaten. 2004.

Band 111 Markus Lintner: Die verfassungsrechtlichen Grenzen des horizontalen Länderfinanzausgleichs nach Art. 107 Abs. 2 GG. 2004.

Band 112 Daniel Volk: Die Begrenzung kriegerischer Konflikte durch das moderne Völkerrecht. 2005.

Band 113 Eugenie Trützschler von Falkenstein: Mittelosteuropa – Nationen, Staaten, Regionen. Die Erweiterung der Europäischen Union aus der historischen Perspektive. 2005.

Band 114 Angela Kaiser: Minderheitenschutz in der Europäischen Union. Eine Untersuchung des „doppelten Standards" des EU-Minderheitenschutzes unter besonderer Berücksichtigung der Europäischen Grundrechtecharta. 2005.

Band 115 Kerstin Liesem: Die Reparationsverpflichtungen der Bundesrepublik Deutschland nach dem Zweiten Weltkrieg unter besonderer Berücksichtigung der Zwangsarbeiterentschädigung. 2005.

Band 116 Christoph Holthusen: Der Nordirlandkonflikt. Geschichte, zentrale Aspekte und Lösungsmodelle unter völkerrechtlicher Betrachtung. 2005.

Band 117 Christoph Junck: Die Gerichtsbarkeit des Internationalen Strafgerichtshofs. Vorbedingungen und Auslösemechanismen nach dem Römischen Statut vom 17. Juli 1998. 2006.

Band 118 Corinna Margit Hartmann: Staatliche Beteiligung an terroristischen Gewaltaktionen. Neue Herausforderungen für das Friedenssicherungssystem der Vereinten Nationen. 2006.

Band 119 Dagmar Wurst: Eigentums- und Investitionsgüterschutz im Völkerrecht. Das Beispiel der Landenteignung in Zimbabwe. 2006.

Band 120 Türkmen Tezcan: Der Zypernkonflikt vor dem Europäischen Menschenrechtsgerichtshof. Eine Analyse unter besonderer Berücksichtigung der Loizidou-Rechtsprechung und ihrer Auswirkung auf die zwischenstaatlichen Beziehungen. 2006.

Band 121 Dorothee von Arnim: Der Standort der EU-Grundrechtecharta in der Grundrechtsarchitektur Europas. 2006.

Band 122 Alexander Brexendorff: Rohstoffe im Kaspischen Becken. Völkerrechtliche Fragen der Förderung und des Transports von Erdöl und Erdgas. 2006.

Band 123 Markus A. Meckler: Der Kleinstaat im Völkerrecht. Das Fürstentum Liechtenstein im Spannungsfeld zwischen Souveränität und kleinstaatenspezifischen Funktionsdefiziten. 2006.

Band 124 Björn Hoppenstedt: Kommunale Selbstverwaltung in den USA. Im Lichte europäischer Standards. 2007.

Band 125 Martin Kunde: Der Präventivkrieg. Geschichtliche Entwicklung und gegenwärtige Bedeutung. 2007.

Band 126 Christoph Mangold: Die völkerstrafrechtliche Verfolgung von Individuen durch internationale Strafgerichtshöfe. 2007.

Band 127 Ralf Müller: Europäische Entwicklungspolitik zwischen gemeinschaftlicher Handelspolitik, intergouvernementaler Außenpolitik und ökonomischer Effizienz. 2007.

Band 128 Michael Wiener: Das Mandat des UN-Sonderberichterstatters über Religions- oder Weltanschauungsfreiheit. Institutionelle, prozedurale und materielle Rechtsfragen. 2007.

Band 129 Senja Kreutzberger: Die gesetzlich nicht geregelten Entscheidungsvarianten des Bundesverfassungsgerichts. 2007.

Thomas Borm

Der Anspruch auf angemessene Verfahrensdauer im Verfassungsbeschwerdeverfahren vor dem Bundesverfassungsgericht

Frankfurt am Main, Berlin, Bern, Bruxelles, New York, Oxford, Wien, 2005.
XII, 193 S., zahlr. Tab.
Europäische Hochschulschriften: Reihe 2, Rechtswissenschaft. Bd. 4223
ISBN 978-3-631-54216-3 · br. € 39.–*

Diese Arbeit thematisiert die zeitliche Dauer der Entscheidungspraxis des Bundesverfassungsgerichts im Verfassungsbeschwerdeverfahren. Die in Rechtsprechung und Literatur vielfach verwendeten Formeln der „Effektivität des Rechtsschutzes" und der „angemessenen Verfahrensdauer" werden kritisch hinterfragt und als Rechtsprinzip wie auch als Anspruch definiert. Die verfassungsrechtliche Verankerung des Prinzips und des Anspruchs auf angemessene Verfahrensdauer im Rechtsstaatsprinzip, in Art. 19 Abs. 4 GG und in der verfahrensrechtlichen Komponente der materiellen Grundrechte werden in einem einheitlichen Modell zusammengeführt und für das Verfassungsbeschwerdeverfahren begründet. Dabei sind die besondere Bedeutung der verfassungsgerichtlichen Rechtsprechung im Schnittpunkt von Politik und Recht, der Doppelstatus des Bundesverfassungsgerichts und der einstweilige Rechtsschutz Gegenstand der Arbeit.

Aus dem Inhalt: Die zeitliche Dauer von Verfassungsbeschwerdeverfahren · Die Begriffe der Effektivität des Rechtsschutzes und der angemessenen Verfahrensdauer · Die verfassungsrechtliche Verankerung des Prinzips und des Anspruchs auf angemessene Verfahrensdauer im Verfassungsbeschwerdeverfahren im Rechtsstaatsprinzip, in Art. 19 Abs. 4 GG, in den materiellen Grundrechten und Verhältnis dieser Ankerplätze · Die Angemessenheit der Verfahrensdauer in der Rechtsprechung des Europäischen Gerichtshofs für Menschenrechte · Die Rolle der einstweiligen Anordnung, des Schnittpunkts von Recht und Politik, des Doppelstatus des Bundesverfassungsgerichts

Frankfurt am Main · Berlin · Bern · Bruxelles · New York · Oxford · Wien
Auslieferung: Verlag Peter Lang AG
Moosstr. 1, CH-2542 Pieterlen
Telefax 00 41 (0) 32 / 376 17 27

*inklusive der in Deutschland gültigen Mehrwertsteuer
Preisänderungen vorbehalten

Homepage http://www.peterlang.de

Printed by
CPI books GmbH, Leck

FSC
www.fsc.org
MIX
Papier | Fördert gute Waldnutzung
FSC® C083411

Kolibri 360 GmbH
Ferdinand-Jühlke-Straße 7
99095 Erfurt, Deutschland
produktsicherheit@kolibri360.de